亮華文創

胡適新傳

自由、容忍與工具理性締造出的世紀人生

胡適從新文化運動中賺得大名，成為青年偶像。
又因他對中國哲學史和文學史的研究，在學術界樹立了學術大師的豐碑，
標誌著他打破傳統文化而樹立新文化的豐功偉績！

（美）劉正——著

作者介紹

劉正，著名美籍華裔歷史學家、古文字學家和經學家。族名劉元正。籍貫北京市。清代學術世家直系後裔，高祖系著名歷史學家和經學家、同治三年進士劉鍾麟。日本大阪市立大學文學博士、日本京都大學博士後。曾任日本愛知學院大學、日本京都大學、武漢大學、中國人民大學、華東師範大學教授、研究員等。是中外多所大學的兼職教授和客座教授。是中國殷商文化學會理事、中國文字博物館學術委員、中國國際易學研究中心理事、美國國際考古學暨歷史語言學學會等學術機構常務理事。

迄今為止在國內外發表學術論文一百七十餘篇。另有有關商周歷史和古文字研究、金文學術研究、國際漢學研究、傳統經學研究、近代歷史和人物研究等方面學術專著四十部、總篇幅達到一千二百餘萬字在海峽兩岸出版。其中，所撰《中國易學》、《閒話陳寅恪》、《陳寅恪史事索隱》、《京都學派》、《圖說漢學史》、《陳寅恪別傳》、《造神與造假》、《傅斯年：價值取向與歷史學》、《國際易經學史》、《中國彝銘學》等專著皆名傳一時的暢銷書。論文《從觀象繫辭說到乾卦之取象》獲中國中青年哲學工作者最新成果交流會優秀論文獎，《笠短龜長說的成立史研究》獲馬來西亞主辦第十二屆國際易學大會優秀論文獎，博士學位論文《東西方漢學發展史の研究》獲得日本國大阪市立大學優秀博士畢業生「總代」稱號（等同於中國的優秀博士畢業生）等。多篇學術論文被譯為英、日等文字在海外發表。二〇一五年夏移民美國，當選為美國中華書院學術委員會副主任。二〇一七年六月至今，就任美國國際考古學暨歷史語言學學會（聯合國教科文組織備案認可）會長及學刊發行人、講座教授暨高級終身研究員。

發表的論文數量一直在增加中。

北京大學教授、文學院院長胡適之
博士標準像

胡適當選世界學生聯合會主席留影
（1914）

康奈爾大學宿舍中的胡適

胡適取得哲學博士學位像

胡適在哥倫比亞大學校內留影（1916）

胡適在北京大學留影（1917）

北京大學文學院院長胡適教授照片及題字（1933）

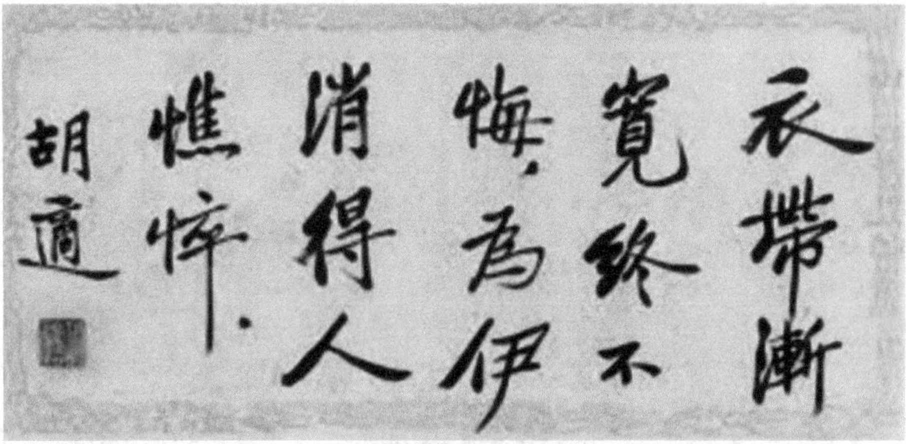

胡適自書座右銘之一

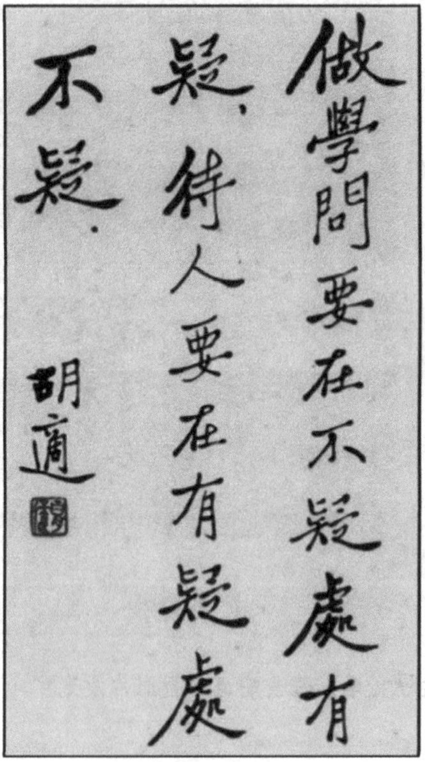

胡適自書座右銘之二

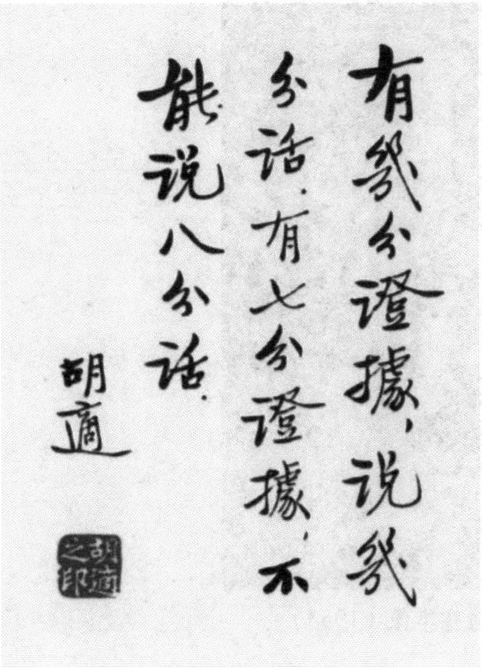
有幾分證據，說幾分話。有七分證據，不能說八分話。
胡適
胡適之印

胡適自書座右銘之三

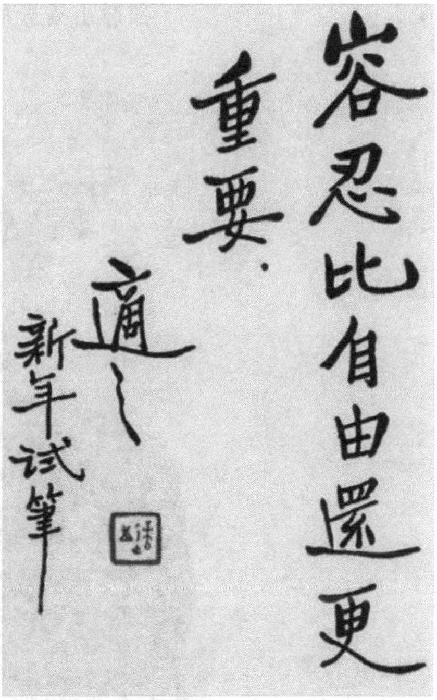
容忍比自由還更重要。
適之
新年試筆

胡適自書座右銘之四

郎靜山攝影胡適標準像（1953）

胡適在中央研究院留影（1959）

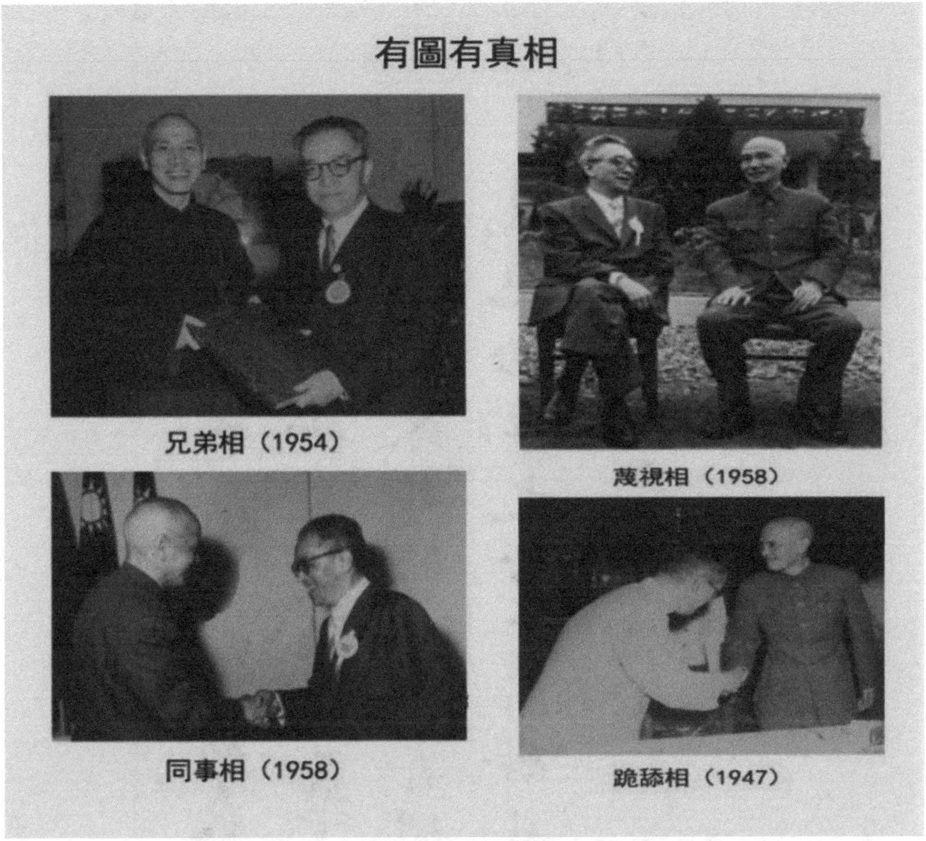

歷史見證：胡適在蔣介石面前的四種身段相

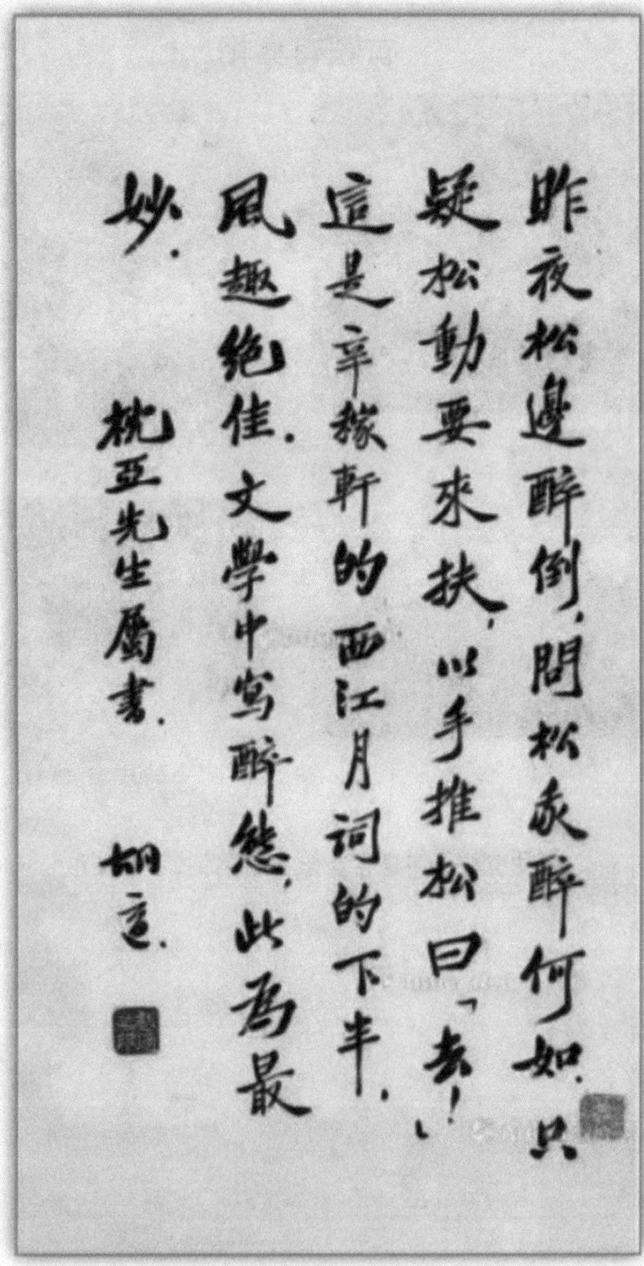
昨夜松邊醉倒，問松我醉何如。只
疑松動要來扶，以手推松曰「去！」
這是辛稼軒的西江月词的下半。
風趣絕佳。文學中寫醉態，此為最
妙。
枕亞先生屬書。
胡適。

胡適書贈友人作品

目次

前言

這是一部全新的有關二十世紀最偉大的思想家和學術大師胡適博士的生平經歷、學術成就及其思想發展脈絡簡明扼要的研究傳記。

我研究胡適，最早是在一九八五年刊發在《徽州社會科學》上的一篇五千多字的研究論文，題目是《胡適易學研究述評》。當時的研究興趣僅僅是《周易》經學及其歷史。而後，從一九八六年至二〇一六年的三十年間，我基本上圍繞著經學史、漢學史、商周史和古文字學為中心，至今出版了相關學術著作四十多部，總篇幅超過一千兩百多萬字。

但是，因為我家族是明清時期的進士家族，從授命撰寫《鳳儀堂劉氏家譜（五修）》開始，我家歷代的列祖列宗在明清兩個朝代時期的行狀和文章，自然而然地成了我的研究興趣所在，客觀上帶動了我對近現代歷史人物的研究興趣。於是張璧（《民國名人張璧將軍別傳》）、陳寅恪（《陳寅恪別傳》和《造神與造假——陳寅恪別傳續集》、《陳寅恪史事索隱》、《陳寅恪書信四二二通編年考釋》）、傅斯年（《傅斯年：價值取向與歷史學》）、韓復榘（《韓復榘：傳說與史事對比研究》），再到如今的胡適（這部《胡適新傳》），一個接著一個的近代歷史人物的研究傳記，從我的書房裏走向出版社、走向國際圖書市場、走向國際各個大學圖書館。

——特別是二〇一五年八月我移民美國之後，對博大而精深的古代中國歷史和文明的研究，已經不再屬於我賴以謀生的職業和科研的專業了。作為一個自我總結，不僅是我個人、而且也是學術界的總結性和里程碑性的專著：我先後出版了上下兩卷本《中國彝銘學》、上下兩卷本《國際易經學史》和上下兩卷本《漢學史演講錄》三部學術專著，這三部六卷本的學術專著，都是中外學術史上的前無古人的填補空白之作，總篇幅將近五百萬字的文字量，代表了我對商周金文和商周歷史、《周易》及國際易學研究史、海外漢學發展史三個領域艱苦探索將近四十年的學術見證。如今，我的生活語言已經是英語、閱讀語言則是日語、英語和漢語，而著述語言卻一直使用漢語這一「三位一體」現象。形象地說，這三種語言和文字的使用已經成了我的「最新出廠設置」。因此，無論是研究經學史、漢學史、商周史和古文字學，還是研究近現代思想文化和人物史，都必須是對中國古今歷史進行非種族、非政治、非功利性的研究，或者說完全就是一種純粹的文獻考古學的研究。

毋庸諱言，在漢語學術界和讀書市場上，已經充斥著非常、非常多的跟胡適有關的研究論著，這當中大量的篇幅卻是在刻意渲染胡適的婚外戀問題。有些作者甚至刻意撰寫了「胡適的戀人」類似這樣的著作，或者文雅地使用「星星、月亮」之類的術語，並且認定美國女人韋蓮司、羅維茲、哈德曼和中國女人陳衡哲、曹佩聲、徐芳、陸小曼等人先後為胡適的戀人或者情人。可惜除了韋、曹二人可得確證之外，其他則可以歸結為柏拉圖式的精神仰慕而已。在他們的筆下，胡適似乎很濫情，也很放蕩和輕狂——當這些著作在意淫胡適的風花雪夜顛鸞倒鳳之時，卻完全無視當時患有嚴重心臟病和嚴重痔瘡的那個中老年人，是否還能有正常的性功能這一最基本的生理問題……毫無疑問，這樣的論著既是對死者的不敬，也是對學術的褻瀆。因此，在我們這部《胡適新傳》裏面，幾乎不涉及這個問題。因為，這既是屬於胡適的個人隱私，也不應該屬於學術研究範圍之內，所以我們決定對於這些雞毛蒜皮和茶餘飯後的談資話題，不加任何討論和引申。或許她們的出現在胡適的生平和思想的演進過程中曾經佔據過或多或少的位置、產生了或大或小的催化作用！

眾所周知，我們從事歷史人物的研究，感到最困難的就是被研究對象的史料難以窮盡。比如日記、比如家譜、比如詩歌、比如書信、比如已發表的作品、比如未發表的作品諸如此類等等。但是，用在研究胡適的場合，我們卻感到異常的方便。因為上述這些史料和原始檔案資料，胡適本人生前幾乎都已經給我們準備好了，甚至胡適自己也給我們留下了關於他在某些歷史階段的傳記、年譜之類的撰寫出版物。知道自己肯定要明標青史的他，是不是想給我們帶風向以至於讓我們有意無意中落入胡適預先設定好的窠臼呢？我們不得而知，但是我們尤其需要警惕。比如，有的專家在著作中就發出質疑說：「胡適是中國近代史上著述最多、範圍最廣，自傳、傳記資料收藏最豐、最齊的一個名人；同時，他也是在眾目睽睽之下，最被人顧盼、議論、窺伺，卻又是最被人誤解的一個名人。這當然跟他自己處處設防、刻意塑造他的公眾形象有很大的關係。在這個意義之下，我們可以說，在中國近代知名的人物裏，胡適可能既是一個最對外公開、又最嚴守個人隱私的人。他最對外公開，是因為從他在一九一七年結束留美生涯返回中國，到他在一九四八年離開北京轉赴美國的三十年間，作為當時中國最具影響力的思想界領袖、輿論家及學術宗師，他的自傳資料產量與收藏最為豐富與完整。」就連胡適自己也公開承認他的日記是「自言自語的思想草稿」。[1]但是，胡適日記和書信也客觀上向大眾提供了一面透視胡適內心世界和感情的鏡子。誠如唐德剛所說的那樣，「胡適就像金魚缸裏的金魚，搖頭擺尾大家都看得一清二楚」。這一局面和胡適自己主動的「亮出你的舌苔或者空空蕩蕩」的行為有著不可分割的聯繫。

而另一方面，龐大而繁多的胡適研究資料（儘管只是以漢語或英語為載體），無論是出自他本人提供還

---

1 《胡適日記全編 1906-1914》，聯經出版事業有限公司，二〇〇四年，第一〇七頁。

是學術界長期的搜集和整理所得，都增加了我們甄別史料、選擇精準史料去解讀胡適的難度。有的胡適研究專家就曾經感歎地說：「殊不知現有的胡適資料，已經是浩瀚到了沒有一個人可以全盤掌握的地步。研究胡適要面對這浩瀚的資料，固然是一大難題。然而，要突破當前胡適研究的瓶頸、要開創出新的典範，新的觀點才是法門。資料誠然是多多益善。然而，徒有資料，沒有新的方法和觀點，絕對不足以窺胡適的堂奧，更遑論要為胡適畫龍點睛了。」吾謂為信然也！

毫無疑問，龐大而繁雜的胡適研究資料客觀上造成了現在的學術界對於胡適研究有一種寫作篇幅越來越多的趨勢，好像一下筆就剎不住車了的感覺，總覺得在涉及到胡適的每一個言行的分析和敘述上雖然已經長篇大論卻依然捉襟見肘、管中窺豹。於是乎，每一個胡適課題著作人——甚至大陸學者宋廣波最近剛出版九巨冊的《胡適年譜長編》——都想比肩於胡頌平的十一巨冊《胡適之先生年譜長編（增補版）》的架勢。似乎每一個人都有理由、有能力可以寫出幾百萬字的胡適傳記、胡適豔史之類的，只要有人給他們出版，他們就可以不停地寫下去。比如說，最近幾年出版的名作《舍我其誰：胡適》這套系列胡適傳記來說，據說該傳記至少分五部，總篇幅超過了兩百五十多萬字。作者以寫歷史小說和人物編年二者相互融合的模式，真可以和胡頌平的十一巨冊《胡適之先生年譜長編（增補版）》、或者宋廣波的九巨冊《胡適年譜長編》相頡頏了。雖然這樣的大篇幅胡適傳記、胡適豔史之類的多卷本著作，為了充數，時常出現不惜在自己的著作中對胡適的某篇文章、某首詩歌、甚至某篇論文來個全盤複製，我們居然也很少看到這樣的被作者們對複製到他們自己論著中的胡適作品給出恰如其分的、有思想深度的分析和研究結論。

——我不得不說，這樣的多卷本著作至少我在閱讀的過程中就倍感糊塗：不知道是在讀他們撰寫的胡適傳記，還是在讀他們選編的胡適作品選集。比如，胡頌平的十一巨冊《胡適之先生年譜長編（增補版）》

中，介紹某年某月某日胡適撰寫了「中國中古思想史」第一章，然後他就將該章內容全部附錄當天文字之下。如此化整為零，幾乎把一本書全部分別附錄在某一天下。這樣的例子不勝枚舉！實話說，撰寫歷史人物的「年譜長編」，不帶這麼玩的好嘛?!這反映了胡適課題著作人對史料選取的懶惰，本來可以簡述某一章核心觀點即可，卻非要把胡適的論文化整為零全部複製到「年譜長編」中。我以為此書如果刪除這些胡適論著的複製，四、五卷就足矣成書——當然也包括《舍我其誰：胡適》這套系列胡適傳記，也出現了這樣的致命傷，多次大段大段地引用胡適詩歌全文，甚至還出現了大量介紹北京大學校史的內容，作者不覺得離題太遠了嗎?!

如今，《胡適全集》以嚇人的四十四冊的長篇巨制、以兩千多萬字的文字量一下子呈現給對所有胡適研究感興趣的師生面前，它已經成了走進「胡適學」的最為基本的起步閱讀標準。我至今還清楚地記得一九九二年我在日本大阪的古舊書店裏第一次看到三十三巨冊、兩千多萬字文字量的《津田左右吉全集》時所生出的無比的震驚和驚訝的表情！如今我已經六十有二歲了，個人出版的專著才不過剛剛超過了一千兩百多萬字而已。好在我從十六歲至今也撰寫了幾十本日記、保存了兩千多封和中外學者們的往來書信——但是我依然沒有把握，我是否可以達到兩千多萬字的文字量？

儘管已經出現了超過兩千多萬字的《胡適全集》，普林斯頓大學任教的周質平告訴我們這套全集依然存在著「有意的將違礙文字，剔除在外，而在序言中一字不提」的消毒行為。以至於他「無不納悶，都有些傷心」了。因為在他看來，《胡適全集》少了某些敏感文字「正如長坂坡裏沒有趙子龍」一樣。當然，也更是對歷史和原始檔案文獻的篡改！[1]是否如此，讀者大可「仁者見仁，智者見智」吧。

1 周質平《增訂版胡適思想與現代中國自序》，九州出版社，二〇一二年，第七頁。

各種版本的胡適《四十自述》、《胡適日記》、《胡適書信集》三書，肯定是我們這部《胡適新傳》的撰寫基礎和核心參考書。但是，我更看重胡適同時代前後相關原始日記、檔案和書信的旁證和互補，這是我們走出胡適個人撰寫的自我行狀所帶風向的關鍵。有的胡適課題研究者特別說明「胡適一生中所收集保存起來的自傳檔案，卷帙浩瀚，對研究者來說，當然是一大挑戰。然而，最大的挑戰並不在於數量，而毋寧在於它是一個篩選過的傳記模本」。因此，研究者必須大量使用旁證史料加以驗證，也就是所謂的「解構」！用胡適的話說，即「大膽的假設」。但，無論再怎麼「解構」，有關胡適的基本生平經歷依然是一種必須加以正視的客觀事實和歷史證據。

在胡適生前，就已經出現了幾種胡適傳記，而且至少有兩種胡適傳記被他本人認真地閱讀了全文。早在上個世紀三十年代胡適大名滿天下之時，就有一位他的家族族親胡傳楷撰寫了一本《胡適之先生傳》出版。胡適閱讀後，並未給任何是或否的評價。顯然是因為出自自家的族親，實在不好多說，以免傷了鄉里鄉親的和氣。一九四四年十月，《光華》月刊也曾連載了程一平撰寫的《胡適傳記》一書。但是，當一九四七年十一月十日《經世副刊》連載的《胡適傳》發表後，卻得到了胡適本人的撰文抗議。顯然，有些內容的錯誤和違背歷史事實早就遭到了胡適本人的抨擊。如今，國內外有關胡適的傳記至少超過了一百種！就拿最近幾十年出版界的暢銷作品來說：一九七八年出版的毛子水《胡適之先生傳》，幾乎可以屬於「老友寫老友」類型的文學傳記。而一九八六年出版的李敖《胡適評傳》、一九八七年出版的易竹賢《胡適傳》，還有同年出版的白吉庵《胡適傳》，乃至於一九八八年出版的沈衛威《胡適傳》，如此等等，已經在學術界拉開了胡適傳記著述的前仆後繼架勢。至今三、四十年來，一發而不可收拾。各種文字的胡適傳記總和已經超過了百種以上。

但是，也有一些胡適傳記出現了不該出現的史實錯誤，早已作古的胡適本人是無法訂正和抗議的。比如，最近幾年出版的《舍我其誰：胡適》一書中主張胡適在北京大學一九一七年講課全部課程是：「第一學期：中國哲學史、英譯歐洲文學名著、英文學；第二學期：中國哲學史、西洋哲學史、英譯歐洲文學名著、英詩；第三學期：中國哲學史、西洋哲學史、英詩、英譯歐洲文學名著。」他還刻意製成了表格，顯得貌似嚴謹、簡潔而又證據在手。然而：一九一七年北京大學第一學期從開始到結束，胡適正在美國玩命地參加各類考試和修訂博士論文，他真正來北京大學開始上課已經是一九一七年九月十日，即，北京大學第二學期才正式開學。那麼，該書所謂「第一學期：中國哲學史、英譯歐洲文學名著、英文學」的記錄和敘述是怎麼得出的呢？其實，已經有不少讀者指出了該三部曲中出現的多處史實敘述上的錯誤。又如，任育德在《胡適晚年與蔣介石的互動》[1]中將胡適第一次和蔣介石會面的時間定為「一九三二年十一月十八日」，而根據胡適日記的準確記載，應該是十一月二十八日。類似這樣的錯誤哪怕在《胡適之先生年譜長編（增補版）》中也時有出現。

而且，大陸學術界撰寫的胡適各種傳記，更偏重於一九一七年至一九四九年之間的胡適，而疏於胡適出任駐美大使、中年在美和晚年在美兩段生活經歷的敘述；更匆匆帶過胡適和國民黨政權之間的矛盾和糾紛。而臺灣學術界撰寫的胡適各種傳記卻是偏重於一九四九年以後的胡適。比如，十一巨冊的史料彙編性質的《胡適之先生年譜長編（增補版）》，一九五二年以後的胡適就佔據了此巨著的一半篇幅！因此，本書在取材上努力兼顧胡適的各個歷史時期。而且，我努力追求自由、容忍和工具理性三者在胡適言行上的體現，以此解讀在每一個重大歷史時期胡適的所作所為的邏輯基礎。

1 任育德《胡適晚年與蔣介石的互動》，《國史館館刊》，第三〇期，第一〇七頁。

本來，我還曾撰寫了一章名為《君臣關係的現代典範：胡適和蔣介石》，準備系統分析和闡述胡適和蔣介石之間的互動關係。但是，後來我才得知早就有人撰寫並出版了類似的專題論著，也有多篇公開出版或發表。比如，劉紹唐《胡適與蔣介石》、沈衛威《胡適與蔣介石三任總統》、牛大勇《抗戰前十年胡適與蔣介石的關係》，還有任育德《胡適晚年與蔣介石的互動》等等。除了感歎自己的無知之外，別無更多想法。最後，我只好將這一章全部放棄。

胡適從新文化運動和文學改良運動中賺得大名，而且成為當時的青年偶像。又因為他對中國古代哲學史的研究和古代文學的研究在學術界樹立了學術大師的豐碑，標誌著胡適打破傳統文化而樹立新文化的不可替代的功績！從這個角度來說，他是梁啟超的升級版。而梁啟超則是立足舊學而俯瞰西學，胡適則是立足西學而整理舊學。雖然胡適口口聲聲標榜自己師從杜威及其哲學，但是使他真正開風氣又立言立德的卻是梁啟超及其革命精神！

已故大陸著名胡適研究專家耿雲志曾說：

> 我在《胡適全集》的《序言》中曾說道：「在國共內戰已過去半個多世紀以後，在胡適離開人世已四十多年以後，我們完全有可能歷史地、全面地看待胡適這樣一個歷史人物。首先應肯定他基本上是一個思想家和學者，而不是一個政客。他對國家民族究竟有功有過，主要還是看他思想學術上究竟有些什麼東西。何況，共產黨不是謀求一黨私利的政黨，它是完全為著國家民族的利益而奮鬥的。因此，它對那些非黨的，甚至反對共產黨的學者、思想家、藝術家等類人物，不會，也不應該僅僅根據他們對共產黨的態度來評價他們，而應該主要以他們在自己的專業領域究竟做出什麼成績來作為評判的根據。我相信，這一點能夠得到絕大多數有理性的

人們的認同。」—誰都知道，胡適是近代中國最有影響的思想家和學者之一。他在哲學、史學、文學等諸多學術領域，以及在思想界、教育界，都有過開拓性的貢獻，並產生巨大的影響。要研究近代中國的思想史、學術史、教育史和文化史，都無法越過他。所以，對胡適進行系統、全面、深入的研究是十分必要的。[1]

因此，非常多的學者建議成立「胡學」或「胡適學」，將胡適研究從現代歷史和思想文化的研究中脫離出來，猶如紅學和曹學的劃分一樣。如今，研究胡適的專著超過了三百種，而論文則超過了三千篇，而且文字載體不只是漢語，還大量出現了日語、英語、法語、德語、俄語、韓語、西班牙語，甚至阿拉伯語的胡適研究專著。胡適研究早已經成為顯學。但是依然還有不少課題有待深入。比如，日本禪宗史專家入矢義高教授和晚年的胡適往來書信多達幾十封，至今無人對此進行專業化的研究。再比如，美國學者Fred Robinson和胡適往來書信超過了一百一十封，至今依然無人對此加以專業化的研究。上述日美學者和胡適的往來書信，至今連系統地加以編年和注釋，給與整理出版的基礎性工作尚未展開。

最後，從事晚清和近現代歷史人物傳記和思想的研究，讓我再次感受到了我對家族史和家譜研究的樂趣。比如，晚清參加公車上書的劉心齋進士，就是我家族的族親（我爺爺的族兄）。而大名鼎鼎的晚清重臣張之洞，他的舉人和進士都與我高祖劉鍾麟先公同年同科，分別是一八五七年直隸舉人和一八六三年殿試進士及第。而且他們後來還在京結拜為把兄弟。張之洞每次晉升，都把原先的職位推薦給我高祖去接替。而康熙、雍正、乾隆三朝時期的舉人和獲封「皇清弛授文林郎」的劉上富，則是我家在清代最初的考取功名的著名先公。所以我在研究陳寅恪的祖先、傅斯年的祖先乃至於胡適的祖先的歷史，很自然地發現了他們和我家

1 引見《胡適研究通訊》，第一輯第一頁。

清代各位祖先之間的往來……無限思古之幽情，才下眉頭，又上心頭！

如有任何執教，請來信kyotosizumoto@hotmail.com。

作者 京都靜源（劉正）於美國家中

二〇二五年春

第一章
績溪胡氏家族溯源

胡氏是徽州大姓之一。在績溪縣，關於胡氏源流，歷來有龍川胡、金紫胡、明經胡和遵義胡之分。也就是晚清以來所盛傳的「四大胡」的劃分。[1]（可參見朱小陽《績溪胡氏源流考辨》一文。）「明經胡」，又稱「李改胡」。績溪這一支的開山祖是北宋開寶年間婺源籍績溪知縣胡政，他把定居地通鎮改名為胡裏（今湖裏）。

根據《胡氏宗譜》的記載：「西川胡族，其先本姓李，唐昭宗李曄之幼子，因避朱溫之亂，由近侍郎胡三護帶至婺源考水，後改姓為胡，取名昌翼。後五代，中後唐明經科進士。子孫因以明經別其氏，稱曰：明經胡」。北宋皇佑年間明經胡之五世孫胡仕良由婺源去金陵途經西遞，因為被其山形地貌吸引，認定西遞是一塊極佳之風水寶地。於是舉家遷來西遞。

史料記載：唐朝末年，黃巢起義軍的叛將朱溫降唐後，唐僖宗詔封朱溫為左金吾衛大將軍，並賜名「朱全忠」，後又被制授宣武軍節度使，成了握有重兵的軍閥。而且，朱溫擁兵自重，權傾朝野，對唐室社稷垂涎已久。

根據《婺源縣誌》和《考川明經胡氏宗譜》記載：唐昭宗天祐元年朱溫為了取代唐室，進一步控制朝廷的局勢，藉故岐兵威逼京畿，要唐昭宗遷都到自己勢力範圍內的洛陽。

二月因為東都宮殿尚未建成，遷都人馬滯留於陝州。

三月朔日，何皇后臨產，皇幼子李昌翼誕生，這就是後來「明經胡」始祖。

四月，東都宮殿建造完畢，朱全忠請求起駕。昭宗皇帝與何皇后臨危托孤，讓宮廷近侍郎婺源人胡三將皇幼子帶回婺源考川。

---

1 參見《池州學院學報》，二〇一四年第一期，第一二—一四頁文章。

當年秋，朱溫在洛陽指使屬下追殺昭宗李曄。

第二年春，朱溫又縊死昭宗的諸皇子等九個親王和何皇后。

天祐四年，朱溫建立後梁，結束了李唐王朝。昭宗的皇幼子李昌翼與胡三來到考川之後，因胡三姓胡，改姓為胡，掩人耳目，取名為胡昌翼。

後唐莊宗同光三年，胡昌翼二十二歲時，以《易經》登「明經科」第二名進士。胡三遂將他的真實身世坦言相告，並且出示當初從宮中帶出的御衣和寶玩。

胡三於唐會昌癸亥年三月生，後唐天成丙戌年五月逝世，享年八十四歲，娶秦氏，繼陳氏，均無出。胡三死後，胡昌翼厚葬胡三，知恩圖報，仍蟄居鄉間，講學施教，並遺訓兒孫，「李改胡」要代代相傳，決不復宗。

到了宋代，胡昌翼不想侍奉趙宋王朝君主，就隱居於鄉中，開設明經書院，傳道授業解惑，創立皖派經學。他當時作有一首《遺興詩》：

投簪擱筆厭文場，拂袖歸來創小堂。
但向閑中消日月，豈知世上有興亡。
醉鄉往往眠芳草，歸路時時送夕陽。
倘若異時成得志，林泉惟願莫相忘。

胡昌翼直到真宗咸平二年十月以九十六歲之罕見高齡逝世。

胡昌翼生有三子，長子胡延政為績溪縣令，賜居績溪湖裏，後裔遷嶺北、再遷上莊，稱「明經胡上川宗」。《（績溪）上川明經胡氏宗譜》載，十二世祖胡德真由龍井遷楊林（傳說是楊姓先居此地，故名），並在楊林建有胡氏宗祠。

胡昌翼一生宣導明經學，尤精《易經》，著有《周易傳注》三卷、《周易解微》三卷、《易傳摘疑》一卷。隱居於婺源，倡明經學，為世儒宗，人稱「明經公」，其後裔被稱為「明經胡」。又因昌翼本系李唐皇室而冒胡姓，故又稱「李改胡」。

按照族譜記載：「明經胡」尊胡昌翼為始祖，胡三為義祖。「明經胡」的列祖列宗家訓是：「義祖大於始祖，兒孫不得復宗；改姓（李改胡），不改郡（隴西郡）。」

上述記載還出現在明代弘治版《徽州府志》和嘉靖版《新安名族志》中。

西遞村的胡氏家族自第十二世祖開始結束了一代獨子單傳的局面，到了十六代就出現了「九房頭」（即九個兒子）、「大小四家」（即叔侄各生了四個兒子）各支系，每房頭劃地而居，獨立成群，環連成片，形成了一個具有強烈的排他性的典型封建族長制的古村落。

西遞村從明嘉靖四十四年胡文光出任江西萬載縣知縣到清道光六年，這期間胡氏家族就出了一百多名官吏，是胡氏家族政治騰達、文化昌盛、財丁兩旺的鼎盛時期。

績溪《上川明經胡氏宗譜》上的《始祖明經府君傳》一文中說：「始祖諱昌翼字宏遠，號眉軒，本唐昭宗子。」但不見正史。《舊唐書》卷一百七十五記載：「昭宗十子，哀帝、餘並封王。」而《新唐書》則說：「昭宗十七子」，皆有名號，惟獨何皇后於東遷途中生的皇子下落不明，由此可證取名胡昌翼的小皇子就是「李改胡」始祖。

今績溪縣胡適故里上莊鎮和宅坦、湖裏和上胡家等明經胡聚居地，族人仍以帝胄為榮。

一九五四年二月二十三日，胡適從美返臺，暫住在臺灣大學校長錢思亮寓所，他對自己祕書胡頌平說：

> 《皇清經解》收了三位績溪胡氏經解。這個績溪胡氏是另外一宗。……從前宗法社會裡是「同姓不婚」的，因為李改胡的關係，所以族譜上規定胡李兩姓不通婚。那時有一位族人娶了李姓的女子為妻，不許上譜，結果乃將李字改為季字。[1]

因此，胡頌平認為「李改胡」之說是可信的，因為族譜上有這樣記載。

非常多的人誤以為胡適出自績溪經學三胡之後。

對這種錯誤的記載，胡適稱之為「胡適的神話」。晚年胡適為美國哥倫比亞大學做口述歷史時，曾說：

> 在這裏我也順便更正一項過去的錯誤記載，常有人說我家與績溪縣城內家世漢學的胡氏望族是同宗。這是錯誤的。

可是胡適的這一訂正出自晚年，而在他剛就任北京大學的那幾年，他並沒有公開否認，反而是全盤笑納，以此作為他向保守派挑戰的文化背景和家族根基。

晚年的胡適說：「前北京大學校長蔡元培先生為拙著《中國哲學史大綱》上卷所寫的序言中，曾錯誤把我家說成是世居績溪城內胡氏的同宗。蔡先生指出績溪胡氏是有家學淵源的，特別是十八世紀及十九世紀出了一些有名的漢學家如胡培翬及他的先人（如祖父胡匡正和堂叔胡秉虔）。這個胡家與我家並非同宗。」胡適又說：「在十八世紀和十九世紀初葉出了很多有名學者的那家胡氏望族，其遠祖可以追溯至宋代的一部名著《苕溪漁隱叢話》著者胡仔。不僅那個胡家與我家非同宗，而且我家與績溪另一胡氏望族——那位於十六世紀在中國沿海抵抗倭寇的名將胡宗憲也不是同一支。胡宗憲與績溪城內的胡氏也不是同一家。」最後他

1 胡頌平《胡適之先生年譜長編》冊一，聯經出版事業有限公司，一九八四年，第六—七頁。

說：「我的祖先世居績溪縣城北約五十華里鄉下。我家主要是做小本生意。」[1]

一九一九年，胡適為《績溪旺川曹氏顯承堂族譜》作序時說：「中國的族譜有一個大毛病就是『源遠流長』的迷信。沒有一個姓胡的不是胡公滿之後，沒有一個姓張的不是黃帝第五子之後，沒有姓李的不是伯陽之後。」胡適質問：「家家都是古代帝王和古代名人之後，不知古代那些小百姓的後代都到哪裡去了？」又說：「不可深信的遠祖一概從略。每族各從始遷祖數起。始遷祖以前但說某年自某處遷來，以存民族遷徙的蹤跡就夠了。各族修譜的人應該全副精神貫注在本支本派的系統事蹟上，務必信本支本派的家譜有『信史』的價值。要知道修譜的本意是要存真傳信；若不能存真，不能傳信，又何必要譜呢？」這正是他發起文學革命的巔峰時刻，這樣的質疑可以理解。它是一種工具理性的完美體現。

除了上述學術性及歷史性的「神話」外，還有一種「胡適的神話」是政治性的。尤其是在一九五〇年以後中共在學術界開展的「批判胡適反動思想運動」。當時出現了胡適在京幼子胡思杜及學生和友人朱光潛等人對胡適的批判。胡思杜文章中說：「我的父親出身沒落的官僚仕紳之家」[2]。而朱光潛在《澄清對於胡適的看法》[3]一文中則說：「胡適出於績溪『世家』，父親在臺灣做過官，家裡在上海還有生意。論出身，他屬於資產階級和封建統治階級。他一向以他的家世自豪，就證明了他的封建骨骼。」其實，胡適的家世並非如他們所說的那樣顯赫。

績溪的宅坦村自明代嘉靖以來，迄今連綿四百多年的宗族、村務文獻資料保存至今多達一千八百多件。其中就有國內存世最早的明嘉靖版《龍井胡氏族譜》、清乾隆版《考川明經胡氏統宗譜》、民國版《龍川派

---

1 唐德剛《胡適口述自傳》，華文出版社，一九九二年，第五頁。
2 引見一九五〇年九月二十二日《大公報》。
3 引見一九五一年十二月二十四日《大公報》。

胡氏宗譜》等珍貴文獻。宅坦村本來是個文化底蘊十分深厚、村史已逾千年的古村。早在北宋景德三年該村就創辦了安徽省最早的書院——桂枝書院，首開皖省書院教育之先河。在清代歷史上，宅坦村先後共出了三名進士、近百名舉人和秀才。清代著名學者汪梅村為避太平天國戰亂，曾在這裏隱居六年，並且寫下了著名的《乙丙日記》。

上莊村是「先有後岸、楊林，後有上川」。「上莊」村名是相對「宅坦」別稱「下莊」而言的。根據一九一一年《上川明經胡氏宗譜》記載，上川最早的居民為朱姓，現在上莊村村南有一地名就叫「朱家學堂」。又據《（績溪）上川明經胡氏宗譜》記載，現居上莊的胡氏始祖不姓胡，而是姓李，是唐昭宗李曄的小兒子。為了表彰胡適為安徽績溪上川（現稱上莊）村的貢獻，一九四二年，該村全體人曾呈文、經縣政府批准，將「上莊村」改為「適之村」。又見胡頌平《胡適之先生晚年談話錄》：「先生的族人胡漢文告訴胡頌平說：績溪上莊姓胡的有兩千戶。他們的一支分作六房。先生是大房，胡文郁是二房，他是六房。胡鍾吾就遠些。這個村莊裏也有各種日用品的

胡適故里績溪縣上莊村宅坦村

小鋪子，還相當的熱鬧。現在村名改成『適之村』了。」[1]顯然，這個記載還停留在上個世紀四十年代，從一九四九年以後理所當然恢復了過去的村名。

1 胡頌平《胡適之先生晚年談話錄》，中國友誼出版公司，一九九三年，第三二頁。

第二章
在私塾學習的兒童時代

一八九一年十二月十七日，胡適出生於上海大東門外。名適，字適之；又字希強。學名洪騂。族名嗣穈。別號藏暉室主人、自勝生、鐵兒、胡天等。

根據胡適《四十自述》中的記載：

> 我生在光緒十七年十一月十七日，那時候我家寄住在上海大東門外。我生後兩個月，我父親被臺灣巡撫邵友濂調往臺灣；江蘇巡撫奏請免調，沒有效果。我父親於十八年二月底到臺灣，我母親和我搬到川沙住了一年。十九年二月二十六日我們一家（我母、四叔介如、二哥嗣秬、三哥嗣秠）也從上海到臺灣。我們在臺南住了十個月。十九年五月，我父親做臺東直隸州知州，兼統鎮海後軍各營。臺東是新設白州，一切草創，故我父不能帶家眷去。到十九年底，我們才到臺東。我們在臺東住了整一年。甲午中日戰爭開始，臺灣也在備戰的區域，恰好介如四叔來臺灣，我父親便托他把家眷送回徽州故鄉，只留二哥嗣秬跟著他在臺東。我們於乙未年正月離開臺灣，二月初十日從上海起程回績溪故鄉。[1]

胡適雖生於上海，但依舊例，他的籍貫是屬於安徽績溪人。

胡適伯祖父星五公，「科場卻不甚得意」，大約是以塾師終老的。到胡適的父親胡傳這一代，仍需先學經商而後才正式定下來主要努力方向還是讀書。

後來，胡傳果然不負族望，先後獲得了廩生和秀才的功名。

在清朝的時候，績溪屬於徽州府。徽州府位在安徽最南部，當時在其治下綜有六縣，即：歙縣、黟縣、

1 胡適《四十自述》，《胡適文集》冊一，北京大學出版社，一九九八年，第四三頁。

休寧、祁門、績溪與婺源。績溪為其一，而且又是徽州府最北面的一個縣。乾隆版《績溪縣誌》說：「績邑與歙為接壤，而獨受多山之累」，又說：「山壓水沖，遍績有難耕之确土。」很多徽商家族歷代都是經營小生意起家，常年累月，成為大商賈。

當時，徽商們所從事的買賣，最主要的就是鹽和茶。幾百年來，徽商壟斷了江南地區鹽和茶的全部貿易。胡適家作的就是茶行的生意。胡頌平在《胡適之先生年譜長編》中就主張：「適之先生的先世，從高、曾以上都是經營茶葉的。」[1]

績溪縣上莊村叫做上川、上莊，在績溪縣城以北五十里。這個村莊全村人都姓胡，屬於中國南方所常見的單姓村。在中晚清時期，徽州人的思想視野一般說來是比較開闊的。從十二世紀的朱熹，再到十八世紀的江永和戴震，乃至於十九世紀的凌廷堪和俞正燮，都是傑出代表。

胡適的祖父這一代依然繼承了很會作生意的傳統，除了茶行以外，他還開了一家酒肆，叫做「大酺樓」。在遭遇太平天國之亂的時候，胡家在上海茶葉支店被毀，連帶著川沙本店也受損。根據當時胡傳的估計，在一八八〇年前後，胡家在川沙、上海兩家店值總價值已經超過了三千銀元。

胡適的父親胡傳，一八四一年出生在績溪縣上莊村。名傳，字鐵夫，號純夫。因為胡傳自幼天資聰穎，其父就特別請了塾師在家教授他詩文。

一八六〇年，正是太平天國運動進入尾聲之時，胡傳結婚，迎娶了當地豪紳馮姓家族的女士為妻。然而這樁婚事卻因為太平軍入侵而被毀。

一八六三年，當太平軍再度侵入績溪縣時，胡傳攜帶全家人到鄰縣休寧避難。而其妻子卻在逃難過程中

1 胡頌平《胡適之先生年譜長編》冊一，聯經出版事業有限公司，一九八四年，第一〇頁。

不幸中彈身亡。

一八六八年，胡傳進入上海龍門書院就讀，先後一共三年。在此期間，他師從晚清著名學者劉熙載。根據《清史稿》卷四百八十《儒林傳》中對劉熙載的評價：「平居嘗以『志士不忘在溝壑』、『遁世不見知而不悔』二語自勵。自少至老，未嘗作一妄語。表裏渾然，夷險一節。主講上海龍門書院十四年，以正學教弟子，有胡安定風。」

上海龍門書院成立在一八六五年，胡傳可以說是該書院早期學生之一。該書院位於黃浦區尚文路一百三十三弄。一八六七年，道臺應寶時從道庫中撥銀萬兩，正式為該書院興建了講堂、樓廊及學舍。從此，學生全部都住校讀書，但是每年招生卻只有三十個名額。

一八七一年，就在胡傳畢業前夕，劉熙載有言相贈胡傳說：

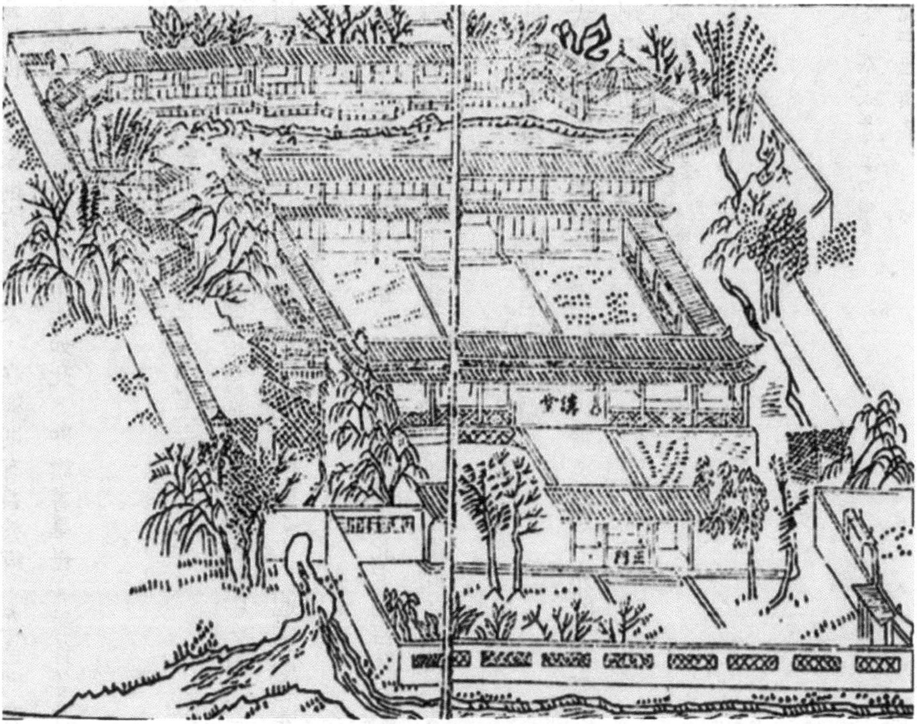

上海龍門書院全景圖

> 為學當求有益於身。為人當期有益於世。在家則有益於家，在鄉則有益於鄉，在邑則有益於邑，在天下則有益於天下，斯乃為不虛此生不虛所學。不能如此。即讀書畢世。著作等身。則無益也。

一八六五年，胡傳再婚。他的第二妻子是曹玉環，婚後他們先後育有三男三女。

根據胡適在《口述自傳》一書中的記載，胡傳的第二任妻子，「由於生育過多而體弱，其中，有一對雙胞胎，死於一八七八年」。[1]按照李敖《胡適研究》一書所言，胡傳可真是「克妻的命了！一連兩個老婆都被他克死了」。[2]李說不妨可以看作笑談可也。

胡傳在第二任妻子曹玉環過世以後，並沒有馬上續娶。一八八一年，胡傳離開家鄉，北上到吉林的寧古塔，去找欽差吳大澂。最後受到了吳大澂的賞識。於是，胡傳留下來當了吳大澂的幕僚。從此，胡傳在東北追隨著吳大澂先後長達六年。

一八八六年，胡傳母親過世，按照慣例，他必須返鄉守墳，也就是丁憂之禮。

一八八八年，因為鄭州黃河大堤決口，吳大澂被緊急調任河南，出任河道總督。於是，完成了丁憂之禮又精通水地之學的胡傳，立刻被吳大澂召到鄭州，協助他治理黃河。

由於胡傳襄理治河有功，一八八九年，胡傳利用返鄉之機，舉辦完續弦之事。新娘則是出自離上莊村十里的中屯村馮姓女子。

根據胡適《四十自述》記載：

---

1 胡適《四十自述》，《胡適文集》冊一，北京大學出版社，一九九八年，第四四頁。

2 引見《李敖大全集》，中國友誼出版公司，二〇一〇年，第二五三頁。

> 我父初娶馮氏，結婚不久便遭太平天國之亂，同治二年死在兵亂裏。次娶曹氏，生了三個兒子，三個女兒，死於光緒四年。我父親因家貧，又有志遠遊，故久不續娶。到光緒十五年，他在江蘇候補，生活稍稍安定，才續娶我的母親。[1]

再婚後，胡傳又趕回鄭州，繼續協助吳大澂治理黃河水患。

一八九〇年，胡傳因為協助治水有功，吳大澂就保舉他以直隸州候補知州的資格，分發各省候缺任用。而後，胡傳進京抽候補缺的籤，這次抽到任職江蘇職位空缺。

一八九一年，胡傳把妻子帶到蘇州。隨後，胡傳被派到上海，擔任淞滬厘卡總巡。王勝之在《栩緣題跋》（稿本）裏有段文字盛讚他：

> 先生治樸學，工吟詠，性樂易，無城府，興至陳說古今，議論蜂湧，一坐皆傾。體幹充實，能自刻苦。[2]

胡適父親胡鐵花畫像

1 胡適《四十自述》，《胡適文集》冊一，北京大學出版社，一九九八年，第四四頁。
2 引見胡頌平《胡適之先生年譜長編》冊一，聯經出版事業有限公司，一九八四年，第一二頁。

胡傳和馮順娣夫妻先後再育三女一男。

一八九二年二月底，胡適隨母馮順娣移居上海浦東。第二年二月，胡適隨母馮順娣前往其父胡傳任所，先往臺南。五月，胡傳出任臺東直隸州知州。但是，直到一八九四年一月，胡適才隨母遷往臺東。

在臺東期間，胡傳只要在家，就一定親自教認胡適識讀方塊漢字。根據胡適《四十自述》中的回憶：

> 我小時也很得我父親鍾愛，不滿三歲時，他就把教我母親的紅紙方字教我認。父親作教師，母親便在旁作助教。我認的是生字，她便借此溫她的熟字。他太忙時，她就是代理教師。我們離開臺灣時，她認得了近千字，我也認得了七百多字。這些方字都是我父親親手寫的楷字，我母親終身保存著，因為這些方塊紅箋上都是我們三個人的最神聖的團居生活的紀念。[1]

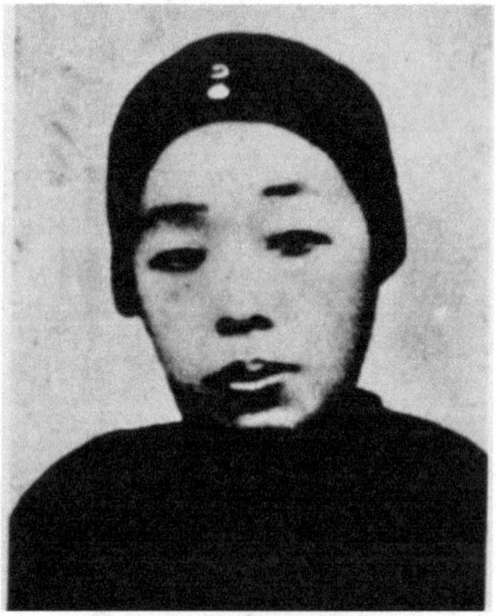
胡適生母馮順娣像

一八九五年二月，中日之間爆發戰爭。為了躲避日軍入臺，胡傳讓胡適隨母先離臺灣，回到上海暫住。三月，胡適母子返回祖籍安徽績溪上莊村家中。

在這裏，胡適母親安排他開始進家鄉胡氏族人設立的私塾讀書。胡適的第一個私塾老師是他的同族長輩

1 胡適《四十自述》，《胡適文集》冊一，北京大學出版社，一九九八年，第四四頁。

胡介如。根據胡適《四十自述》記載：

那年四月，中日和議成，把臺灣割讓給日本。臺灣紳民反對割臺，要求巡撫唐景崧堅守。唐景崧請西洋各國出來干涉，各國不允。臺人公請唐為臺灣民主國大總統，幫辦軍務劉永福為主軍大總統。我父親在臺東辦後山的防務，電報已不通，餉源已斷絕。那時他已得腳氣病，左腳已不能行動。他守到閏五月初三日，始離開後山。到安平時，劉永福苦苦留他幫忙，不肯放行。到六月二十五日，他雙腳都不能動了。[1]

八月，胡傳因病死於廈門。在《胡鐵花畫像贊》中，同族胡宣鐸以宗弟之名拜題，從中可以看出對胡傳的客觀評價：「儒以經文，俠以綿武，史工列傳，儒俠並敉，亦儒亦俠，英風如覿，念真儒與真俠，微斯人其誰伍」。

胡傳死後，根據胡適《四十自述》中回憶：「這時候我只有三歲零八個月。我彷彿記得我父親死信到家時，我母親正在家中老屋的前堂，她坐在房門口的椅子上。她聽見讀信人讀到我父親的死信，身子往後一倒，連椅子倒在房門檻上。東邊房門口坐的珍伯母也放聲大哭起來，一時滿屋都是哭聲，我只覺得天地都翻覆了！我只彷彿記得這一點淒慘的情狀，其餘都不記得了。」而多年以後，胡適在《四十自述》一書中對他父親的評價是：「我父胡傳，是一位學者，也是一個意志堅強、有行政才幹的人。經過一個時期的古典文史訓練後，他對於地理研究，特別是邊省的地理，抱有濃厚的興趣。他懷揣一封介紹書，前往京師；又走了四十二日而達北滿吉林，去晉見欽差大臣吳大澂。吳氏作為中國的一個偉大考古學家，現在見知於歐洲的漢學

1 胡適《四十自述》，《胡適文集》冊一，北京大學出版社，一九九八年，第四三頁。

家們。吳氏延見他，問有什麼可以替他為力的。我父說道：『沒有什麼，只求准我隨節去解決中俄界務的糾紛，俾我得以研究東北各省的地理。』吳氏對於這個只有秀才底子，且在關外長途跋涉之後，差不多已是身無分文的學者，覺得有味。他帶著這個少年去幹他那歷史上有名的差使，得他做了一個最有價值、最肯做事的幫手。」又說：「我父親是一個經學家，也是一個嚴守朱熹的新儒教理學的人。他對於釋道兩教強烈反對。我還記得見我叔父家的門上有一張日光曬淡了的字條，寫著『僧道無緣』幾個字。我後來才得知這是我父親所遺理學家規例的一部。」[1]

當時胡適母親面臨的窘狀就是：作為胡傳的第三任妻子，結婚才不到六年半，二十二歲就成了寡婦。前妻留下來的三男三女，一半比她還大。胡傳的大女兒比順弟大七歲，順弟過門的時候，這個大女兒已經出嫁了，而且已經生了一個兒子。二女兒比順弟大五歲，從小就抱給人家了。大兒子比順弟大二歲，在順弟過門後三天，他也娶親了。三女兒比順弟小三歲。

胡傳死後，胡適繼續在私塾讀書。根據胡適《四十自述》記載：「我父親在臨死之前兩個多月，寫了幾張遺囑，我母親和四個兒子每人各有一張，每張只有幾句話。給我母親的遺囑上說穈兒（我的名字叫嗣穈，穈字音門）天資頗聰明，應該令他讀書。給我的遺囑也教我努力讀書上進。這寥寥幾句話在我的一生很有重大的影響。」[2]胡適成年後還記得其母常常叮囑他每天要拜孔夫子，就是「盼望我讀書成名」。據說，胡適未進學堂，已認得近千字，所以就跨越了一般兒童所讀的《三字經》《千字文》等識字課本。他一進學堂，讀的就是胡傳自編的《學為人詩》，也就是胡傳希望他的兒女學習的「做人的道理」。詩的第一句就是「為

1 胡適《四十自述》，《胡適文集》冊一，北京大學出版社，一九九八年，第四四頁。

2 胡適《四十自述》，《胡適文集》冊一，北京大學出版社，一九九八年，第四五頁。

人之道，在率其性」。但下面緊接著又補充說：「子弟臣友，循理之正；謹乎庸言，勉乎庸行；以學為人，以期作聖。」

一八九七年，胡適所在就讀的胡氏家族私塾的老師換成了同族的另一位長輩胡禹臣。

私塾更換老師的理由，據說前任老師胡介如「我的四叔父選了潁州府阜陽縣的訓導，要上任去了，就把家塾移交給族兄禹臣先生」。當時的胡氏家族私塾裏讀書素來學生只有兩個人：胡適和他四叔的兒子胡嗣秫。當新的老師胡禹臣到任後，「學生就增多了。先是五個，後來添到十多個，四叔家的小屋不夠用了，就移到一所大屋——名叫『來新書屋』裏去。」[1]當時，在績溪的蒙館學費並不昂貴，每個學生每年只送兩塊銀元。

根據胡適的回憶：

> 我母親渴望我讀書，故學金特別優厚，第一年就送六塊錢，以後每年增加，最後一年加到十二元。這樣的學金，在家鄉要算「打破紀錄」的了。我母親大概是受了我父親的叮囑，她囑託四叔和禹臣先生為我「講書」：每讀一字，須講一字的意思；每讀一句，須講一句的意思。我先已認得了近千個「方字」，每個字都經過父母的講解，故進學堂之後，不覺得很苦。念的幾本書雖然有許多是鄉里先生講不明白的，但每天總遇著幾句可懂的話。我最喜歡朱子《小學》裏的記述古人行事的部分，因為那些部分最容易懂得，所以比較最有趣味。同學之中有念《幼學瓊林》的，我常常幫他們的忙，教他們不認得的生字，因此常常借這些書看；他們念大字，我卻最愛看《幼學瓊林》的小注，因為注文中有許多神話和故事，比《四書》《五經》有趣味

1 胡適《四十自述》，《胡適文集》冊一，北京大學出版社，一九九八年，第四七、四八頁。

多了。[1]

這一時期，胡適受到了他二哥和三哥的讀書範圍影響，開始跟著他們一起閱讀中國古典小說，而不再是儒家蒙學教育基礎的四書五經。他說：「三哥在家鄉時多，他同二哥都進過梅溪書院，都做過南洋公學的師範生，舊學都有根柢，故三哥看小說很有選擇。我在他書架上只尋得三部小說：一部《紅樓夢》，一部《儒林外史》，一部《聊齋志異》。二哥有一次回家，帶了一部新譯出的《經國美談》，講的是古希臘的愛國志士的故事，是日本人做的。這是我讀外國小說的第一步。」

不僅如此，甚至他的族叔也對他產生了影響。他說：「幫助我借小說最出力的是族叔近仁，就是民國十二年和顧頡剛先生討論古史的胡堇人。他比我大幾歲，已『開筆』做文章了，十幾歲就考取了秀才。我同他不同學堂，但常常相見，成了最要好的朋友。他天才很高，也肯用功，讀書比我多，家中也頗有藏書。他看過的小說，常借給我看。我借到的小說，也常借給他看。」[2]

對比閱讀四書五經和古典小說，胡適意外地發現：

看小說還有一樁絕大的好處，就是幫助我把文字弄通順了。那時正是廢八股時文的時代，科舉制度本身也動搖了。二哥三哥在上海受了時代思潮的影響，所以不要我「開筆」做八股文，也不要我學做策論經義。他們只要先生給我講書，教我讀書。但學堂裏念的書，越到後來，越

1 胡適《四十自述》，《胡適文集》冊一，北京大學出版社，一九九八年，第四九頁。
2 胡適《四十自述》，《胡適文集》冊一，北京大學出版社，一九九八年，第五〇、五一頁。

不好懂了。《詩經》起初還好懂，讀到《大雅》，就難懂了；讀到《周頌》，更不可懂了。《書經》有幾篇，如《五子之歌》，我讀得很起勁；但《盤庚》三篇，我總讀不熟。我在學堂九年，只有《盤庚》害我挨了一次打。後來隔了十多年，我才知道《尚書》有今文和古文兩大類，向來學者都說古文諸篇是假的，今文是真的；《盤庚》屬於今文一類，應該是真的。但我研究《盤庚》用的代名詞最雜亂不成條理，故我總疑心這三篇書是後人假造的。有時候，我自己想，我的懷疑《盤庚》，也許暗中含有報那一個「作瘤栗」的仇恨的意味罷？

胡適又說：「《周頌》《尚書》《周易》等書都是不能幫助我作通順文字的。但小說書卻給了我絕大的幫助。從《三國演義》讀到《聊齋志異》和《虞初新志》，這一跳雖然跳得太遠，但因為書中的故事實在有趣味，所以我能細細讀下去。石印本的《聊齋志異》有圈點，所以更容易讀。到我十二三歲時，已能對本家姊妹們講說《聊齋》故事了。」[1]

顯然，胡適意外領悟出背景資料的閱讀有助於理解原始經典這一讀書門徑。

這裏我們就必須說一下胡適的母親對他的影響和教育作用了。

因為胡適從小身體體質不好，體弱多病。因此，胡適不能跟著其他身體健壯的孩子們一塊兒玩。他的母親因此也不准他亂跑亂跳。養成了他一幅文縐縐地樣子。所以家鄉老輩都說胡適「像個先生樣子」，還給他起了個外號「穈先生」。胡適回憶說：「有一天，我在我家八字門口和一班孩子『擲銅錢』，一位老輩走過，見了我，笑道：『穈先生也擲銅錢嗎？』我聽了羞愧得面紅耳熱，覺得大失了『先生』的身份！」[2]

1 胡適《四十自述》，《胡適文集》冊一，北京大學出版社，一九九八年，第五一、五二頁。
2 胡適《四十自述》，《胡適文集》冊一，北京大學出版社，一九九八年，第五一頁。

顯然，按照胡適《四十自述》所說的那樣：「我母親管束我最嚴，她是慈母兼任嚴父。但她從來不在別人面前罵我一句，打我一下。我做錯了事，她只對我一望，我看見了她的嚴厲眼光，就嚇住了。犯的事小，她等到第二天早晨我眼醒時才教訓我。犯的事大，她等到晚上人靜時，關了房門，先責備我，然後行罰，或跪罰，或擰我的肉。無論怎樣重罰，總不許我哭出聲音來。她教訓兒子不是借此出氣叫別人聽的。」因為，在他母親的內心裏，胡適說：「我母親盼望我讀書成名，所以常常叮囑我每天要拜孔夫子。禹臣先生學堂壁上掛著一幅朱印石刻的吳道子畫的孔子像，我們每晚放學時總得對他拜一個揖。我到大姊家去拜年，看見了外甥章硯香（比我大幾歲）供著一個孔夫子神龕，是用大紙匣子做的，用紅紙剪的神位，用火柴盒子做的祭桌，桌子上貼著金紙剪的香爐燭臺和供獻，神龕外邊貼著許多紅紙金紙的聖廟匾額對聯，寫著『德配天地，道冠古今』一類的句子。我看了這神龕，心裏好生羨慕，回到家裏，也造了一座小廟。我在家中尋到了一只燕窩匣子，做了聖廟大庭；又把匣子中間挖空一方塊，用一只小匣子糊上去，做了聖廟的內堂，堂上也設了祭桌、神位、香爐、燭臺等。我在兩廂又添設了顏淵、子路一班聖門弟子的神位，也都有小祭桌。我借得了一部《聯語類編》，抄出了許多聖廟聯匾句子，都用金銀錫箔做成匾對，請近仁叔寫了貼上。這一座孔廟很費了我不少的心思。我母親見我這樣敬禮孔夫子，她十分高興，給我一張小桌子專供這神龕，並且給我一個銅香爐；每逢初一和十五，她總教我焚香敬禮。」又說：「我記得我家新屋大門上的『僧道無緣』條子，從大紅色褪到粉紅，又漸漸變成了淡白色，後來竟完全剝落了。我家中的女眷都是深信神佛的。我父親死後，四叔又上任做學官去了，家中的女眷就自由拜神佛了。女眷的宗教領袖是星五伯娘，她到了晚年，吃了長齋，拜佛念經，四叔和三哥（是她過繼的孫子）都不能勸阻她，後來又添上了二哥的丈母，也是吃長齋念佛的，她常來我家中住。這兩位老太婆做了好朋友，常勸誘家中的幾房女眷信佛。家中人有病痛，往往請她們念經許願還願。」[1]

在善良和信奉佛教的母親影響下，胡適卻意外地閱讀到了范縝《神滅論》，平生第一次接觸到了無神論思想，這對他產生了很大的觸動。

根據胡適《四十自述》的記載：

大概在十一歲時。這時候，我已能夠自己看古文書了。禹臣先生教我看《綱鑒易知錄》，後來又教我改看《御批通鑒輯覽》。《易知錄》有句讀，故我不覺吃力。《通鑒輯覽》須我自己用朱筆點讀，故讀得很遲緩。有一次二哥從上海回來，見我看《御批通鑒輯覽》，他不贊成；他對禹臣先生說，不如看《資治通鑒》。於是我就點讀《資治通鑒》了。這是我研究中國史的第一步。我不久便很喜歡這一類歷史書，並且感覺朝代帝王年號的難記，就想編一部《歷代帝王年號歌訣》！近仁叔很鼓勵我做此事，我真動手編這部七字句的歷史歌訣了。此稿已遺失了，我已不記得這件野心工作編到了哪一朝代。但這也可算是我的整理國故的破土工作。可是誰也想不到司馬光的《資治通鑒》，竟會大大地影響我的宗教信仰，竟會使我變成一個無神論者。[2]

一九〇四年的一月，十四歲的胡適與江冬秀正式訂婚。

根據胡頌平《胡適之先生年譜長編》一書的記載：「江冬秀生於清光緒十六年，庚辰、肖虎」。[3]江冬

1 胡適《四十自述》，《胡適文集》冊一，北京大學出版社，一九九八年，第五四、五八頁。
2 胡適《四十自述》，《胡適文集》冊一，北京大學出版社，一九九八年，第六〇頁。
3 引見胡頌平《胡適之先生年譜長編》冊一，聯經出版事業有限公司，一九八四年，第五四頁。

秀年長胡適一歲，出身於旌德縣當地望族，她的外祖父呂佩芬和曾外祖父呂朝端曾是進士及第，屬於父子翰林。其實，按照民間習慣，一向有「女大一不成妻」之說，我們不知道為何提出「克妻」說的李敖，在這個問題上沒有注意到這個民間習慣。在中國某些地區，姐弟婚，一直是不被看好，尤其是「女大一」的姐弟婚，據說有生理上的相克的可能。我們看胡適一生的婚姻，幾乎也是如此，幾乎印證了此說的可信度。

據說：江冬秀隨母親到二十公里外的績溪縣旺川的舅母家走親戚，恰逢胡適也隨母親來到姑婆家。原來，胡適的姑婆就是江冬秀的舅母。江母呂賢英認為胡適斯文秀氣、聰明伶俐，日後必成大器，便有心要把女兒許配給胡適。隨後，是江母主動央媒，托胡適本家叔叔胡祥鑒前往提親。經媒人多次的磨合，又經算命和求籤，胡母反覆斟酌後，才算定下這門婚事。二者屬於親上加親。雖然江冬秀的母親臨死前也沒有見到女兒完婚，但是這樁婚姻並未產生任何變故，顯然這不只是胡適母親的作用，還因為雙方家族有著親緣關係，整個宗族勢力的背景，胡適如果想回國的話，那就必須認可這門婚姻。

第三章
在上海新式學堂的學習時代

一九〇四年二月，胡適陪同其三哥到上海治療肺病，由此胡適得以正式進入新式梅溪學堂開始學習。之所以選擇這個學堂，還有一個原因，即：該校校長張煥倫是胡適父親的昔日同窗。根據胡適《四十自述》記載：

> 光緒甲辰年的春天，三哥的肺病已到了很危險的時期，他決定到上海去醫治。我母親也決定叫我跟他到上海去上學。[1]

根據胡頌平《胡適之先生年譜長編》一書的記載：「先生初到上海，因不懂上海話，又不曾開筆做文章，所以暫時編在第五班。先生原是讀了許多古書的，現在復蒙學課本，自然毫不費力，所以有工夫專讀英文算學。」

俗話說，是錐子早晚會冒出尖來。「到了第四十二天，教蒙學讀本的沈先生，在一課書裏講到『傳曰：二人同心，其利斷金。同心之言、其臭如蘭』的引語，他張口說這是《左傳》上的話。先生等他講完之後，拿著書走到他的桌邊，低聲對他說：『這個傳曰是《易經．繫辭傳》，不是《左傳》。』沈先生臉紅了。他問明先生讀過的經書，又出了一個『孝弟說』的題目，要先生做做試試看。他看了先生生平第一次的作文，就帶先生到二班的課堂上去，對二班的顧先生說了幾句話，一天之中升了四班，居然做第二班的學生了。」[2]從胡適這一訂正方式來看，由此可見胡適當時的國學基礎已經初見功力，而且為人也很謙和。

胡適在上海先後學習了六年時間，期間卻更換了梅溪學堂、澄衷學堂、中國公學、中國新公學四所學

1 胡適《四十自述》，《胡適文集》冊一，北京大學出版社，一九九八年，第六五頁。

2 引見胡頌平《胡適之先生年譜長編》冊一，聯經出版事業有限公司，一九八四年，第五五頁。

校。其中，梅溪學堂的課程是很不完備的，只有國文、算學、英文三項。而且，該學堂分班的標準只是根據學生的國文程度。只是英文、算學兩門課水準較好。這和當時上海各個教會學堂偏重英文的現象，形成強烈對比。

一九○四年底，「梅溪學堂」後來更名為「梅溪小學」。

根據胡頌平《胡適之先生年譜長編》一書的記載，當時對胡適影響最大的卻是梁啟超的思想。他那時不但每期不漏地閱讀梁啟超主編的《時報》，還緊緊追蹤和閱讀梁啟超的全部論著。胡適總結當時梁啟超思想給他最大的兩個啟示說：「我個人受了梁先生無窮的恩惠。第一是他的『新民說』，第二是他的『中國學術思想變遷之大勢』」。[1]

胡適認為：

> 「新民」的意義是要改造中國的民族，要把這老大的病夫民族改造成一個新鮮活的民族。……他指出所最缺乏而須採補的是公德，是國家思想，是進取冒險，是權利思想，是自由，是自治，是進步，是自尊，是合羣，是生利的能力，是毅力，是義務思想，是尚武，是私德，是政治能力。他在這十幾篇文字裏，抱含著滿腔的血誠，懷著無限的信心，用他那枝「筆鋒常帶感情」的健筆，指揮那無數的歷史例證，組織成那能使人鼓舞、使人掉淚、使人感激奮發的文章。「新民說」諸篇使我開闢了一個新世界，使我澈底相信中國之外還有很高等的民族，很高等的文化。「中國學術思想變遷之大勢」也給我們開闢了一個新世界，使我知道《四書》《五

1 引見胡頌平《胡適之先生年譜長編》冊一，聯經出版事業有限公司，一九八四年，第六一頁。

經》之外還有學術思想。」[1]

正如我在本書前言中所說：梁啟超思想才是胡適真正的人生和學術思想上的導師。坦率地說，胡適留美期間，師從杜威的實驗主義哲學，結合清代乾嘉學派的考據學，形成了他自己的不中不西的所謂「科學的研究方法」，將一切學說都當作是有待證實的假設。

對胡適最有「同情之瞭解」的唐德剛，總結胡適的學術根基說「中學止於乾嘉，西學亦未超過赫胥黎、杜威二人」。這是比較靠譜的觀察和結論。但是更主要的思想淵源確是來自梁啟超。胡適早年為學，就深受梁啟超思想和文化精神的影響。因此，梁啟超生前，胡適一直是執弟子，而且執禮甚恭。到了胡適大名滿天下之後，梁啟超在一九二二年出版《墨經校釋》一書時，特意將自己對胡適質疑的答覆放在書前，而將胡適所撰序文變成跋文，放置書後。梁啟超坦然接受胡適作為自己門外弟子和同僚的地位。而胡適居然在得知其母病重之際，依然前去天津拜訪梁啟超，結果正是那一天胡適的生母因此而病逝。天意乎？

一九〇五年春，胡適轉學到了新式澄衷蒙學堂，又稱澄衷學堂。轉學的原因，根據胡適《四十自述》：

> 學堂裏要送張在貞、王言、鄭璋和我四個人到上海道衙門去考試。我和王鄭二人都不願意去考試，都不等到考試日期，就離開學堂了。[2]

新式澄衷蒙學堂是寧波富商葉成忠先生創辦的，原來的目的是教育寧波的貧寒子弟；後來規模稍大，漸漸成了上海一個有名的私立學校，來學的人便不限止於寧波人了。清末狀元張謇曾親自為該校題寫校名，光

1 引見胡頌平《胡適之先生年譜長編》冊一，聯經出版事業有限公司，一九八四年，第六一頁。
2 胡適《四十自述》，《胡適文集》冊一，北京大學出版社，一九九八年，第六八頁。

緒皇帝親寫「啟蒙種德」匾額，嘉獎澄衷蒙學堂的辦學成效。這時候的監督是章一山，總教是白振民。根據胡適《四十自述》記載：「白先生和我二哥是同學，他看見了我在梅溪作的文字，勸我進澄衷學堂。光緒乙巳年，我就進了澄衷學堂。」[1]正是在這所學校，胡適閱讀了嚴復翻譯的《天演論》和《群己權界論》等書。

當時的澄衷學堂共有十二個及教學班，課堂分東、西兩排，最高一班稱為東一齋，第二班為西一齋，以下直到西六齋。這時候還沒有嚴格規定的學制，也沒有什麼中學小學的分別。大致前六班相當於如今的中學程度，而其餘六班為小學程度。澄衷學堂的課程比較完全多了，從國文、英文、算學到物理、化學、博物、圖畫等等。當時胡適因為「我初進澄衷時，因英文、算學太低，被編在東三齋（第五班）。下半年便升入東二齋（第三班），第二年又升入西一齋（第二班）。」[2]

根據胡適《四十自述》的回憶：

> 澄衷的教員之中，我受楊千里先生（天驥）的影響最大。我在東三齋時，他是西二齋的國文教員，人都說他思

1 胡適《四十自述》，《胡適文集》冊一，北京大學出版社，一九九八年，第六九頁。

2 胡適《四十自述》，《胡適文集》冊一，北京大學出版社，一九九八年，第七〇頁。

澄衷蒙學堂主樓和校名題字照片

想很新。我去看他，他很鼓勵我，在我的作文稿本上題了「言論自由」四個字。後來我在東二齋和西一齋，他都做過國文教員。有一次，他教我們班上買吳汝綸刪節的嚴復譯本《天演論》來做讀本，這是我第一次讀《天演論》，高興得很。他出的作文題目也很特別，有一次的題目是「物競天擇，適者生存，試申其義」（我的一篇，前幾年澄衷校長曹錫爵先生和現在的校長葛祖蘭先生曾在舊課卷內尋出，至今還保存在校內）。這種題目自然不是我們十幾歲小孩子能發揮的，但讀《天演論》，做「物競天擇」的文章，都可以代表那個時代的風氣。1

胡適的二哥甚至以「適者生存」簡化為「適之」，來勸說胡適使用這個別字。

在當時的中國讀書界，《天演論》出版之後，很快就風行全國，但是讀這本書的人卻很少能瞭解赫胥黎在科學史和思想史上的貢獻。對於當時的普羅大眾，他們能瞭解的只是赫胥黎主張的「優勝劣敗」的社會生物學公式及其國際政治上的意義。對當時的晚清國民來說，在經歷了甲午海戰、庚子之變等恥辱之後，「優勝劣敗，適者生存」猶如當頭棒喝，而「天演」、「物競」、「淘汰」、「天擇」等等新式術語，自然而然地成了一切日益覺醒的愛國志士的「口頭禪」，也就不足為奇了。

在已經出版的《胡適澄衷學堂日記》中，其中一九〇六年三月十八日這則日記，充分顯示了胡適的古文撰寫功力和自我認知能力：「夜間天氣頗暖，輾轉不能寐。一切往事皆來襲，余心益煩悶不可耐。因自念當是心不能安靜之故。因披衣起坐，取節本《明儒學案》讀之。每讀至吳康齋（與弼）『人須整理心下，使教瑩淨常惺惺地，方好』，又『責人密，自治疏矣』，又『人之病痛，不知則已，知而克治不勇，使其勢日

1 胡適《四十自述》，《胡適文集》冊一，北京大學出版社，一九九八年，第七一頁。

甚，可乎哉』等，竊自念，小子心地齷齪，知而又克治不勇。危矣殆哉！」[1]可見他日後馳騁文壇、執掌北京大學絕不是浪得虛名。

二月二十四日，胡適在校發起組織「閱書社」。第二天他親自起草「閱書社章程」。二十六日，「閱書社」正式成立。學校的教習白振民全力支持，並且讓出「算學」的三齋地教室作為會所，還可以使用本校的藏書。可見胡適的組織能力在初中時期就初見雛形。

四月十六日的日記中，胡適開始自我檢討：「予喜規人過，而於己之過失或反不及檢點。」

五月一日的日記中，胡適再次自我檢討：

> 予幼嗜小說，惟家居未得新小說，惟看中國舊小說，故受害滋深，今日腦神經中種種劣根性皆此之由，雖竭力以新智識、新學術相挹注，不能泯盡也。且看淺易文言，久成習慣，今日看高等之艱深國文，輒不能卒讀。緣惡果以溯惡因，吾痛恨，吾切齒而痛恨。因立誓，此後除星期日及假期外，不得看小說。惟此等日，亦有限制：看小說之時限，不得逾三小時；而所看除新智識之小說，亦不得看也。[2]

他的自我刨析非常深刻入骨，可見胡適當時已經具有了清醒的自我意識。當年夏天參加考試，胡適考取了中國公學。

根據胡適《四十自述》記載：「夏天我去投考，監考的是總教習馬君武先生。國文題目是『言志』，我

---

1 《胡適日記全編1906-1914》，聯經出版事業有限公司，二〇〇四年，第五頁。

2 《胡適日記全編1906-1914》，聯經出版事業有限公司，二〇〇四年，第一八、二三頁。

不記得說了一些什麼，後來馬君武先生告訴我，他看了我的卷子，拿去給譚心休、彭施滌先生傳觀，都說是為公學得了一個好學生。」[1]

進入中國公學後，胡適加入了該校的「競業學會」，並開始在《競業旬報》上發表小說、詩歌與文章。

「競業學會」下屬的《競業旬報》是一九〇六年十月二十八日才創辦的一家面對在校學生的校報。而中國公學是因為光緒乙巳年日本文部省頒佈取締中國留學生規則，我國的留日學生認為侮辱中國，其中一部分憤慨回國的人在上海創辦的模仿日式教育的新式中學。其中，高等代數、解析幾何、博物學，最初都是由日本教師直接教授，並且由懂日語的同學在課堂上翻譯。中國公學是第一個用「普通話」教授的學校。學校裏的學生，四川、湖南、河南、廣東的人最多，其餘各省的人也差不多全有。大家都說「普通話」，教員也用「普通話」。在中國公學的教職員和同學之中，有不少的革命黨人。所以在這裏要看東京出版的《民報》，是最方便的。

這個時期的胡適，因為酷愛學習，給大家留下了深刻印

1 胡適《四十自述》，《胡適文集》冊一，北京大學出版社，一九九八年，第七六頁。

中國公學照片

象。

根據胡適《四十自述》：

許多同學把《民報》縫在枕頭裏帶回內地去傳閱。還有一些激烈的同學往往強迫有辮子的同學剪去辮子。但我在公學三年多，始終沒有人強迫我剪辮，也沒有人勸我加入同盟會。直到二十年後，但懋辛先生才告訴我，當時校裏的同盟會員曾商量過，大家都認為我將來可以做學問，他們要愛護我，所以不勸我參加革命的事。[1]

但是，梁啟超的革命思想正是在此時已經深深滲透了胡適的心中。胡適曾經對梁啟超思想有如下評述說：「梁先生的文章，明白曉暢之中，帶著濃熾的熱情，使讀的人不能不跟著他走，不能不跟著他想。有時候，我們跟他走到一點上，還想往前走，他卻打住了，或是換了方向走了。這種時候，我們不免覺得失望，但這種失望也正是它的大恩惠，因為他盡了他的能力，把我們帶到了一個境界，原指望我們的感覺不滿足，原指望我們更朝前走。」因此，正是從這個角度而言，梁啟超的革命精神一直左右著胡適的文學革命論，而非他口口聲聲所說的杜威思想。在《四十自述》一書中，胡適說「這時代是兩先生的文章最有勢力的時代，他雖不曾明白提倡種族革命，卻在一班少年人的腦海裏，種下了不少革命種子。」[2]

根據胡適在《四十自述》的回憶：「我進中國公學不到半年，就得了腳氣病，不能不告假醫病。我住在上海南方瑞興泰茶葉店裏養病，偶然翻讀吳汝綸選的一種古文讀本，其中第四冊全是古詩歌。這是我第一次

1 胡適《四十自述》，《胡適文集》冊一，北京大學出版社，一九九八年，第七七頁。
2 胡適《四十自述》，亞東圖書館，一九三四年，第一〇〇—一〇一、九三頁。

讀古體詩歌，我忽然感覺很大的興趣。病中每天讀熟幾首。不久就把這一冊古詩讀完了。我小時曾讀一本律詩，毫不覺得有興味，這回看了這些樂府歌辭和五七言詩歌，才知道詩歌原來是這樣自由的，才知道做詩原來不必先學對仗。我背熟的第一首詩是《木蘭辭》，第二首是《飲馬長城窟行》，第三是《古詩十九首》。一路下去，直到陶潛、杜甫，我都喜歡讀。讀完了吳汝綸的選本，我又在二哥的藏書裏尋到了《陶淵明集》和《白香山詩選》，後來又買了一部《杜詩鏡詮》。這時期我專讀古體歌行，不肯再讀律詩；偶然也讀一些五七言絕句。」又說：「我初學做詩，不敢做律詩，因為我不曾學過對對子，覺得那是很難的事。戊申以後，我偶然試做一兩首五言律詩來送朋友，覺得並不很難，後來我也常常做五七律詩了。做慣律詩之後，我才明白這種體裁是似難而實易的把戲；不必有內容，不必有情緒，不必有意思，只要會變戲法，會搬運典故，會調音節，會對對子，就可以謅成一首律詩。這種體裁最宜於做沒有內容的應酬詩，無論是殿廷上應酬皇帝，或寄宿舍裏送別朋友，把頭搖幾搖，想出了中間兩聯，湊上一頭一尾，就是一首詩了；如果是限韻或和韻的詩，只消從韻腳上去著想，那就更容易了。大概律詩的體裁和步韻的方法所以不能廢除，正因為這都是最方便的戲法。」[1]

一九〇七年五月至七月，胡適因患腳氣病而回績溪療養。通過其父也是患有此病，推斷或許是家族遺傳病。本年中，胡適曾做《棄父行》一詩，刊載在《競業旬報》第二十五期。在該詩序中，胡適說：

> 作者極傷心語也。作者少孤，年十六，而先人聲音笑貌，僅於夢魂中得其彷彿。年來亟膺家難，益思吾父苟不死者，吾又何至於此。是以知人生無父為至可痛也。[2]

---

1 胡適《四十自述》，《胡適文集》冊一，北京大學出版社，一九九八年，第八五、八七—八八頁。

2 參引李敖《胡適評傳》，李敖出版社，二〇〇二年，第五一二頁。

其中「吾父苟不死者，吾又何至於此」很能說明胡適的心境。

一九〇八年七月，胡適開始主編《競業旬報》。由於胡適的二哥經商失敗後，把他們家在上海的瑞興泰茶葉店讓給了債權人，這樣一來他們全家二十多口人只剩下了漢口一家無利可圖的「兩儀酒棧」來維持生計。胡適顯然已經沒錢再繼續住宿舍了，於是他搬進了擔任編輯的《競業旬報》社裏去住。因此，胡適在《四十自述》中則記載：

從七月起，我擔任《旬報》的編輯，每出一期報，社中送我十塊錢的編輯費。住宿和飯食都歸社中擔負。我家中還有母親，眼前就得要我寄錢贍養了。[1]

七月三十一日，胡適在給其母的信中，先感謝其母和近仁叔叔「均為兒婚事致勞大人焦煩」，但他明確答覆「此事今年萬不可行」。無論從學業上，還是從家庭經濟狀況上，特別是他二哥正忙於經營家族企業，方方面面均不成熟。並且，胡適保證「斷不敢背吾母私出外洋不來歸娶。」[2]

八月，胡適搬進《競業旬報》社居住。中國公學因為本年春天發生學潮。根據胡適《四十自述》的闡述：

戊申九月間，中國公學鬧出了一次大風潮，結果是大多數學生退學出來，另組織一個中國新公學。這一次風潮為的是一個憲法的問題。[3]

1 胡適《四十自述》，《胡適文集》冊一，北京大學出版社，一九九八年，第九三頁。
2 《胡適書信集》上，北京大學出版社，一九九六年，第六頁。
3 胡適《四十自述》，《胡適文集》冊一，北京大學出版社，一九九八年，第九〇頁。

原來由學生自治管理的學校，由於經費短缺，從去年開始接受兩江總督款補助。而後，又得到大清銀行貸款。於是成立了中國公學董事會，由董事會任命校長以及學校各級行政主管。一改過去的由學生公選齋務、教務、庶務等等幹事來主持校務的傳統。由此引發師生之間、學生和校方之間激烈衝突。

到了九月，上述衝突最終導致白熱化。校長拒絕承認學生有參與學校行政管理權，並禁止學生集會演說。而學生則全體簽名罷課。於是校方開除學生領袖，並威脅將處理所有參與罷課的學生。由此激起了絕大多數學生的公憤，他們決定集體退學，另成立一所中國新公學。

根據胡適在《四十自述》中回憶：

> 在這風潮之中，最初的一年因為我是新學生，又因為我告了長時期的病假，所以沒有參與同學和幹事的爭執；到了風潮正激烈的時期，我被舉為大會書記，許多記錄和宣言都是我做的；雖然不在被開除之列，也在退學之中。[1]

胡適在中國公學留影（1909）

1 胡適《四十自述》，《胡適文集》冊一，北京大學出版社，一九九八年，第九二頁。

於是，胡適等人因參加中國公學的學潮而轉入新成立的中國新公學讀書，而胡適因為英文成績突出被推薦開始兼任該校的英文教員。

根據一九〇八年十二月三十日，胡適在給程春度的信上說：

> 弟來年以家境之困迫，人事之錯迕，遂決計暫且輟學，專為糊口之計，鄙意此為萬不得已之舉。蓋不如此，則弟讀一日書，中心一日不安，吾壽或且日促一日。且弟年尚少，一二年後俟境遇稍裕，再來讀書，正復不晚。年來以此問題大費躊躇，今決計向此途，此心反覺泰然自得。此時種種留學西洋研究文學之妄想已不再入夢矣。明年啖飯處大約仍在上海，近擬與新公學訂約教授戊己兩班英文，每日四時，月可得八十元，此外或尚可兼任外事。惟此約尚未訂定，故行止尚未大定，大約上海一方面居其多數。蓋弟意在上海有三利：人地兩熟，一也；可為吾績旅滬旅淞諸人作一機關部，二也；課餘之暇尚可從人受學他國文字，三也。弟來年境況大略如是。足下聞之，千萬勿為吾悲。人各有志，吾行吾素而已。[1]

而胡適在《四十自述》中更簡單明瞭地說：「我這時候還不滿十七歲，雖然換了三個學堂，始終沒有得著一張畢業證書。我若繼續上課，明年可以畢業了。但我那時確有不能繼續求學的情形。我家本沒有錢。父親死後，只剩下幾千兩的存款，存在同鄉店家生息，一家人全靠這一點出息過日子。」當時，還有一個因素，即胡適家族的生意問題。胡適介紹說：「在戊申己酉兩年之中，我的家事敗壞到不可收拾的地步。己酉年，大哥和二哥回家，主張分析家產；我寫信回家，說我現在已能自立了，不要家中的產業。其實家中本沒

1 《胡適書信集》上，北京大學出版社，一九九六年，第八頁。

有什麼產業可分，分開時，兄弟們每人不過得著幾畝田，半所屋而已。那一年之中，我母親最心愛的一個妹子和一個弟弟先後死了，她自己也病倒了。我在新公學解散之後，得了兩三百元的欠薪，前途茫茫，毫無把握，哪敢回家去？只好寄居在上海，想尋一件可以吃飯養家的事。在那個憂愁煩悶的時候，又遇著一班浪漫的朋友，我就跟著他們墮落了。」[1]

一九〇九年十月，中國新公學正式宣佈解散，胡適因此而失學失業，開始在上海過著整日飲酒、打牌無所事事的生活。

他這一時期的日記中的記載，比如：

一九一〇年一月二十一日的日記中記載：「連日百無聊賴，僅有打牌以自遣。」

二十七日的日記中則記載：「時諸人皆抑鬱無㞏，得酒尤易醉。」[2]

關於新公學解散的原因，胡適後來解釋說：

> 這時候，中國公學的吳淞新校舍已開始建築了，但學生很少。內地來的學生，到了上海，知道了兩個中國公學的爭持，大都表同情於新公學，所以新公學的學生總比老公學多。所以到了己酉十月，新公學接受了調停的條件，決議解散：願回舊校者，自由回去。[3]

到此為止，胡適對於自己在上海的發展和人生前途基本上已經處於極度失望和沮喪狀態中。於是，他開始決定出國留學。

1 胡適《四十自述》，《胡適文集》冊一，北京大學出版社，一九九八年，第九二、九六頁。
2 《胡適日記全編1906-1914》，聯經出版事業有限公司，二〇〇四年，第六一、六四頁。
3 胡適《四十自述》，《胡適文集》冊一，北京大學出版社，一九九八年，第九五頁。

一九〇九年九月十三日，胡適在給母親的信中也說：「有暇時研習他國文字，以為出洋之預備。」[1]這或許是他首次表明留學意圖。而胡適母親則回信表示支持，但是又警告不可中止婚約。一九一〇年六月三十日，胡適在致母親信中再次表明：「即兒將來得有機會出洋，亦斷不敢背吾母私出外洋，不來歸娶」。[2]

一九一〇年春，胡適在華童公學開始短暫教授國文課。

胡適在華童公學留影（1910）

這家公學屬於工部局設立，專門招收家庭貧困子弟入學。學生的年齡也不一樣。年紀大的接近二十歲，而年紀小的則十一、二歲而已。給他們上課，讓胡適十分苦惱。

六月二十八日，胡適同二哥胡紹之一起乘船離開上海，前去北京溫習功課，為出國留學考試而準備。根據胡適《四十自述》記載：

> 那一年是考試留美賠款官費的第二年。聽說，考試取了備取的還有留在清華學校的希望。我決定關起門來預備去應考試。[3]

1 《胡適書信集》上，北京大學出版社，一九九六年，第一〇頁。
2 《胡適致母》，見《安徽史學》一九八九年第一期，第七五頁。
3 胡適《四十自述》，《胡適文集》冊一，北京大學出版社，一九九八年，第一〇一頁。

七月，胡適考取了清華庚子賠款留學美國官費生。十二日，胡適致其母信中說：「趕緊來家一行，大約七月初十以前可以抵家，惟不能久留，至多不過十日而已。」[1]這裏的「七月初十」是陰曆，即陽曆的八月十六日前後。

所謂的「庚款學生」，是用美國退還的庚款送到美國留學的；享受公費的清華留美生既然由國家出錢，自然是搭乘頭等艙的嬌客。除了每個月有八十美元的獎學金以外，還有赴美的治裝費以及裝置他們行頭的手提箱和行李箱。當時男學生出國，訂做西裝自然不在話下。庚款以及後來清華的學生有學校發給的三五百元左右不等的治裝費。

關於這次考試，根據胡適《四十自述》記載：

留美考試分兩場，第一場考國文英文，及格者才許考第二場的各種科學。國文試題為「不以規矩不能成方圓說」，我想這個題目不容易發揮，又因我平日喜歡看雜書，就做了一篇亂談考據的短文，開卷就說：矩之作也，不可考矣。規之作也，其在周之末世乎？下文我說《周髀算經》作圓之法足證其時尚不知道用規作圓；又，孔子說「不逾矩」，而不並舉規矩，至墨子孟子始以規矩並用，足證規之晚出。這完全是一時異想天開的考據，不料那時看卷子的先生也有考據癖，大賞識這篇短文，批了一百分。英文考了六十分，頭場平均八十分，取了第十名。第二場考的各種科學，如西洋史，如動物學，如物理學，都是我臨時抱佛腳預備起來的，所以考得很不得意。幸虧頭場的分數占了大便宜，所以第二場我還考了個第五十五名。取送出洋的

1 《胡適書信集》上，北京大學出版社，一九九六年，第一五頁。

共七十名，我很挨近榜尾了。[1]

一九五二年十二月二十七日，在臺東縣講「中學生的修養與擇業」這個話題時，晚年的胡適回憶他自己當年出國留學之事時深有感觸地說：

> 家兄特從東三省趕到上海為我送行，以家道中落，要我學鐵路工程，或礦業工程。他認為學了這些回來，可以復興家業，並替國家振興實業。不要我學文學，哲學，也不要學做官的政治法律，說這是沒有用的。當時我同許多人談談這個問題，我以鐵路礦冶都不感興趣，為免辜負兄長的期望，決定選讀農科，想做科學的農業家，以農報國。同時美國大學農科是不收費的，可以節省官費的一部分，寄回補助家用。[2]

當時，胡適南下的旅費都是楊景蘇先生借給他的。到了上海以後，他的族親長輩答應他必要時可以直接墊錢給其母親家用。胡適自己知道：沒有這些親朋好友和族親的幫助，他是無法前往美國留學的。以後，他無論在美國還是在臺灣，遇到他的同鄉或者族親，他都給予了應有的照顧和幫助。

當時，在學校裏胡適使用的學名是「胡洪騂」。而這次北上報考臨時改用「胡適」之名。因此之故，「胡適」這個名字就成了正式取代了「胡洪騂」的學名。

---

1 胡適《四十自述》，《胡適文集》冊一，北京大學出版社，一九九八年，第一〇一－一〇二頁。

2 引見胡頌平《胡適之先生年譜長編》冊一，聯經出版事業有限公司，一九八四年，第一〇三頁。

第四章
留美時期的思想和經歷：康奈爾大學

一九一〇年八月十六日，胡適等七十一名第二批庚子賠款留學生們從上海乘坐「中國號」氣墊客船去美國。

八月二十二日，當客船經過日本長崎港時，胡適在船上聽到朝鮮被正式併入日本的消息。當時，不少乘客下船去觀看當地日本的慶祝活動，他則沒有下船：

> 皆登岸一遊。但規模之狹，地方之齷齪，乃至不如上海、天津遠甚。居民多赤身裸體如野蠻人，所居屋矮可打頂，廣僅容膝，無几無榻，作書寫字，即伏地為之。此種島夷，居然能駸駸稱雄於世界，此豈非吾人之大恥哉！今日韓已合併矣。韓之不祀，伊誰之咎？吾國人猶熟視若無睹然，獨不念我之將為韓續耶？嗚呼，傷已！[1]

而後，客船駛向神戶港。短暫停留後，再次駛向橫濱港。

在長崎休息三天後，二十四日，客船再次啟航，直接駛向了美國領土夏威夷州。晚年的胡適曾經回憶這次旅程說：「那年我們同時放洋的共有七十一人……我是一個愛玩的人，也吸紙煙、也愛喝檸檬水、也愛打『五百』及『高、低、傑克』等等紙牌。在吸煙室裏，我認得了憲生，常同他打『Shuffle Board』；我又常同嚴約沖、張彭春、王鴻卓打紙牌。」[2]

九月十日，客船終於抵達美國夏威夷州的港口。接待他們的是美國基督教青年會主席 John Mott。在夏威夷州各個大學的大清國學生聯合會成員，就帶著他們這些來自祖國的第二屆庚子賠款留學生們，參觀了夏

1 《胡適書信集》上，北京大學出版社，一九九六年，第一六頁。

2 胡頌平《胡適之先生晚年談話錄》，聯經出版事業有限公司，一九八四年，第一六九—一七〇頁。

威夷州長官邸、中國領事館、博物館、水族館以及有名的Kawaiaha修道院等地。二十日，胡適等人終於再次啟程抵達了終點站加州舊金山市的港口。全體七十一名庚子賠款留學生們上岸，在大清國舊金山市領事館安排下在此休息三天。

然後，依照每個人被錄取的大學所在地的不同，胡適等人則乘火車前往康奈爾大學。在抵達康奈爾大學後，胡適曾寫家信中彙報旅途：「計日三十三晝夜，計程三萬餘里，適當地球之半。此間晨興之時，正吾祖國人士酣眠之候；此間之夜，祖國方日出耳。乘風之志於今始遂，但不識神山采藥效果如何，又不知丁令歸來，能不興城郭人民之歎否？」[1]

十月，胡適正式進入美國康奈爾大學學習。當時他選讀的是農學院。

胡適之所以選農學為專業，據說是受了他二哥的影響。在胡適的心目中，二哥「是很有學問的，可惜早死了」。在他出國前，「家兄特從東三省趕到上海為我送

1 《胡適書信集》上，北京大學出版社，一九九六年，第一六頁。

1911年的康奈爾大學

行，以家道中落，要我學鐵路工程，或礦冶工程，他認為學了這些回來，可以復興家業，並替國家振興實業。不要我學文學、中學，也不要學做官的政治法律，說這是沒有用的。當時我同許多人談論這個問題。以路礦都不感興趣，為免辜負兄長的期望，決定選讀農科，想做科學的農業家，以農報國。」[1]當然，還有另外一個原因就是：凡讀農科者不需要繳納學費，故此胡適以為「一年可省一百五十金，可謂大幸」。[2]

胡適初到美國之時，曾給績溪族親寫信對美國社會大為讚賞說：「美國風俗極佳。此間夜不閉戶，道不拾遺，民無遊蕩，即一切遊戲之事，亦莫不泱泱然有大國之風。對此，真令人羨煞。」[3]真所謂劉姥姥入大觀園的感覺，莫過於此。

一月三十日，當天是康奈爾大學第一學期期末考試，也是中國農曆新年。胡適曾寫詩：

永夜寒如故，朝來歲已更。
層冰埋大道，積雪壓孤城。
往事潮心上，奇書照眼明。
可憐逢令節，辛苦尚爭名。

二月六日，因為正值大學假期，胡適因此在日記中自責自己「平日已習於學，今家中一無所事，反覺心身無著落處，較之日日埋頭讀書，尤難過也。」十八日，假期中的胡適第一次參加康奈爾大學的假期學生活動，而且在聚會時使用英文發表演講，題目是「虛字」。顯然，這是和漢語相關的一次英文演講。因為前

1 胡頌平《胡適之先生晚年談話錄》，聯經出版事業有限公司，一九八四年，第一六三頁。
2 《胡適書信集》上，北京大學出版社，一九九六年，第一六頁。
3 《胡適書信集》上，北京大學出版社，一九九六年，第一六頁。

一天他剛寫了六頁的文章《中國虛字解》。胡適當天的日記中特別記下了「余第一次以英文演說也」。[1]甚至，他還在二十六日的日記中記下了他的一次英文作文的自擬題目「美國大學宜立中國文字一科」。

到了新學期開學後的三月五日，胡適給他的美國同學介紹中國宗教和歷史之時，詳細說明了儒釋道三教的源流及其發展。可見當時農學院的學生胡適，在美國同學眼裏、在他自己心目中依然是圍繞在歷史和人文科學的話題中。在十一日的日記裏，胡適表達出他對迎新會的濃厚興趣：「夜赴第一年級新生宴會。是夜與宴者凡六百人，興會飛舞，極歡樂。他日當另為作一記。」所謂「劉姥姥進大觀園」，晚清的留學生們正處於這一狀態中。

其實，如果閱讀這一時期的胡適日記，你會發現胡適注意力並不在農學。

比如，一九一一年四月十二日日記記載是：「今日習農事，初學洗馬，加籠轡，駕車周遊一周。」我高度懷疑胡適當時把自己幻想成一個喜歡馬術的英國紳士，而非一名學習農學的大學本科學生。胡適晚年在《中學生的修養與擇業》一文中回憶說：「我進農學院以後第二個學期接到實驗系主任的通知，要我到該系報到實習。報到以後，他問我，『你有什麼農場經驗』。我說『我不是種田的』。他又問我『你做什麼呢？』我說：『我沒有做什麼，我要虛心學習，請先生教我。』先生答應說：『好』。接著問我洗過馬沒有，要我洗馬。我說：『我們中國種田，是用牛不用馬。』先生說：『不行』。於是學洗馬。先生洗一半，我洗一半。」[2]

當年四月二日，胡適致函江冬秀，他在信中說：「前曾於吾母處，得見姊所作序，字跡亦媚好，可喜，

1 《胡適日記全編1906-1914》，聯經出版事業有限公司，二〇〇四年，第一一七、一二一頁。
2 引見胡頌平《胡適之先生年譜長編》冊一，一九八四年，聯經出版事業有限公司，第一一一—一一二頁。

惟似不甚能達意，想是不多讀書之過。」進而胡適希望她「能溫習舊日所讀之書。」[1]而當時胡適對農學的全部興趣都集中體現在他對各科考試成績的自信和自滿上。當年六月三日的日記記載則是：「本學期英文科，余得免考，心頗自喜。實則余數月以來之陰大半耗於英文也（每學期平均分數過八十五分者得免大考）。」[2]

當年暑假期間，即一九一一年六月十三日，胡適正式決定信仰基督教，並且參加了基督教會主辦的夏季夏令營活動。見胡適《四十自述》中的記載：

一九一一年夏，我出席於在賓夕法尼亞普柯諾派恩司舉行的中國基督教學生會的大會做來賓時，我幾乎打定主意做了基督徒。[3]

那個時期，當個基督徒，所有留學學生在宗教上的選擇幾乎都是如此。

七月，胡適當選為大清國庚子賠款留學生學生會中文書記，同時兼職該會的會報總幹事、「愛國會」會刊總主筆等工作。

九月二十八日，康奈爾大學的第三學期開學。

十月六日日記中的記載，胡適已經注意到了農學專業課和自己喜歡的人文學科之間在時間上的矛盾和衝突：「今年每日具有實驗課。上午授課稍多，竟不暇給。懼過於勞苦，自今日為始，綴讀演說及英文詩二

1 《胡適書信集》上，北京大學出版社，一九九六年，第二〇頁。
2 《胡適日記全編1906-1914》，聯經出版事業有限公司，二〇〇四年，第一二六、一三四、一四八頁。
3 唐德剛《胡適口述自傳》，《胡適文集》冊一，北京大學出版社，一九九八年，第二〇四頁。

課。而留英文散文一科。」可見他最後的選擇依然還是「留英文散文一科」。[1]

由此而來，他的日記中時時表現出特有的家國情懷。從當年十月十四日的日記開始，連續幾天的日記都談到了他關心的武昌起義和大清王朝存亡之間的進展，比如：

十四日日記中的記載：「武昌宣告獨立。北京政府震駭失措，乃起用袁世凱為陸軍總帥。美國報紙均袒新政府。」

十七日日記中的記載：「相傳袁世凱已受命，此人真是蠢物可鄙。」

二十三日日記中的記載：「袁世凱果不肯出山，而以足疾辭。」

三十日日記中的記載：「回首故國，武漢之間，血我未已；三川獨立，尚未可知；桂林、長沙俱成戰場；大江南北，人心惶惶不自保；此何時乎？」[2]而此時，胡適的二哥在給他的信中告訴他：「武昌革命黨於上月十九日起事，新軍相應，佔據省城，總督潛逃，漢口、漢陽均為所得，舉動極為文明，各國欽佩，聲明願守中立。」[3]

到了年底考試結束，胡適這一年三個學期各科成績如下：

第一學期四門課成績：「英文一」，八十分；「植物學一」，八十二分；「生物一」，七十五分；「德文一」，九十分。

第二學期選了六門課成績：「英文二」，八十九分；「植物學一」，八十分；「生物一」，八十二分；「德文二」，八十分；「植物學二」，六十四分；「氣象學一」，七十分。

---

1 《胡適日記全編1906-1914》，聯經出版事業有限公司，二〇〇四年，第一八五頁。

2 《胡適日記全編1906-1914》，聯經出版事業有限公司，二〇〇四年，第一八七、一八九、一九〇頁。

3 《胡適遺稿及秘藏書信》冊二十二，黃山書社，一九九四年，第六一六—六一七頁。

第三個學期四門課成績：「地質學一」，七十五分；「化學B」，八十五分；「植物生理學七」，七十七分；「果樹學一」，七十六分。英文課免考。

胡適留學之時，家中財務境況已經十分困難，胡母曾來信告訴他：「余每年家用總要洋二百元之左，此款全要靠吾男匯來。」一九一二年六月十八日，胡適還在致信其母再次談到經濟問題：「尚能節學費，賣文字，略助家用。其後學課益繁，乃並此亦不能得。家中日用，皆取於借貸」。[1]而那時胡適每月有八十美元的留學生津貼，只需拿出一個月的津貼便可以解決其母在家全年開支，應該說胡適當時並沒有太大的經濟負擔。

隨著他對農學的瞭解深入，使得他萌生了轉換專業的想法。

於是，他在和二哥的往來信函中，多次探討這個問題。幾乎耗時將近一年。在他晚年，唐德剛撰寫的《胡適口述自傳》一書裏，舉了三個決定轉系的根本理由：首先是他對中國哲學、歷史和思想的興趣；其次是辛亥革命帶給他對現實中國的深刻認識。因為他到處去演講，講中國的現況，使他必須去瞭解中國近數十年的歷史和政治；最後是他在康奈爾大學讀了英、法、德三國的文學和歷史著作，使他對中國文學和歷史的研究興趣得以復甦。

胡適陳述說：

我年輕的時候，就讀了大多數基本的古代中國哲學，以及近代中國思想方面的書，後者所指的是宋明的新儒家。這就是我思想的背景，這也就是我對中國古代、近代中國思想史的興趣。在農學院的那三個學期，我考試的成績還頗像樣的。那時學校有一個規定，只要我期末考

1 《胡母致胡適》，《安徽史學》一九八九年第二期，第七九頁。

的成績平均在八十分以上，我就可以在十八小時必修的學分以外，去多選兩小時額外的學分的課……我選的是文學院克雷登教授所開的哲學史的課。克雷登教授並不是一個有口才的老師。但是，他嚴肅、懇切地展現各個學派。那種客觀地對待歷史上各個階段的思想史的態度，給我留下了一個極深的印象，也重新喚起了我對哲學，特別是中國哲學的興趣。[1]

到了一九一二年二月十九日，康奈爾大學正式批准了胡適從農學院轉到文學院繼續學習。有些胡適研究著作中說：「九月轉入文學院，修哲學、經濟、文學」，顯然不符合事實。在胡適致友人章希呂的信中，他說：「適已棄農政習哲學文學，旁及政治，今所學都是普通學識，畢業之後，再當習專門工夫，大約畢業之後，不即歸來，且擬再留三年始歸。然當改入他校，或哈佛或哥倫比亞或入威斯康星尚未能定，因康奈爾不長於政治文學也。」[2]

一九二八年，胡適曾寫的一篇文章中談到了他在一九一二年轉專業的經歷時說：「到了一九一二年以後，我改入文科，方才和明復、元任同在克雷登先生的哲學班上。我們三個人同坐一排。」又說：「我的古文和詩詞的訓練相當不錯。從少年時候開始，我作文寫詩就已經頗能差強人意了。康奈爾的農學院不但規定大一的學生必修英文，每週上五小時的課，還得要修兩門外國語：德文和法文。這些規定使我對英國文學產生了興趣，使我不但閱讀了英文的經典著作，而且也練習寫作和會話。德文、法文課也讓我去摸索了德國和法國的文學。我學了兩年的德文、一年半的法文。我雖然不會說德語或法語，但我那時的德文和法文都相當不賴。教我法文的便是我的好友和老師康福教授，我們中國學生查經班的老師。兩年的德文課，讓我接觸到

1 唐德剛《胡適口述自傳》，《胡適文集》冊一，北京大學出版社，一九九八年，第二一二頁。
2 《胡適書信集》上，北京大學出版社，一九九六年，第二五頁。

德文的經典著作，像歌德、席勒、萊辛、海涅等等。特別是我對英國文學的興趣，讓我接觸到了英國文學的巨擘，促使我繼續去選修更高深的英文課。」[1]實際上，當時胡適已經注意到了外國人不適應漢語中母音字母O的發音問題，這為他日後發動白話文和中文拼音運動，正在準備基礎。

一九一二年十月，胡適在閱讀希臘史專著時引起了他對中國的思考，他在日記中寫道：「忽念及羅馬所以衰亡，亦以統一過久，人有天下思想而無國家觀念，與吾國十年前同一病也。」又，根據十月十五日的日記中記載可知，胡適最近讀了美國著名來華傳教士 Arthur Henderson Smith的 *Characteristics of the Chinese* 和 Edward Alsworth Ross 的 *The Changing Chinese* 二書，並「皆作箚記識之，以為他日之用」。在十六日的日記中記載，胡適對 Paul S. Reinsch 所作的 *Intellectual and Political Currents in the Far East* 一書給出了很高的評價，認為是「美國人著書論吾國者，未有及此書之真知灼見者也。」這段時間，胡適關注的英文著作基本上是西方歷史和西方漢學經典著作。他努力從西方學術著作中尋找解決中國問題的方案，是當時胡適的閱讀興趣和目的所在。甚至在當年的雙十節，胡適日記中特別留下了如是感歎：「今日，為我國大革命周年之紀念，天雨朦朧，秋風蕭瑟，客子眷顧，詠懷故國，百感交集。欲作一詩寫吾悠悠之思，而苦不得暇。」[2]因此，余英時在《中國近代思想史上的胡適》一文中主張：胡適留學期間「最關懷的正是中西文化異同的問題，特別是中國傳統在面臨西方文明的挑戰時究竟應該怎樣轉化的問題。」[3]這個結論正是由此而來的。

十一月，胡適發起組織「政治研究會」。在本月一日的日記中，胡適再一次表達了對梁啟超的尊敬和讚美：

1 唐德剛《胡適口述自傳》，《胡適文集》冊一，北京大學出版社，一九九八年，第二一二頁。

2 《胡適日記全編1906-1914》，聯經出版事業有限公司，二〇〇四年，第二〇四、二〇六、二〇七頁。

3 引見《胡適之先生年譜長編》冊一，聯經出版事業有限公司，一九八四年，第一七頁。

閱《時報》，知梁任公歸國，京津人士都歡迎之，讀之深歎公道之尚在人心也。梁任公為吾國革命第一大功臣，其功在革新吾國之思想界。十五年來，吾國人士所以稍知民族思想主義及世界大勢者，皆梁氏之賜，此百喙所不能誣也。去年武漢革命，所以能一舉而全國響應者，民族思想政治思想入人已深，故勢如破竹耳。使無梁氏之筆，雖有百十孫中山、黃克強，豈能成功如此之速耶！近人詩「文字收功日，全球革命時」，此二語惟梁氏可以當之無愧。[1]

可見到了美國，胡適依然在關注著梁啟超的思想和近況。

十二月，胡適代表康奈爾大學大同會，到費城參加世界大同總會年會，被推為該總會憲法部幹事。三日，胡適應邀在康奈爾大學理學會發表了十五分鐘的短暫演講，題目是「吾國子女與父母之關係」。當時，美國學生對胡適談到的中國子女對父母的依賴關係表示不理解。

1 《胡適日記全編1906-1914》，聯經出版事業有限公司，二〇〇四年，第二二〇頁。

「世界學生聯合會」骨幹和美國國務卿合影（1913）

一九一三年五月，胡適當選為「世界學生聯合會」會長。世界學生聯合會，即英文的「The Association of Cosmopolitan Clubs」。在《胡適口述自傳》一書裏，他介紹說：「康奈爾大學裏的『世界學生會』（Cosmopolitan Club）是當時一個校際組織——『各大學世界學生聯合會』——之下的一個分會。這個聯合會每年在不同的校園內舉行年會。由於參加乃至主持這些會議，以及學習使用『羅氏議事規程』，使我逐漸瞭解民主議會議事程序的精義；這也是我當學生時參加學生活動的一大收穫。在我的留學日記裏，我曾記下我第一次主持學生會會議的經驗。我說那一小時作主席的經驗，實遠勝於對『羅氏議事規程』作幾個小時的研讀。」[1]

十月八日，胡適主持召開了世界學生聯合會的年會。

在十月十二日的日記中，記載了胡適在拜訪胡彬夏女士時談論到他對女性的看法：

> 女士語余，以為生平奢望唯在得良友。余亦以為吾國男女界限之破除，其最良之果，在於一種高潔之友誼。女士聰慧和藹，讀書多所涉獵，議論甚有見地，為新女界不可多得之人物。余前與鄭萊、胡宣明諸君談，恆以吾國學子太無思想為病，相對歎咨，以為今日大患，在於國人之無思想能力也。今日與女士言亦及此。女士謂此亦有故，蓋晚近之留學生年齒較稚，思力未成熟，其膚淺鄙隘本無足責。此論殊忠厚，可補吾失，不觀乎美國之大學生乎？其真能思想者能有幾人耶？念此又足起我樂觀之望矣。[2]

---

1 唐德剛《胡適口述自傳》，《胡適文集》冊一，北京大學出版社，一九九八年，第二二八頁。

2 《胡適日記全編1906-1914》，聯經出版事業有限公司，二〇〇四年，第二四三頁。

一九一四年一月四日的日記中，胡適繼續大談他的女性觀：

> 忽念吾國女子所處地位，實高於西方女子。吾國顧全女子之廉恥名節，不令以婚姻之事自累，皆由父母主之。男子生而為之室，女子生而為之家。女子無須以婚姻之故，自獻其身於社會交際之中，僕僕焉自求其偶，所以重女子之人格也。西方則不然，女子長成即以求偶事，父母乃令習音樂，嫻蹈舞，然後令出而與男子周旋。其能取悅於男子，或能以術驅男子入其彀中者乃先得偶。其木強樸訥，或不甘自辱以媚人者，乃終其身不字為老女。是故，墮女子之人格，驅之使自獻其身以釣取男子之歡心者，西方婚姻自由之罪也。此論或過激，然自信不無據，覘國於其精微者，當不斥為頑固守舊也。[1]

在他的觀念中，中國女性的實際地位還是高於西方世界的。甚至他回國後的演講中，也時常談到女性問題。我們通過胡適這兩則有關女性問題的日記，可以發現當時他已經沉迷在和異性的精神交流當中。儼然就是他所謂的「一種高潔之友誼」。這也是他一生和女性交往的主線。或者更明白的說：柏拉圖式的愛情和友情是胡適的一種精神追求。

除了訂婚的尷尬，還有家庭經濟的壓力，就在本月中，胡適因經濟拮据，遂與上海《大共和報》達成定期撰文換錢的君子協定，而該報則保證每月寄二十元給胡母。如此才基本解決了胡適焦慮的給母匯款和購買圖書之間的衝突問題。而後，其母生病，來信希望他及早回國。

儘管又如此尷尬和壓力，一月二十九日，胡適在日記中卻深有感觸地談起樂觀主義人生觀，他說：「我

1 《胡適日記全編1906-1914》，聯經出版事業有限公司，二○○四年，第二四三、二五三—二五四頁。

相信我自離開中國後，所學得的最大的事情，就是這種樂觀的人生哲學了。」並且，「吾與朋友書，每以『樂觀』相勉。自信去國數年所得，惟此一大觀念足齒數耳。」顯然，這無非就是他擺脫尷尬和壓力的一個精神勝利法而已。胡適的女性觀思考和他的樂觀主義處世態度，都是他自己面對被迫訂婚的尷尬和家庭經濟結局的壓力做出的理性主義抗爭。二十五日的日記中，他還對自己讀書提出反省：「多所涉獵而不專精，氾濫無方而無所專注，所得皆皮毛也，可以入世而不可以用世，可以欺人而無以益人，可以自欺而非所以自修也。後此宜痛改之」。由此而來，他意識到：「今日吾國之急需，不在新奇之學說，高深之哲理，而在所以求學論事觀物經國之術。以吾所見言之，有三術焉，皆起死之神丹也：一曰歸納的理論，二曰歷史的眼光，三曰進化的觀念。」[1]

二月九日，胡適在當天給友人教授漢語時，他已經注意到了漢字需要改革：

> 今文示之，下注古篆，如日、月之類。先授以單簡之榦字。榦字者，語之根也。先從象形入手，次及會意、指事，以至於諧聲。此是一種實地試驗之國文教授法。若吾能以施諸此君而有效，則他日歸國，亦可以施諸吾國初學也。一舉而可收識義及尋源之效，不愈於繪圖插畫乎？[2]

進而，他還指出了《說文解字》中存在著很多解釋不盡人意的現象。

四月，胡適被委為康奈爾大學學生會哲學群學部部長。

---

1 《胡適日記全編1906-1914》，聯經出版事業有限公司，二〇〇四年，第二六八、二六三頁。

2 《胡適日記全編1906-1914》，聯經出版事業有限公司，二〇〇四年，第二八四頁。

五月十九日，胡適「世界學生會」會長任期結束，胡適在卸職演講時說：「如果人家說你們會裏有太多不好的猶太人，太多不好的中國人，或者太多不好的美國人，則你們是該擔心。但是，如果人家告訴你們，會裏有太多猶太人或黑人，就只因為他們是猶太人或黑人，則你們應該以你們的會為傲，因為這表示這是唯一一個『屬於世界』的學生團體，接納會員不分膚色、出身、宗教或經濟條件。同時，你們應該告訴那帶有種族偏見的朋友，說他才是這個會裏不該有的會員。」

在這一年，根據胡適《四十自述》的記載：他撰寫的研究勃朗寧詩歌的論文曾獲得「Hiram Corson Prize」。而且還獲得了五十美元的獎金，對他來說，在當時這已經是雪中送炭般的很知足的高額報酬了。該論文題目是「In Defense of Browning's Optimism」。據說，一個中國學生竟然得了一個勃朗寧文學獎，在當時竟然變成了一則新聞。連紐約各報刊都加以報導。胡適還被邀請到美國的「勃朗寧學會」所在地去作演講。可見胡適的英文造詣之高，遠超當時一般的留學學生，這也難怪他可以同時出任北京大學英文系教授了。當時的 *Leslie's Illustrated Magazine* 一九一四年六月四日刊出一則消息說：「一名中國學生異乎尋常地在英語上勝過了所有來自英語國度的學生，引起了人們對他的廣泛注意」[1]

在六月八日的日記中，胡適再次主張他準備要：

> 宜利用此時機，與有教育之女子交際，得其陶冶之益，減吾孤冷之性，庶吾未全漓之天真，猶有古井作波之一日。[2]

1 引見格里德的《胡適與中國的文藝復興》，江蘇人民出版社，一九九三年，第三二頁。

2 《胡適日記全編1906-1914》，聯經出版事業有限公司，二〇〇四年，第三三〇頁。

不知道是否是在說服他自己「既然無法擺脫既定的婚姻，卻是可以享受自由戀愛」？其實，頻繁的思考女性問題正是當時胡適受困於家庭訂婚給他帶來的巨大的尷尬和心理壓力。我們看到這一時期，胡適家信中就透露出我們的上述分析結果。當天，胡適致其母信中，他特別說：「吾少時稍有所異於群兒，未嘗非吾母所賜也。」當然，胡適這樣致函其母，乃至因為六月六日他剛接到了其母來信，特別介紹了江冬秀「時往來吾家，為吾母分任家事」的現象。因此，在七月八日，胡適致函江冬秀，「如有暇日，望稍稍讀書識字」；而且他還勸江冬秀不可再纏足，因為「纏足乃是吾國最殘酷不仁之風俗」的忠告。甚至還在同年十二月十二日的信中，還在詢問：「適前有書，囑卿放足，不知已放大否。如未實行，望速放之。勿畏人言。」[1]十七日，胡適出席康奈爾大學畢業典禮，他取得了康奈爾大學文學學士學位。在二十九日的日記中，胡適曾深有感慨地指出：「美留學界之大病在於無有國文雜誌，不能出所學以餉國人。」[2]可見這個時候他已經開始考慮辦理國文雜誌的問題了，也就是給自己尋找發言平臺。

七月十八日，胡適聯合幾位友人發起組織「讀書會」，要求「每週至少讀英文書一部，週末討論」。前面我介紹了胡適在上海讀書時代就組建了「閱讀會」，可見他對這裏讀書組織的創建熱情一直不減。這大概是社交活動的最佳機會，尤其可以通過這樣的讀書活動和異性建立起「一種高潔之友誼」。

八月二日，胡適閱讀了英國學者Leonel Giles所譯的《敦煌錄》一文，他發現多處謬誤。於是撰寫閱訂正文章郵寄給作者。（直到一九一五年二月十一日，該論文作者中國給他回信，並將訂正後的論文和刊物一起郵寄給他。胡適的訂正被他全部採納。）

---

1 《胡適書信集》上，北京大學出版社，一九九六年，第四三、五一頁。

2 《胡適日記全編1906-1914》，聯經出版事業有限公司，二〇〇四年，第三四二頁。

九月三日，胡適被推薦為《學生英文月報》主筆之一，負責國內新聞。為此，胡適展開旅遊，時常到周邊城市去采風，然後把所見所聞寫入新聞報導，也加深了他對美國社會、人文和地理的瞭解。在七日的日記中，胡適從女性觀談到了婚姻觀。他說：「吾所持『無後』之說，非欲人人不育子女也，如是則世界人類絕矣。吾欲人人知後之不足重，而無後之不足憂。培根曰：『有妻子者，其命定矣（絕無大成就矣）。蓋妻子者，大事業之障礙也，不可以為大惡，亦不足以為大善矣。天下最大事功為公眾而作者，必皆出於不婚或無子之人，其人雖不婚無後，然實已以社會為妻為子矣。』（見《婚娶與獨處論》）又曰：『吾人行見最偉大之事功皆出於無子之人耳。其人雖不能以形體傳後，然其心思精神則已傳矣。故惟無後者，乃最能傳後者也。』（見《父子論》）此是何種魄力，何種見地！吾國今日正須此種思想為振聵發聾之計耳。吾嘗疑吾國二千年來，無論文學、哲學、科學、政治，皆無有出類拔萃之人物，其中最大原因，得毋為『不孝有三，無後為大』一言歟？此不無研究之價值也。」在九日的日記中，胡適深深感悟出：「余又言今日西方政治學說之趨向，乃由放任主義而趨干涉主義；由個人主義而趨社會主義。不觀乎取締『托拉斯』之政策乎？不觀乎取締婚姻之律令乎（今之所謂傳種改良法，禁癲狂及有遺傳病者相婚娶，又令婚嫁者須得醫士證明其無惡疾）？不觀乎禁酒之令乎（此邦行禁酒令之省甚多）？不觀乎遺產稅乎？蓋西方今日已漸見十八世紀學者所持任天而治（放任主義）之弊。今方力求補救，奈何吾人猶拾人唾餘，而不深思明辨之也。」[1]

十月二十日，胡適日記中記載了他和Edith Clifford Williams女士一起出遊的經歷。這裏的Edith Clifford Williams女士，即胡適日記和書信中大量出現的韋蓮司女士。胡適記載：「循湖濱行，風日絕佳。道盡，乃折而東，行數里至厄特娜村始折回，經林家村而歸。天雨數日，今日始晴明，落葉遮徑，落日在山，涼風拂

1《胡適日記全編1906-1914》，聯經出版事業有限公司，二〇〇四年，第四八八—四八九、四九二—四九三頁。

人，秋意深矣。是日共行三小時之久，以且行且談，故不覺日之晚也。女士為大學地質學教授韋蓮司之次女，在紐約習美術；其人極能思想，讀書甚多，高潔幾近狂狷，雖生富家而不事服飾；一日自剪其髮，僅留二三寸許，其母與姊腹誹之而無如何也，其狂如此。余戲謂之曰：『昔約翰彌爾有言，今人鮮敢為狂狷之行者，此真今世之隱患也。狂乃美德，非病也。』女士謂，『若有意為狂，其狂亦不足取。』余亦謂然。余等回至女士之家已六時，即在彼晚餐。晚餐後圍爐坐談，至九時始歸。」[1]

在此期間，他多次和韋蓮司女士見面、書信、旅遊等行為，幾乎全部記載在了他的日記中。胡適在一九一四年致其母信中介紹了韋蓮司女士，並稱贊其為「思想深沉，心地慈祥，見識高尚，兒得其教益不少」。[2]我很難不說：這樣的書信是否是胡適給自己的母親先吹吹風，有意讓其母比較洋女人和江冬秀二者之間的優劣？

十一月十六日，胡適日記中表達了他對袁世凱政府尊孔的看法：「此袁氏尊孔之令也。此令有大誤之處七事，如言吾國政俗『無一非先聖學說發皇流衍』，不知孔子之前之文教，孔子之後之學說（老、佛、楊、墨），皆有關於吾國政俗者也。其謬一。今日之『綱常淪斁，人慾橫流』，非一朝一夕之故，豈可盡以歸咎於國體變更以後二三年中自由平等之流禍乎？其謬二。『政體雖取革新，禮俗要當保守』。禮俗獨不當革新耶？（此言大足代表今日之守舊派。）其謬三。一面說立國精神，忽作結語曰『故尊崇至聖』云云，不合論理。其謬四。明是提倡宗教，而必為之辭曰絕非提倡宗教。其謬五。『孔子之道，亙古常新，與天無極』，滿口大言，毫無歷史觀念。『與天無極』尤不通。其謬六。『位天地，育萬物，為往聖繼絕學，為萬世開太

---

1 《胡適日記全編1906-1914》，聯經出版事業有限公司，二〇〇四年，第五一七—五一八頁。

2 《胡適書信集》上，北京大學出版社，一九九六年，第五三頁。

平，苟有生知血氣之倫，皆在範圍曲成之內』，一片空言，全無意義，口頭讕言，可笑可歎。其謬七。嗟夫！此國家法令也，擲筆一歎！」[1]

十二月二十六日，胡適代表康奈爾大學「世界學生聯合會」，到俄亥俄州參加「世界學生聯合會年會」。在歡迎晚會上，胡適是五位致辭者之一，英文演講的題目是「At the Parting of the Way」。胡適在演講中提出：

> 今日世界文明之基礎所以不堅牢者，以其礎石非人道也，乃獸道也。今日世界如道行之人至歧路之口，不知向左向右，而又不能不抉擇：將循舊徑而行獸道乎？抑將改途易轍而行人道也？世界如此，吾輩之世界會亦復如是，吾輩將前進耶？抑退縮耶？[2]

顯然，這個時期胡適的中西文明發展觀和優劣對比還是迷茫的，尚未定型。當時，胡適等「世界學生聯合會」全體領導成員還受到了美國新當選的總統威爾遜和國務卿白來恩的接見。

胡適當時曾寫有《非留學篇》一文表達的價值觀。他指出：「留學者，吾國之大恥也！留學者，過渡之舟楫而非敲門之磚也；留學者，廢時傷財事倍功半者也，留學者，救急之計而非久遠之圖也。」又說：「一國之派遣留學，當以輸入新思想為己國造新文明為目的。淺而言之，則留學之目的在於使後來學子可不必留學，而可收留學之效。是故留學之政策，必以不留學為目的。」他還說：「大學之數，不必多也，而必完備精全。今不妨以全力經營北京、北洋、南洋三大學，務使百科咸備，與於世界有名大學之列。然後以餘力增

1 《胡適日記全編1906-1914》，聯經出版事業有限公司，二〇〇四年，第五五〇頁。

2 《胡適日記全編1915-1920》，聯經出版事業有限公司，二〇〇四年，第七頁。

設大學於漢口、廣州諸地。日本以數十年之力經營東京、西京兩帝國大學，今皆有聲世界矣。此其明證，未嘗不可取法也。」[1]

一九一五年一月九日至十一日，胡適作為世界學生會幹事長，舉辦了世界學生會舉行十周年紀念祝典。他在慶典上發表了「世界會之目的」的英文演說。在該演說中，胡適在論述傳教士在華機會時曾說：

> 傳教士的真正價值，在於外國傳教士就像一個歸國留學生一樣，他總是帶回一種新的觀點，一種批判的精神。這樣的觀點和精神，是一個對事物之既存秩序逐漸習以為常、漠然無動於衷的民族所缺乏的，也是任何改革運動所絕對必須的。

一月十九日，胡適到訪波士頓，出席會議。他發表了長達四十五分鐘的演講。當晚，吳康在哈佛校區紅龍館宴請胡適。第二天，胡適拜訪哈佛大學，並且參觀了哈佛美術館。當晚，竺可楨在哈佛校區的紅龍館宴請胡適。第三天，胡適繼續參觀哈佛亞洲藝術博物館，並且拜訪富田幸次郎。在富田引導下，參觀該館收藏的古代中日藝術精品。

二月十四日，胡適來到紐約，拜訪友人張彭春。看到張當時正在撰寫英文短劇。胡適不由得讚歎說：「吾讀劇甚多，而未嘗敢操觚自為之，遂令祖生先我著鞭。」胡適從未忘記要趕超群雄的想法，這或許也是其母自幼灌輸給他的一個信念。為此，十八日，胡適意識到自己「須有博大高深之學問」，並制定了他自己「讀書以哲學為中堅，而以政治、宗教、文學、科學輔焉」[2]的總方針。二十日的日記裏，胡適記載說：

---

1 周質平主編《胡適早年文存》，遠流出版社，一九九五年，第三四九—三七七頁。

2 《胡適日記全編 1915-1920》，聯經出版事業有限公司，二〇〇四年，第四七、四九頁。

「吾他日能生見中國有一國家的大學可比此邦之哈佛，英國之康橋、牛津，德之柏林，法之巴黎，吾死瞑目矣。嗟夫！世安可容無大學之四百萬方里四萬萬人口之大國乎！世安可容無大學之國乎！」第二天的日記中，他則繼續大聲疾呼：「國無海軍，不足恥也；國無陸軍，不足恥也！國無大學、無公共藏書樓、無博物院、無美術館，乃可恥耳。我國人其洗此恥哉！」[1]

三月，胡適在《留美學生月報》上發表一篇英文公開信，題目是「An Open Letter to all Chinese Students」。在信中，胡適呼籲要理智愛國：「吾輩遠去祖國，當以鎮靜處之，以盡學子求學之責。切勿為報章之喧囂所紛擾，致離棄吾輩之重要使命。吾輩當莊嚴、鎮靜、勿被擾、不動搖、安於學業。吾輩尤應自我預備，若祖國能渡此大難——對此余深信不疑——乃推動其全面之進步；即或不能，亦可使祖國起死回生。」胡適還呼籲：「請大家不要衝動，讓我們各盡我們應有的責任；我們的責任便是讀書求學。」[2]此信發表後，被大批愛國青年斥之為冷血和賣國，胡適一時間成了眾矢之的。二十二日，胡適致其母信函中，公開地表示最近演講過多，「得益之多，非言可罄；然荒廢日力亦不少，故以後決意不再受演說之招矣」，可以說反映了當時胡適的尷尬和困窘。

四月二十二日在致函胡覺時，胡適表明：「我對政治始終採取了我自己所說的不感興趣的興趣。我認為這種興趣是一個知識份子對社會應有的責任。」晚年，在《胡適口述自傳》中，他說明了對美國大選政治的認可和選民的社會責任的形成原因：

我對美國政治的興趣和我對美國政治的研究，以及我學生時代所目睹的兩次美國大選，對

---

1 《胡適日記全編1915-1920》，聯經出版事業有限公司，二〇〇四年，第五〇、五一頁。

2 《胡適書信集》上，北京大學出版社，一九九六年，第五六頁。

我後來對政治和政府的關心，都有著決定性的影響。其後在我一生之中，除了一任四年的暫時中國駐美大使之外，我其少參與實際政治。但是在我成年以後的生命裏，我對政治始終採取了我自己所說的不感興趣的興趣。我認為這種興趣是一個知識份子對社會應有的責任。[1]

比如，對於當時國內出現的中日緊張關係，胡適表明自己的立場：

及一九一五年日本提出有名的對華二十一條件，留美學生，人人都贊成立即與日本開戰。我寫了一封公開的信給《中國留美學生月報》，勸告處之以溫和，持之以冷靜。我為這封信受了各方面的嚴厲攻擊，且屢被斥為賣國賊。戰爭是因中國接受一部要求而得避免了，但德國在華領土則直至七年之後才交還中國。[2]

在二十五日的日記中，談到了上個月的公開信引來的反對聲音。友人斥責胡適不愛國，也有人以為胡適主張中日合併說。胡適基本上是不給與答覆。

五月二十八日的日記中，胡適自我檢討說：「吾鶩外太甚，其失在於膚淺。今當以專一矯正之。吾生平大過，在於求博而不務精。蓋吾返觀國勢，每以為今日祖國事事需人，吾不可不周知博覽，以為他日為國人導師之預備。不知此謬想也。吾讀書十餘年，乃猶不明分功易事之義乎？吾生精力有限，不能萬知而萬能。吾所貢獻於社會者，惟在吾所擇業耳。吾之天職，吾對於社會之責任，唯在竭吾所能，為吾所能為。吾所不

1 唐德剛《胡適口述自傳》，華文出版社，一九九二年，第四〇頁。

2 唐德剛《胡適口述自傳》，華文出版社，一九九二年，第四〇頁。

能，人其舍諸？」然後再次發誓：「自今以往，當屏絕萬事，專治哲學，中西兼治」。[1]我們發現，胡適從在上海讀書開始，就經常自我檢討，真正在體現著「吾日三省吾身」的儒家修養信條。而現在經歷了前面所說的公開信事件後，胡適逐漸走向成熟。

八月二日，胡適撰寫《論句讀及文字符號》一文。二十六日，胡適又撰寫《如何可使吾國文言易於教授》一文。此二文可以說是文學革命的前奏。這和八月二日的文章是相互呼應的。

在《如何可使吾國文言易於教授》一文中，胡適痛批「今之漢文，已失象形、會意、指事之特長」。可見，使用者和教授者都處於迷茫中。這就造成了「吾國文字既不傳聲，又不能達意」的局面。他曾指出：「自古以來，中國人從不講究文法，不知文法乃教授文字語言之捷徑。」

而在八月二十一日的日記中，記載了胡適對考證方法的邏輯學理解：

> 證者，根據事實，根據法理，或由前提而得結論（演繹），或由果溯因，由因推果（歸納），是證也。吾國舊論理，但有據而無證。證者，乃科學的方法，雖在歐美，亦為近代新產兒。[2]

可以說，在康奈爾大學留學時期的胡適，通過讀書過程中的中西對比和現實社會、法制和政治體制的異同考察，正在逐步地建立他的文革革命觀點和社會改良主張。

---

1 《胡適日記全編1915-1920》，聯經出版事業有限公司，二〇〇四年，第一二一頁。

2 《胡適日記全編1915-1920》，聯經出版事業有限公司，二〇〇四年，第二〇一頁。

第五章
留美時期的思想和經歷：哥倫比亞大學

一九一五年九月二十一日，胡適抵達紐約，住在 Furnald Hall 學生公寓的五樓，該處可謂地處紐約繁華地帶。他從此開始了就讀哥倫比亞大學哲學系研究生的生涯，當時系主任為著名哲學家杜威。

根據胡適口述，唐德剛譯註《胡適口述自傳》的記載：

> 我在一九一五年九月註冊進入哥大哲學系研究部。其後一共讀了兩年。在第一年中我便考過了哲學和哲學史的初級口試和筆試。初試及格，我就可以寫論文：我也就（可以）拿到我的（哲學博士）的學位了。一九一七年的夏季，我就考過我論文最後口試。所以兩年的時間——再加上我原先在康奈爾研究院就讀的兩年——我在哥大就完成我哲學博士學位的一切必需課程和作業了。

早在一九一五年八月五日，胡適致函其母的信中就介紹了當時美國的學制：「西國大學學位共分三級，第一級為學士（四年），第二級為碩士（一年），第三級為博士（二年），故兒再留二年可得博士之位矣。」[1]而不少人至今還在振振有詞地質疑胡適讀博時間年限不達標呢！殊不知當時學制就是這樣規定的。而唐德剛在《胡適雜憶》一書中卻放言「胡先生在哥大研究院一共讀了二年，兩年時間連博士學位研讀過程中的規定住校四年年限都嫌不足，更談不到通過一層層的考試了。」唐教授如此斷言，不知該如何面對當時哥大的學制和保存下來的胡適參加哥大博士考試的各科成績了——所謂口述史學，如此失於考證，也難怪史學界一直有相當多的著名學者對這個「口述史學唐大師」治學有失嚴謹表示認同，這大概也是後來「口述史學唐大師」被哥倫比亞大學解聘的直接原因之一、之二或之三吧，只是不是因為這部《胡適口述自傳》中的

1 《胡適書信集》上，北京大學出版社，一九九六年，第三四頁。

錯誤，而是因為面對李宗仁口述時偽造史實而唐德剛卻失於查驗的《李宗仁回憶錄》一書！按：胡適日記一九一七年五月二十七日記載了參加博士考試的詳細情況。唐德剛難道視而不見?!

根據胡適日記、書信和他的「口述自傳」的記載，當時在哥倫比亞一起就讀的同學中就有宋子文、張奚若、孫科和蔣夢麟等人。[1]

本月，陳獨秀在上海創刊《青年》刊物，並且通過胡適友人汪孟鄒向胡適約稿，而汪則是該刊的發行人。

十月一日的日記中，記載了胡適和哥倫比亞大學著名漢學家、中國上古史專家夏德教授的談話：「哥倫比亞大學有中國政府所贈之雍正三年刊竣之《古今圖書集成》一部（有雍正四年九月二十七日上諭）。此世界一大書也。原訂五千冊，今合巨冊，成一千六百七十二冊。共一萬卷，合為六千一百〇九部，總為三十二典，匯為六編。據此間漢文

1917年時期的哥倫比亞大學

1 唐德剛《胡適口述自傳》，華文出版社，一九九二年，第九五、九七頁。

教授夏德先生告我：『此非雍正年原板，乃總理衙門所仿印也。據端午橋之言如此。』夏德先生又言：『雍正初板並不如後日上海圖書集成書局所出活板之精。以原板銅字不完，或有所，則假借他字以代之。而上海之板校對極精故也。』滿清康熙、雍正、乾隆三帝，鼓勵文學，搜集文獻，刊刻類書巨製，其功在天地，不可泯沒也。」[1]

而在《胡適口述自傳》中，還特別記載了他和夏德教授的私下來往和友誼：

夏德是一位很有趣的人物、據我們所知他是哥大的第一位「丁龍講座教授」，那是美洲大陸第一個以特別基金設立的漢學講座。丁龍原是美國卡本迪將軍的一位傭人，他深得卡氏的敬重，所以卡氏乃獨立捐資給哥大設立一席令治漢學的「丁龍講座」。夏德教授的《中國上占史》和《中國與東羅馬交通史》等著作，當時深受學術界的重視。但是他那時在哥大卻苦悶不堪，因為他簡直沒有學生——主修，副修都沒有，所以我倒樂於接受他的邀請以漢學為我的兩門副修之一。夏德先生待我其好，他不但領導我參觀哥大那個他所協助建立的小型中文圖書館，他還把他那豐富的中文典籍的收藏全部讓我使用，我和這位老先生廝混得很熟。他有時也請我到他的公寓裏去會見他的朋友們和其他的學生、我還記得他的助手劉田海。田海是前中國駐美公使劉錫鴻的兒子，這位劉君甚為成熟。他雖然算不得是個漢學家，但是他的中文根基甚好，做夏德的助手，勝任有餘。[2]

1 《胡適日記全編1915-1920》，聯經出版事業有限公司，二〇〇四年，第二三四頁。
2 唐德剛《胡適口述自傳》，華文出版社，一九九二年，第九九頁。

十月三十日的日記中，記載了胡適對杜威的早期印象：

> 一夜，余在室中讀書，忽聞窗下笳聲。臨窗視之，乃一汽車，中有婦女多人，蓋皆為女子參政之活動者也。中有一女子執笳吹之，其聲悲壯動人。途人漸集車下。笳歇，中一女子宣言，大學藏書樓前有街心演說會，招眾人往赴之。余遂往觀之。有男女數人相繼演說，亦都不惡。余忽見人叢中有杜威先生，為哥倫比亞大學哲學教長，而此邦哲學界第一人也。余初以為先生或偶經此間耳，及演說畢，車門闢，先生乃登車，與諸女子參政會中人並駕而去，然後乃知先生蓋助之為進行活動者也。嗟夫，二十世紀之學者不當如是耶！[1]

但是，很快地，胡適就被杜威哲學所吸引。他說：

> 杜威對我一生的文化生命既然有決定性的吸引力，我也就難於作詳細的敘述。他對我之所以具有那樣的吸引力，可能也是因為他是那些實驗主義大師之中，對宗教的刊發是比較最理性化的了。[2]

一九一六年一月四日的日記中，胡適主張：「吾嘗以為今日國事壞敗，不可收拾，決非剜肉補瘡所能收效。要須打定主意，從根本下手，努力造因，庶猶有死灰復燃之一日。若事事目前小節細故所牽制，事事但就目前設想，事事作敷衍了事得過且過之計，則大事終無一成耳。吾國古諺曰：『死馬作活馬醫。』言明

---

1 《胡適日記全編1915-1920》，聯經出版事業有限公司，二〇〇四年，第二四六—二四七頁。

2 唐德剛《胡適口述自傳》，華文出版社，一九九二年，第一〇三頁。

知其無望，而不忍決絕之，故盡心力而為之是也。吾欲易之曰，『活馬作死馬醫。』活馬雖有一息之尚存，不如斬釘截鐵，認作已死，然後敢拔本清源，然後忍斬草除根。若以其尚活也，而不忍痛治之，而不敢痛治之，則姑息苟安，終於必死而已矣。」[1]

自二月二日開始，胡適通過信件，先後開始與陳獨秀、朱經農、梅光迪、任鴻雋、楊杏佛、錢玄同等討論文學革命的問題，並開始嘗試作白話詩。在當天致函任鴻雋的信中，胡適表達了他對詩界革命的神往：「適以為，今日欲救舊文學之弊，須先從滌除『文勝』之弊入手。今日之詩（南社之詩即其一例）徒有鏗鏘之韻，貌似之辭耳。其中實無物可言。其病根在於重形式而去精神，在於以文勝質。詩界革命，與文界革命正復相同，皆當從三事入手：第一，須言之有物，第二、須講求文法（大家之詩無論古詩、律詩皆有文法可言），第三、當用『文之文字』時，不可故意避之。三者皆以質救文之弊也。」

甚至他還在當年七月二十六日的信中，再次向任鴻雋表示：

> 白話之能不能作詩，此一問題全待吾輩解決。解決之法不在乞憐古人，謂古之所無今遍不可有，而在吾輩實地實驗。

可見早期文學革命的兩大核心要素就是詩界革命和白話革命，都是以掃除文言為基礎的古代詩歌傳統和散文傳統。當胡適自己可以用白話創作詩歌之後，他更希望自己「數年後，竟能用文言白話作文作詩，無不隨心所欲，豈非一大快事?!」[2]

---

1 《胡適日記全編1915-1920》，聯經出版事業有限公司，二〇〇四年，第二五六頁。

2 《胡適書信集》上，北京大學出版社，一九九六年，第六八、七八、八二頁。

三月一日，錢玄同寫信公開發佈在更名為《新青年》[1]的原《青年》雜誌上。他特別肯定了胡適不用典的新詩主張，認為「實足去千年來腐臭文學之積弊」。

四月五日，胡適談「文學革命」在古代中國的變遷。他說：「總之，文學革命，至元代而登峰造極。其時，詞也，曲也，劇本也，小說也，皆第一流之文學，而皆以俚語為之。其時吾國真可謂有一種『活文學』出世。倘此革命潮流（革命潮流即天演進化之跡，自其異者言之，謂之『革命』。自其循序漸進之跡言之，即擁之『進化』可也）。不遭明代八股之劫，不受明初七子諸文人復古之劫，則吾國之文學必已為俚語的文學，而吾國之語言早成為言文一致之語言，可無疑也。但丁之創義大利文，卻叟諸人之創英吉利文，馬丁·路得之創德意志文，未足獨有千古矣。惜乎五百餘年來，半死之古文，半死之詩詞，復奪此『活文學』之席，而『半死文學』遂苟延殘喘，以至於今日。今日之文學，獨我佛山人（吳趼人）、南亭亭長（李伯元）、洪都百煉生諸公之小說可稱『活文學』耳。文學革命何可更緩耶？何可更緩耶？」[2]

這裏出現的所謂「活文學」和「死文學」的概念，也就是胡適對白話文和文言文的尖刻指代。他推舉獨我佛山人（吳趼人）、南亭亭長（李伯元）、洪都百煉生諸公之小說為「活文學」在如今的代表。這個時候的胡適，依然是在努力給文學革命尋找古代中國歷史上的存在證據和立論基礎，以此幻想著可以舊瓶裝新酒，實現文革改良。他想尋找的只是一個證據，即：文學革命並非舶來品。

而在四月十七日的日記中，胡適則談到了中國文學的弊病：

> 吾國文學大病有三：一曰無病而呻。哀聲乃亡國之徵，況無所篇而哀耶？二曰慕仿古人。

1 從第二卷第一號開始，《青年》雜誌更名為《新青年》。

2 《胡適日記全編1915-1920》，聯經出版事業有限公司，二〇〇四年，第二九五頁。

文求似左史，詩求似李杜，詞求似蘇辛。不知古人作古，吾輩正需求新。即論畢肖古人，亦何異行屍贗鼎？「諸生不師今而師古」，此李斯所以焚書坑儒也。三曰言之無物。諛墓之文，昭送之詩，固無論矣。即其說理之文，上自韓退之《原道》，下至曾滌生《原才》。上下千年，求一墨翟、莊周乃絕不可得。詩人則自唐以來，求如老杜《石壕吏》諸作，及白香山《新樂府》、《秦中吟》諸篇，亦寥寥如鳳毛麟角。晚近惟黃公度可稱健者。餘人如陳三立、鄭孝胥，皆言之無物者也。文勝之微，至於此極，文學之衰，此其總因矣。

到了四月三十日的日記中，胡適甚至主張：「活文學」只有宋元語錄和戲劇、小說而已。他說：「適每謂吾國『活文學』僅有宋人語錄，元人雜劇院本、章回小說，及元以來之劇本、小說而已。吾輩有志文學者，當從此處下手。」[1]這些言行和主張組成了他日後發起文學革命論的基石。可見當年的四月一直是胡適集中思考文學革命的關鍵時間點。

這些書信和日記，後來被他整理成《文學改良芻議》一文刊發在《新青年》第二卷第五號上。雖然也曾刊發在美國留學生主辦的華文刊物上，卻反響平平；而在國內《新青年》刊發後，則掀起了文學革命的滔天巨浪，引起了知識界和讀者層的巨大反響和回應。這應該說超出了所有人的預期。

六月，胡適在紐約接待了多年不見的訪美老師馬君武。在日記中對此記載：「先生留此五日，聚談之時甚多」、「相見甚歡」云云。然而在他晚年回憶此事時卻說：「那時我很忙，我還陪他吃飯，出去玩玩談談」。

這一年的上半年，儘管掀起了文學革命的滔天浪潮，但是胡適卻依然面對著哥倫比亞大學的博士論文

---

1 《胡適日記全編1915-1920》，聯經出版事業有限公司，二〇〇四年，第三一五—三一六、三二七頁。

撰寫和必須的考試。在當年五月一日，胡適致函其母說：「兒之博士論文，略有端緒。今年暑假中，當不他去，擬以全夏之力，做完論文草稿」，此信可為一證。到了暑假過後的九月，胡適在致函其母時依然說「兒現在作博士論文頗忙」[1]，可見整個暑假並未完成全部撰寫。

七月十四日，當胡適在報紙上看到消息說英國哲學家羅素因為反戰而拒服兵役被劍橋大學革職。當天的日記中，胡適主張：「英國哲學家羅素參加『反對強迫兵役會』，作文演說，鼓吹良心上的自由。法庭判他有違反『祖國防衛法』之罪，罰金。康橋大學前日革去他的名字及數學原理教職。嗚呼！愛國，天下幾許罪惡假汝之名以行！元任來書論此事，云：『What insanity cannot war lead to！The days of Bruno are always with us without eternal vigilance. Passed in one form，they come in another.』」二十日的日記中，他感歎說：「吾國幾十年來的政府，全無主意，全無方針，全無政策，大似船在海洋中，無有羅盤，不知方向，但能隨風漂泊。這種漂泊，最是大患。一人犯之，終身無成；一國犯之，終歸滅亡……欲免漂泊，須定方針。吾嘗以英文語人云：『A bad decision is better than no decision at all.』此話不知可有人說過；譯言：『打個壞主意，勝於沒主意。』今日西方人常提『功效主義』。其實功效主義之第一著手處便是『籌畫打算』……」[2] 可見這個時候胡適已經意識到中西政治體制的巨大差異。這是他改良社會意識的興起。

一九一六年八月十三日，陳獨秀致函胡適說：「尊論改造新文學意見，甚佩甚佩。足下功課之暇，尚求為《青年》多譯短篇名著若《決鬥》者，以為改良文學之先導。弟意此時華人之著述，宜多譯不宜創作，文學且如此，他何待言。」這是胡適文學革命論的最早記錄。當年十月五日的信中，陳獨秀更要求他「文學

1 《胡適書信集》上，北京大學出版社，一九九六年，第七二、八七頁。

2 《胡適日記全編1915-1920》，聯經出版事業有限公司，二〇〇四年，第三六六、三六八頁。

改革，為吾國目前切要之事。此非戲言，更非空言，如何如何？《青年》文藝欄意在改革文藝，而實無辦法。吾國無寫實詩文以為模範，譯西文又未能直接喚起國人寫實主義之觀念，此事務求足下賜以所作寫實文字，切實作一改良文學論文，寄登《青年》，均所至盼。」二十一日，胡適在致函朱經農信中提出：「新文學之要點，約有八事：一、不用典。二、不用陳套語。三、不講對仗。四、不避俗字俗語。（不嫌以白話作詩詞）五、須講求文法。——以上為形式的方面。六、不作無病之呻吟。七、不模仿古人。八、須言之有物。——以上為精神（內容）的方面。」[1]後來的文學革命中提出的「新文學八事」之說，便是誕生在此。

胡適在八月二十三日致函陳獨秀信中，特別推崇古詩中不用典、少用典的精品。這封信立刻被陳獨秀發表在《新青年》第二卷第二號上。

胡適說：「適嘗謂凡人用典或用陳套語者，大抵皆因自己無才力，不能自鑄新辭，故用古典套語，轉一彎子，含糊過去，其避難趨易，最可鄙薄！在古大家集中，其最可傳之作，皆其最不用典者也。老杜《北征》何等工力！然全篇不用一典（其『不聞殷周衰，中自誅褒妲』二語乃比擬非用典也）。其《石壕》《羌村》諸詩亦然。韓退之詩亦不用典。白香山《琵琶行》全篇不用一典。《長恨歌》更長矣，僅用『傾國』『小玉』『雙成』三典而已。律詩之佳者，亦不用典。堂皇莫如『雲移雉尾開宮扇，日映鱗龍識聖顏』。宛轉莫如『豈謂盡煩回紇馬，翻然遠救朔方兵』。纖麗莫如『夢為遠別啼難喚，書被催成墨未濃』。悲壯莫如『永夜角聲悲自語，中天月色好誰看！』」並且得出了「然其好處，豈在用典哉」的九字結論。在胡適看來，「以用典見長之詩，決無可傳之價值。雖工亦不值錢，況其不工，但求押韻者乎？」然後，筆鋒一轉，他開始評級如今的詩界現象：「嘗謂今日文學之腐敗極矣：其下焉者，能押韻而已矣。稍進，如南社諸人，

1《胡適來往書信選》上，中國社會科學院近代史研究所編，社科文獻出版社，二〇一三年。

誇而無實，濫而不精，浮誇淫瑣，幾無足稱者（南社中間亦有佳作。此所譏評，就其大概言之耳）。更進，如樊樊山陳伯嚴鄭蘇龕之流，視南社為高矣，然其詩皆規摹古人，以能神似某人某人為至高目的，極其所至，亦不過為文學界添幾件贋鼎耳，文學云乎哉！」[1]其實，胡適在這裏只是繼承了唐宋時代的文學批評中對江西詩派過分用典的批判，也是他主張的詩界革命說的歷史基礎。

根據胡適《四十自述》的記載：本年度，胡適的論文「Is There a Substitute for Force in International Relations」獲得國際政治俱樂部獎。對於在美留學時期的思想和活動，根據胡適《我的歧路》中的自述說：

> 我是一個注意政治的人。當我在大學時，政治經濟的功課占了我三分之一的時間。當一九一二至一九一六年，我一面為中國的民主辯護，一面注意世界的政治。我那時是世界學生會的會員、國際政策會的會員、聯校非兵會的幹事。……一九一六年，我的國際非攻論文曾得最高獎金。[2]

在一九一七年一月一日出版的《新青年》第二卷中，胡適發表了《文學改良芻議》一文。在該文中，胡適將上述八事修改如下：

> 今之談文學改良者眾矣，記者末學不文，何足以言此。然年來頗於此事再四研思，輔以友朋辯論，其結果所得，頗不無討論之價值。因綜括所懷見解，列為八事，分別言之，以與當世之留意文學改良者一研究之。吾以為今日而言文學改良，須從八事入手。

---

1 《胡適書信集》上，北京大學出版社，一九九六年，第八三頁。

2 胡適《我的歧路》，參見《胡適文存》二集，亞東圖書館，一九二九年，第九九頁。

八事者何？

一曰，須言之有物。

二曰，不摹倣古人。

三曰，須講求文法。

四曰，不作無病之呻吟。

五曰，務去濫調套語。

六曰，不用典。

七曰，不講對仗。

八曰，不避俗字俗語。

然後，他逐一展開詳細的討論。最後得出結論說：

上述八事，乃果。遠在異國，既無讀書之暇晷，又不得就國中先生長者質疑問題，其所主張容有矯枉過正之處。然此八事皆文學上根本問題，一一有研究之價值。故草成此論，以為海內外留心此問題者作一草案。謂之芻議，猶云未定草也，伏惟國人同志有以匡糾是正之。

此文發表後，引起巨大反響，由此正式開啟了國內學術界文學革命的運動。二十七日，胡適在費城舉辦演講，題目是「美國如何能協助中國之發展」。然後，胡適住在同學Joseph H. Haines家中，瀏覽了他的全部藏書。

就在本月中，陳獨秀獲聘北京大學文科學長，《新青年》編輯部也隨著他而離開上海進入北京大學。並且，陳獨秀致函胡適，特別談到了約請他就職北京大學和待遇等話題：

> 蔡子民先生已接北京總長之任，力約弟為文科學長，弟薦足下以代，此時無人，弟暫充乏。子民先生盼足下早日回國，即不願任學長，校中哲學、文學教授俱乏上選，足下來此亦可擔任。學長月薪三百元，重要教授亦有此數。[1]

可惜此信陳獨秀沒有落款寫作時間。日後，陳獨秀出事，胡適在處理時總顯然溫情，原因就在此。因為陳獨秀是他進入北京大學的引路人。陳獨秀甚至致函胡適說：「盼足下早日回國，即不願任學長，校中哲學、文學教授俱乏上選，足下來此，亦可擔任。」[2]我們看看《新青年》究竟刊發了多少有戰鬥力又有學術性的文章，才出現胡適尚未回國，卻已經大名滿天下了的局面呢？如下：

一九一六年九月一日：胡適譯文《決鬥》。

十月一日：胡適、陳獨秀《通信》。

十二月一日：胡適《藏暉室箚記1》。

一九一七年一月一日：

胡適《文學改良芻議》。

胡適《藏暉室箚記2》。

二月一日：胡適《白話詩八首》。

---

1 《胡適來往書信選》上，中國社會科學院近代史研究所編，社科文獻出版社，二〇一三年。

2 《胡適書信集》上，北京大學出版社，一九九六年，第六頁。

胡適《藏暉室箚記3》。
三月一日：胡適譯文《二漁夫》。
胡適《藏暉室箚記4》。
四月一日：胡適譯文《梅呂哀》。
胡適《藏暉室箚記5》。
五月一日：胡適《歷史的文學觀念論》。
胡適、陳獨秀《通信》。

其中，《文學改良芻議》引起了巨大的反響，《新青年》上討論和問答就此展開，連續半年不散，可以說是該刊創立以來的唯一的一篇重頭戲文章！在胡適歸國前，憑藉此文就已經形成了名人效應。

比如，一九一七年五月一日刊出的余元浚《讀胡適先生文學改良芻議》、劉半農《我之文學改良觀》；四月一日刊出的方孝岳《我之改良文學觀》等等。當然，更多的討論與影響則是在胡適到北京大學任教後展開的，尤其是在一九一八年。但是源頭則在此時就已經開始。一九一七年二月一日，陳獨秀在《新青年》上發表文章《文學革命論》一文。他首先點出核心所在：「文學革命之氣運，醞釀已非一日，其首具義旗之急先鋒則為吾友胡適。余甘冒全國學究之敵，高張『文學革命軍』大旗，以為吾友之聲援。」

四月二十七日，胡適撰寫完畢全部博士學位論文。全文共計二百四十三頁，大約九萬字。而後，接下來幾天，胡適一直在審讀博士論文，從遣詞造句到標點符號和注釋，然後列印幾份出來交給指導教授、審查委員。當時哥倫比亞大學要求的提交一百份列印稿則暫時沒有兌現，一直拖到十年後他訪問美國時才補交這個規定的程式——因此他正式領取哲學博士證書也就相應地延長了十年。

在當年五月一日出版的《新青年》第三卷第三號上，胡適又發表了《歷史的文學觀念論》一文。在該文中，他首先提出：「居今日而言文學改良，當注重『歷史的文學觀念』。一言以蔽之，曰：一時代有一時代之文學。」

然後，他對這一概念給出的解釋如下：「此時代與彼時代之間，雖皆有承前啟後之關係，而決不容完全抄襲；其完全抄襲者，決不成為真文學。愚惟深信此理，故以為古人已造古人之文學，今人當造今人之文學。至於今日之文學與今後之文學究竟當為何物，則全係於吾輩之眼光識力與筆力，而非一二人所能逆料也。惟愚縱觀古今文學變遷之趨勢，以為白話之文學種子已伏於唐人之小詩短詞。

胡適和他的導師杜威教授

及宋而語錄體大盛，詩詞亦多有用白話者（放翁之七律七絕多白話體。宋詞用白話者更不可勝計。南宋學者往往用白話通信，又不但以白話作語錄也）。元代之小說戲曲，則更不待論矣。此白話文學之趨勢，雖為明代所截斷，而實不曾截斷。語錄之體，明、清之宋學家多沿用之。詞曲如《牡丹亭》、《桃花扇》，已不如元人雜劇之通俗矣。然崑曲卒至廢絕，而今之俗劇（吾徽之徽調與今日京調、高腔皆是也）乃起而代之。今後之戲劇或將全廢唱本而歸於說白，亦未可知。此亦由文言趨於白話之一例也。小說則明、清之有名小說，皆白話也。近人之小說，其可以傳後者，亦皆白話也（筆記短篇如《聊齋志異》之類不在此例）。故白話之文學，自宋以來，雖見屏於古文家，而終一綫相承，至今不絕。」

最後，他先給出自己的結論就是：「夫白話之文學，不足以取富貴，不足以邀聲譽，不列於文學之『正宗』，而卒不能廢絕者，豈無故耶？豈不以此為吾國文學趨勢，自然如此，故不可禁遏而日以昌大耶？愚以深信此理，故又以為今日之文學，當以白話文學為正宗。」

五月二十日，胡適應邀去 White Plains 發表有關墨子思想的學術演講，題目是「Mohism China's Lost Religion」。二十二日，胡適只是通過了哲學博士學位的最後考試，而後回國。前面我們說了胡適取得博士學位是在十年之後——按照日本學制，這是很正常的現象。日語中把這些通過了博士資格考試和各科考試的博士研究生叫做「博士課程修了」者，這類人即眾人皆知的「博士浪人」。這些人直到最後取得博士學位為止，「博士浪人」才轉變成「博士號取得」者。但是，從成為「博士浪人」開始，並不影響在任何大學的就職和晉升。因此，胡適的博士學位在十年後才取得，在日本學術界一點也不奇怪。也只有在中國社會才會如此苛刻要求胡適乃至於嘲諷他是冒牌博士。二十七日，胡適在當天的日記中補記了前幾天的博士考試情況：「五月二十二日，吾考過博士學位最後考試。……前次為口試，計二時半。吾之初試，在前年十一月，凡筆試六時（二日），口試三時。」[1]

胡適標準像（1917）

1《胡適日記全編1915-1920》，聯經出版事業有限公司，二〇〇四年，第五一五—五一六頁。

六月九日，胡適開始啟程回國。

歸國前的六月一日，胡適曾賦詩《別叔永、杏佛》等人，以為告別之詞：

我初來此邦，所志在耕種。
文章真小技，救國不中用。
帶來千卷書，一一盡分送。
種菜與種樹，往往來入夢。
匆匆復幾時，忽大笑吾癡。
救國千萬事，何一不當為？
而吾性所適，僅有一二宜。
逆天而拂性，所得終希微。
從此改所業，講學復議政。
故國方新造，紛爭久未定。
學以濟時艱，要與時相應。

在歸國之前的日記中，他認為美國對他而言決不在真正的故鄉之下說：「吾嘗謂朋友所在即是吾鄉。吾生朋友之多無如此邦矣。今去此吾所自造之鄉而歸吾父母之邦，此中感情是苦是樂，正難自決也。」

總之，在胡適歸國前，文學革命和文學改良在國內已經形成了反對和贊成兩派對立的局面。因此，陳獨秀致函胡適主張：「獨至改良中國文學，當以白話為文學正宗之說，其是非甚明。必不容反對者有討論之餘地。」可見當時胡適歸國已經是提槍上陣的局面了。陳獨秀認為在這個問題上不存在工具理性，更沒有自由探討的餘地。而胡適在此前後一年多的具體表現證明他也積極地履行著陳獨秀的這一信念。就他留學和人生的關係，工具理性是胡適留美最大的收穫，而對自由的信仰和追求則是他將自我和社會相互溝通的唯一通道。當時的胡適，並沒有意識到容忍在他人生中存在的價值。甚至陳獨秀這樣的兄長，居然也是「必不容反對者有討論之餘地」這樣的霸道，加重了年輕的胡適對容忍的排斥。

第六章

立足北大面向世界：文學革命論

一九一七年六月九日，胡適正式告別紐約市和哥倫比亞大學。第二天，他前往韋蓮司女士家中客房居住，並且利用這一時機和在美各地友人告別。為了節省路費，胡適特地購買了在加拿大出港到上海的日本客船二等艙，這比從美國出港可以節省出全部的行李托運費。十五日，胡適從美國紐約港登船，前往加拿大。十八日，客船離開美國領海進入加拿大海域，胡適望著茫茫大海，十分傷感地寫下了「從此去美國矣。不知何年更入此境」[1]的感歎。格里德分析此刻的胡適思想時說：「隨著他留美學生時代的結束日近，隨著他終生工作的性質在他心中愈益清晰，他就開始思考未來，思考他在那時正在中國發生的事件中所應起的作用了。他從未懷疑過，他應該起一種作用。」[2]這也是胡適當時自我意識和責任感最真實的寫照。二十一日，在加拿大換乘日本船「皇后丸」，客船離開加國海域，開始漫長旅行。

七月五日，「皇后丸」客船路過日本橫濱港，胡適登岸遊覽當時書店，看到了當地的一些論著。在當天的日記中，他如是記述到：「又有日本人桑原騭藏博士之《中國學研究者之任務》一文，其大旨以為治中國學宜採用科學的方法，其言極是。」[3]日後，胡適在《我的歧路》中回憶說：「一九一七年七月我回國時，船到橫濱，便聽見張勳復辟的消息；到了上海，看了出版界的孤陋，教育界的沉寂，我方才知道張勳的復辟乃是極自然的現象，我方才打定二十年不談政治的決心，要想在思想文藝上替中國政治建築一個革新的基礎。」又說：「復辟之無成，固可斷言。所可慮的，今日之武人派名為反對帝政復辟，實為禍亂根苗。此時之穩健派似欲利用武人派之反對復辟者以除張勳一派，暫時或有較大的聯合，他日終將決裂。如此禍亂因

---

1 《胡適日記全編1915-1920》，聯經出版事業有限公司，二〇〇四年，第五二二頁。

2 格里德的《胡適與中國的文藝復興》，江蘇人民出版社，魯奇譯，一九九三年，第五五頁。

3 《胡適日記全編1915-1920》，聯經出版事業有限公司，二〇〇四年，第五三八頁。

仍，坐失建設之機會，世界將不能待我矣。」[1] 七日，「皇后丸」客船路過日本神戶港。八日，「皇后丸」客船路過日本長崎港。十日，「皇后丸」客船抵達上海港。二十七日，胡適返回績溪上莊家中探望母親。

八月，胡適受聘為北京大學文學院教授。當時定的月薪是二百六十元。二十四日，胡適前往江冬秀家中，商談結婚事宜，定下年底結婚具體日程。三十日，胡適返回北京赴任。當時剛到北京的胡適，暫時住在中亞旅館，開學後，則搬到北京大學教師宿舍中。

九月十日，北京大學第二學期正式開學。胡適在本學期所授課程如下：中國哲學史、英譯歐洲文學名著選讀、英文詩歌。胡適在致函其母的信中也談到此事，而且該信也證實並無「西洋哲學史」課程。[2] 我們還想繼續追問《舍我其誰：胡適》一書作者，給出立論證據。乃至於該書還有所謂的一九一七年胡適在北京大學第一學期開課的敘述，更是無從談起——北京大學第一學期，正是胡適在美參加各類博士畢業課程考試和答辯的緊張時間段！怎麼可能飛到北京去完成第一學期四門功課教學?!

因為他當時年輕又是歸國博士，胡適上課自然就引起了一些有國學素養的學生的不服。比如，顧頡剛、傅斯年、毛子水等人。根據胡適的回憶，當時的傅斯年曾刻意前去聽胡適的講課：「我在若干年後才知道他在很早的時候就是胡適之的保駕人，在不知不覺中已經替我作了保護的工作。諸位看過顧頡剛先生的《古史辨》第一集，上邊一個七萬字的長序嗎？裏邊曾說到我當時在北大教哲學史的情形。那時北大中國哲學系的學生都感覺一個新的留學生叫做胡適之的居然大膽的想剿斷中國的哲學史；因為原來講哲學史的先生們，講了兩年才講到商朝，而胡適之一來就把商朝以前的割斷，從西周晚年東周說起，這一班學生們都說這是思想

1 胡適《我的歧路》，參見《胡適文存》二集，亞東圖書館，一九二九年，第九九頁。
2 《胡適書信集》上，北京大學出版社，一九九六年，第一〇七頁。

造反；這樣的人怎麼配來講授呢！那時候，孟真在學校中已經是一個力量。那些學生們就去聽聽我的課，看看是不是應該趕走。」結果呢，傅斯年認真地聽了幾天課以後，他就告訴同學們說：「這個人書雖然讀得不多，但他走的這一條路是對的。你們不能鬧。」[1]

十月下旬，胡適的月薪被上調到二百八十元。就在九月三十日，在給其母信中，胡適彙報說：「適初入大學便得此數，不為不多矣。他日能兼任他處之事，所得或尚可增加。即僅有此數，亦盡夠養吾兄弟全家。從此吾家分而再合，更成一家，豈非大好事乎！」並且沒忘了說一句：「此為教授最高級之薪俸。」又說：「適現尚暫居大學教員宿舍內，居此可不出房錢。飯錢每月九元，每餐兩碟菜、一碗湯。飯米頗不如南方之佳，但尚可吃得耳。適意俟拿到錢時，將移出校外居住，擬與友人六安高一涵君。」[2]

當十月份胡適正式開始在北京大學講課後，張奚若在當年十二月二十八日的來信，正可以證明當時他和胡適往來信件中交談的內容，即胡適同時還在英文系上課：「前閱來書，知已至北京大學，惟堂堂大學，尚須哲學教習代授英文，其幼稚情景可想而知，望足下盡力所能至處，大加整頓，總期大學名實相符，庶國中將來或有高等學問可言也。」[3]

而面對其母催促他早日完婚，胡適則全盤接受並且在十一月二十六日致其母信中談婚禮用度的安排：「款子明日即匯二百元，由上海轉。想可於十日半月間匯到。兒歸時當另帶些款子來，想共得三四百元足矣……籌備之事，亦不甚多。里中無有大轎，不知他村或江村有之否？吾鄉無好酒，可到績溪縣挑些酒來。

1 《懷念傅斯年》，秀威資訊科技股份有限公司，二〇一四年，第二—三頁。
2 《胡適書信選》上，北京大學出版社，一九九六年，第一一一頁。
3 《胡適來往書信選》上，中國社會科學院近代史研究所編，社科文獻出版社，二〇一三年。

縣中之『甲酒』甚不惡也。親友送賀禮，一概不收，惟可收賀聯耳。」[1]

十二月二十三日，胡適抵達績溪上莊老家，準備婚禮之事。第二天，就送迎親花轎到江冬秀家。三十日下午三點整，胡適在老家舉辦傳統的結婚典禮儀式。根據《胡適四次回鄉情緣》一文介紹：「在婚禮上胡適西裝革履，金邊眼鏡，頸繫領帶，風度翩翩，即席發表演說，宣揚他的破除舊禮節的新思想。根據石元皋在一九八五年出版的《閒話胡適》一書載：

結婚時主婚人由江冬秀的哥哥江耘圃主持，宅坦的胡昭甫為證婚人。胡適穿的黑呢西裝禮服，頭戴黑呢禮帽，腳穿黑皮鞋。江冬秀身穿的是黑花緞棉襖，花緞裙子，繡花大紅緞子鞋。在主持人和證人的引領下，在結婚證書上簽了字，交換了戒指。接著向端端正正坐在太師椅上的母親行了三個鞠躬禮，代替了舊式的叩頭禮，新郎新娘相對，也行了三個鞠躬禮，代替了舊式相拜禮。婚禮結束，胡適母親喜笑顏開，好不高興，十三年的盼望終於變成了現實，十三年的擔心和憂慮也都煙消雲散了。[2]

胡適結婚之時，曾寫現代詩一首送給江冬秀。該詩如下：

十三年沒見面的相思，如今完結。
把一樁樁傷心舊事，從頭細說。
你莫說你對不住我，我也不說我對不住你，

1 《胡適書信選》上，北京大學出版社，一九九六年，第一一八頁。
2 見《胡適研究通訊》，第七輯，第三四頁。

——且牢牢記取這「三十夜」的中天明月！

而後，他在返回北京後，立刻在位於北京核心地段的南池子緞庫後胡同八號租下一處四合院。胡適在一九一八年三月二十七日給江冬秀的信中說：「我已租了一所新屋，預備五六日內搬進去住。這屋有九間正房，五間偏房（作廚房及僕婢住房），兩間套房。離大學也不遠（與江朝宗住宅相隔一巷）。房租每月二十元。」[1]這體現出他對這段婚姻的認真和對母命的服從。但是，就在新婚之後不久，他卻在信中如實告訴其族叔胡祥木他對這段婚姻的看法：「吾之就此婚事，全為吾母起見，故從不曾挑剔為難，若不為此，吾決不就此婚，此意但可為足下道，不足為外人言也。」又說：「今既婚矣，吾力求遷就，以博吾母歡心。吾所以極力表示閨房之愛者，亦正欲令吾母歡喜耳。」[2]可見這段婚姻完全是胡適為了孝母為主。

與此同時，胡適也沒有忘記身在美國的前女友韋蓮司女士。

十一月二十一日，在給她的來信中，胡適告訴她說：他正在組建北京大學的歷史研究所。雖然這和當時胡適的實際工作並不太屬實，但是至少也說明了胡適日後對文學院定位為以歷史研究為核心的想法是由來已久的。

一九一八年一月十五日，從《新青年》第四卷開始，胡適參與了該刊的實際編輯工作。具體是由陳獨秀、錢玄同、高一涵、胡適、李大釗、沈尹默六人輪流編輯。耿雲志在《胡適新論》中評述說：「由於《新青年》絕大部分都是北京大學的教授，或在北京大學兼任教職，所以在外間看來，北京大學是引起這場震

1 《胡適書信選》上，北京大學出版社，一九九六年，第一四五頁。

2 《胡適家書手稿》，安徽美術出版社，一九八九年，第五九頁。

盪全國的新文化運動的策源地。」[1]但是，由此卻引來了北京守舊勢力官僚們和文化界保守主義者的激烈反抗。以林琴南為代表的晚清遺老們抨擊文學改良運動和北京大學，要求政府辭退和驅趕這些教師。因此，文學革命從一開始就成為一場政治運動。

在本月發行的《新青年》上，胡適發表了一首新派白話詩歌《一念》，而在該詩跋提到了他居住過的竹竿巷：「今年在北京，住在竹竿巷。有一天忽然由竹竿巷想到竹竿尖。竹竿尖乃是吾家村後的一座最高山的名字。因此便作了這首詩。」同一期還發表了胡適撰寫的《歸國雜感》一文。在該文中，他主張：「我們學西洋文字，不單是要認得幾個洋字，會說幾句洋話。我們的目的在於輸入西洋的學術思想。所以我以為中國學校教授西洋文字，應該用一種『一箭射雙雕』的方法，把『思想』和『文字』同時並教。例如教散文，與其用歐文的《見聞雜記》，或阿狄生的《文報選錄》，不如用赫胥黎的《進化雜論》。又如教戲曲，與其教蕭士比亞的《威匿思商》，不如用Bernard Shaw的Androcles and the Lion或是Galsworthy的Strife或Justice又如教長篇的文字，與其教麥考來的《約翰生行述》，不如教彌爾的《群己權界論》。」不過，這篇文章也同時表達了他對北京的一些感受。他痛心地指出：「我在北京上海看那些小店鋪裏和窮人家裏的種種不衛生，真是一個黑暗世界。至於道路的不潔淨，瘟疫的流行，更不消說了。」又說：「我在北京上海看那些小店鋪裏和窮人家裏的種種不衛生，真是一個黑暗世界。」[2]就在當年的五月十一日，胡適致其母信中說：「昨日今日天雨可厭。北京最怕雨。一下雨，路便不可行了。車價貴至一倍多。」

我們還可以通過這一時期他撰寫的《旅京雜記》一文，看出他從對北京生活感受中引出了對當下中國人

1 耿雲志《胡適新論》，中國人民大學出版社，二〇一〇年，第二頁。

2 胡適《歸國雜感》，《新中國》，第四卷第一號，一九一八年二月十五日刊。

好引用權威之論的具體感受：

因為這些人不曉得要自己去研究中國的現狀，卻去撿西方哲學家的陳言來便宜使用。殊不知西方哲學家的學說都由個人的時勢不同、才性不同、所受的教育又不同，所以他們的學說都有個性的區別，都有個性的限制，並不能施諸四海而皆準，也不能推諸萬世而不悖，更不能胡亂供給中國今日的政客作言論的根據了。我說這些話，並不是說一切學理都不配作根據。我但說：大凡一個哲學家的學說，百分之中，有幾分是守著師承的舊說；有幾分是對於前人的革命的反動；有幾分是受了時人的攻擊，有激而發的；有幾分是自己的怪癖才性的結果；有幾分是為當時學術所限，以至眼光不遠，看得差了；有幾分是眼光太遠，當時雖不能適用，後世卻可實行的；有幾分是正對當時的弊病下的猛藥，只可施於那時代，不能行於別地別時代的。研究哲學史的人，須要把這層仔細分別出來，譬如披沙揀金，要知哪一分是沙石，哪一分是真金；要知哪一分是個人的偏見，哪一分是一時一國的危言，哪一分是百世可傳的學理。這才是歷史的眼光，這才是研究哲學史的最大的益處。[1]

顯然，無論是和美國相比，還是和上海相比，甚至安徽績溪相比，當時北京的文化環境並不能讓胡適感到滿意。

二月六日，北京大學開學。十日，英語系教授陶孟和宴請胡適。十八日，胡適開始上課。本學期胡適課程安排都在每週一、三、五上午。

1 胡適《旅京雜記》，《新中國》，第四卷第三號，一九一八年三月十五日刊。

三月，胡適當選為北京大學英文系教授會主任。十三日，胡適外出看房，初步定下一處四合院，有十七間房子，離北京大學很近。他付了定金，並計畫二十日內搬入。[1]但是很快他又退了預定，理由是價格偏高。三十一日，胡適再次外出看房。連看了兩處，他都覺得價格有些高。並且當天給其母信中說：「北京決沒有戰事之慮，家中人盡可放心。要是北京有戰事之慮，我決不去尋新屋了。」[2]

四月六日，胡適在致其母信說：「我在外國慣了，回國後沒有女朋友可談，覺得好像社會上缺了一種重要的分子。在北京幾個月，只認得章行嚴先生的夫人吳弱男女士。吳夫人是安徽大詩人吳君遂先生的女兒，曾在英國住了六年，很有學問。故我常去和她談談。」[3]胡適和其母溝通很及時和坦誠。但是胡適所謂的女朋友卻是指精神交往的異性而已。至於其母親是否會聯想到胡適想納妾，又當別論了。因此，在當年五月二日，當時胡母已經病重，胡適致韋蓮司信中特別說：「我有一個很好、很好的母親，我的一切都是她賜予的。」

在四月十五日刊出的《新青年》第四卷第四號上，胡適發表了《建設的文學革命論》一文。在該文中，他提出：「自從去年歸國以後，我在各處演說文學革命，便把這『八不主義』都改作了肯定的口氣，又總括作四條，如下：一，要有話說，方才說話。這是『不做言之無物的文字』一條的變相。二，有什麼話，說什麼話；話怎麼說，就怎麼說。這是（二）（三）（四）（五）（六）諸條的變相。三，要說我自己的話，別說別人的話。這是『不摹仿古人』一條的變相。四，是什麼時代的人，說什麼時代的話。這是『不避俗話俗字』的變相。」

---

1 參見胡適一九一八年三月十三日致江冬秀函。《胡適書信集》上，北京大學出版社，一九九六年，第一三九頁。
2 《胡適書信集》上，北京大學出版社，一九九六年，第一三八頁。
3 《胡適書信集》上，北京大學出版社，一九九六年，第一四八頁。

胡適美國友人韋蓮司自畫像（1904）

然後，胡適繼續大談「死文學」和「活文學」的區別。

他說：「用死了的文言決不能做出有生命有價值的文學來。這一千多年的文學，凡是有真正文學價值的，沒有一種不帶有白話的性質，沒有一種不靠這個『白話性質』的幫助。換言之：白話能產出有價值的文學，也能產出沒有價值的文學；可以產出《儒林外史》，也可以產出《肉蒲團》。但是那已死的文言只能產出沒有價值沒有生命的文學，決不能產出有價值有生命的文學；只能做幾篇《擬韓退之原道》或《擬陸士衡擬古》，決不能做出一部《儒林外史》。若有人不信這話，可先讀明朝古文大家宋濂的《王冕傳》，再讀《儒林外史》第一回的《王冕傳》，便可知道死文學和活文學的分別了。最後結論是：『中國若想有活文學，必須用白話，必須用國語，必須做國語的文學。』」

六月十五日，《新青年》第四卷第六號發佈了《易卜生專號》。

在這一期，胡適發表《易卜生主義》一文。

在該文中，他主張：「易卜生早年和晚年的著作雖不能全說是寫實主義，但我們看他極盛時期的著作，盡可以說，易卜生的文學，易卜生的人生觀，只是一個寫實主義。一八八二年，他有一封信給一個朋友，信中說道：我做書的目的，要使讀者人人心中都覺得他所讀的全是實事。」

他還認為：「社會最大的罪惡莫過於摧折個人的個性，不使他自由發展。那本《雁》戲所寫的只是一件摧殘個人才性的慘劇。那戲寫一個人少年時本極有高尚的志氣，後來被一個惡人害得破家蕩產，不能度日。那惡人又把他自己通姦有孕的下等女子配給他做妻子。從此家累日重一日，他的志氣便日低一日。到了後來，他墮落深了，竟變成一個懶人懦夫，天天受那下賤婦人和兩個無賴的恭維，他洋洋得意的覺得這種生活很可以終身了。所以那本戲借一個雁做比喻：那雁在半閣上關得久了，他從前那種高飛遠舉的志氣全都消滅了，居然把人家的半閣做他的極樂國了！」

胡適甚至還以易卜生的信函為例，指出：「易卜生從來不主張狹義的國家主義，從來不是狹義的愛國者。一八八八年，他寫信給一個朋友說道：『知識思想略為發達的人，對於舊式的國家觀念，總不滿意。我們不能以為有了我們所屬的政治團體便足夠了。據我看來，國家觀念不久就要消滅了，將來定有人種觀念起來代他。即以我個人而論，我已經過這種變化。我起初覺得我是那威國人，後來變成斯堪丁納維亞人，我現在已成了條頓人了。』」

從此，在當時社會上，胡適成了主張個性解放的代言人。但是這也加速了胡適成為一個社會公知代言人的進程。

六月二十五日，胡適宴請蔣夢麟、黃炎培二人在中央公園。敘談之下，原來黃炎培之父和胡適之父都曾在吉林吳大帥府上當幕僚，可以說他們二人屬於世交了。這一意外讓胡適倍感驚喜。黃炎培當天也感歎地說：「鐵花老伯應該有適之兄這樣的後人。」[1]

1 《胡適書信集》上，北京大學出版社，一九九六年，第一六四頁。

在文學改良運動前後，胡適多次發表文章談到標點符號的使用和設定問題。在他看來，標點符號的使用並非是小問題，而是促進文學改良的重要一環。九月十五日，胡適在《新青年》第五卷第三號上發表了《論句讀符號》一文。他恰如其分地舉例說明了標點符號在理解文意上的巨大的作用：「中國京調戲裏常有兩個人問答。一個問道：『當真？』一個答道：『當真。』又問道：『果然？』又答道：『果然』。這四句寫出來若不用疑問符號，便沒有分別了。又如人說：『你吃過飯了？』答道：『我吃過飯了』。又如說：『你敢來？』答道：『我敢來』。都是這一類的例。又如《檀弓》上，曾子怒曰：『商，汝何無罪也！』這句雖用『何』字，卻不是疑問語，乃是怒罵語，故當用感歎符號。又如《孟子》上陳仲子說：『惡用是者爲哉！』這句用了『惡』字和『哉』字，但不是疑問語乃是厭惡語，故當用感嘆號。又如我們說『做什麼』三個字，若大聲喝問，當用感嘆號；若是平常問話，當用疑問號。」[1] 胡適使用新式標點符號徹底解決了古代的「句讀之不知」的疑難問題。這也是文學改良運動的一個功效。我們還可以在胡適日記中和書信中發現他對標點符號的問題的見解。

本月，胡適的名作《中國哲學史大綱》上卷竣稿。

十月十五日，胡適在《新青年》第五卷第四號發表了《文學進化觀念與戲劇改良》一文。此文實際上是文學改良的深化。在該文中，胡適提出：

> 文學進化觀念有四層意義：第一層總論文學的進化：文學乃是人類生活狀態的一種記載。故一代有一代的文學。……第二層意義是：每一類文學不是三年兩載可以發達完備的，須從極低微的起源，慢慢的，漸漸的，進化到完全發達的地位。……中國戲劇一千年來力求脫離樂曲

1 唐德剛《胡適口述自傳》，華文出版社，一九九二年，第一八二頁。

一方面的種種束縛，但因為守舊性太大，未能完全達到自由與自然的地位。……第三層意義是：一種文學的進化，每經過一個時代，往往帶著前一個時代留下的許多無用的紀念品。……社會學上。這種紀念品叫做「遺形物」……這種「遺形物」不掃除乾淨，中國戲劇永遠沒有完全革新的希望。不料現在的評劇家不懂得文學進化的道理，……居然有人把這些……當作中國戲劇的精華！這真是缺乏文學進化觀念的大害了。第四層意義是：一種文學有時進化到一個地位，便停住不進步了；直到與別種文學的相接觸，有了比較，無形中受了影響，或是有意的吸收他人的長處，方才再繼續有進步。

最後，他認為「中國戲劇有西洋的戲劇可作直接比較參考的材料，若能有人虛心研究、取人之長。補我之短，掃除舊日種種『遺形物』、採用西洋最近百年繼續發達的新觀念、新方法、新形式如此方才可使中國戲劇有改良進步的希望。」[1]

十一月二十三日，胡適去天津拜訪梁啟超。同一天，胡適母親病逝。

十二月一日，胡適返回績溪老家奔喪。十七日，胡母正式下葬。二十二日，胡適創辦的《每週評論》正式發行。

一九一九年一月，胡適被聘為《新潮》雜誌顧問。十日，胡適離開家鄉，返回北京。

二月，胡適參加《新教育》編輯部工作，又當選為民國教育部國語統一籌備會會員。

在《胡適口述自傳》中，他說：「在北大我也被介紹認識了當時教育部主辦的『國語統一籌備會』裏的一批文學改革家。這些改革家都是一些有訓練的傳統學者，缺少現代語文的訓練。但是他們都有志於語文

---

1 參見《新青年》，第五卷第四號。

改革；對『語文一致』的問題，皆有興趣。『語文一致』的意思就是把口語和文學，合二為一。這是根本不可能的。很顯而易見的解決方法就只有根本放棄那個死文字，而專用活的白話和語體。我受聘為該會會員之一，並經常和他們商討這些問題。這時我就注意到他們都為一個問題所苦惱，這苦惱便是中國缺少一個標準白話。他們希望能有個在學校教學和文學寫作都可適用的標準白話——他們叫它做『標準國語』。我當時就很嚴肅地向這些老學者們進言，我認為要有『標準國語』，必須先有用這種語言所寫的第一流文學。」[1]

本月中，錢玄同致函胡適說：「老兄的思想，我原是很佩服的。然而我卻有一點不以為然之處：即對於千年積腐的舊社會，未免太同他周旋了。平日對外的議論，很該旗幟鮮明，不必和那些腐臭的人去周旋。老兄可知道外面罵胡適之的人很多嗎？你無論如何敷衍他們，他們還是很罵你，又何必低首下心，去受他們的氣呢？我這是對於同志的真心話，不知道老兄以為怎樣？」可見當時文學革命論引起了眾多保守派文人對他的攻擊和辱罵。而且，錢玄同的用意是鼓勵胡適勇敢地站出來反擊，然而，胡適的答覆則是：「至於老兄說我『對於千年積腐的舊社會，未免太同他周旋了』，我用不著替自己辯護。我所有的主張，目的並不止於『主張』，乃在『實行這主張』。故我不屑『立異以為高』。我『立異』並不『以為高』。我要人知道我為什麼要『立異』。換言之，我『立異』的目的在於使人『同』於我的『異』。（老兄的目的，惟恐人『同』於我們的『異』；老兄以為凡贊成我們的都是『假意』而非『真心』的。）故老兄便疑心我『低首下心去受他們的氣』。但老兄說『你無論如何敷衍他們，他們還是很罵你』。老兄似乎疑心我的『與他們周旋』是要想『免罵』的！這句話是老兄的失言，恕不駁回了。」[2] 顯然，胡適並不想站出來反擊，他認為需要面對

1 唐德剛《胡適口述自傳》，華文出版社，一九九二年，第一八二頁。
2 《胡適來往書信選》上，中國社會科學院近代史研究所編，社科文獻出版社，二〇一三年。

「我『立異』的目的在於使人『同』於我的『異』」，也就是對反對者的容忍。

三月十日，胡適發起的文學革命論在社會上產生了重大影響和號召，也引來了守舊的北京政權的惱怒和干預。為此，《北京大學日刊》特別刊出了胡適的來信說：「這兩個星期以來，外面發生一種謠言，說文科陳學長及胡適等四人被政府干涉，驅逐出校，並有逮捕的話，並說陳學長已逃至天津。」顯然，這是對社會保守勢力和謠言的最有效的回擊。當時，蔡元培在《答林琴南函》一文中，公開力挺胡適為「瞭解古書之眼光，不讓清代乾嘉學者」。可想而知，當時傳播胡適是徽州績溪三胡之後是個絕好的廣告和傳統效應。那個時候的胡適當然是樂得笑納而不加任何申辯的。乃至於大名鼎鼎的梁啟超在第二年出版的名作《清代學術概論》一書中甚至將胡適和章太炎並駕齊驅，相提並稱，盛讚二人同為清代考證學之殿軍。儘管有了如此廣告和力挺，胡適自己在一九二二年十二月二十三日的日記中卻開始感歎：「吾輩去國日久，國學疏廢都盡」了！從他到北京大學上任以後，經常向王國維、梁啟超、錢玄同請教音韻、訓詁和上古典籍，已經成了常態，也為日後他提出「整理國故」之說打下基礎。那時的他，教課時「常常提心吊膽，加倍用功」，深恐為學生們恥笑。因為他自己就曾向學堂任課老師指正過對方把「《易傳》曰」的簡稱「《傳》曰」解釋成「《左傳》說」的往事。因為，就在胡適聲嘶力竭高喊「文學改良」、提倡「白話文學」之時，他自己卻在私下裏補課，提高自己的文言文及其相關的文史知識的素養。

正在日本的陶行知，刻意在一九一九年三月十二日致函胡適，揭示了當時社會上和媒體上正在流傳著胡適要離開北京大學的傳言：「前幾天報上有個謠言，說你什麼要出北京大學，我們正在預備寫信歡迎你到南方來，那曉得報上又有更正的新聞了，可惜可惜。」[1]可見當時新舊兩派勢力集團相互之間鬥爭的激烈。而

1 《胡適來往書信選》上，中國社會科學院近代史研究所編，社科文獻出版社，二〇一三年。

後，在得知胡適還暫時不會離開後，當月三十一日，陶行知再次致函胡適說明了杜威來華的過程：「今日接到郭秉文先生的信，他說到日本已經見過杜威先生，杜威先生並不是帝國大學交換教授，不過遊歷的時候帶著演講就是了。郭先生請他到中國來，他就一口答應，說四月中就可到中國，打算遊歷上海、南京、揚子江流域，一直到北京。杜威先生曾發表他的意思說，除今年之外，還願留中國一年。既然有此很好的機會，這一年光陰自然不能輕輕放過。怎麼辦法，要等郭先生和哥倫比亞大學商量後才可定當。杜威先生到華接洽事宜應由北京大學、江蘇省教育會、南京高師三個機關各舉代表一人擔任。」[1]

為了配合杜威夫婦的來華訪問，四月十五日刊出的《新青年》第六卷第四號上發表了胡適的《實驗主義》一文，該文還特別注明是「民國八年春間演稿」。可見當時胡適已經開始四處演講，宣傳實驗主義，為杜威訪華作鋪墊。在演講中，胡適認為「杜威哲學的最大目的，只是怎樣能使人類養成那種『創造的智慧』，使人應付種種環境充分滿意。換句話說，杜威的哲學的最大目的是怎樣能使人有創造的思想力。」

胡適通過五個步驟介紹杜威哲學的特點：

> 分作五步說：
>
> （一）疑難的境地；
>
> （二）指定疑難之點究竟在什麼地方；
>
> （三）假定種種解決疑難的方法；
>
> （四）把每種假定所涵的結果，一一想出來，看那一個假定能夠解決這個困難；
>
> （五）證實這種解決使人信用；或證明這種解決的謬誤，使人不信用。

1 《胡適來往書信選》上，中國社會科學院近代史研究所編，社科文獻出版社，二〇一三年。

而胡適還總結說第三步是關鍵。即：

杜威一系的哲學家論思想的作用，最注意「假設」。試看上文所說的五步之中，最重要的就是第三步。第一步和第二步的工夫只是要引起這第三步的種種假設；以下第四第五兩步只是把第三步的假設演繹出來，加上評判，加上證驗，以定那種假設是否適用的解決法。這第三步的假設是承上起下的關鍵，是歸納法和演繹法的關頭。

五月四日，著名的五四運動在京正式出現。當天，《北京大學日刊》刊載了胡適等二十位教授致北京大學全體教職員的緊急啟事：「六月三日下午一時，本校法科被軍警圍占。教職員暨學生多人被拘在內。公議於四日下午二時在理科大講堂特開教職員緊急大會磋商辦法。」

多年以後，胡適在《五十年來中國之文學》一文中總結說：「民國八年的學生運動與新文學運動雖是兩件事。但學生運動的影響能使白話的傳播遍於全國，這是一大關係。」當然，胡適在幾年後撰寫《白話文學史》一書時就明確了他發起的白話文時有所本的。即：「我要大家知道白話文學不是這三四年來幾個人憑空揑造出來的；我要大家知道白話文學是有歷史的，是有很長又很光榮的歷史的……若不是歷史進化的結果，這幾年來的運動決不會又那樣的容易。」進而，胡適主張「我把白話文學的範圍放的很大，故包括舊文學中那些明白清楚近於說話的作品。」他還舉例說：「《史記》《漢書》裏有許多白話，古樂府歌辭大部分是白話的，佛書譯本的文字也是當時的白話或很近於白話的。」最後，他得出結論是：「一千多年的白話文學種下了近代文學革命的種子。」[1]

---

1 胡適《五十年來中國之文學》，申報館，一九二四年，第八九、一一三、一一〇、一一七頁。

到此為止，可見，胡適到此總算完成了給文學革命尋找舊文學中的歷史根據的努力。

但是，五四運動之時，陳獨秀應該是在場的。他在五月七日致函胡適，詳細地介紹了五月四日當天的經過：

四號下午，京中學生三四千人聚集天安門，到東交民巷各使館；適禮拜日，英美公使都出去了；學生即到曹宅，曹逃避；章宗祥剛在曹宅，受了一頓飽打，幸虧有日本人竭力保護，送在日華醫院竭力醫治，現在生死還不能定。京中輿論，頗袒護學生；但是說起官話來，總覺得聚眾打人放火（放火是不是學生做的，還沒有證明），難免犯法。大學解散的話，現在還沒有這種事實；但是少數閣人，確已覺得社會上有一班不安分的人，時常和他們為難；而且漸漸從言論到了實行時代；彼等為自衛計，恐怕要想出一個相當的辦法。懲辦被捕的學生三十多人（大學為江紹原等二十二人），整頓大學，對付兩個日報、一個週報，恐怕是意中的事。[1]

五月八日，遠離北京的胡適正在江蘇教育會舉行演講。

當時在場的聽眾潘公展，演講結束後就把聽講筆記給報刊發表了。他事後和胡適寫信溝通說：「我自從讀了《新青年》，就仰慕先生得很，幸而前幾天先生在江蘇省教育會演說，我就有機會瞻仰丰采並且聽了許多的宏論，很為滿意。回了來，自己不怕固陋，就把先生的演講胡亂記了出來寄登《時事新報》，內容很有誤謬的地方，還要請先生指正才是。昨天我把所記的兩篇演說辭寄到《新教育》社蔣夢麟博士處求他的批

1 《胡適來往書信選》上，中國社會科學院近代史研究所編，社科文獻出版社，二〇一三年。

評，或者也可以填填月刊的空白，然而因為記的不好，所以很覺慚愧。」[1]

而這個時候的北京，舊派勢力接著五四運動繼續對胡適、陳獨秀等人展開攻擊。朱經農在一九一九年五月二十一日給胡適的來信中特別談到這個問題：「不久接到上海的報紙，知道暗潮甚烈，連林琴南先生也混在潮流之中鬧個手忙腳亂，這也是過渡時代應有的現象。後來陶孟和先生到此細細一談，知道新思潮的潛勢力單薄的很，況且所用的戰略還是項羽時代『人自為戰』的辦法，不免又令我擔憂起來。今日世界上的事體如想成功，非『通力合作』，『統系分明』，『首尾相應』，『全體一致』不可。」當時，蔡元培、黃炎培、蔣夢麟等人甚至主張把北京大學讓給保守勢力，所有革新派教師全體南下，辦好南京大學，形成南北對峙局面。[2]因此，當時胡適南下出任中國公學校長、高夢旦約請胡適出任上海的印書館編輯部主任都是針對一九一九年前後北京出現的保守勢力回潮而採取的躲避行動。[3]

一個月後的六月四日，胡適在給當時身在南方的杜威夫婦信中介紹說：沒有人知道教育部長是否辭職了。因為當時北京大學已成為一座監獄。當時，杜威夫人在六月初給美國親友的家信裏透露了胡適有隱遁美國的想法，即：胡適想要繼承母校夏德退休以後空出來的位子。他擔心這種動盪的局面會阻礙他今後專心作學問。

根據一九二〇年九月四日日記中的記載，胡適當時的想法：

> Greene 來信，託我 Columbia 大學覓一個中國文教授，我實在想不出人來，遂決計薦舉我

---

1 《胡適來往書信選》上，中國社會科學院近代史研究所編，社科文獻出版社，二〇一三年。

2 見一九一九年五月二十日黃炎培、蔣夢麟致函胡適的信。

3 《胡適來往書信選》上，中國社會科學院近代史研究所編，社科文獻出版社，二〇一三年。

自己。我實在想休息兩年了。今天去吃飯，我把此意告他，他原函本問我能去否，故極贊成我的去意。我去有幾種益處：（一）可以整頓一番，（二）可以自己著書，（三）可以作英譯哲學史，（四）可以替我的文學史打一個稿子，（五）可以替中國及北大做點鼓吹。[4]

當時Greene也在北京大學英文系任教。胡適在中青年時期中，賺得大名，有多次可以就職美國著名大學的機會，可惜每一次他都沒有把握住機會，以至於他晚年到美國以後，居然再也沒有一個大學願意給他這樣的機會和職位。所謂時運不濟說的就是這個道理。因為胡適太留戀在北京大學時期獲得的極高的社會地位和學術尊嚴，而國外著名大學能給予他的只是一個普通的大學教授，甚至還不是終身職位的講座教授！胡適天真地希望他把國內的成就、地位和尊嚴平行移動到美國。其實，每個人都有他自己的短板，哪怕是哲學大師和文學大師、史學大師也是如此。這個道理用在胡適身上再合適不過了。而他的學生和友人中的趙元任、楊聯陞等人就非常清楚自己的取捨，最後終於「千年的媳婦熬成了婆」，在美國著名大學中站穩了腳跟。

本月底，因為陳獨秀被捕，胡適不得不接任《每週評論》的具體編輯工作。從此，政治和時事評論成了胡適涉足中國政壇的最大表現。

九月七日，朱經農來信轉告了有人質疑胡適是否取得博士學位的消息：「今有一件無味的事體不得不告訴你。近來一班與足下素不相識的留美學生聽了一位與足下『昔為好友，今為讎仇』的先生的胡說，大有『一犬吠形，百犬吠聲』的神氣，說『老胡冒充博士』，說『老胡口試沒有pass』，說『老胡這樣那樣』。我想『博士』不『博士』本沒有關係，只是『冒充』兩字決不能承受的。我本不應該把這無聊的話傳給你聽，使你心中不快。但因『明槍易躲，暗箭難防』，這種謠言甚為可惡，所以以直言奉告，我兄也應設法

4 《胡適日記全編1915-1920》，聯經出版事業有限公司，二〇〇四年，第七四七頁。

『自衛』才是。凡是足下的朋友，自然無人相信這種說法。但是足下的朋友不多，現在『口眾我寡』，辯不勝辯。只有請你把論文趕緊印出，謠言就沒有傳佈的方法了。」[1]可見，朱經農很瞭解胡適沒有繳納一百份列印成冊博士論文的問題，而那個「昔為好友，今為讎仇」的人，即梅光迪，也知道胡適尚未拿到博士學位證書這個事實。

十月八日，胡適陪同杜威夫婦去山西講學。在山西太原，閻錫山親自來車站迎接杜威夫婦，並且設宴歡迎。這讓胡適感覺陪同杜威夫婦此行倍感臉上有光。返京後的十二日，胡適在中山公園為杜威六十歲生日舉辦了祝壽活動。

十一月，胡適出任代理北京大學教務長。

十二月一日，胡適在《新青年》第七卷第一號刊發了《新思潮的意義》一文。

在該文中，胡適又提出了新主張：「文明不是籠統造成的，是一點一滴的造成的；進化不是一晚上籠統造成的，是一點一滴的進化的。」胡適探討和總結了新文化運動帶來的諸多變化。他說：「我們隨便翻開這三年以來的新雜誌與報紙，便可以看出這兩種的趨勢。在研究問題一方面，我們可以指出：（一）孔教問題，（二）文學改革問題，（三）國語統一問題，（四）女子解放問題，（五）貞操問題，（六）禮教問題，（七）教育改良問題，（八）婚姻問題，（九）父子問題，（十）戲劇改良問題，……等等。在輸入學理一方面，我們可以指出《新青年》的『易卜生號』、『馬克思號』，《民鐸》的『現代思潮號』，《新教育》的『杜威號』，《建設》的『全民政治』的學理，和北京《晨報》、《國民公報》、《每週評論》，上海《星期評論》、《時事新報》、《解放與改造》，廣州《民風週刊》……等等雜誌報紙所介紹的種種西洋

1 《胡適來往書信選》上，中國社會科學院近代史研究所編，社科文獻出版社，二〇一三年。

新學說。」

當然，他也發現了新文化運動帶來的教訓。

他總結說：「但是這兩、三年新思潮運動的歷史應該給我們一種很有益的教訓。什麼教訓呢？就是：這兩三年來新思潮運動的最大成績差不多全是研究問題的結果。新文學的運動便是一個最明白的例。這個道理很容易解釋。凡社會上成為問題的問題，一定是與許多人密切關係的。這許多人雖然不能提出什麼新解決，但是他們平時對於這個問題自然不能不注意。若有人能把這個問題的各方面都細細分析出來，加上評判的研究，指出不滿意的所在，提出新鮮的救濟方法，自然容易引起許多人的注意。起初自然有許多人反對。但是反對便是注意的證據，便是興趣的表示。」

最後，胡適提出了他對整理國故的解釋：「我們對於舊有的學術思想，積極的只有一個主張——就是『整理國故』。整理就是從亂七八糟裡面尋出一個條理脈絡來；從無頭腦裡面尋出一個前因後果來；從胡說謬解裡面尋出一個真意義來；從武斷迷信裡面尋出一個真價值來。為什麼要整理呢？因為古代的學術思想向來沒有條理，沒有頭緒，沒有系統，故第一步是條理系統的整理。因為前人研究古書，很少有歷史進化的眼光的，故從來不講究一種學術的淵源，一種思想的前因後果，所以第二步是要理出每種學術思想怎樣發生，發生之後有什麼影響效果。因為前人讀古書，除極少數學者以外，大都是以訛傳訛的謬說——如太極圖，爻辰，先天圖，卦氣，……之類，——故第三步是要用科學的方法，作精確的考證並把古人的意義弄得明白清楚。因為前人對於古代的學術思想，有種種武斷的成見，有種種可笑的迷信，如罵楊朱、墨翟為禽獸，卻尊孔丘為德配天地，道冠古今！——故第四步是綜合前三步的研究，各家都還他一個本來真面目，各家都還他一個真價值。這叫做『整理國故』。」

十四日至十六日，胡適出席杜威在北京大學的連續三天的學術演講活動。二十一日晚，胡適攜全家拜訪杜威在京住所，師生二人又是暢談一整晚。

十二月下旬，胡適陪伴杜威到濟南舉辦學術演講。

當月二十四日，在陪同杜威從北京到濟南的火車上，胡適碰到了美國Murphy&Dana Architects的老闆Henry Murphy。該公司承建了中國許多大學的建築物。胡適說：北大亟需蓋新校舍，他會向蔡元培建議，聘請該公司承建。

一九二〇年一月，為了研究印度佛教史，胡適開始跟鋼和泰教授學習梵文、展開學術合作。胡適稱道鋼和泰是「俄國第一流學者，專治印度史與佛教史」，日記中多次以「鋼先生」、「鋼男爵」稱之。

二月七日，胡適就任北京大學教職員工委員會主任。這是個類似於教師工會一樣的組織。

五月四日，正值五四運動一周年紀念日，胡適和蔣夢麟在《晨報副刊》聯名發表《我們對於學生的希望》一文。該文承認學生運動「是變態的社會裏一種不可免的現象」。但是，他們說：「現在有許多人說學生不應該干預政治，其實並不是學生自己要這樣幹，這都是社會和政府硬逼出來。如果社會國家的行為沒有受學生干涉糾正的必要，如果學生能享受安心求學的幸福而不受外界的強烈的刺激和良心上的督責，他們又何必甘心拋了寶貴的光陰，冒著生命的危險，來做這種學生運動呢？然而，他們也強調這種為運動而罷課的行為——拋棄學業、荒廢光陰——是一種社會資源的浪費：這種運動是非常的事，是變態的社會裏不得已的事。但是它又是很不經濟的不幸事。因為是不得已，故它的發生是可以原諒的。因為是很不經濟的不幸事，故這種運動是暫時不得已的救急辦法，卻不可長期存在的……單靠用罷課作武器，是最不經濟的方法，是下下策。屢用不已，是學生運動破產的表現！」胡適和蔣夢麟還說：「現在那些『同胞快醒，國要亡了』、『殺賣國賊』、『愛國是人生的義務』等等空話的講演，是不能持久的，說了兩三遍就沒有用了。我們希望學生注重科學常識的講演、改良風俗的講演、破除迷信的講演。」這是文學革命論的延續。

在該文中，胡適對五四運動的評價是：「這一年的學生運動，從遠大的觀點看起來，自然是幾十年來的一件大事。從這裏面發生出來的好效果，自然也不少：引起學生的自動精神，是一件；引起學生對於社會國家的興趣，是二件；引出學生的作文演說的能力、組織的能力、辦事的能力，是三件；使學生增加團體生活的經驗，是四件；引起許多學生求知識的欲望，是五件；這都是舊日的課堂生活所不能產生的。我們不能不認為學生運動的重要貢獻。」而他表達對於學生的希望則是「我們對於學生的希望，簡單說來，只有一句話：『我們希望學生從今以後要注重課堂裏，自修室裏，操場上，課餘時間裏的學生活動。只有這種學生活動是能持久又最有功效的學生運動』。這種學生活動有三個重要部分。（一）學問的生活。（二）團體的生活。（三）社會服務的生活。」

五月二十二日，胡適搬到鐘鼓寺十四號四合院居住。當天，鑒於胡適這幾年在推廣白話文運動中的突出貢獻，胡適被推薦出任教育部國語統一籌備委員會主席。二十五日至三十日，胡適主持召開國語統一籌備委員會會議，會議重點則是討論和設計漢字拼寫符號問題。

九月二十日，在北京大學開學典禮上，胡適演講，題目是「提高和普及」。他說：「（一）普及現在所謂新文化運動實在說得痛快一點，就是新名詞運動。這叫做『普及』。這種事業，外面幹的人很多，……我不希望我們北大同學加入。（二）提高就是——我們沒有文化，要創造文化；沒有學術，要創造學術；沒有思想，要創造思想。要『無中生有』地去創造一切。這一方面，我希望大家一齊加入，同心協力全力去幹。只有提高才能真普及，愈『提』得『高』，愈『及』得『普』。你看，桌上的燈決不如屋頂的燈照得遠，屋頂的燈更不如高高在上的太陽照得遠，就是這個道理。……我不望北大來做那淺薄的『普及』運動，我希望北大的同人一齊用全力向『提高』這方面做工夫。要創造文化學術及思想，惟有真提高才能真普及。」他還說：「若有人罵北大不活動，不要管他；若有人罵北大不熱心，不要管他。但是若有人說北大的程度不高、學生的程度不好、學風不好，那才是真正的恥辱。我希望諸位要洗刷了他。」並且，他勉勵北大的學生：「我不希望北大來做那淺薄的『普及』運動；我希望北大的同人一齊用全力向『提高』一方面去做工夫；要創造文化、學術及思想，惟有真提高，才能真普及。」[1]

十二月，胡適已經開始考慮與《新青年》編輯部正式脫離關係。因為該刊巨大的社會影響力，通過滲透和資金，該刊已經徹底被中共地下組織和共產國際所接管。這基本上標誌著主張文學革命論的胡適，已經完成了他自己應該做的工作。因此，在一九二三年三月十二日致函韋蓮司的信中，胡適正式宣告說：

至於我作為成員之一的中國文學革命，我很欣慰地說，已經是大致大功告成了。我們在一九一七年開始推展這個運動的時候，大家預計需要十年的論辯，二十年的努力才能竟功。然而，拜這一千年來許許多多無名

1 參見一九二〇年九月二十三日《晨報副刊》。

胡適和蔣夢麟、蔡元培、李大釗同遊北京西山臥佛寺（1920）

的白話作家的默默耕耘之賜，真可說是瓜熟蒂落！

一九二一年一月二十二日和二十六日，胡適連續撰寫了兩封長信，致函在上海的《新青年》編輯部，表明自己的態度是反對《新青年》變成共產國際資助下的紅色刊物。於是，從本月底開始，《新青年》編輯和出版工作全部在上海進行，徹底脫離了北京大學教師對該刊的控制和導向。

三月十六日，胡適為北京基督教青年會《生命》月刊作了一篇短文《基督教與中國》。在該文中，他說：「中國知識階級對於基督教，我認為應該有兩種態度。第一是容忍；第二是瞭解。承認人人有信仰的自由，又承認基督徒在相當範圍內有傳教的自由：這是容忍。研究基督教的經典和歷史、知道他在歷史上造的福和作的孽、知道他的哪一部分是精彩、哪一部分是糟粕，這是瞭解。」可見，儘管胡適到了晚年才提出了著名的「容忍」主張，但是他早年已經意識到這種容忍的存在價值。二十三日，胡適去天津南開大學講學，為時三周。

四月十二日的日記中，胡適表達了他對顧頡剛的肯定和讚美：「頡剛近年的成績最大。他每做一件事，總盡心力做去；這樣做的結果，不但把那件事做的滿意，往往還能在那件事之外，得著很多的成績。同輩之中，沒有一人能比他。《詩辨妄》一事，便是最好的例。」[1] 不但如此，從本年一月開始一直到五月底，胡適在和顧頡剛往來

胡適在北京大學留影（1921）

1《胡適日記全編1921-1922》，聯經出版事業有限公司，二〇〇四年，第四六二頁。

書信中，大量篇幅都是談論對《紅樓夢》和曹雪芹的相關話題，多次要求顧氏為其查找相關史料和典籍。顧頡剛也積極協助胡適展開紅學研究。我們從他們師生二人的往來通信中，可以清楚地看出胡適新紅學的發展脈絡。二十七日，高夢旦進京拜訪胡適，希望他去上海就任商務印書館編輯部主任。胡適謝絕了。當天日記記載為：「高夢旦先生來談。他這一次來京，屢次來談，力勸我辭去北京大學的事，到商務印書館去辦編輯部。他是那邊的編輯主任，因為近來時勢所趨，他覺得不能勝任，故要我去幫他的忙（他說的是要我代他的位置，但那話大概是客氣的話）。他說，『我們那邊缺少一個眼睛，我們盼望你來做我們的眼睛。』此事的重要，我是承認的：得著一個商務印書館，比得著什麼學校更重要。但我是三十歲的人，我還有我自己的事業要做；我自己至少應該再做十年、二十年的自己事業，況且我自己相信不是一個沒有可以貢獻的能力的人。因此，我幾次婉轉辭謝了他。他後來提出一個調停的方法：他請我今年夏天到上海去玩三個月，做他們的客人，替他們看看他們的辦事情形，和他們的人物談談。這件事，我已答應了。但他又極力勸我把家眷一齊帶去，——這大概是他的一種騙計！我婉辭謝他，只答應我一個人去玩三個月。今天他來辭行，也是為此事；他重勸我帶家眷去，我沒有答應他。」[1]

五月，胡適在致函吳虞信中曾如此自我評價說：「吾輩建設雖不足，搗亂總有餘」。二十七日的日記中記載：「七點，文友會在來今雨軒開會，到者二十七人，鋼男爵（Baron A. von Stael-Holstein）演說『佛陀傳說中的歷史的部分』（What is Historical in the Buddha Legend）。鋼先生是俄國第一流學者，專治印度史與佛教史。」[2]北京的外國人在一九一九年組成「文友會」，他們固定的集會演講地點也是來今雨軒。

---

1 《胡適日記全編1921-1922》，聯經出版事業有限公司，二〇〇四年，第四頁。

2 《胡適日記全編1921-1922》，聯經出版事業有限公司，二〇〇四年，第六二頁。

在六月三日的日記中，胡適提出：「戲劇所以進步，最大的原因是由於十九世紀中歐洲文學受了寫實主義的洗禮。到了今日，雖有神秘的象徵戲如梅特林的名劇，也不能不帶寫實主義的色彩，也不能不用寫實主義做底子。現在的妄人以為寫實主義已成過去，以為今日的新文學應談『新浪漫主義』了！這種懶人真不可救藥！」十八日的日記中，胡適又提出他的「好政府主義」：「現在的少年人把無政府主義看作一種時髦東西，這是大錯的。我們現在決不可亂談無政府；我們應談有政府主義，應談好政府主義！」二十七日，胡適在接待日本學者芥川龍之介來訪之時，在交談中胡適繼續主張：「其實中國官吏並不是願意給我們自由，只是他們一來不懂得我們說的什麼，二來沒有膽子與能力可干涉我們。」[1]可見當時圍繞著胡適腦子中的全是他的「好政府主義」。

如此多的演講和社會活動，使得胡適的身體頻繁出現病變。在六月二十二日的日記中，再一次如實記載了胡適當時的身體發病現象：「忽然病了。頭眩，不想吃飯。口渴，但沒有熱。終日如此。吃了許多果子鹽，瀉了幾次。終日不能做事。楊景蘇來，談了甚久。談多了，立起來時，覺得眼前發黑。」[2]甚至在十月二十五日的日記記載中，當時胡適的身體再次出現病變：「昨夜不能睡，今早左腳踝略腫，觸之甚痛，大似去年起病時的樣子。我很擔心。故下午去尋謝恩增大夫診視；他詳詳細細地給我診察一次，小便無蛋白質，體重未減，只有心臟略現變態。他勸我節勞靜養，並給我開了一個健心的藥方。我這五十天太勞了，應該早睡為第一要事。」[3]當然，因為過度勞累，胡適身體一九二二年春再次出現異樣。四月二十三日：「運動會教職員的半英里賽跑，我也參加。跑到最後半圈（共兩圈半），我竟跑不動了。到將近終點時，我踏著一塊

1 《胡適日記全編1921-1922》，聯經出版事業有限公司，二〇〇四年，第七七、一二二—一二三、一四〇頁。
2 《胡適日記全編1921-1922》，聯經出版事業有限公司，二〇〇四年，第一三四頁。
3 《胡適日記全編1921-1922》，聯經出版事業有限公司，二〇〇四年，第三八〇—三八一頁。

石頭，便跌倒了……回到司令臺上，有人遞一杯茶給我，我喝了一口，忽覺得眼前發黑，似將昏暈。」[1] 我們可以發現：在整個二、三十年代，幾乎每半年左右，胡適的身體就要出現大的病變。從早期的肺部疾病，逐漸演變成心臟和上下消化道、痔瘡等多處病變。從某種意義上說，胡適女兒的夭折和胡適自身體質的孱弱是有連帶關係的。我從來就不認為胡適與韋蓮司、曹誠英之間會有和諧而讓對方滿意的性關係，這樣的上吐下泄、中樞病變體質的男人，一般來說是「胯下風」死亡的常客，而胡適沒有死在床上胯下，證明了她們對胡適更多的依然只是精神神往和感情寄託而已，是柏拉圖式戀愛。而江冬秀和胡適基本上就在和胡適之間分居多而同居少的時光中送走了他們之間的婚姻生活。作為胡適長期的護士哈德曼夫人，雖然二人曾多次同居，充其量也只不過是友愛和情愛的互動關係而已。所以，我從來不相信胡適有什麼星星、月亮之類的情欲故事演繹。

七月，高夢旦邀胡適去上海暫住，擬請他擔任商務印書館編譯所所長。胡適辭謝而推薦王雲五擔任這一工作。但是，最後胡適決定先去那裏考察一下。於是，胡適十五日坐火車離京，十六日到上海，為商務印書館做評鑒工作。當時他住在汪惕予「結廬在人境」的「蜷廬」裏。「蜷廬」在斜橋路一號。胡適在十八日當天日記中詳細記載如下：「十點半到商務印書館編譯所。我問夢旦，他們究竟想我來做什麼。他問我能住幾時，我說，北大開學時我即須回去，此已無可疑。至於半年以後的事，那是另一問題，大概我不能離開北大。他說，他們昨天看我的情形，已知道不能留我。但此時他們很望我能看看編譯所的情形，替他們做一個改良的計畫書。我說，我也是這樣想。議遂定。」[2]

1 《胡適日記全編1921-1922》，聯經出版事業有限公司，二〇〇四年，第五三二頁。

2 《胡適日記全編1921-1922》，聯經出版事業有限公司，二〇〇四年，第二〇七頁。

八月七日晚，胡適抵達南京。第二天，胡適到上海，再次前往商務印書館。九日，胡適在上海第一次見到郭沫若。當時胡適對郭的評價是「頗有文學的興趣。他的新詩頗有才氣」。十二日，郭沫若等人拜訪胡適。這讓胡適感到欣慰，從此化解了他和郭沫若等人之間的糾結和矛盾。三十日的日記中，胡適談到了自己的婚姻問題。他說：「最可怪的，人家竟傳說獨秀曾力勸我離婚，甚至拍桌罵我，而我終不肯。此真厚誣陳獨秀而過譽胡適之了！大概人情愛抑彼揚此，他們欲罵獨秀，故不知不覺的造此大誑。」[1]

九月六日，王雲五拜訪胡適，他們在一起討論了商務印書館的工作和今後發展規劃。七日，胡適離開上海，抵達南京。十一日，胡適閱讀王國維《古本竹書紀年校輯》一書，給予了很高的評價。胡適當天日記中還談到王國維的《今本竹書紀年疏證》一書，認為是「近人的著作中不可多得的產品」。

十月十一日，在北京大學第三學期開學演說中，胡適說「人家罵我們是學閥，其實學閥有何妨？」。他甚至鼓勵「我想要做學閥，必須造成像軍閥、財閥一樣的可怕的、有用的勢力，能在人民的思想上發生重大的影響。如其僅僅是做門限是無用的。所以一方面要做蔡校長所說有為知識而求知識的精神，一方面又要造成有實力的為中國造歷史、為文化開新紀元的學閥。這才是我們理想的目的。」胡適也明確主張：「學生宜有決心，以後不可再罷課了……我們應該決心求學；天塌下來，我們還是要求學。如果實在忍不住，盡可個人行動：手槍、炸彈、秘密組織、公開運動，都可以。但不可再罷課」。[2]二十六日晚上，胡適又出席了王彥祖的家宴，並且在當晚還見到了法國著名漢學家戴密微、前北京大學英語系教授辜鴻銘等人。胡適和辜鴻銘的交談並不融洽，可以說十分緊張，最後辜鴻銘主動提議大家散去。辜鴻銘不論在西學還是國學上，當時

---

1 《胡適日記全編1921-1922》，聯經出版事業有限公司，二〇〇四年，第二九九頁。

2 《胡適日記全編1921-1922》，聯經出版事業有限公司，二〇〇四年，第三七四頁。

都遠遠走在胡適前面，卻堅持保守主義立場，雙方筆墨官司早就從北京大學打到了新聞媒體上，可以說辜鴻銘的存在一直讓胡適芒刺在背。

《學衡》一直在批判胡適，使得胡適連去南京都很小心。他們之間爭論本質上是白話文和文言文的論證。胡適也很清楚。在一九二二年二月四日日記中，胡適坦言：「東南大學梅迪生等出的《學衡》，幾乎專是攻擊我的。出版之後，《中華新報》（上海）有贊成的論調，《時事新報》有謾罵的批評，多無價值。今天《晨報》有『式芬』的批評，頗有中肯的話，末段尤不錯。這裡的末端全文如下：胡君說，『陀司妥夫士忌、戈爾忌之小說，死文學也。不以其轟動一時遂得不死不朽也』。我們倘要捏造一句不堪的話，用栽贓的方法去誣陷他，使他失了人格，再也不能想出比他自己所說的這一句更為厲害的話了。陀司妥夫士忌的文學，正是馬相伯先生所謂良心的結晶，凡是有良心的人都不能不敬愛他，正如人們之對於耶穌和佛陀，即使並不是他們的教徒。世上宣言反對陀司妥夫士忌的，只有俄帝國的『沙』與其檢查官軍警及法官——然而現在也沒有了。我們對於胡君，覺得實在不忍下什麼斷語，雖然他自己已經招承了。其餘還有什麼話可說呢！」[1]為此，胡適幽默地作詩一首回擊如下：

《學衡》出來了，老胡怕不怕？
老胡沒有看見什麼《學衡》，
只看見了一本《學罵》！

其實，白話文運動在全國推廣後，當時文學界首先展開了大量的實驗。

1 《胡適日記全編1921-1922》，聯經出版事業有限公司，二〇〇四年，第四二五頁。

胡適事後總結說：「在一九一九至一九二〇兩年之間，全國大小學生刊物總共約有四百多種。全是用白話文寫的。雖然這在一九一九年所發生的學生運動，是對中國文藝復興運動的一種干擾——它把一個文化運動轉變成為一項政治運動——但是對傳播白話文來說，『五四運動』倒是功不可沒的。它把白話文派了實際的用場。在全國之內，被用來寫作和出版。……當我在一九一六年開始策動這項運動時，我想總得有二十五年至三十年的長期鬥爭；它成熟得如此之快，倒是我意料之外的。我們只用了短短的四年時間，要在學校內以白話代替文言，幾乎已完全成功了，在民國九年，北京政府教育部便正式通令全國，於是年秋季始業，所有國民小學中第一二年級的教材，必須完全用白話文。政府並且規定，小學一二年級原用的老教材，從今以後要一律廢除。」[1]

二月十八日，胡適被推為中華教育改進社籌畫全國教育經費委員會賠款部部員。當天，中華教育改進社致函胡適如下：

適之先生鑒：

本社為求全國教育經費之擴充及適當支配起見，特設籌畫全國教育費委員會，當於二月八日、十五日開會籌商進行辦法，並公推先生為賠款部部員。該部主任為范靜生先生，一切請徑與范先生接洽，積極進行，並請隨時指示，使教育費早日得有著落，不至蹈空。至全體委員進行事宜容當隨時奉聞。

茲附上黃任之先生提案一份，委員會簡章、委員會職員及各部員名單各一份附呈清鑒。

此上

1 唐德剛《胡適口述自傳》，華文出版社，一九九二年，第一八四頁。

即請教安！[1]

當時該社辦公室在南京東南大學內。這使得胡適不得不經常來到南京和東南大學，儘管當時東南大學的教授們（比如吳宓、梅光迪）對胡適是持嘲諷和反對的立場。

根據胡適日記的記載，由於北洋政府長期欠薪，從一九二二年三月十四日開始，北京各高等院校教師罷教、職員罷工。四月下旬，北京大學連續發生人為縱火事件。胡適在日記裏說：「四層樓上撲救很不易，放火的人可謂下毒手了！」

四月二十九日，胡適當選為北京大學教務長及英文學系主任。

本月底，北京大學辭退了幾位保守派教授，這當中就包括大名鼎鼎的辜鴻銘。胡適甚至致函顧孟餘，查詢辜鴻銘被辭退之事是否批准。[2]大概半年前在王彥祖家宴中的胡、辜二人之間語帶鋒芒的談話，讓胡適一直不快。後來，胡適曾在一九三五年八月十一日《大公報》文藝副刊上曾發表一文《記辜鴻銘》。該文一開始就說：「辜鴻銘向來是反對我的主張的，曾經用英文在雜誌上駁我；有一次為了我在《每週評論》上寫的一段短文，他竟對我說，要在法庭控告我。然而在見面時，他對我總很客氣。」

五月二日，胡適從天津返京火車中，他閱讀梁啟超的《清代學術概論》一書，並給出了很高的評價。他認為：「此書甚好，今日亦只有他能作這樣聰明的著述」。[3]三日下午，由於發生了縱火事件，聯席會議改在美術學校召開。胡適發表演說：「北大圖書館何等重大！非特數十年來購藏中西書籍，為值甚巨。即論開

1 《胡適來往書信選》上，中國社會科學院近代史研究所編，社科文獻出版社，二〇一三年。
2 參見《胡適書信集》上，北京大學出版社，一九九六年，第三〇五頁。
3 《胡適日記全編1921-1922》，聯經出版事業有限公司，二〇〇四年，第一八頁。

學以來之公文案件，學生成績，關係亦屬非輕，倘一旦付之一炬，損失之大，何堪設想。」七日，胡適主編的《努力週報》第一期出版。這份創刊於一九二二年五月七日的《努力週報》，顯然是胡適到北京後創辦的第一家時政媒體平臺，也為當時主張新文學運動的自由主義知識份子們提供了一個書生議政的營地。為此，胡適滿懷希望地說：「我們今後的事業，在於擴充《努力》，使他直接《新青年》三年前未竟的使命，再下二十年不絕的努力，在思想文藝上給中國政治建築一個可靠的基礎」。[1]急忙忙地，就在該刊第二期，五月十四日，胡適等十六名北京各大學的教授們，聯合署名發表了《我們的政治主張》一文，大談他們眼中的「好政府主義」。致使北京政府當局無法接受他們如此西化的政見和反傳統的模式，一九二三年十月被迫停刊。

在五月十日的日記中，胡適記載：「夢麟來談。教職員事，政府第一個月即失信用，至今無錢，故竟不能解決。現在內閣動搖，教育部無人，這事更不能收束了。」十一日的日記裏則說：「做一篇《我們的主張》，是第一次做政論，很覺得吃力。這一九二二年本是想專為《努力》做的。後來我想此文頗可用為一個公開的宣言，故半夜脫稿時，打電話與守常商議，定明日在蔡先生家會議，邀幾個『好人』加入。知行首先贊成，並擔保王伯秋亦可加入。此文中注重和會為下手的第一步。這個意思是我今天再三考慮所得，自信這是最切實的主張。」十三日所寫的《我們的政治主張》一文裏，胡適：「我們深信中國所以敗壞到這步田地，雖然有種種原因，但『好人自命清高』確是一個重要的原因。『好人攏著手，惡人背著走。』因此，我們深信，今日政治改革的第一步在於好人須要有奮鬥的精神。凡是社會上優秀分子，應該為自衛計，為社會國家計，出來和惡勢力奮鬥。」十四日，《努力週報》發表了胡適與蔡元培、王寵惠等聯名發表《我們的政

1 引見《胡適來往書信選》上，中國社會科學院近代史研究所編，社會科學文獻出版社，二〇一三年版，第一五七頁。

治主張——好人政治》一文。二十七日，北大教職員開會。胡適提出：「開會的情形很使人不滿意。大概飯碗問題第一重要，其次即是權力問題。有些人心裏合不得權力，卻實在不會用權力。他們那種『戀權』的情形真令人難過。」他建議：「今天我搶得幾分鐘，提出兩個議案：一、組織學術講演會；二、假使政府真用日本借款來買我們，聯席會議應嚴詞拒絕。並佈告國人。」當天日記中記載：「有人說我們『愛惜羽毛』，鈞任有一次說得好：我們若不愛惜羽毛，今天還有我們說話的餘地嗎？」[1]二十九日，胡適出席康奈爾大學在京同學會聚會。竟然有三十多人到場，足見康奈爾大學的影響力。

六月十日，蔡元培主持召開高等教育會議。胡適提議：成立國立大學聯合會，合併在京的全部國立大學。十六日，蔡元培找胡適談話，上面有人建議胡適出任教育部次長。問胡適是否想接任？胡適婉言謝絕，但是他向蔡元培推薦蔣夢麟適合擔任這一職務。

七月三日，胡適出席教育部中華教育改進社年會，遇到蔣夢麟。他再次希望蔣夢麟出任教育部次長。在當天日記中記載：「夢麟此次在華盛頓做了許多很重要的努力，替國家出了不少的力。他宣佈梁士詒借日款的通電，乃是一大炮：這一大炮不但打倒了梁士詒，還打倒了張作霖，還打倒了徐世昌。夢麟談歐洲情形，極抱悲觀。這一次大戰，真是歐洲文明的自殺，法國已不可救了；拉丁民族的國家——義大利，西班牙，葡萄牙——將來在世界上只有下山的前途，沒有上山的希望。德國精神還好；將來歐洲必有俄德英聯成一片的時候，歐洲將永為日耳曼斯拉夫民族的世界。但世界的文化已在亞美兩洲尋得了新逃難地。正如中國北方陷入野蠻人手裡時，尚有南方為逃難地。將來歐洲再墮落時，文化還有美亞澳三洲可以躲避，我們也不必十分悲觀。」七日，陳獨秀寫了一封長信給胡適，大罵他們北大這一幫人，說他們「為了飯碗問題鬧了一年的風

1 《胡適日記全編1921-1922》，聯經出版事業有限公司，二〇〇四年，第五六七、五六八——五六九、五七二、五九六頁。

潮，如何對得起我們自己的良心」。胡適在日記裏說陳獨秀罵得對：「這一年半，北京學界鬧的，確是飯碗風潮。此風潮起於八年十月十日。那時我在山西，到我回來時，教職員的代表——馬敘倫等——已在進行了。到十二月中，他們宣告罷課。我那時一個人出來反對罷課，質問代表雖有權與政府交涉，但無權替我們大家辭職罷課。那時夷初因為我對於代表的許可權提出質問，便聲明辭職不幹了。那天的大會怕飯碗打破，以大多數的表決維持代表的全權。從此以後，代表就有全權替我們辭職了。後來我就不過問這件事。此次三月十四日之罷課，是工業專門突然發起的。那時已止不住了，故我提出『向交通部要錢』的辦法。因為這個辦法後來居然能成八校的共同主張，故我雖不肯做代表，終不能不暗中幫一點忙。四月三十日之閣議以後，我即主張立時上課，夷初與仲逵一班人堅持不可，仲逵因此問題幾與鐵如打架。後來就更不可收拾了。本來我們有抗議的意思，後來政府又太笨，忽有五月十九日的公函。因此我們又忍住不發了。『六三』以後，更糟極了。總之，我這一年半以來，太『不好事』了。因為太不好事，故我們竟讓馬夷初帶著大家亂跑，跑向地獄裏去！我記此一段，表示自己的懺悔。」十五日的日記裏記載說：「新租得隔壁（鐘鼓寺十五號）房間十幾間。打通臥室之門便是一家；房屋稍多，可以多添幾個書架了。今日移居。」二十四日，胡適監考北大預科的入學考試，在日記裏記下了他的感慨：「有一個奉天高師附中的學生問我五四運動是個什麼東西？是哪一年的事？我大詫異，以為這大概是一個特殊的例外。不料我走出第一試場（共分十五個試場，凡一千五百人），遇見別位監考的人，他們說竟有十幾個人不知道五四運動是什麼的！有一個學生說運動是不用醫藥的衛生方法！」[1]三十日，胡適受邀去南京大學講課。

七月，在《這一周》上，胡適認為中共的主張與他們自由主義者的主張可以相通：「我們並不菲薄你們

1《胡適日記全編 1921-1922》，聯經出版事業有限公司，二〇〇四年，第六五三、六六九、六八二頁。

的理想和主張，你們也不必菲薄我們的最低限度的主張。如果我們的最低限度做不到時，你們的理想主張也決不能實現。」[1]

八月十八日，北京大學評議會決議以教育總長章士釗摧殘教育為由，宣佈與教育部脫離關係。評議會決議立刻遭到胡適等五位教授的反對。胡適又連同十七位教授發表致全校同事的公開信，提出：

我們認學校為教學的機關，不應該自己滾到政治旋渦裏去，尤不應該自己滾到黨派政爭的旋渦裏去……我們對於章士釗氏的許多守舊的主張是根本反對的。他的反對國語文學，他的反對新思潮，都可證明他在今日社會裏是一個開倒車、走回頭路的人。他在總長任內的許多浮誇的政策與輕躁的行為，我們也認為應當反對。但我們主張，我們盡可用個人的資格或私人團體的資格去攻擊他或反對他，不應該輕用學校機關的名義。就令學校機關不能不有所表示，亦不當輕用妨害學校進行的手段。因為學校裏大部分的教員學生究竟是做學問事業的。少數人的活動，如果牽動學校全體，便可以妨害多數人教學的機會，實際上便是剝奪他們教學的自由……

所以我們主張：

一、本校應該早日脫離一般的政潮與學潮，努力向學問的路上走，為國家留一個研究學術的機關；

二、本校同人要做學校以外的活動的，應該各以個人的名義出去活動，不要牽動學校；

三、本校評議會今後應該用其大部分的精力去謀學校內部的改革，不當輕易干預其職權以

1 《胡適文存》二集卷三，第一六七—一六九頁。

外的事業。[1]

這就充分地證明：胡適當時明確反對學者涉足政治，而他自己也處於所謂的「二十年不談政治」的諾言中。但是胡適的核心目的是讓學術界學會容忍政治環境，運用工具理性處理好自己的非學術追求。

1 《胡適來往書信選》上，中國社會科學院近代史研究所編，社科文獻出版社，二〇一三年。

第七章
胡適的《周易》研究

寫中國現代易學史，假如不提胡適，這實在是令人遺憾的事。且不說他本人的易學研究功過如何，單就他的治易方法對同時代及後人所產生的重大影響，就足以使他在現代易學史中佔據一席之地。比如著名的易學家顧頡剛、李鏡池、鐘啟祿以及 Richard Wilhelm 和 Hellmut Wilhelm 等先生均曾直接或間接地受其影響。

胡適對易學的研究明顯地分為前後兩期，這可以以一九一七年為界限。一九一七年以前，他研究《周易》注重的是對《周易》卦象相互之間及其與象辭的邏輯關係的探討。我們可以稱之為：對《周易》象學的邏輯研究時期。這些都具體地體現在《先秦名學史》一書中。一九一七年以後，他轉入了對《周易》自身結構與其性質的探討。我們可以稱之為：對《周易》哲學的象學研究時期。代表這一時期研究成果的是《中國哲學史大綱》上卷。

胡適一九一五年九月到一九一七年四月，他完成了研究中國古代邏輯史的博士論文「The Development of the Logical Method in Ancient China」。上海亞東圖書館出版了此書英文原文。此後又再版三次，很受歡迎。

此書共分四編，而全部筆墨卻在第二編《孔子的邏輯》和第三編《墨翟及其學派的邏輯》。第二編共分五章，卻有三章談《周易》的邏輯問題。

他在闡述此書寫作宗旨就明確地說：

> 關於我解釋這些哲學時與傳統學問的不同之點，只能說一些：首先，我相信我把《易經》作為一部邏輯著作的論述所提出的新觀點，似乎比以前任何其他的論述都更能解決其中的困難

問題。[1]

他的這一見解不失為前無古人的論斷。將《周易》看作是古代邏輯學著作，這首先就標誌著他擺脫了中國封建社會舊易學中把《周易》視為儒家修身治國斷吉凶經典的桎梏。

在對待《周易》發生學這一問題上，胡適也沿襲了一部分古老的觀點。

首先，他認為《易傳》中大部分是孔子所作。因此，他把《周易》看成是「包含著孔子邏輯的基本學說的書」。其次，他承襲古代三爻重成六爻的觀點，認為「六十四個畫形則是由複合三畫形派生的。」[2]但是，胡適在此書中研究《周易》取得的最大成就是以西方哲學的方法和概念去分析、理解《周易》卦爻辭中的象辭。儘管他在舉例時更多地是《象》中的句子，但這種治易方法標誌著現代《周易》象學的誕生！

在此書中，他認為《周易》中「最重要的邏輯學說是象的學說」。[3]

他將「象」分成兩類：第一，「象只是人們注意到或感知到的自然界的一種現象，如我們談到的『天象』。」第二，「像是能用某種符號表示的，或者在某些活動、器物中所能認知的意象或者觀念。」[4]也就是說，天象和意象就構成了《周易》中全部的「象」。如果從根源上看，這種觀點顯然是對清代章學誠關於《周易》象學理論的繼承和發展。（章學誠的史學思想對胡適治哲學史和中國古代史產生了重大影響，容以

1 胡適《先秦名學史》，學林出版社，一九八三年，第二頁。
2 胡適《先秦名學史》，學林出版社，一九八三年，第三〇頁。
3 胡適《先秦名學史》，學林出版社，一九八三年，第三六頁。
4 胡適《先秦名學史》，學林出版社，一九八三年，第三六頁。

後另有文章詳述。）章學誠《文史通義》中講：「有天地自然之象，有人心營構之象。天地自然之象，《說卦》為天為圜諸條，約略足以盡之。人心營構之象，睽車之載鬼，翰音之登天，意之所至，無不可也。」但是，這裏的「天地自然之象」與「人心營構之象」，如果我們用現代辭彙來表示，也就是物象與意象。如《周易》中的茅茹、大車、介於石、碩果不食、枯腸生姊……不都是物象嗎?!而胡適卻將「天地自然之象」理解為「天象」，捨棄了「地自然」之象，請問：上述各辭又怎麼能為天象呢？胡適的這一觀點暗示著我們：在理解卦爻辭本義及發生這一問題上，他是贊成那種認為三百八十四爻皆為觀星象而作的觀點的。所不同的是：他認為三百八十四爻不僅僅是觀星象，而是觀星象與意象共同作成。並且，他強調說：「象字最廣泛地用於《易經》裏的正是第二個意思」——即意象。[1]

儘管他在講《周易》的象的構成時有了上述縮小概念的錯誤；但是，他對意象作用的闡述是極有見地的觀點。他說：

> 「意象」是古代聖人設想並且試圖用各種活動、器物和制度來表現的理想的形式。這樣看來，可以說意象產生了人類所有的事業、發明和制度。……文明的歷史，按照孔子的看法，就是把「意象」或完美的上天理想變為人類器物，習俗和制度的一系列連續不斷的嘗試。[2]

接著，他就將《繫辭》中那段著名的論述十三卦源起的觀點講解一遍。上述觀點的核心在於：胡適認為《周易》的象要說明的是古代社會的邏輯發展是由形而上到形而下的演進過程。用《繫辭》中的話說也即

1 胡適《先秦名學史》，學林出版社，一九八三年，第三六頁。
2 胡適《先秦名學史》，學林出版社，一九八三年，第三七頁。

「以制器者尚其象」。這一發現也足以使它在易學史上留下一席之地了！但由於統治在他頭腦中的唯心史觀的作用，使他不可能從這裏走得更遠。因而使他沒有分清易之體與易之用的區別。

就易之體而言，《繫辭》在講到易象的起源時認為「聖人有以見天下之賾而擬諸其形容，象其物宜，是故謂之象。」有了這種「見」的過程才產生「象」的概念。這是觀器制象的過程，是具體上升為抽象的積澱過程，是由物占及偶然性關聯所形成的圖騰或禁忌昇華成一種抽象的、體現了事物發展「規律」的象。這是由形而下向形而上的發展過程。就易之用而言，當易象產生以後，它本身就被用在四個方面：言、動、制器、卜筮。其易象對人類社會發展的最大功用是「以制器者尚其象」，也即觀象制器。這是由形而上向形而下具體化應用的過程。胡適正是發現這一過程。因此，他總結說：「我相信，儒家是以象或『意象』的學說為中心的。」[1]但是，易象應用在制器上並不是萬物的法典；否則，我們的歷史觀也就退化到了文王時代——它需要不斷地有由器成象的過程，然後才可能為觀象制器製造更多的機會。否則，六十四卦，三百八十四爻就成了凌駕於人類社會之上的某種先驗性的東西。在周易發生學這一問題上弄不清「見天下之賾」與「以制器者尚其象」二者之間的體用關係，不僅僅是胡適，在其前代及同時代都沒有人能躍出這藩籬。

胡適自一九一七年七月回國後，八月開始受聘為北京大學教授。這時他繼續從事對中國古代哲學史的研究。而後，他將博士論文中文稿修改增補成《中國哲學史大綱》上卷出版，以後又再版多次。這部書在中國哲學史研究上是開創性的著作。

在這部書中，他對《周易》哲學的研究明顯的不同於前一時期。一九一七年七月以前，他在易學研究中處於對《周易》象學的邏輯研究時期。但自從他回國以後，二年之中，他對《周易》的看法有了很大改變。

1 胡適《先秦名學史》，學林出版社，一九八三年，第三七頁。

首先，在對「象」這一概念的認識上，他糾正了上一時期所持的天象與意象構成象的觀點。他修改為：「……《易經》的象字是法象之意。……這些法象，大約可分成兩種：一種是天然界的種種『現象』。一種是物象所引起的『意象』。又名『觀念』。」他將「天象」擴大為「天然界的種種『現象』」，也即物象。並且也改正了他過去認為以意象為主的觀點。

其次，他在上一時期主張「《易經》裏最重要的邏輯學說是象的學說」基礎上，更進一步強調「一部《易經》只是一個『象』字。」而且，又用著重號標出以示核心所在。

第三，他從哲學角度來研究《周易》象學，認為「一部《易經》只有三個基本觀念：（一）易、（二）象、（三）辭。便是《易經》的精華。」[1]

胡適的上述觀點對研究《周易》起了重大的推動作用。這既是對漢宋易學之爭的了結，又使人們注意到古老的《周易》經學的內在價值是：在封建社會文化——心理結構中占統治地位的象學體系。由此並形成了中國古代文化哲學的主幹。

德國哲學家恩斯特．卡西爾在《人論》中認為：「對於理解人類文化生活形式的豐富性和多樣性來說，理性是個很不充分地名稱。但是，所有這些文化形式都是符號形式。因此，我們應當把人定義為符號的動物來取代把人定義為理性的動物。」[2]

這裏的符號，用英語表述即Symbol。它與易學中的象的概念極為接近。象的產生在《周易》中有著重要作用，以致於《繫辭》中說「是故易者，象也。」胡適以西方哲學的功底來審查古老的《周易》，由前期

---

1 胡適《中國哲學史大綱》上卷，上海古籍出版社，一九一九年，第五九、六三、六六頁。

2 卡西爾《人論》，甘陽譯，上海譯文出版社，一九八五年。

對象學的邏輯研究深入到對哲學的象學研究，這使他發現了民族歷史文化傳統的最底層沉澱物，發現了構成封建社會文化——心理結構的那根棟樑及其為我們所不可理解的牽動其文化發展的槓杆作用與一整套美學規範。封建社會所謂的詩教、禮教，所謂由民風以觀政，所謂曲肱而枕等等為封建倫理所褒揚或貶抑的種種表象，都是在這個象學的文化網內所體現的一道又一道印證的軌跡。

在胡適之前的易學家們還在以事比附或以象數釋理的泥沼中苦苦掙扎，經胡適這前後兩期的易學探討，由古代象數易學中卓然生成一株以象學為中心，用西方哲學的概念和方法去研究《周易》古經的大樹！西方先進的方法論使他能夠對這漆室之門作一番宏觀而精闢的總結。

其實，為了撰寫這篇博士論文，當時胡適的日記中也大量出現了他對《周易》的研究心得。比如，一九一六年九月十二日日記：「《易・繫辭》下第二章，可作一章進化史讀。其大旨則『見乃謂之象，形乃謂之器，制而用之謂之法，利用出入民咸用之謂之神』之意也。此數語含有孔子名學之大旨。包犧氏一章，則敘此作器製法之歷史也。此章中象卦制器之理，先儒說之，多未能全滿人意。今偶以適所見及記於此，以俟博學君子是正之。」[1]

比如，他對「弧矢，象『睽』」的解釋：「舊說皆以為『睽乖』，然後威以服之。此又捨象取名矣。〈睽〉之象曰：『上火下澤，睽，君子以同而異。』火向上，而在上，澤向下，而在下：所取道相反而所志（心之所之）相同。故曰『以同而異』。又曰：『天地睽而其事同也，男女睽而其志通也。』弧矢之用，以挽為推。亦『所取道相反而所志相同』之象也。此象亦有科學意味。」[2]

1 《胡適留學日記》，嶽麓書社，二〇〇〇年，四一八頁。
2 《胡適留學日記》，嶽麓書社，二〇〇〇年，四二〇頁。

再如，他對「書契，象『夬』」的解釋：「舊說皆以『夬，決也』為言。然皆以決為決斷之意，則非也。決之本義，《說文》曰：『下流也』（依段玉裁校本）。（央）之象曰：『澤上於天』，『君子以施祿及下，居德則忌。』朱注曰：『澤上於天，潰決之勢也。施祿及下，潰決之意也。』近之矣，而未盡然也。澤上於天，乃下雨之象，所謂『下流』也。施祿及下，亦『下流』之意。書契之作，一以及下，一以傳後。傳後亦及下也。〈夬〉之上六曰：『無號，終有凶。』號即名號之號，符號之號，蓋謂書契文字之類也。故曰：『無號之區，終不可長也。』舊讀號為呼號之號，故不可解也。卦象：『揚於王庭，孚號（孚號，信其名號也）有厲，告自邑，不利即戎，利有攸往。』號亦同此。」[1]

又如，他對《易傳》中「研」字的解釋：「《說文》：『研，也。石磑也（今省作磨）。』又『碎，礫也。礱，礫也（今謂磨穀取米曰礱）。』研字本謂而碎之之意。故《易》有『夫易，聖人之所以極深而研幾也。』又曰：『能說諸心，能研諸慮。』研，猶今言『細細分析』也。譯成英文，當作Analysis。今人言『研究』，本謂分析而細觀之。古人如老、孔，皆以『天下大事必作於細』，故其論斷事理，先須磨而碎之，使易於觀察，故曰研也。」[2]

特別值得一提的是他在書中對「太極」的考證。

胡適認為：「《易．繫辭傳》說：『是故易有太極，是生兩儀。兩儀生四象，四象生八卦。』這是代表萬物由極簡易的變為極繁雜的公式。此處所說『太極』並不是宋儒說的『太極圖』。《說文》說『極，棟也』。便是屋頂上的橫樑，在《易經》上便是一畫的『一』。」[3] 這種將太極釋棟的解釋撕破了宋儒以來圖

1 《胡適留學日記》，嶽麓書社，二〇〇〇年，四二一頁。
2 《胡適留學日記》，嶽麓書社，二〇〇〇年，四二二頁。
3 胡適《中國哲學史大綱》上卷，上海古籍出版社，一九一九年，第五八頁。

書學派易學家們種種河圖、洛書的神話。如果從《周易》發生學的角度來印證也無不相合：早在夏代之前的結繩而治時期，正是繩八卦在棟上以示卦象的蒙昧時代。

他的這一觀點行世之後立刻被很多人採納。比如，王緇塵的《國學講話》中就沿用此說。德國易學家Richard Wilhelm全盤接受並到處演講。見一九二二年十一月六日《胡適的日記》：「七時，到公園，赴文友會。是夜的演講為德國漢學者尉禮賢（Richard Wilhelm），講《易經》的哲學，大旨用我的解釋，沒有什麼發明。他承認我講『太極』的『極』字只是『棟』字，只是一畫。」[1]

但他在這部書中也有不可避免的謬論。比如，他在《中國哲學史大綱序言》中認為：「至於《易經》，更不能作上古哲學史料……全無哲學史料可說。」[2] 顯然這是受章學誠六經皆史說影響至深才有對這一章的反動。他發現了構成《周易》的象學體系卻又由於有了一種西方哲人的偏見眼光，反過來又否定他自己！此處可謂大膽假設有餘而細心考證不足了。相反，他的學生顧頡剛則反其道而行之，專題作了《周易卦爻辭中的故事》一書來考證《周易》史料的可信性，在此基礎上產生了李鏡池的《〈易學〉探源》。

胡適對顧氏的此書有很高的評價。在致函顧頡剛的信中，他說：

> 頃讀你的《周易卦爻辭中的故事》，高興極了。這一篇是極有價值之作。不但是那幾個故事極有趣，你考定《繫辭傳》的著作年代也很有意思，引起我的興趣。《世本》所據傳說，必有一部分是很古的，但《世本》是很晚的書，《繫辭》不會在其後。《繫辭》說制器，尚不過泛舉帝王，至《世本》則一一列舉，更「象煞有介事」了。此亦世愈後而說愈詳之一例，不可

1 《胡適日記全編1921-1922》，聯經出版事業有限公司，二〇〇四年，第六五〇頁。

2 胡適《先秦名學史》，學林出版社，一九八三年，第三四頁。

不察。王胲固是很古，而蒼頡等則很今了。《世本》不采《繫辭》，也許是因為《繫辭》所說製作器物太略了，不夠過癮。《繫辭》那一章所說，只重在制器尚象，並不重在假造古帝王之名。若其時已有蒼頡、沮誦作書契之傳說，又何必不引用而僅泛稱「後世聖人」呢？[1]

然後，他又主張：「《繫辭》此文出現甚早，至少楚漢之間人已知有此書，可以陸賈《新語．道基篇》為證。《道基篇》裏述古聖人因民人的需要，次第製作種種器物制度，頗似《氾論訓》，而文字多與《繫辭》接近。如云『先聖乃仰觀天文，俯察地理，圖畫乾坤，以定人道』；又云：『黃帝乃伐木構材，築作宮室，上棟下宇，以避風雨』；又云：『奚仲乃撓曲為輪，因為轅駕馬服牛，浮舟杖楫，以代人力』。《新語》一書，前人多疑之，《四庫提要》懷疑最力，故我從前不注意此書。去年偶讀龍溪精舍唐晏校補本，細細研究，始知此書不是偽書。其中甚多精義，大非作偽者所能為。」[2]這一判斷在沒有秦漢時期《易經》相關文物出土之前，我們只能佩服胡適銳利的目光！

胡適也對顧頡剛的一些主張提出反駁：「制器尚象之說，只是一種學說，本來不是歷史。六十四卦的《象傳》皆不明說某帝某王，只說『君子』『先王』而已。《繫辭傳》此章便坐實了某帝某王，可說有稍後出的可能。然《象傳》六十四條皆有觀象製作之意，與《繫傳》此章確是同一學說，同出於一個學派。司馬遷不用此章作史料，是他的卓識。……崔述用此章作唯一可信的上古史料，是他的偏見。你受了崔述的暗示，遷怒及於《繫辭》，也不是公平的判斷。至於你的講義中說制器尚象之說作於京房一流人，其說更無根據。京房死於西曆前三十七年，劉歆死於紀元後二十二年，時代相去太近。況且西漢易學無論是哪一家，都

1 《胡適書信集》上，北京大學出版社，一九九六年，第四九七頁。
2 《胡適書信集》上，北京大學出版社，一九九六年，第四九八頁。

是術數小道，已無復有『制器尚象』一類的重要學說。孟喜、焦延壽、京房之說，雖然散失，而大旨尚存在史傳及輯佚諸書之中，可以復按。」[1]

綜上所述，胡適的治《易》方法可以歸納為：對《周易》象學的邏輯研究與對《周易》哲學的象學研究的統一，這就為現代易學的發展開拓了道路。特別是歐美的易學研究，經他指點迷津之後，西方的易學家們正在一步一步地走上來。他完全做到了他在《先秦名學史》中所說的：在研究易學時，他要「空前地幾乎完全打破關於《易經》的傳統占卜與道學的觀點！」[2]

在日文版胡適《先秦名學史》一書出版序言中，我們可以看到當時日本著名漢學家高瀨武次郎教授和胡適之間的學術互動。高瀨教授在此書日文版序中說：「余未識胡氏，然久聞其名。胡氏之遊學美國，師事教育學大家杜威博士。博士曾來遊我國，於我京都帝國大學亦有一場講演。其時通過水崎基一君而問余日本是否有支那學術研究方面的大作，余乃向博士贈呈拙作《支那哲學史》、《陽明學新論》二書。其後博士遊中國，以胡氏之《中國哲學史》贈余，且付書信一封以示答謝之意。是故余得以很早就有機會翻閱胡氏之哲學史。胡氏為現代之新進學者，其所論亦不少嶄新奇拔之處。世之欲攻中國哲學之士，翻閱此書必有遊於先人未到之境之感。」[3]這一說明十分有益，原來是杜威教授親自將胡適的此書轉贈給了日本學界。可見，在杜威眼中，他一直是高度肯定胡適的這篇博士學位論文的。至少，杜威的態度通過這事也可以得到印證。

---

1 《胡適書信集》上，北京大學出版社，一九九六年，第五〇〇頁。

2 胡適《先秦名學史》，學林出版社，一九八三年，第三四頁。

3 譯文引見https://www.gmw.cn/01ds/2005-01/19/content_171273.htm。

第八章
向馬克思主義發起挑戰的
問題主義論

一九一九年六月，胡適開始主辦《每週評論》雜誌。然後，從當年七月開始，他主動挑起了中國教育界和思想界的「問題與主義」之爭。以為胡適看到了「然而國內的『新』分子閉口不談具體的政治問題，卻高談什麼無政府主義與馬克思主義。我看不過了，忍不住了，——因為我是一個實驗主義的信徒，——於是發憤要想談政治。我在《每週評論》第三十一號裏提出我的政論的導言，叫做『多研究些問題，少談些主義！』」他還表示說：「我們是不承認政治上有什麼根本解決的。……我們因為不信根本改造的話，只信那一點一滴的改造，所以我們不談主義，只談問題。」事後，胡適還以《問題與主義》作為書名，先後出版了《問題與主義》、《二論問題與主義》、《三論問題與主義》、《四論問題與主義》論文集，進一步擴大了由他發起的這一爭論的社會影響深度和廣度。好一副「把火燒得越旺越好」的架勢。

在《胡適口述自傳》中，胡適認為這是他「和馬克思主義者衝突的第一回合」。

他還解釋說：

> 我的意思是想針對那種有被盲目接受危險的教條主義，如無政府主義、社會主義和布爾什維克主義等等，來稍加批評。[1]

當時的胡適，已經深切感受了馬克思主義學說正在入侵中國思想界這一可怕事實，他希望能通過這場論爭，徹底曝光馬克思主義的危害。

在《多研究些問題，少談些「主義」》一文裏，胡適主張：要研究實際問題，不要空談主義。

在文章一開始，他首先明確地主張：「凡『主義』都是應時勢而起的。某種社會，到了某時代，受了

1 唐德剛《胡適口述自傳》，華文出版社，一九九二年，第二一四頁。

某種的影響，呈現某種不滿意的現狀。於是有一些有心人，觀察這種現象，想出某種救濟的法子。這是『主義』的原起。主義初起時，大都是一種救時的具體主張。後來這種主張傳播出去，傳播的人要圖簡便，便用一兩個字來代表這種具體的主張，所以叫他做『某某主義』。主張成了主義，便由具體的計畫，變成一個抽象的名詞。『主義』的弱點和危險就在這裏。因為世間沒有一個抽象名詞能把某人某派的具體主張都包括在裏面。」

接下來，胡適就舉出事實，詳細刨析馬克思主張的「社會主義」這一概念在中國實際上已經五花八門、莫衷一是了。

他說：「比如『社會主義』一個名詞，馬克思的社會主義，和王揖唐的社會主義不同；你的社會主義，和我的社會主義不同：決不是這一個抽象名詞所能包括。你談你的社會主義，我談我的社會主義，王揖唐又談他的社會主義，同用一個名詞，中間也許隔開七八個世紀，也許隔開兩三萬里路，然而你和我和王揖唐都可自稱社會主義家，都可用這一個抽象名詞來騙人。這不是『主義』的大缺點和大危險嗎？我再舉現在人人嘴裏掛著的『過激主義』做一個例：現在中國有幾個人知道這一個名詞做何意義？但是大家都痛恨痛罵『過激主義』，內務部下令嚴防『過激主義』，曹錕也行文嚴禁『過激主義』，盧永祥也出示查禁『過激主義』。前兩個月，北京有幾個老官僚在酒席上歎氣，說，『不好了，過激派到了中國了。』前兩天有一個小官僚，看見我寫的一把扇子，大詫異道，『這不是過激黨胡適嗎？』哈哈，這就是『主義』的用處！我因為深覺得高談主義的危險，所以我現在奉勸新輿論界的同志道：『請你們多提出一些問題，少談一些紙上的主義。』」

胡適在此揭示並質問說：「空談外來進口的『主義』，是沒有什麼用處的。一切主義都是某時某地的有心人，對於那時那地的社會需要的救濟方法。我們不去實地研究我們現在的社會需要，單會高談某某主義，好比醫生單記得許多湯頭歌訣，不去研究病人的症候，如何能有用呢？」他還主張：「我所說的理想的作用，乃是這一種根據於具體事實和學問的創造的想像力，並不是那些抄襲現成的抽象的口頭禪的主義。我所攻擊的，也是這種不根據事實的，不從研究問題下手的抄襲成文的主義。」

為此，胡適再次質問：「我們不去研究人力車夫的生計，卻去高談社會主義；不去研究女子如何解放、家庭制度如何救正，卻去高談公妻主義和自由戀愛；不去研究安福部如何解散，不去研究南北問題如何解決，卻去高談無政府主義；我們還要得意揚揚誇口道：『我們所談的是根本解決。』老實說罷，這是自欺欺人的夢話，這是中國思想界破產的鐵證，這是中國社會改良的死刑宣告！」[1]

胡適批判的核心是痛斥馬克思主義不但和中國底層的實際生活相互脫節，而且還和中國現實政治離題萬里，根本不解決實際問題，只是空想而已。

因此，在《三論問題與主義》一文裏，胡適說：

> 一切主義，一切學理，都該研究，但是只可認作一些假設的見解，不可認作天經地義的信條；只可認作參考印證的材料，不可奉為金科玉律的宗教；只可用作啟發心思的工具，切不可用作蒙蔽聰明，停止思想的絕對真理。

也就是說：胡適認為馬克思主義缺乏對現實中國的研究。

胡適進而詳細地解釋了他認可的理論指導現實的三步工夫，即三個階段。他說：

> 凡是有價值的思想，都是從這個那個具體的問題下手的。先研究了問題的種種方面的種種

1 胡適《多研究些問題，少談些「主義」》，《每週評論》，一九一九年七月二十日，第三一號。

的事實，看看究竟病在何處，這是思想的第一步工夫。然後根據於一生經驗學問，提出種種解決的方法，提出種種醫病的丹方，這是思想的第二步工夫。然後用一生的經驗學問，加上想像的能力，推想每一種假定的解決法，該有什麼樣的效果，推想這種效果是否真能解決眼前這個困難問題。推想的結果，揀定一種假定的解決，認為我的主張，這是思想的第三步工夫。凡是有價值的主張，都是先經過這三步工夫來的。[1]

在《四論問題與主義》一文裏，胡適再次提出：「我雖不贊成現在的人空談抽象的主義，但是我對於輸入學說和思潮的事業，是極贊成的。我曾說過：我們應該先從研究中國社會上，政治上，種種具體問題下手，有什麼病，下什麼藥，診察的時候，可以參考西洋先進國的歷史和學說，用作一種『臨症須知』，開藥方的時候，也可以參考西洋先進國的歷史和學說，用作一種『驗方新編』。若要用這種參考的材料，我們自然不能不做一些輸入的事業。但是輸入學理，不是一件容易做到的事。做的不好，不但無益，反有大害。」

然後，他提出了對於輸入學理的三點設想，即：輸入學說時應該注意那發生這種學說的時勢情形、輸入學說時應該注意「論主」的生平事實和他所受的學術影響、輸入學說時應該注意每種學說所已經發生的效果。

最後，他總結為：

以上所說的三種方法，總括起來，可叫做「歷史的態度」。凡對於每一種事物制度，總想尋出他的前因與後果，不把他當作一種來無蹤去無影的孤立東西，這種態度就是歷史的態度。

1 胡適《三論問題與主義》，《每週評論》，第三六號，一九一九年八月二十四日。

我希望中國的學者，對於一切學理，一切主義，都能用這種歷史的態度去研究他們。[1]

胡適的上述文章發表後，先後引起了藍公武、李大釗等人激烈反駁。可見在當時即便是文學革命的戰友和同事，他們的政治主張依然是言人人殊的。

李大釗反駁的核心是想表明：

大凡一個主義，都有理想與實際兩方面。例如民主主義的理想，不論在哪一國，大致都很相同。把這個理想適用到實際的政治上去，那就因時，因所，因事的性質情形，有些不同。社會主義，亦復如是。他那互助友誼的精神，不論是科學派，空想派，都拿他來作基礎。把這個精神適用到實際的方法上去，又都不同。我們只要把這個那個的主義，拿來作工具，用以為實際的運動，他會因時，因所，因事的性質情形，生一種適用環境的變化。在清朝時，我們可用民主主義作工具去推翻愛新覺羅家的皇統。在今日，我們也可以用他作工具去推翻那軍閥的勢力。在別的資本主義盛行的國家，他們可以用社會主義作工具去打倒資本階級。在我們這不事生產的官僚強盜橫行的國家，我們也可以用他作工具去驅除這一般不勞而生的官僚強盜。一個社會主義者，為使他的主義在世界上發生一些影響，必須要研究怎樣可以把他的理想儘量應用於環繞著他的實境。所以現在的社會主義，包含著許多把他的精神變作實際的形勢使合於現在需要的企圖。這可以證明主義的本性，原有適用實際的可能性。不過被專事空談的人用了，就變成空的罷了。那麼先生所說主義的危險，只怕不是主義的本身帶來的，是空談他的人給他

1 胡適《四論問題與主義》，《每週評論》，第三七號，一九一九年八月三十一日。

的。[1]

但是李大釗的反駁和舉例全部局限在鬥爭哲學中，這和胡適根本不在一個空間。日後他們二人的政治距離越走越遠，以至於到了相互對立的程度。但是，陳獨秀卻部分接受了胡適的主張。在一九二〇年中發表在《新青年》上的幾篇文章中，陳獨秀開始主張：「與其高談無政府主義、社會主義，不如去做勞動者教育和解放底實際運動；與其空談女子解放，不如切切實實謀女子底教育和職業。」因此，「我希望諸君切切實實研究社會實際問題底解決方法，勿藏在空空的什麼主義什麼理想裏面當造逋逃藪安樂窩。」他還特別強調說：「我們改造社會，是要在實際上把他的弊病一點一滴、一椿一件、一層一層漸漸的消滅去，不是用一個根本改造底方法，能夠叫他立時消滅的」，「無論在何種制度之下，人類底幸福，社會底文明，都是一點一滴地努力創造出來的，不是像魔術師畫符一般把制度改了那文明和幸福就會從天上落下來。」

一九二〇年一月二日，在天津青年會年會上，胡適繼續我行我素，堅持他的個人見解。他發言說：「假的個人主義——就是為我主義，他的性質是自私自利：只顧自己的利益，不管群眾的利益。真的個人主義——就是個性主義，他的特性有兩種：一是獨立思想，不肯把別人的耳朵當耳朵，不肯把別人的眼睛當眼睛，不肯把別人的腦力當自己的腦力；二是個人對於自己思想信仰的結果要負完全責任，不怕權威，不怕監禁殺身，只認得真理，不認得個人的利害。」[2]顯然，這依然是問題與主義之爭的延續。

---

1 李大釗文章見《每週評論》第三五號，一九一九年八月十七日。

2 胡適《四論問題與主義》，《每週評論》，第三七號，一九一九年八月三十一日。

第九章
樹立現代學術研究規範的實證主義論

在《胡適口述自傳》中，他說明了杜威實證主義和學術研究方法的一致性：「杜威最風行的著作之一便是那本舉世熟知的《思維術》——尤其是那一本為一般學校和師範大學所採用的薄薄的原版。在我進哥大之前我已對《思維術》發生興趣，也受其影響。」接著，胡適介紹說：

> 杜威認為有系統的思想通常要通過五個階段：
>
> 第一階段為思想之前奏。是一個困惑、疑慮的階段。這一階段導致思想者認真去思考。
>
> 第二階段為決定這疑慮和困惑究在何處。
>
> 第三階段思想者自己會去尋找一個的假設；或面臨一些假設的解決方法任憑選擇。
>
> 第四階段，在此階段中，思想者只有在這些假設中，選擇其……作為對他的困惑和疑慮的可能解決的辦法。
>
> 第五、也是最後階段，思想的人在這一階段要求證，把他選擇的假設，證明出來那是他對他的疑慮和困惑最滿意的解決。[1]

胡適說：「杜威對有系統思想的分析幫助了我對般科學研究的基本步驟的瞭解。他也幫助了我對我國近千年來——尤其是近三百年來——古典學術和史學家治學的方法，諸如『考據學』、『考證學』等等。」他還指出：「我治中國思想與中國歷史的各種著作，都是圍繞著『方法』這一觀念打轉的。『方法』實在主宰了我四十多年來所有的著作。從基本上說，我這一點實在得益於杜威的影響。」根據胡適自己的說法，杜威對其思想和治學都有「絕大影響」。因此，胡適總結說：「近幾十年來我總歡喜把科學法則說成『大膽的假

1 唐德剛《胡適口述自傳》，華文出版社，一九九二年，第一〇七頁。

設，小心的求證』。我總是一直承認我對一切科學研究法則中所共有的重要程式的理解，是得力於杜威的教導。」[1]從此以後，「大膽的假設，小心的求證」成了胡適學術理論的核心象徵。

早在一九一九年三月二十二日，胡適在《少年中國之精神》一文中就提出了十分積極的科學方法論的主張。他說：「我且略說科學方法的要點：第一，注重事實。科學的方法是用事實作起點的，不要問孔子怎麼說，柏拉圖怎麼說，康德怎麼說；我們須要先從研究事實入手……第二，注重假設……我們應該把每一個假設所涵的意義徹底想出，看那些意義是否可以解釋所觀察的事實？是否可以解決所遇的疑難？所以要博學，正是因為博學方才可以有許多假設。學問只是供給我們各種假設的來源。第三，注重證實……假設是否真正合用？必須實地證明……一切古人今人的主張、東哲西哲的學說，若不曾經過這一層證實的工夫，只可作為待證的假設，不配認作真理。少年的中國，中國的少年，不可不時時刻刻保存這種科學的方法，實驗的態度。」[2]顯然，這裏已經出現了實證主義的思想萌芽。

當年的四月二十八日，《北京大學日刊》曾刊載了教務處的一則佈告：「本科教授胡適之先生因代表大學歡迎美國杜威博士，於二十八日南下，請假一星期。」

為了南下迎接來華的杜威博士，五月二日，胡適應約在江蘇省教育會特別進行了專題演講《實驗主義》，也算是為杜威在五月三日、四日的演講前期準備工作。三日，胡適寫信給蔡元培，報告說杜威夫婦在四月三十日中午抵達上海。胡適、蔣夢麟、陶行知等人在車站迎接到杜威夫婦以後，就把他們送到了上海著名的滄州別墅。接下去杜威在演講過後到杭州去旅遊幾天。回到上海以後，再往南京，然後才啟程赴北京。

1 唐德剛《胡適口述自傳》，華文出版社，一九九二年，第一〇八頁。
2 胡適《少年中國之精神》，參見《少年中國》，一九一九年創刊號。

一九二一年春，胡適患病，在家修養。從此時開始，他對整理《詩經》產生了濃厚的興趣。他認定研究《詩經》：「必須下死工夫去研究音韻、訓詁、文法，然後從死工夫裏求出活見解來」。換句話說，這也是胡適將實證主義用在傳統經學考證學上的一個嘗試。

一年後在一九二二年三月十五日的日記裏，胡適表達了他對達爾文和赫胥黎的看法：

讀《達爾文傳》及《赫胥黎傳》中自一八五九到一八七二的部分，很感動。我愛赫胥黎的為人，他是達爾文的護法神。

胡適還說：

達爾文與赫胥黎在哲學方法上最重要的貢獻，在於他們的存疑主義。[1]

這是他從實證主義角度來閱讀和理解《達爾文傳》及《赫胥黎傳》兩部書。因此，胡適後來在《介紹我自己的思想》一文中，他闡述說：

我的思想受兩個人的影響最大：一個是赫胥黎，一個是杜威先生，赫胥黎教我怎樣懷疑，教我不信任一切沒有充分證據的東西。杜威先生教我怎樣思想，教我處處顧到當前的問題，教我把一切學說理想都看作待證的假設，教我處處顧到思想的結果。[2]

1 《胡適日記全編1921-1922》，聯經出版事業有限公司，二〇〇四年，第四七二頁。
2 《胡適文選》，遠流出版社，一九八九年，第二頁。

四月二十七日晚，胡適應邀去清華大學演講「《詩經》的研究」。這正是最近一段時間內他專心研究《詩經》的一個見證。三十日，胡適坐火車到天津，參加天津美國大學校友聯合會成立大會。在當天的日記裏，他說：「車中我重讀杜威的《哲學的改造》第一章，改譯為《正統哲學的緣起》，似勝英文原篇名。」[1]而當年六月十四日的日記中，胡適顯然對杜威有些許的不滿：「杜威是一個真急進派，他深信進步是一步一步得來的，而不主張和平地推翻一切。這是真正的美國主義。」[2]

八月，胡適再次開始《詩經》研究，試圖從傳統考證學中找出實證主義的影子。他深有感觸地說：「研究一個字，其難如此……這部《詩經新解》真不知何日可成了。」由此而來，他悟出了一個道理：

> 從前我們以為整理舊書的事，可以讓第二、三流學者去做。至今我們曉得這話錯了。二千年來，多少第一流的學者畢生做此事，還沒有好成績；二千年的「傳說」的斤兩，何止二千斤重！不是大力漢，何如推得翻？何如打得倒？

一九二二年八月二十三日，胡適連續幾天都在研究《詩經》，他當天的日記也談到這一點。他更看重的還是解釋《詩經》的方法論問題。

一九二三年四月三日，胡適提出：「我以為中國『文藝復興時期』當自宋起。宋人大膽的疑古，小心的考證，實在是一種新的精神。印刷術之發達，學校之廣設，皆前此所無有。北宋自仁宗至徽欽，南宋自南渡至慶元黨禁，皆是學術思想史上極光榮之時代。程頤提倡格物致知，張載提倡善疑，皆前古所不敢道。這

1 《胡適日記全編1921-1922》，聯經出版事業有限公司，二〇〇四年，第九頁。

2 《胡適的日記》上，中華書局，一九八五年，第九四頁。

種精神，至朱熹而大成。不幸而後來朱學一算，向之從疑古以求得光明的學者，後來皆被推崇到一個無人敢疑的高位！一線生機，幾乎因此斷絕。薛瑄說：『自考亭以還，斯道已大明，無煩著作，直須躬行耳。』故朱熹本可以作中國的培根、笛卡兒，而不幸竟成了中國的聖湯姆！王學之興，是第二期。那時的戲曲小說，『山人』、『才子』，皆可代表一種新精神與新趨勢。肉體的生活之尊嚴，是這個時期的一點特別色彩。在哲學方面，泰州一派提倡保身，也正是絕好代表。清學之興，是第三期。此不消群說了。中間太平天國之亂，幾乎又把這條線完全割撕。黑暗之氣，至清末而極盛，竟至瀰漫全國。近幾年之新運動，才是第四期。」1

當年十二月十七日，在當天出版的《北京大學二十五周年校慶紀念特刊》裏，胡適發表了他對北京大學的看法：「開風氣則有餘，創造學術則不足。」因為，在他看來，「我們有了二十四個足年的存在，而至今還不曾脫離『稗販』的階級！自然科學方面姑且不論，甚至於社會科學方面也還在稗販的時期。三千年的思想、宗教、政治、法制、經濟、生活、美術……的無盡資料，還不曾引起我們同人的興趣與努力！這不是我們的大恥辱嗎？」

當天他在校慶的發言中，則是全盤肯定了北京大學最近幾年的學術貢獻：

> 依據中國學術界的環境和歷史，我們不敢奢望這個時候在自然科學上有世界的貢獻。但我個人以為至少在社會科學上應該有世界的貢獻。諸位只要到那邊歷史展覽部一看，便可知道中國社會材料的豐富。我們只是三四個月工作的結果，就有這許多成績可以給社會看了。這兩部展覽，一邊是百分之九十九的稗販，一邊是整理國故的小小的起頭。看了這邊使我們慚愧，看

---

1 《胡適日記全編1921-1922》，聯經出版事業有限公司，二〇〇四年，第三三頁。

了那邊使我們增加許多希望和勇氣。[1]

在十二月十九日的日記中，胡適記載：「此次北大二十五周年紀念的紀念刊，有黃日葵的《在中國近代思想史演進中的北大》一篇。中有一段，說……最近又有『足以支配一時代的大分化在北大孕育出來了』。一派是梁漱溟，一派是胡適之；前者是徹頭徹尾的國粹的人生觀，後者是歐化的人生觀；前者是唯心論者，後者是唯物論者；前者是眷戀玄學的，後者崇拜科學的。這種旁觀的觀察——也可以說是身歷其境、身受其影響的人的觀察——是很有趣的。我在這兩個大分化裏，可惜都只有從容慢步。一方面不能有獨秀那樣狠幹，一方面又沒有梁漱溟那樣蠻幹！所以我是很慚愧的。」[2]

除了《詩經》研究，胡適對於《紅樓夢》的研究也運用了同樣的方法加以處理。他晚年在臺灣大學演講時曾經回憶說：

> 我所有的小說考證，都是用人人都知道的材料，用偷關漏稅的方法，來講做學問的方法的。譬如講《紅樓夢》，至少我對於研究《紅樓夢》問題，我對它的態度的謹嚴，自己批評的嚴格，方法的自覺，同我考據研究《水經注》是一樣的。我對於小說材料，看做同化學問題的藥品材料一樣，都是材料。我拿《水滸傳》《醒世姻緣》《水經注》等書做學問的材料。拿一種人人都知道的材料用偷關漏稅的方法，要人家不自覺的養成一種「大膽的假設，小心的求證」的方

---

1 《北京大學二十五周年校慶紀念特刊》，北京大學，一九二三年。

2 《胡適日記全編1921-1922》，聯經出版事業有限公司，二〇〇四年，第二〇五—二〇六頁。

法。[1]

因此之故，胡適對於上古歷史更是如此處理的。

一九二一年一月二十八日，胡適致顧頡剛的信中說：「大概我的古史觀是：現在先把古史縮短二三千年，從《詩三百篇》做起。將來等到金石學，考古學發達上了科學軌道以後，然後用地底下掘出的史料，慢慢地拉長東周以前的古史。至於東周以下的史料亦須嚴密評判，『寧疑古而失之，不可信古而失之』。」[2]這一古史觀卻成了顧頡剛古史辨學派的理論基礎，更是新史學的立論基石和坐標系。

其實，實證主義在胡適那裏還表現為科學人生觀的問題，這就涉及到了他對當時科學和玄學之爭的總結。

胡適沒有參加一九二三年發生的「科學」與「玄學」的論戰。他說：「在這回空前的思想界大筆戰的戰場上，我要算一個逃兵了……我來南方以後，一病就費去了六個月的時間。在病中我只做了一篇很不莊重的《孫行者與張君勱》，此外竟不曾加入一拳一腳，豈不成了一個逃兵了？」實際上，他成了這場論戰的裁判。

為此，胡適在《四十自述》一書中，他總結當時發生的科學和玄學的論戰：「一九二三年，我又得了一個時機把我們信條列成更普通的條文。地質學家丁文江氏所著，在我所主編的一個週報上發表，論《科學與人生觀》的一篇文章，開始了一場差不多延持了一個足年的長期論戰。在中國凡有點地位的思想家，全都曾參與其事。到一九二三年終，由某個善經營的出版家把這論戰的文章收集起來，字數竟達二十五萬。我被請

1 引見胡頌平《胡適之先生年譜長編》冊六，聯經出版事業有限公司，一九八四年，第二二四二—二二四三頁。
2 《胡適書信集》上，北京大學出版社，一九九六年，第二六九頁。

為這個集子作序。我的序言給這本已卷帙繁重的文集又加了一萬字，而以我所擬議的『新宇宙觀和新人生觀的輪廓』為結論」。3

接下來，胡適提出了被時人稱之為「胡適的新十誡」的下列主張，即：

一、根據於天文學和物理學的知識，叫人知道空間的無限之大。

二、根據於地質學及古生物學的知識，叫人知道時間的無窮之長。

三、根據於一切科學，叫人知道宇宙及其中萬物的運行變遷皆是自然的——自己如此的——正用不著什麼超自然的主宰或造物者。

四、根據於生物學的科學知識，叫人知道生物界的生存競爭的浪費與慘酷——因此叫人更可以明白那「有好生之德」的主宰的假設是不能成立的。

五、根據於生物學、生理學、心理學的知識，叫人知道人不過是動物的一種；他和別種動物只有程式的差異，並無種類的區別。

六、根據於生物的科學及人類學、人種學、社會學的知識，叫人知道生物及人類社會演進的歷史和演進的原因。

七、根據於生物的及心理的科學，叫人知道一切心理的現象都是有因的。

八、根據於生物學及社會學的知識，叫人知道道德禮教是變遷的，而變遷的原因都是可以用科學的方法尋求出來的。

九、根據於新的物理化學的知識，叫人知道物質不是死的，是活的；不是靜的，是動的。

---

3 胡適《我的信仰》，《胡適文集》冊一，北京大學出版社，一九九六年，第二二頁。

十、根據於生物學及社會學的知識，叫人知道個人——「小我」——是要死滅的，而人類——「大我」——不是死的，不朽的；叫人知道「為全種萬世而生活」就是宗教，就是最高的宗教。而那些替個人謀死後的「天堂」「淨土」的宗教，乃是自私自利的宗教。

最後，胡適引導出了他的結論：

這種新人生觀是建築在二三百年的科學常識之上的一個大假設，我們也許可以給他加上「科學的人生觀」的尊號。但為避免無謂的爭論起見，我主張叫他做「自然主義的人生觀」。

在《科學與人生觀》一書的序中，胡適說：

我們信仰科學的人，正不妨做一番大規模的假設。只要我們的假設處處建築在已知的事實之上，只要我們認我們的建築不過是一種最滿意的假設，可以跟著新證據修正的。

胡適的解釋是：「我們如果深信現有的科學證據，只能叫我們否認上帝的存在和靈魂的不滅，那麼，我們正不妨老實自居為『無神論者』。這樣的自稱並不算是武斷；因為我們的信仰是根據於證據的：等到有神論的證據充足時，我們再改信有神論，也還不遲。」[1]

進而，在方法上，他提出：「關於存疑主義的積極的精神，在君自己也曾有明白的聲明。『拿證據來！』一句話確然是有積極精神的。但赫胥黎等在隨時用這種武器時，究竟還只是消極的防禦居多。在十九世紀的英國，在那宗教的權威不曾打破的時代，明明是無神論者也不得不掛一個『存疑』的招牌。但在今日

1 胡適序文參見《科學與人生觀》，亞東圖書館，一九二三年。

的中國，在宗教信仰向來比較自由的中國，我們如果深信現有的科學證據只能叫我們否認上帝的存在和靈魂的不滅。那麼，我們正不妨老實自居為『無神論者』。這樣的自稱並不算是武斷；因為我們的信仰是根據於證據的：等到有神論的證據充足時，我們再改信有神論，也還不遲。我們在這個時候，既不能相信那沒有充分證據的有神論、心靈不滅論、天人感應論，……又不肯積極地主張那自然主義的宇宙觀、唯物主義的人生觀，……怪不得獨秀要說『科學家站開！且讓玄學家來解疑』了。吳稚暉先生便不然。他老先生寧可冒『玄學鬼』的惡名，偏要衝到那『不可知的區域』裏去打一陣，他希望『那不可知區域裏的假設，責成玄學鬼也帶著論理色彩去假設著。』這個態度是對的。我們信仰科學的人，正不妨做一番大規模的假設。只要我們的假設處處建築在已知的事實之上，只要我們認我們的建築不過是一種最滿意的假設，可以跟著新證據修正的——我們帶著這種科學的態度，不妨衝進那不可知的區域裏，正如姜子牙展開了杏黃旗，也不妨衝進十絕陣裏去試試。」1

在上述論述裏，胡適肯定了吳稚暉的主張，甚至發出了「若沒有吳老先生把漆黑一團的宇宙觀和人欲橫流的人生觀提出來做個壓陣大將，這一場大戰真成了一場混戰」的感歎。

在《胡適口述自傳》中，他總結說：

我個人認為近三百年來的批判研究，實是自北宋——第十至第十二世紀之間——開始，其後歷經八百餘年逐漸發展出來的批判方法，累積的結果。這都可遠溯至中國考古學興起的初期。由於考古知識的逐漸累積，古代的殘簡、舊稿，乃至古墓裏出土的金石、磚瓦等文物；和這些文物上所印刻的文字和花紋的拓片或摹擬等等，均逐漸被發展成歷史工具來校勘舊典籍。

1 胡適序文參見《科學與人生觀》，亞東圖書館，一九二三年。

這便是批判的治學方法的起源。這一段史實，再度支持了杜威的理論。杜威認為一切有系統的思想和批判的法則，都是在一種懷疑狀態之下產生的。也就是說在一些史籍上發現了可疑之處；例如一個時間上的差異，和史跡上有些不符之處，使學者難以置信。[1]

胡適努力把杜威哲學和古代中國考證學的操作方法等同起來，企圖融合中西學術研究的邏輯一致性。這一努力和他從事文學革命一樣，都是希望在古代經典和歷史上找出一個在現實社會和學術界提出新論的身後的文化背景和歷史基礎。

1 唐德剛《胡適口述自傳》，華文出版社，一九九二年，第一三四頁。

第十章
半曲平沙：
胡適和《中國哲學史大綱》

我會彈古琴，它是我讀書和寫作之外的最大愛好。至今在我的書房裏還懸掛著三張古琴。在古琴界自古以來流傳著一句話叫「半曲平沙闖天下」。它的意思是說：如果你會彈《平沙落雁》這首古琴曲，哪怕只會彈一半，也足可以闖蕩江湖、周遊世界了。

——胡適闖蕩學術江湖靠的卻是半部《中國哲學史大綱》！宛如古琴界只會彈半曲的《平沙落雁》就足以名震江湖了。

一九一九年十一月，胡適的《中國哲學史大綱》上卷由上海商務印書館正式出版。此書只是上卷，內容涵蓋了導言、中國學者發生的時代、老子、孔子、孔門弟子、墨子、楊朱、別墨、莊子、荀子以前、荀子、古代哲學的終結共十二篇，從上述內容來看，此書是其博士論文《先秦名學史》的增補增訂版。但是，該書出版後卻在學術界引起很大的震動，以其全新的研究中國上古哲學的視角和方法，立刻出現了洛陽紙貴的效果！誠如熊克武在當時所說的那樣「談者謂《哲學史》一書，為中國哲學辟一新紀元，文學改革論為中國文學闢一新途徑。以學立名，千古不朽。」[1]

蔡元培《中國哲學史大綱．序》中介紹說：「我們今日要編中國古代哲學史，有兩層難處。第一是材料問題。周秦的書，真的同偽的混在一處。就是真的，其中錯簡錯字又是很多。若沒有做過清朝人叫作『漢學』的一步功夫，所搜的材料必多錯誤。第二是形式問題。中國古代學術從沒有編成系統的記載。《莊子》的《天下篇》，《漢書．藝文志》的《六藝略》、《諸子略》，均是平行的記述。我們要編成系統，古人的著作沒有可依傍的，不能不依傍西洋人的哲學史。所以非研究過西洋哲學史的人不能構成適當的形式。現在治過『漢學』的人雖還不少，但總是沒有治過西洋哲學史的。留學西洋的學生，治哲學的，本沒有幾人。這

1 《胡適來往書信選》上，中國社會科學院近代史研究所編，社科文獻出版社，二〇一三年。

幾人中能兼治『漢學』的更少了。適之先生出生於世傳『漢學』的績溪胡氏，稟有漢學的遺傳性。雖自幼進新式的學校，還能自修『漢學』至今不輟。又在美國留學的時候，兼治文學、哲學，於西洋哲學史是很有心得的。所以編中國古代哲學史的難處，一到先生手裏就比較的容易多了。」[1]

不僅如此，蔡元培還在本年他《答林琴南函》一文中特別介紹說「胡君家世漢學」。顯然，是他首先製造了「胡適的神話」。蔡元培誤以為胡適是績溪「解經三胡」（即胡匡衷、胡秉虔及胡培翬）的後代。梁啟超《清代學術概論》一書裡也曾主張：「績溪諸胡之後有胡適者，亦用清儒方法治學。有正統派遺風。」而後在《清代學風之地理的分佈》一文中再次說：「績溪胡樸齋生雍乾之交，其學大端與雙池慎修相近，以傳其孫竹村、子繼。竹村與涇縣胡墨莊同時齊名。墨莊亦自績遷涇也。時稱『績溪三胡』。竹村善治《儀禮》，集慎修、東原、易疇、槃齋、次仲之成作新疏，曰《儀禮正義》。墨莊亦治禮，有《儀禮古今文疏義》。最有名者則《毛詩後箋》。績溪諸胡多才，最近更有胡適之云。」但是，蔡元培對胡適的此書給出了四大特點及其貢獻卻是絲毫不差的，即：證明的方法、扼要的手段、平等的眼光、系統的研究。連胡適自己也很自信地說「中國治哲學史，我是開山的人。」[2]

在《中國哲學史大綱．導言》中，胡適提出：

哲學史有三個目的：一、明變。哲學史的第一要務，在於使學者知道古今思想沿革變遷的線索；……二、求因。哲學史的目的，不但要指出哲學思想沿革變遷的線索，還須要尋出這些沿革變遷的原因；……三、評判。既知思想的變遷和所以變遷的原因了，哲學史的責任還沒有

1 梁啟超《清代學術概論》，商務印書館，一九二四年。

2 胡適《中國哲學史大綱》，上海古籍出版社，一九九七年，第一、二頁。

完，還須要使學者知道各家學說的價值：這便叫做評判。

又說：

綜觀清代學術變遷的大勢，可稱為古學昌明的時代。自從有了那些漢學家考據、校勘、訓詁的工夫，那些經書子書，方才勉強可以讀得。這個時代，有點像歐洲的「再生時代」的勢力，產出近世的歐洲文化。我們中國到了這個古學昌明的時代，不但有古書可讀，又恰當西洋學術思想輸入的時代，有西洋的新舊學說可供我們的參考研究。我們今日的學術思想，有這兩大源頭：一方面是漢學家傳給我們的古書；一方面是西洋的新舊學說。這兩大潮流匯合以後，中國若不能產生一種中國的新哲學，那就真是辜負了這個好機會了。[1]

因此之故，對於《易經》，胡適就給出了非常尖刻的評價。他說：

至於《易經》更不能用作上古哲學史料。《易經》除去〈十翼〉，止剩得六十四個卦，六十四條卦辭，三百八十四條爻辭，乃是一部卜筮之書，全無哲學史料可說。故我以為我們現在作哲學史，只可從老子、孔子說起。用《詩經》作當日詩勢的參考資料。其餘一切「無徵則不信」的材料，一概闕疑。這個辦法，雖比不上別的史家的淹博，或可免「非愚即誣」的譏評了。[2]

1 胡適《中國哲學史大綱》，上海古籍出版社，一九九七年，第二—三、六頁。
2 胡適《中國哲學史大綱》，上海古籍出版社，一九九七年，第一七頁。

對於老子，胡適將其推崇為中國哲學始祖。他說：

在中國的一方面，最初的哲學思想，全是當時社會政治的現狀所喚起的反動。社會的階級秩序已破壞混亂了，政治的組織不但不能救補維持，並且呈現同樣的腐敗紛亂。當時的有心人，目睹這種現狀，要想尋一個補救的方法，於是有老子的政治思想。但是老子若單有一種革命的政治學說，也還算不得根本上的解決，也還算不得哲學。老子觀察政治社會的狀態，從根本上著想，要求一個根本的解決，遂為中國哲學的始祖。

胡適將天道觀念當成老子哲學的根本觀念。而且，老子「打破古代天人同類的謬論，立下後來自然哲學的基礎。」而後，胡適又主張「老子的最大功勞，在於超出天地萬物之外，別假設一個『道』。這個道的性質，是無聲無形；有單獨不變的存在，又周行天地萬物之光，又卻是天地萬物之先，又卻是天地萬物的本源。」[1]胡適對老子生存年代和思想的定位，顯然和當時學術界的基本認知有很大的不同。不過，胡適以後對於老子思想和道教幾乎用力並不多，或許是他刻意在躲避這個領域的問題吧？有的胡適課題研究者主張這是胡適和馮友蘭學術觀點對立的核心所在，不妨存為一說。

對於孔子，胡適首先主張：「《春秋》那部書……不可當作一部模範的史書看……為什麼呢：因為歷史的宗旨在於『說真話，記實事』……《春秋》的餘毒就使中國只有主觀的歷史，沒有物觀的歷史。」然後，他認為讀懂孔子哲學的前提是要認清孔子所處的時代。他說：「要懂得孔子的學說，必須先懂得孔子的時代，是一個『邪說橫行，處士橫議』的時代。這個時代的情形既是如此『無道』，自然總有許多『有心人』

1 胡適《中國哲學史大綱》，上海古籍出版社，一九九七年，第三八—三九、四〇頁。

對於這種時勢生出種種的反動。如今看來，那時代的反動大約有三種：第一，極端的破壞派。老子的學說，便是這一派，鄧析的反對政府，也屬於這一派。第二，極端的厭世派。還有些人看見時勢那樣腐敗，便灰心絕望，隱世埋名，寧願做極下等的生活，不肯干預世事。這一派人，在孔子的時代，也就不少。」[1]

在分析孔子哲學之時，胡適認為：

> 孔子哲學的根本觀念，依我看來，只是上篇所說的三個觀念：第一，一切變遷都是由微變顯，由簡易變繁賾。……第二，人類的一切器物制度禮法，都起於種種「象」。換言之，「象」便是一切制度文物的「幾」。這個觀念，極為重要。……第三，積名成「辭」，可以表示意象動作的趨向，可以指出動作行為的吉凶利害，因此剋作為人生動作的嚮導。

由此而來，胡適總結說：「正名主義，乃是孔子學說的中心問題。」[2]

對於墨子，胡適主張：「墨子是一個宗教家。他最恨那些儒家一面不信鬼神，一面卻講究祭禮喪禮。……墨子是一個實行的宗教家。他主張節用，又主張廢樂，所以他教人要吃苦修行。」胡適特別點出了墨子哲學的最大特點是：「墨子以為無論何種事務、制度、學說、觀念，都有一個『為什麼』。換言之，事事物物都有一個用處。知道那事物的用處，方才可以知道他的是非善惡。」

胡適還特別對比了墨子和王陽明的知行觀。他分析說：「陽明說：『未有知而不行者。知而不行，只是未知。』很像上文所說『故我曰：天下之君子不知仁者，非以其名也，亦以其取也』之意。但陽明與墨子

---

1 胡適《中國哲學史大綱》，上海古籍出版社，一九九七年，第七五—七六、五五頁。
2 胡適《中國哲學史大綱》，上海古籍出版社，一九九七年，第六六、六七、六八頁。

有絕不同之處。陽明偏向『良知』一方面，故說：『爾那一點良知，是爾自家的準則。爾意念著處，他是便知是，非便知非。』墨子卻不然，他的是非的『準則』，不是心內的良知，乃是心外的實用。簡單說來，墨子是主張『義外』說的，陽明是主張『義內』說的（義外義內說，見《孟子．告子篇》）。陽明的『知行合一』說，只是要人實行良知所命令。墨子的『知行合一』說，只是要把所知的能否實行，來定所知的真假，把所知的能否應用來定所知的價值。這是兩人的根本區別。」[1]

胡適還指出：墨子在中國古代哲學史上的地位之所以重要，那是因為他的「應用主義」。即，墨子把人生社會行為準則的應用看作是一切是非善惡的唯一判斷標準。兼愛、非攻、節用、非樂、節葬、非命等等，都只是特別的應用而已。天下能真正懂得「最大幸福」的人，只是少數人而已。更多的則是只顧眼前的小利，屬於「明小物而不明大物」。所以他在此基礎上提出要推行「賢人政治」，使人「上同而不下比」，要把「天的意志」作為「天下之明法」，要使天下的人都「上同於天」。由此一來，哲學家的墨子便成為墨教的教主了。[2]

對於楊朱，胡適主張：「楊朱哲學的根本方法在於他的無名主義。」而且，楊朱「更趨於極端，他只承認個體的事物，不認全稱的名。」胡適將楊朱哲學定義是「一種極端的為我主義。……楊朱的為我主義，並不是損人利己。……他只要『人人不損一毫，人人不利天下』。這是楊朱的根本學說。」[3]

在《中國哲學史大綱》其他各篇都濃厚地表現出和《先秦名學史》的一致性，顯示出作者還停留在對自己的博士論文的漢譯和修補的水準上，並未重新建構全部的中國哲學史體系，在這一點上胡適在開山之後，

---

1 胡適《中國哲學史大綱》，上海古籍出版社，一九九七年，第一〇八、一一一、一一三頁。

2 胡適《中國哲學史大綱》，上海古籍出版社，一九九七年，第一二五頁。

3 胡適《中國哲學史大綱》，上海古籍出版社，一九九七年，第一二七、一二八、一二九頁。

後期工作沒有跟上和徹底完成，致使馮友蘭《中國哲學史》完成了這一工作，並且繼續往前探索，後來居上的馮友蘭一躍而成為中國哲學史研究的真正代言人。

而對於東周以前，胡適主張：「只可存一個懷疑的態度。至於『邃古』的哲學，更難憑信。」[1]於是，「疑古適之」之稱便由此產生。

就在胡適進入北京大學不久，當時的哲學教授、同樣也是畢業於哥倫比亞大學並且取得博士學位的陳漢章，在課堂上拿著胡適的《中國哲學史大綱》一書譏笑這說：

> 我說胡適不通，果然不通。只看他的講義的名字就知道他不通。哲學史就是哲學的大綱，現在又有哲學史大綱，豈不成為大綱的大綱？不通之至。[2]

當然，也有來自學術界的認真地批評。《中國哲學史大綱》一書出版後，當時的清華大學教授金岳霖認為：《中國哲學史大綱》一書在綜論中西哲學對比時，每多牽強附會；同時西洋哲學與名學又非胡先生之所長，因此書中難免不了主觀成見過多。來自同樣留學美國名校、擁有哲學博士學位又是專業邏輯學家（即所謂「名學」）出身的哲學家金岳霖對此書的上述批判，顯然是恰如其分的。因為金岳霖更看重的是此書在學理和邏輯表現上的周延性問題。

一九一七年九月，當胡適在北大開講「中國哲學史」課程之時，馮友蘭正好在該校的「哲學門」就讀大三。從這個角度來說，馮友蘭和顧頡剛、傅斯年等人一樣，絕對屬於胡適的學生。而且，一九一九年六月，

---

1 胡適《中國哲學史大綱》，上海古籍出版社，一九九七年，第一六頁。

2 馮友蘭《五四前的北大和五四後的清華》，《文史資料選輯》，第三四輯，中國文史出版社，一九八六年合訂本，第四頁。

馮友蘭從北京大學本科畢業後考取了河南省公費留學，前往美國哥倫比亞大學研究院哲學系攻讀博士學位。根據馮友蘭《三松堂自序》中所云：「我要往美國留學的時候，我找胡適，問美國哲學界的情況，學哲學上哪個大學比較好。他說：『美國的哈佛大學和哥倫比亞大學哲學系都是有名的，但哈佛的哲學是舊的，哥倫比亞大學的哲學是新的，他本人就是在哥倫比亞學的新哲學。』」因此，胡適的《中國哲學史大綱》最大成就就是培育了著名哲學家和哲學史家馮友蘭的誕生。

——但是，直到我在一九八六年親自去北京大學拜訪馮友蘭先生時，他的三松堂書房牆上依然懸掛著陳漢章的書法作品。足見馮友蘭心目中的導師一直是陳漢章，而非胡適。

在學術界整理出版的《胡適遺稿及秘藏書信》第六冊中收有一篇《〈中國古代哲學講義〉提要：凡例四則》一文。在該文中，胡適主張：「西洋哲學史，可以為我們研究中國哲學史時作比較參證之用。我治中國哲學史，得益於西洋哲學史最多。如今且略舉幾條例為證。一、我研究《易經》多年，終覺漢儒以來的注解總不能滿意。後來忽然想到《易經》的『象』和柏拉圖的『意象』有些相同。後來再讀《易經》，便覺得『易者象也』一句真是全書的關鍵。從此便稍稍能懂得這部書了。二、墨子的《經上下》、《經說上下》、《大取》、《小取》這幾篇，從來沒人懂得。後來有人懂得西洋的形學、光學、力學了，才知道這裏面有形學、光學、力學的道理。後來章太炎先生用印度哲學來解《墨辯》，所得更多了。後來我又用西洋名學來解這幾篇，便覺得這幾篇更易懂了。三、我解《莊子．天下篇》所記惠施的學說，以為那時代的學者知道地是圓的，又是能旋轉成晝夜的。那時我還不敢自信，恐怕穿鑿附會得太過分了。後來看見西洋哲學史家也說希臘古代的哲學家也有人知道地是圓的，又能旋轉成晝夜的。我得了這種印證，膽子便大了。四、公孫龍和《經下》所說『一尺之棰，日取其半，萬世不竭』，及『鏃矢之疾，而有不行不止之時』諸條，全然和希臘古代的稭諾所說相同。大可互相印證。《列子》、《莊子》書中所說生物進化的議論，非略懂得近世的生物學說，決不容易瞭解。五、《莊子》的《齊物論》章太炎用印度哲學去解他，我用西洋哲學去解他，這都是比較的研究法的用處。」[1]

其實，胡適對於當時的上古中國思想發展脈絡，有個非常清醒的認識。他說：「當時思想的分野：老子出道為天地先之論，建立自然的宇宙觀，動搖一切傳統的宗教信仰，故當列為左派。孔子是左傾的中派，一面信『天何言哉？四時行焉，百物生焉』的自然無為的宇宙論，又主『存疑』的態度，『知之為知之，不知為不知』『未能事人，焉能事鬼』，皆是左傾的表示；一面又要『祭如在，祭神如神在』，則仍是中派。孔孟的『天』與『命』，皆近於自然主義；『莫之為而為，莫之致而致』，皆近於老莊。此孔孟老莊所同，而尊天事鬼的宗教所不容。墨家起來擁護那已動搖的民間宗教，稍稍加以刷新，輸入一點新的意義，以天志為兼愛、明鬼為實有，而對於左派、中派所共信的命定論極力攻擊。這是極右的一派。思想的線索必不可離開思想的分野。凡後世的思想線索的交互錯綜，都由於這左、中、右三線的互為影響。荀卿號稱儒家，而其『天論』乃是最健全的自然主義。莊子蔽於天而不知人，其『大宗師』一篇已是純粹宗教家的哀音，已走到極右的路上去了。」[2]

一九二二年二月二十三日，因為胡適在文學革命論和中國哲學史研究上的突出貢獻，他的母校哥倫比亞大學校長Nicholas Murray Butler，約請他返回母校講課一年。當天，胡適日記中記載：「哥倫比亞大學校長Nicholas Murray Butler正式寫信來聘我去大學教授兩科，一為中國哲學，一為中國文學。年俸美金四千元。此事頗費躊躇。我已決計明年不教書，以全年著書。若去美國，《哲學史》中下卷必不能成，至多能作一部

1　參見《胡適遺稿及秘藏書信》第六冊，一九九四年，黃山書社。
2　胡適《中國哲學史大綱》，上海古籍出版社，一九九七年，第五四三頁。

英文的《古代哲學史》罷了。擬辭不去。」[1]

一九二五年一月二十五日，在胡適撰寫的《一九二四年的年譜》一文中，他制定的計畫是：「擬作的書有幾種，皆未成。第一為《禪宗史稿》，乃《哲學史》的禪宗一部的長編。此書將來一定續成，大概有點價值。第二為《清代思想史》，為大學講義；明年如再講一次，可以寫定。」[2]尤其是《中國哲學史大綱》一書下卷的撰寫，顯然依然是他揮之不去的大問題。

一九二七年一月十日，胡適從英國搭乘郵輪抵達美國。而後，從一月十日到四月十一日，胡適全在美國。期間，他曾到紐約、費城等地遊歷並舉行學術演講。

當年的二月一日，胡適在美國開始撰寫有關中國哲學史的英文講課稿。

在這個講稿中，他提出：「我的哲學講演題為：『中國哲學的六個時期』」在這次演講中，他對中國哲學的劃分如下：

一、第一次造反，第一次調和，第一次反動。（600—200BC）。

二、統一的時期（200BC—300AD）；（一）第一次統一（道家）；（二）第二次統一（儒家）；（三）反抗（王充至魏晉）。

三、佛教的征服中國，與中國的反抗（300AD—1100）。

四、中國哲學的復興（1050—1150）。

五、理學的時期（1150—1650）。

---

1 《胡適日記全編1921-1922》，聯經出版事業有限公司，二〇〇四年，第四三一頁。

2 胡適《一九二四年的年譜》，《胡適日記全編1923-1927》，聯經出版事業有限公司，二〇〇四年，第二九二頁。

六、反理學的時期（1650—1850）。

> 我本想隨便講講，後因為要節省時間，決計寫出來；現在越寫越有趣，於我自己很有益處，決計用心寫出來，預備將來修正作一本英文書。我的《哲學史》上冊，先作英文的《名學史》。今又先作英文的全部《哲學小史》，作我的《新哲學史》的稿子，也是有趣的偶合。[1]

三月，胡適應邀前往哈佛大學東亞系舉辦十次有關中國哲學史系列學術講座。三日，胡適回到母校康奈爾大學作演講。校報 *Cornell Alumni News* 當天以「Noted Chinese Coming」為題，介紹了這位功成名就的校友。

早在一九二二年二月二十四日的日記中，胡適就表達了他對二程思想的注重。他說：「我講程頤，注重他的『致知』一方面。他的格物說，指出知為行之明燈，指出思想如源泉，愈汲則愈清，指出『學源於思』，指出『懷疑』的重要，指出格物的範圍——這都是他的特別貢獻。」在三月十四日的日記中，胡適再次主張：「我曾說程頤的格物說乃是宋學的大貢獻，乃是漢學的真淵源；而程門弟子無一人能傳其說者；他們都想走捷徑。直到李侗始回到程頤的格物說，至朱熹方才發揮光大此說。」因此，我們說胡適本質上是喜歡宋學的，因為宋學體現出的是「偏重於哲學性詮釋」。相應的，胡適認為古文家們「太注重功力，而忽略了理解。他們在細枝末節上用功甚勤，而對整個傳統學術的趨勢缺乏瞭解」。胡適自己一直公開他不喜歡文字學，小學功夫差。他少年時代，更多時間是「中國古代哲學的基本著作，及比較近代的宋明諸儒的論述，我在幼年時，差不多都已讀過。」

胡適對於程朱學說，他主張：

---

1 《胡適日記全編1921-1922》，聯經出版事業有限公司，二〇〇四年，第六三〇頁。

朱子的學說籠罩了這七百多年的學術界，中間只有王陽明與戴東原兩個人可算是做了兩番很有力的反朱大革命。朱子承二位程子的嫡傳，他的學說有兩個方面，就是程子說的「涵養須用敬，進學則在致知。」主敬的方面是沿襲著道家養神及佛家明心的路子下來的，是完全向內的工夫。致知的方面是要「即凡天下之物，莫不用其已知之理而益窮之，以求致乎其極。」這是科學家窮理的精神，這真是程朱一派的特別貢獻。朱學盛行之後，大家崇拜朱子，卻不瞭解朱子的真精神在於提倡致知窮理；明儒薛瑄說，「自考亭以還，斯道已大明，無煩著作，直須躬行耳！」這種奴隸性質的迷信養成以後，談致知的只死守朱子的專注，談主敬的多成了遷腐的道學先生。所以王陽明起來，索性把格物致知的一條路子封閉了，索性專做向內的工夫。朱子說的致知是要「即物而窮其理」；王陽明說的致知是「致良知」，是致那不學而能的良知，他是便知是，非便知非，不會錯的。

一九四〇年四月十日，胡適在「American Academy of Arts and Sciences」年會上宣讀了「Some Philosophical Rebels of Seventeenth-Century China」英文學術演講。

在這篇演講裏，胡適把中國思想史分成三期：第一期從西元前六百年到西元二百五十年，是本土思想期，是老子、孔子、墨子、孟子、莊子及其他大思想家的時代；第二期從西元二百年到一千一百年，是佛教與印度化的思想期，是中國的中世紀，是本土人文思想被印度瘋狂的宗教淹沒的時代；第三期從西元一千一百年到一九〇〇年，是中國的近代史，是思想文化復興期，是有意識地反佛教、復興第二期之前的本土思想文化的時代。這就是他完整的中國哲學史架構。

一九四四年三月十四日，楊聯陞致函胡適的信中說：「您的《思想史》，還是動起手來好。外國人寫中國通史，不是不大，就是不精，總難讓人滿意。……越是概論，越得大師來寫，您的書千萬不要放棄。」[1]這個時候，書名已經變成了「中國思想史」，為了應和他的已經出版的《中國中古思想史》一書而來，更是撰寫角度開始遠離西方的邏輯學體系主導下的哲學史敘述模式，我們依然看到了《中國哲學史大綱》從上卷進展到了中卷，而下卷還是遙遙無期。

到了胡適晚年，在《中國哲學史大綱》（臺北版）序言中，胡適說：「在民國六年我在北京大學開講中國哲學史之前，中國哲學是要從伏羲、神農、黃帝、堯、舜講起的。據顧頡剛先生的記載，我第一天講中國哲學史從老子、孔子講起，幾乎引起了班上學生的抗議風潮！後來蔡元培先生給這本書寫序，他還特別提出『從老子、孔子講起』這一點，說是『截斷眾流』的手段。其實他老人家感覺到他應該說幾句話替我辯護這一點。四十年來，有些學者好像跑到我前面去了。他們要進一步，把老子那個人和《老子》那部書都推翻，都移後兩三百年。馮友蘭先生的《中國哲學史》就是這樣辦的……馮先生舉出的證據實在都不合邏輯，都不成證據。我曾對他說：積聚了許多『邏輯上所謂丐詞』，居然可以成為定案的證據！這種考據方法，我不能不替老子和《老子》書喊一聲『青天大老爺，小的有冤枉上訴！』聚蚊可以成雷，但究竟是蚊不是雷。證人自己承認的『丐詞』，究竟是『丐詞』，不是證據。這是我在二十五年前說的話。我到今天，還沒有看到這班懷疑的學人提出什麼可以叫我心服的證據。所以我到今天還不感覺我應該把老子這個人或《老子》這部書移挪到戰國後期去。」[2]

而在《胡適口述自傳》中，他自我總結說：「我治中國思想與中國歷史的各種著作，都是圍繞著『方

1 楊聯陞著、蔣力編《蓮生書簡》，商務印書館，二〇一七年，第一九頁。

2 胡頌平《胡適之先生年譜長編》冊七，聯經出版事業有限公司，一九八三年，第二六二七—二六二八頁。

法』這一觀念打轉的。『方法』實在主宰了我四十多年來所有的著作。從基本上說，我這一點實在得益於杜威的影響。」[1]

胡適在臺灣期間，一直還在想完成他的《中國哲學史大綱》下卷和《白話文學史》，同時也還想對增進中國的自由做出貢獻。而他在美國接受唐德剛德採訪時，依然自信滿滿地說：

> 但我自信，中國治哲學史，我是開山的人，這一件事要算是中國一件大幸事。這一部書的功用能使中國哲學史變色。以後無論國內國外研究這一門學問的人都躲不了這一部書的影響。凡不能用這種方法和態度的，我可以斷言，休想站得住。梁漱溟先生在他的書裏曾說，依胡先生的說法，中國哲學也不過如此而已（原文記不起了，大意如此）。老實說來，這正是我的大成績。我所以要整理國故，只是要人明白這些東西原來「也不過如此」！本來「不過如此」，我所以還他一個「不過如此」。這叫做「化神奇為臭腐，化玄妙為平常。」[2]

其實，胡適的《章實齋先生年譜》和《戴東原的哲學》二書，也應該算是胡適撰寫《中國哲學史大綱》下卷的重要準備基礎，再加上他對明末顏李學派的研究。其他單篇文章，如《記李覯的學說》、《黃梨洲論學生運動》等等。無不如此。特別是在他已經出版了《中古思想史》一書之後，《中國哲學史大綱》被他分成了上中下三部分，現在只差第三部分總結提煉了。因為這一階段重要的思想家和著作，胡適已經完成了專業化的考證和分析研究。

---

1 唐德剛《胡適口述自傳》，華文出版社，一九九二年，第九四—九七頁。

2 《胡適書信集》上，北京大學出版社，一九九六年，第三九五頁。

第十一章
胡適的中國文學史研究

胡適在美留學期間，尤其是在康奈爾大學農學院學習時期，他哪怕時在從事農學實驗活動，也沒有忘記對傳統國學經典的領悟。比如，一九一一年四月十二日日記中的記載：「上課。今日習農事，初學洗馬，加籠轡，駕車周遊一週。讀《周南》。」又，四月十三日日記中的記載：「上課。讀《召南》、《邶風》。漢儒解經之謬，未有如《詩》箋之甚者矣。蓋詩之物，本乎天性，發乎情之不容已。詩者，天趣也。漢儒尋章摘句，天趣盡湮，安可言詩？而數千年來，率因其說，坐令千古至文，盡成糟粕，可不痛哉？故余讀《詩》，推翻毛傳，唾棄鄭箋，土苴孔疏，一以己意為造《今箋新注》。自信此箋果成，當令《三百篇》放大光明，永永不朽，非自誇也。」[1]

因此，胡適的中國文學史研究，首先表現在對《詩經》研究。但是，他的研究幾乎在尋找經學考證學和實證主義之間的相似度。

胡適在《論漢宋說〈詩〉之家及今日治〈詩〉之法》一文中，首先總結古代詩經注釋學的兩大脈絡的優缺點：「《詩》三百篇為漢儒穿鑿傅會，支離萬狀，真趣都失。宋儒注《詩》，雖有時亦能排斥毛鄭，自樹一幟，而終不能破除舊說，為詩學別開生面。宋儒說《詩》之病，在於眼光終不能遠大，其於《傳》《箋》傅會史事之處，大率都仍其舊，知《詩序》之為偽作，而不敢大背其說，此其所短也。漢興時，說《詩》者猶眾，其間必猶有真知灼見之家。及毛《傳》鄭《箋》大行，諸家遂廢，其後數百年，惟在毛鄭之異同得失，無能超越其範圍者。至唐人因《傳》，《箋》作《正義》，不注經而注注經之家，則所趨益下矣。宋儒亦多為舊說所縛，不能自脫。」

然後，胡適提出他所謂的解讀《詩經》的「二十世紀之眼光」。即：「以『三百篇』作詩讀，勿作經

1　《胡適日記全編1905-1914》，聯經出版事業有限公司，二〇〇四年，第一三四、一四二頁。

讀。」關於這兩者的區別，胡適認為：「蓋詩之為物，自有所以不朽者存，固不必言必稱堯舜，一字一句，都含頭巾腐儒氣，然後可以不朽也。以《關雎》作男女相思之詞讀，即足以不朽，何必牽強附會以為后妃之辭乎！以《葛覃》作女子工作之歌，以《卷耳》為思婦懷遠之作，皆為千古絕唱，何必強稱為『后妃之本』，『后妃之志』？徒自苦耳，徒令千古至文變為無味之糟粕耳。」這和他對《易經》的研究完全是相同的招數。無非就是恢復文本的最初屬性，因此，在他看來，「讀《詩》者須唾棄《小序》，土苴毛《傳》，排擊鄭《箋》，屏絕朱《傳》，於《詩》中求詩之真趣本旨焉，然後可以言《詩》」。

其次，胡適的中國文學史研究表現在對《紅樓夢》作者和故事背景的研究。請見下一章。

第三，胡適的中國文學史研究表現在對《水滸傳》語言藝術和白話文對應關係的研究。

胡適首先認為：「但民間的白話文學是壓不住的。這二千年之中，貴族的文學儘管得勢，平民的文學也在那裏不聲不響的繼續發展。」然後，他將古代文學史上的「活文學」分五個時期。即：

> 漢魏六朝的「樂府」代表第一時期的白話文學。樂府的真美是遮不住的，所以唐代的詩也很多白話的，大概是受了樂府的影響。
>
> 中唐的元稹、白居易更是白話詩人了。晚唐的詩人差不多全是白話或近於白話的了。中唐、晚唐的禪宗大師用白話講學說法，白話散文因此成立。唐代的白話詩和禪宗的白話散文代表第二時期的白話文學。但詩句的長短有定，那一律五字或一律七字的句子究竟不適宜於白話；所以詩一變而為詞。
>
> 詞句長短不齊，更近說話的自然了。五代的白話詞，北宋柳永、歐陽修、黃庭堅的白話詞，南宋辛棄疾一派的白話詞，代表第三時期的白話文學。詩到唐末，有李商隱一派的妖孽詩出現，

北宋楊億等接著，造為「西崑體」。北宋的大詩人極力傾向解放的方面，但終不能完全脫離這種惡影響。所以江西詩派，一方面有很近白話的詩，一方面又有很壞的古典詩。直到南宋楊萬里、陸游、范成大三家出來，白話詩方才又興盛起來。這些白話詩人也屬於這第三時期的白話文學。

南宋晚年，詩有嚴羽的復古派，詞有吳文英的古典派，都是背時的反動。然而北方受了契丹、女真、蒙古三大征服的影響，古文學的權威減少了，民間的文學漸漸起來。金、元時代的白話小曲——如《陽春白雪》和《太平樂府》兩集選載的——和白話雜劇，代表這第四時期的白話文學。

明朝的文學又是復古派戰勝了；八股之外，詩詞的散文都帶著復古的色彩，戲劇也變成又長又酸的傳奇了。但是白話小說可進步了。白話小說起於宋代，傳至元代，還不曾脫離幼稚的時期。到了明朝，小說方才到了成人時期；《水滸傳》、《金瓶梅》、《西遊記》都出在這個時代。明末的金人瑞竟公然宣言「天下之文章無出《水滸傳》右者」，清初的《水滸後傳》，乾隆一代的《儒林外史》與《紅樓夢》，都是很好的作品。直到這五十年中，小說的發展始終沒有間斷。明、清五百多年的白話小說，代表第五時期的白話文學。[1]

接下來我們必須談到胡適尤其喜歡對《水滸傳》的研究。

一九二〇年七月二十日，胡適發表了《水滸傳考證》一文，作為亞東圖書館當年刊印的《水滸傳》前言。在該文一開始，胡適說：「我的朋友汪原放用新式標點符號把《水滸傳》重新點讀一遍，由上海亞東圖

1 胡適《五十年來之中國文學》，申報館，一九二三年，第七五—七七頁。

書館排印出版。這是用新標點來翻印舊書的第一次。我可預料汪君這部書將來一定要成為新式標點符號的實用教本，他在教育上的效能一定比教育部頒行的新式標點符號原案還要大得多。汪君對於這書校讀的細心，費的工夫之多，這都是我深知道並且深佩服的；我想這都是讀者容易看得出的，不用我細說了。」這種新式標點的小說，後來日本著名物理學家湯川秀樹教授在和胡適會面時，首先就談起了他少年時期閱讀胡適新式標點古典小說的往事。足見這一行為和版本的影響之深遠。

緊接著，胡適高度肯定了金聖歎刪節本《水滸傳》的意義和眼光。他說：「金聖歎是十七世紀的一個大怪傑，他能在那個時代大膽宣言，說《水滸》與《史記》、《國策》有同等的文學價值，說施耐庵、董解元與莊周、屈原、司馬遷、杜甫在文學史上占同等的位置，說：『天下之文章無有出《水滸》右者，天下之格物君子無有出施耐庵先生右者！』這是何等眼光！何等膽氣！又如他的序裏的一段：『夫古人之才，世不相沿，人不相及：莊周有莊周之才，屈平有屈平之才，降而至於施耐庵有施耐庵之才，董解元有董解元之才。』這種文學眼光，在古人中很不可多得。」

然後，胡適開始了自己的主張：「我想《水滸傳》是一部奇書，在中國文學史占的地位比《左傳》、《史記》還要重大的多；這部書很當得起一個閻若璩來替他做一番考證的工夫，很當得起一個王念孫來替他做一番訓詁的工夫。我雖然夠不上做這種大事業——只好讓將來的學者去做——但我也想努一努力，替將來的『《水滸》專門家』開闢一個新方向，打開一條新道路。簡單一句話，我想替《水滸傳》做一點歷史的考據。」

他首先得出結論說：「《水滸傳》不是青天白日裏從半空中掉下來的，《水滸傳》乃是從南宋初年（西曆十二世紀初年）到明朝中葉（十五世紀末年）這四百年的『梁山泊故事』的結晶——我先說這句武斷的話丟在這裏，以下的兩萬字便是這一句話的說明和引證。」其次，他再得出結論說：「元朝水滸故事非常發達，這是萬無可疑的事。元曲裏的許多水滸戲便是鐵證。但我們細細研究元曲裏的水滸戲，又可以斷定元朝的水滸故事決不是現在的《水滸傳》；又可以斷定那時代決不能產生現在的《水滸傳》。」

對於此書的作者，胡適得出結論卻是：

這個《水滸傳》原本居然把三百年來的水滸故事貫通起來，用宋元以來的梁山泊故事做一個大綱，把民間和戲臺上的「三十六大夥，七十二小夥」的種種故事作一些子目，造成一部草創的大小說，總算是很難得的了。到了明朝中葉，「施耐庵」又用這個原百回本作底本，加上高超的新見解，加上四百年來逐漸成熟的文學技術，加上他自己的偉大創造力，把那草創的山寨推翻，把那些僵硬無生氣的水滸人物一齊毀去；於是重興水滸，再造梁山，畫出十來個永不會磨滅的英雄人物，造成一部永不會磨滅的奇書。

最後，他提出最核心的理論，即：

我要貢獻給大家的一個根本的文學觀念。《水滸傳》上下七八百年的歷史便是這個觀念的具體的例證。不懂得南宋的時代，便不懂得宋江等三十六人的故事何以發生。不懂得宋元之際的時代，便不懂得水滸故事何以發達變化。不懂得元朝一代發生的那麼多的水滸故事，便不懂得明初何以產生《水滸傳》。不懂得元明之際的文學史，便不懂得明初的《水滸傳》何以那樣幼稚。不讀《明史》的《功臣傳》，便不懂得明初的《水滸傳》何以於固有的招安的事之外又加上宋江等有功被讒遭害和李俊、燕青見機遠遁等事。不讀《明史》的《文苑傳》，不懂得明朝中葉的文學進化的程度，便不懂得七十回本《水滸傳》的價值。不懂得明末流賊的大亂，便不懂得金聖歎的《水滸》見解何以那樣迂腐。不懂得明末清初的歷史，便不懂得雁宕山樵的《水滸後傳》。不懂得嘉慶、道光間的遍地匪亂，便不懂得俞仲華的《蕩寇志》。——這叫做歷史進化的文學觀念。

胡適的白話文角度的古代小說研究，開啟了實證主義的中國文學史研究，對文學作品找尋歷史背景成了不二選擇。

在研究《水滸傳》的過程中，胡適和日本京都大學教授、著名漢學家青木正兒展開了十分有益的學術交流。因為青木正兒對《水滸傳》及其相關版本有很深的研究，成就突出。比如他考證出日本保存的《水滸傳》出現之前的早期版本《二劍英雄譜》為明刻本。當胡適從白話文文學的角度對《水滸傳》等古典小說展開考證研究時，立刻得到了青木正兒在文獻版本學上的支持和幫助。

而青木正兒對胡適的關注是從文學革命開始的。一九二〇年九月一日，青木正兒在《支那學》雜誌第一卷第一至三號上發表長文《以胡適為中心的文學革命》一文，正是以「破壞中國舊思想」，「輸入歐洲新思想」為基點，在幾次書信往來之後，他們談到了各自正在研究的課題《水滸傳》上來。

當年八月，上海亞東圖書館出版新式標點《水滸傳》，此書有胡適所作的《水滸傳考證》一文。青木正兒在閱讀此書和此文後，立刻致函胡適說：「我讀先生的大著《水滸傳考證》很佩服。前數年，我師狩野君山（直喜）先生亦有同一議論：……蓋同工異曲。（君山先生的論載於京都文科大學的雜誌《藝文》，我現在沒有這個雜誌，後來搜得給先生一看罷！）我把先生的高論告訴君山先生，君山先生很高興：所以把那大著借給君山先生看去了。君山先生很推稱先生的頭腦明晰。」而胡適在《水滸傳後考》一文對青木正兒的幫助深表感謝：「這十個月以來發現的新材料居然證實了我的幾個大膽的假設，這自然是我歡喜的。但我更歡喜的，是我假定的那些結論之中有幾個誤點，現在有了新材料的幫助，居然都得著有價值的糾正。……我最感謝我的朋友青木正兒先生，他把我搜求《水滸》材料的事看作他自己的事一樣：他對於《水滸》的熱心，真使我十分感激。如果中國愛讀《水滸》的人都能像青木先生那樣熱心，這個《水滸》問題不日就可以解決了。」

胡適坦誠地說：「我這幾篇小說考證裏的結論也許都是錯的，但我自信這一點研究的態度是決不會錯的」。胡適繼續堅持假定明初有「原百回本」，因為「元人的文學程度實在很幼稚，才知道元代只是白話文學的草創時代，決不是白話文學的成人時代」。因此之故，《水滸傳》只有到明中葉才能出現成熟的《水滸傳》。

一九二一年一月二十四日，胡適致函青木正兒：「岡嶋璞的《唐語便用》二本，我已轉請錢玄同先生拿去察看，不久他定有報告。先生說岡嶋的著作中有『《忠義水滸傳》二卷，自第一回至第十回，附訓點刊布』。此本是否聖歎批本若是明本百回本的前十回，我極想得著一部。不知能求得著嗎？明代之《忠義水滸傳》百回本不知在日本尚可購買嗎？如能購得，我極願買一部。我近來買得一部一百十五回本的《水滸》，是一種六十六回本與《征四寇》合併起來的。」

關於這裏出現的「岡嶋璞的《唐語便用》二本，我已轉請錢玄同先生拿去察看，不久他定有報告」之事，張曉剛在《青木正兒博士和中國——關於新發現的胡適、周作人等人的信》一文中解釋說：「從信中我們知道，青木博士已經給胡適先生寄去了日本江戶時代最早翻譯李卓吾《忠義水滸傳》的岡嶋璞岡嶋冠山氏的《唐語便用》」。[1]

1 張小鋼《青木正兒博士和中國——關於新發現的胡適、周作人等人的信》，《吉林大學學報》，一九九四年第六期，第八七頁。

一九二八年，胡適提出，中國文學史上代表一個時代的文學，「不該向那『古文傳統史』裏去尋，應該向那旁行斜出的『不肖』文學裏去尋。因為不肖古人，所以能代表當世。」[1]

接下來，胡適對晚清和民國早期文學史的研究，是他的中國古代文學史研究的延續，集中體現在《五十年來之中國文學》一書中。他幾乎用了七章來評價當時的古文學，也就是他所謂的「死文學」，而只用不足三章的篇幅評價當時的新文學，即「活文學」。

胡適認為：

> 大凡文學有兩個主要分子：一是「要有我」，二是「要有人」。有我就是要表現著作人的性情見解，有人就是要與一般的人發生交涉。那無數的模仿派的古文學，既沒有我，又沒有人，故不值得提起。[2]

在該書第四章，他總結了晚清開始的譯述工作。他指出：

> 但十九世紀的末年，翻譯的事業漸漸發達。傳教士之中，如李提摩太等，得著中國文士的幫助，譯了不少的書。太平天國的文人王韜，在這種事業上，要算一個重要的先鋒了。但當時的譯書事業的範圍並不甚廣。第一類是宗教的書，最重要的是《新舊約全書》的各種譯本。第二類為科學和應用科學的書，當時稱為「格致」的書。第三類為歷史政治法制的書，如《泰西新史攬要》，《萬國公法》等書。這是很自然的。宗教書是傳教士自動的事業。格致書是當日

1 參見胡適《白話文學史》上卷，新月書店，一九二八年。
2 胡適《五十年來之中國文學》，申報館，一九二三年，第一七—一八頁。

認為槍炮兵船的基礎的。歷史法制的書是要使中國人士瞭解西洋國情的。此外的書籍，如文學的書，如哲學的書，在當時還沒有人注意。這也是很自然的。當日的中國學者總想西洋的槍炮固然利害，但文藝哲理自然遠不如我們這五千年的文明古國了。嚴復與林紓的大功勞在於補救這兩個大缺陷。嚴復是介紹西洋近世思想的第一人，林紓是介紹西洋近世文學的第一人。[1]

胡適高度肯定了林琴南以古文翻譯西洋文學作品的努力和成就。他說：「平心而論，林紓用古文做翻譯小說的試驗，總算是很有成績的了。古文不曾做過長篇的小說，林紓居然用古文譯了一百多種長篇小說，還使許多學他的人也用古文譯了許多長篇小說，古文裏很少滑稽的風味，林紓居然用古文譯了歐文與迭更司的作品。古文不長於寫情，林紓居然用古文譯了《茶花女》與《迦茵小傳》等書。古文的應用，自司馬遷以來，從沒有這種大的成績。」但是，胡適從白話文學的立場出發，認為：「但古文究竟是已死的文字，無論你怎樣做得好，究竟只夠供少數人的賞玩，不能行遠，不能普及。」[2]

在第七章中，他也是按著這一思路評價章太炎的。他說：「這五十年是中國古文學的結束時期。做這個大結束的人物，很不容易得。恰好有一個章炳麟，真可算是古文學很光榮的結局了。章炳麟是清代學術史的壓陣大將，但他又是一個文學家。他的《國故論衡》，《檢論》，都是古文學的上等作品。這五十年中著書的人沒有一個像他那樣精心結構的……總而言之，章炳麟的古文學是五十年來的第一作家，這是無可疑的。但他的成績只夠替古文學做一個很光榮的下場，仍舊不能救古文學的必死之症，仍舊不能做到那『取千年朽蠹之餘，反之正則。』的盛業。他的弟子也不少，但他的文章卻沒有傳人。有一個黃侃學得他的一點形式，

1 胡適《五十年來之中國文學》，申報館，一九二三年，第二四頁。

2 胡適《五十年來之中國文學》，申報館，一九二三年，第二四頁。

但沒有他那『先豫之以學』的內容，故終究只成了一種假古董。章炳麟的文學，我們不能不說他及身而絕了。」[1]

在評價「活文學」時，胡適把他們分作南北兩組，即：北方的評話小說，南方的諷刺小說。他認為：「北方的評話小說可以算是民間的文學，他的性質偏向為人的方面，能使無數平民聽了不肯放下，看了不肯放下；但著書的人多半沒有什麼深刻的見解，也沒有什麼濃摯的經驗。他們有口才，有技術，但沒有學問。他們的小說，確能與一般的人生出交涉了，可惜沒有我，所以只能成一種平民的消閒文學。《兒女英雄傳》，《七俠五義》，《小五義》，《續小五義》……等書，屬於這一類。南方的諷刺小說便不同了。他們的著者都是文人，往往是有思想有經驗的文人。他們的小說，在語言的方面，往往不如北方小說那樣漂亮活動；這大概是因為南方人學用北部語言做書的困難。但思想見解的方面，南方的幾部重要小說都含有諷刺的作用，都可以算是『社會問題的小說』。他們既能為人，又能有我。《官場現形記》，《老殘遊記》，《二十年目睹之怪現狀》，《恨海》，《廣陵潮》，……都屬於這一類。」[2]顯然，胡適表現出非常明顯的輕視北方而側重南方的傾向。

胡適開始的《五十年來之中國文學》和《白話文學史》更成了中國學術界從事中國文學史撰寫的開路先鋒，至今誕生了超過二百種同類題材的中國文學史專著，但是無論哪一部，我們都可以發現胡適學術觀點對作者們的深刻影響。

---

1 胡適《五十年來之中國文學》，申報館，一九二三年，第四八頁。

2 胡適《五十年來之中國文學》，申報館，一九二三年，第五八頁。

第十二章
胡適的《紅樓夢》研究

《紅樓夢》是曹雪芹的自傳小說的觀點，就晚清和民國所有的「索隱派」主張，而成為「紅學」研究的新典範。而胡適說他的《紅樓夢》考證方法，是「赫胥黎、杜威方法的實際運用」。一九二一年發表的胡適《紅樓夢考證》和次年發表的《跋〈紅樓夢考證〉》，還有一九二七年發表的《重印乾隆壬子本〈紅樓夢〉序》、一九二八年發表的《考證〈紅樓夢〉的新材料》、一九三三年發表的《跋乾隆庚辰本脂硯齋重評石頭記》幾篇論文構成了胡適新紅學研究的學術經典。

胡適的《紅樓夢》是曹雪芹的「自敘說」徹底地推翻了當時已有的三派傳統紅學研究結論和主張。胡適譏詆這三派走錯了路：

> 他們怎樣走錯了道路呢？他們不去搜求那些可以考訂《紅樓夢》的著者、時代、版本等等的材料，卻去收羅許多不相干的零碎史事來附會《紅樓夢》裏的情節，他們並不曾做《紅樓夢》的考證，其實只做了許多《紅樓夢》的附會！[1]

胡適《紅樓夢考證》文章的結尾說：

> 我覺得我們做《紅樓夢》的考證，只能在這兩個問題上著手；只能運用我們力所能搜集的材料，參考互證，然後抽出一些比較的最近情理的結論。這是考證學的方法。我在這篇文章裏，處處想撇開一切先入的成見；處處存一個搜求證據的目的；處處尊重證據，讓證據做嚮導，引我到相當的結論上去。[2]

1 參見《紅樓夢》，亞東圖書館，一九二一年。
2 參見《紅樓夢》，亞東圖書館，一九二一年。

其實，經過我們仔細審查胡適早年的日記，我們發現：早在胡適得學生時代，他就提出一個八點核心見解：「一、《石頭記》著者不知何人，然決非曹雪芹也。第六十九回評有云『作者無名氏，但云胡老明公而已』。今遍閱今本，乃不見此四字。可見曹雪芹之前，必另有原本作者自署『胡老明公』，後為雪芹刪去。此其證一。即此書開端第一回亦云：『空空道人改名情僧，改《石頭記》為《情僧錄》，東魯孔梅溪題曰《風月寶鑑》，後因曹雪芹於悼紅軒中披閱十載，增刪五次。』此其證二。然雪芹之言曰：『滿紙荒唐言，一把辛酸淚。都云作者癡，誰解其中味？』其言如此，又能費如許工夫，用如許氣力，為《石頭記》添毫生色，雪芹實為作者一大知音，然則雖謂此書為曹雪芹作也可。二、《石頭記》之作者即賈寶玉，賈寶玉即作者之托名也。《石頭記》開卷第一回便說：『作者自云曾歷過一番夢幻之後，故將真事隱去，而借通靈說此《石頭記》一書也。』夫曰假寶玉、則石而已。石頭所自記，故曰《石頭記》；石頭所自記，即假寶玉所自記也。三、《石頭記》作者雖不知何人，然似係滿洲人所作，何則？作者既為寶玉，而書中之寶玉實為滿人，此閱者所共認者也。且六十九回評云，作者自署『胡老明公』，『胡老明公』云者，猶言『胡兒中之明眼人』也，則自承其為胡人矣。四、《石頭記》一書，為滿洲人而作也。人但知其寫美人不寫雙鉤，謂為寫滿人之實據，不知此外證據尚多。秦可卿死時對鳳姐說：『目今祖塋雖四時祭祀，只是無一定的錢糧；第二，家塾雖立，無一定的供給。如今盛時，固不缺祭祀供給，但將來敗落之時，此二項有何出處？莫若趁今日富貴，將祖塋附近多置田莊房舍地畝，以備祭祀供給之需，皆出於此，將家塾亦設於此（中略）。便敗落下來，子孫回家讀書務農，也有個退步，祭祀又可永繼』云云。所謂祖塋者，滿洲三省也。作者懸知兩族逼處，終有決裂之一日。而滿洲土著，從龍入關，十室九空矣。其人遊惰好閒，又盡墮其宗祖騎射之風，一旦受漢人驅逐，勢必不能自存，故作者為畫策如此。此一證也。書中寫一焦大，大快人意。焦大者，驕大也。此必開國大功臣，如吳三桂洪承疇之倫。焦大之言曰：『不是焦大一個人，你們能夠作官兒，享榮華，受富貴？到如今，不報我的恩，反和我充起主子來了！』此真為開國諸貳臣逆臣同聲一哭。此又一證也。焦大之言曰：『那承望到如今，生下這些畜生來，每日偷雞戲狗，……我什麼不知道！』云云，此又傷心之言也。夫既引狼入室矣，乃始憎惡其虎狼之行，而醜詆之，直諫之，其一不識時務之尤者矣，終亦必以馬糞餵之而已耳。此亦一證也。第七十四回探春之言曰：『可知這樣大族人家，若從外家殺進來，一時是殺不死的，這可是古人說的，百足之蟲死而不僵。必須先從家裡自殺自滅起來，才能一敗塗地呢！』此一節，可作一篇明史論讀。作者深慨明室之亡，故作此極傷心之語，蓋亦針對滿清而發也。此亦一證也。凡此數者，蓋皆滿漢民族關係重要之點，故舉而出之，以證吾言。全書以仁清巷起，以仁清巷收，亦可見其為滿清作也。五、《石頭記》家庭小說也，社會小說也，而實則一部大政治小說也，故曰政，曰王，曰赦，曰刑，曰史，曰禮。為政而權操於內，故其婦曰王，其姪亦曰王。外赦而內刑，言不相孚也。史之為言已成陳跡也，李之為言禮也、理也。刑足以破家，即足以亡國，作者之意深矣。非禮與理，其孰能善其終哉！六、《石頭記》專寫一極專制之家庭，實則一極專制之國家也。七十一回以後，便純是一極陰慘的專制國。七、讀《石頭記》者，須知賈寶玉並未成仙，但能自色悟空，逃於渺渺茫茫之中耳。觀第一回『當此蓬牖茅椽繩床瓦灶』數語，可見矣。八、《石頭記》無一自由之人，有之，其惟尤三姐乎！尤三姐者，其才足以自衛其自由，故能兒撫珍、璉，土苴富貴，處流俗而不污，臨大節而不奪。嗚呼，吾願普天下女子之愛自由者，勿學黛玉之癡，寶釵之譎，鳳姐之惡，迎春之愚，吾願普天下愛自由之女子瓣香一光明磊落皎然不污之尤三姐，足矣，足矣。」[1]

我們發現：胡適早年對紅學的上述八點核心見解，幾乎貫穿了他研究紅學的一生。在某種意義上說，

---

1 《胡適的日記．藏暉室日記1910》，中華書局，一九八五年，第九五—九七頁。

胡適對《紅樓夢》的研究「大膽的假設」出現在他早年讀書時代，而他以後全是他「小心的求證」的過程而已。

在北京大學任教期間，胡適多次前往天津圖書館，查閱那裏保存的《曹楝亭全集》。目的只是想考證曹寅曹雪芹父子的生日和相關史料。比如，一九二二年五月一日，胡適到天津拜訪嚴範孫，談話內容涉及到天津圖書館收藏的《亭文集》一書。對方詢問胡適查閱此書的目的。胡適告訴他是為了考證《紅樓夢》和曹寅的家族史。當天下午，胡適去天津圖書館查閱此書。收穫很多，尤其是對於曹寅生年的考證，得到了該書多處史料的證實。

更早還可以見一九二一年的胡適日記中的相關記載：「頡剛自天津來信，報告他在天津圖書館翻查《曹楝亭全集》的結果。楝亭即曹寅，為曹雪芹之父。頡剛信中有三事足記：（一）《詩別集》卷四內有一詩，題為『聞珍兒殤』，頗與《紅樓夢》上在玉旁排行的有些相近。或者他們大名用『頁』旁排，小名用『玉』旁排。（二）《詩別集》郭振基序上說『今公子繼任織部』，可見曹是他的兒子。（三）文抄內的《擁書圖記》可證明曹寅是順治十五年生的。珍兒很像《紅樓夢》說的賈珠。」[1]

當年五月九日，顧頡剛給胡適回信如下：「昨天接到來信，悉先生看了津館的《楝亭集》，所得甚多，快極。見告的六條，都極服膺。我只對於第六條有些意見：我以為他的哀詩上說，『世出難居長，多才在四三』（詩上尚有『亞子』二字，當是『肖子』之義），曹珍固是長子，他所示的侄子是四三，其間當有排行第二的。曹顯雖不能一定說是曹寅的子，似也不能一定說是他的侄，至於『承家』二字，或從『多才』而來，未必一定是『承嗣』之義。《紅樓夢》上，賈家家事都由珍、璉等處理，或者這便是曹寅看做多才的侄

1《胡適日記全編1921-1922》，聯經出版事業有限公司，二〇〇四年，第三頁。

子。第七十五回上，賈赦拍著賈環的腦袋笑道：『以後就這樣做去，這世襲的前程就跑不了你了。』論理，賈環是庶出，又比寶玉小，如何能襲賈政的職呢？我以為《紅樓夢》上寫曹家的弟兄行次有意錯亂，曹寅是曹重的長子，賈政卻是第二，天祐是曹寅的幼子，寶玉仍做了賈環的哥哥，所以我猜想曹顯或竟是賈環。賈環是寶玉的怨家，父死襲爵，豈有不報仇之理。所以曹家雖未抄家，曹雪芹過了中年卻已窮得如此。至於曹雪芹若在曹珍死後而生，或在曹寅死後而生，《紅樓夢》裡的寶玉，應當另是一種樣子；現在的書上，是在『蔭育』下的樣子，不是在『阿哥手裡討生活』的樣子。所以我想雪芹生年，還是不推下去為宜。我先前看賈政不是曹寅，現在想想還不能下這個斷語。第二回上說，『次子賈政，自幼酷愛讀書，為人端方正直，祖父鍾愛，原要他以科甲出身的；不料代善臨終時，遺本一上，皇上因恤先臣，即時令長子襲官外……又額外賜了這政老爺一個主事之銜……如今已升了員外郎。』這一段話，除了『長子襲官』數語為有意錯亂外，其餘便寫實了曹寅。至於賈政性情的方嚴，原是在寶玉眼光裡看出來的；那時年紀大了，又是父親，又是對著癡憨的兒子，自然不能和少年時朋友贈詩中所說的性情一樣。我又猜想『省親』便是影射『南巡接駕』時情形，若是雪芹遲生了，便見不到這種儀注了。李煦做了三十二年的蘇州織造，又做了八任的巡鹽御史，《紅樓夢》上寫林如海『本貫姑蘇人氏，今欽點為巡鹽御史』，因此我猜想便是他。宋和的《陳鵬年傳》上亦說，李煦與曹寅為『婕』，則兩家的子女，自然是表兄妹。照這樣想，林黛玉竟是姓『李』了。以上都是我個人的猜想，入不了考證。請先生教正。昨天平伯來信，他說後四十回的回目定是高鶚補的，理由有三：（一）和第一回自敘的話都不合；（二）史湘雲的丟開；（三）不合作文時的程式。我覺得他的理由很充足，所以把他的原信寄上。《國子監題名碑錄》如能得到，請翻一翻李煦是否有名在上，因為第二回上說：『如海更從科甲出身，雖係世祿之家，卻是書香之族。』我近日抄《黃氏日鈔》，覺得他的議論很卓犖；宋濂受他的影響很大，而力量不能及他。他評《陰符經》道，『言用兵而不能明其所以用兵，言修煉而不能明其所以修煉，言鬼神而不能明其所以鬼神，蓋異端之士掇拾異說而本無定見者；豈此其所以為陰符歟？然則人生又安用此書為也！』說盡許多偽書和道士一類的書。我擬於本星期五六北行。或在南京住一天，訪隨園故址，又到圖書館看志書。但不知天能晴好否。學生顧頡剛。」二十日，胡適日記中又記載了他閱讀《雪橋詩話續集》卷六時出現的使得他為之「狂喜」的發現。即：「嘗為《琵琶亭傳奇》一折，曹雪芹（霑）題句有云：『白傅詩靈應喜甚，定教蠻素鬼排場。』楝亭通政孫，平生為詩，大概如此，竟坎坷以終。敬亭挽雪芹詩有『牛鬼遺文悲李賀，鹿車荷鍤鍤葬劉伶』之句。這條使我們知道：（一）曹雪芹名霑，（二）他是曹寅之孫，（三）《四松堂詩文集》與《鷦鷯菴筆麈》與《懋齋詩鈔》必有關於他的材料。」並且由此又驗證了他的結論「我因此斷定雪芹生於康熙五十年以後」。[1]可見，這段時間他和顧頡剛的往來通信和學術交流，在客觀上推動著胡適的新紅學（即曹學）研究的進展。

在《紅樓夢考證》一文中，胡適首先提出：「我現在要忠告諸位愛讀《紅樓夢》的人：『我們若想真正瞭解《紅樓夢》，必須先打破這種牽強附會的《紅樓夢》謎學！』其實做《紅樓夢》的考證，盡可以不用那種附會的法子。我們只須根據可靠的版本與可靠的材料，考定這書的著者究竟是誰，著者的事蹟家世，著書的時代，這書曾有何種不同的本子，這些本子的來歷如何。這些問題乃是《紅樓夢》考證的正當範圍。」[2]

胡適通過考證以上關於曹寅的事實，總結起來，可以得出幾個結論：

（一）曹寅是八旗的世家，幾代都在江南做官，他的父親曹璽做了二十一年的江寧織造；曹寅自己做了四年的蘇州織造，做了二十一年的江寧織造，同時又兼做了四次的兩淮巡鹽御

1 《胡適日記全編1921-1922》，聯經出版事業有限公司，二〇〇四年，第五三、五五頁。
2 參見《紅樓夢》，亞東圖書館，一九二一年。

史。他死後，他的兒子曹顒接著做了三年的江寧織造，他的兒子曹頫接下去做了十三的江寧織造。他家祖孫三代四個人總共做了五十八年的江寧織造。這個織造真成了他家的「世職」了。

（二）當康熙帝南巡時，他家曾辦過四次以上的接駕的差。

（三）曹寅會寫字，會做詩詞，有詩詞集行世；他在揚州曾管領《全唐詩》的刻印，揚州的詩局歸他管理甚久；他自己又刻有二十幾種精刻的書。（除上舉各書外，尚有《周易本義》、《施愚山集》等；朱彝尊的《曝書亭集》也是曹寅捐資倡刻的，刻未完而死。）他家中藏書極多，精本有三千二百八十七種之多（見他的《楝亭書目》，京師圖書館有抄本），可見他的家庭富有文學美術的環境。

（四）他生於順治十五年，死於康熙五十一年。1

最後，胡適結論是：

一、《紅樓夢》的著者是曹雪芹。

二、曹雪芹是漢軍正白旗人，曹寅的孫子，曹頫的兒子，生於極富貴之家，身經極繁華綺麗的生活，又帶有文學與美術的遺傳與環境。他會做詩，也能畫，與一班八旗名士往來。但他的生活非常貧苦，他因為不得志，故流為一種縱酒放浪的生活。

三、曹寅死於康熙五十一年。曹雪芹大概即生於此時，或稍後。

四、曹家極盛時，曾辦過四次以上的接駕的闊差；但後來家漸衰敗，大概因虧空得罪被抄

---

1 參見《紅樓夢》，亞東圖書館，一九二一年。

沒。

五、《紅樓夢》一書是曹雪芹破產傾家之後，在貧困之中做的。做書的年代大概當乾隆初年到乾隆三十年左右，書未完而曹雪芹死了。

六、《紅樓夢》是一部隱去真事的自敘：裏面的甄、賈兩寶玉，即是曹雪芹自己的化身；甄賈兩府即是當日曹家的影子（故賈府在長安都中，而甄府始終在江南）。[1]

這些結論標誌著紅學中誕生了一門新興的專題學科——曹學。

一九二七年，胡適從美國回到上海後，又獲得了殘本《脂硯齋重評石頭記》。這個「脂本」，後稱「甲戌本」，只有十六回：第一回至第八回，第十三回至第十六回；第二十五回至第二十八回。但它可能是目前世界上僅存最老的一個抄本。

晚年的胡適，依然關心紅學進展。

一九五九年十二月三十日，胡適在臺灣廣播公司作演講。他說：「我是曾經在四十年前，研究《紅樓夢》的兩個問題：一個是《紅樓夢》的作者的問題；一個是《紅樓夢》的版本的問題。因為我們欣賞這樣有名的小說，我們應該懂得這作者是誰。《紅樓夢》寫的是很富貴、很繁華的一個家庭。很多人都不相信《紅樓夢》寫的是真的事情。經過我的一點考據，我證明賈寶玉恐怕就是作者自己，帶一點自傳性質的一個小說。恐怕他寫的那個家庭，就是所謂賈家，家庭就是曹雪芹的家。所以我們作了一點研究，才曉得我這話大概不是完全錯的……曹雪芹所寫的極富貴、極繁華的這個賈家；寧國府、榮國府在極盛的時代的富貴繁華並不完全是假的。曹家的家庭實在是經過富貴繁華的家庭。懂得這一層，才曉得他裏面所寫的人物……懂得曹

1 參見《紅樓夢》，亞東圖書館，一九二一年。

家這個背景，就可以曉得這部小說是個寫實的小說。他寫的人物，他寫王鳳姐，這個王鳳姐一定是真的。他要是沒有這樣的觀察，王鳳姐是個了不得的一個女人，他一定寫不出來王鳳姐。比如他寫薛寶釵，寫林黛玉，他寫的秦可卿，一定是他的的確確是認識的。所以懂得這一點，才曉得他這部小說，是一個『自傳』，至少帶著自傳性質的一個小說。那麼，如果這個小說有文學的價值，單是這一點。」

一九六一年一月十七日，在給蘇雪林、高陽的信中，胡適主張：「曹雪芹有種種大不幸。他有天才而沒有受到相當好的文學訓練，是一個大不幸。他的文學朋友都不大高明，是二大不幸。他的貧與病使他不能從容細細改削他的稿本，使他不得不把未完成的稿本鈔去換銀子來買麵買藥，是三大不幸。他的小說結構太大了，他病中的精力已不夠寫完成了，是四大不幸。這些都值得我們無限悲哀的同情。」

他還提出：「我今天要補充一個意思，就是：《紅樓夢》的最大不幸是這部殘稿既沒有經過作者自己的最後修改，又沒有經過長時間的流傳，就被高鶚、程偉元續補成百二十回，就被他們趕忙用活字排印流傳出來了……我們試比勘《水滸傳》的種種不同的本子，就可以明白《水滸傳》在幾百年中，經過了許多戲曲家與無數無名的平話家（說話人）的自由改造，自由改削。又在明朝的一兩百年中經過了好幾位第一流文人——汪道昆（百回本）、李贄（百回本）、楊定見（百二十回本）的仔細修改，最後又得到十七世紀文學怪傑金聖歎的大刪削與細修改，方可得到那部三百年人人愛賞的七十一回本《水滸傳》……《水滸傳》經過了長期的大改造與仔細修改，是《水滸傳》的最大幸運。《紅樓夢》沒有經過長時期的修改，也沒有得到天才文人的仔細修改，是《紅樓夢》的最大不幸。我試舉一個最有名的句子作個例子。百二十回《水滸傳》第六十三回，石秀劫法場被捉，解到梁中書面前，石秀高聲大罵：『你這敗壞國家害百姓的賊！』這一句話，在金聖歎刪改定本裏（第六十二回），就改成了這樣了：石秀高聲大罵：『你這與奴才做奴才的奴才！』這真是『點鐵成金』的大本領！《紅樓夢》有過這樣大幸運嗎？」

其實，無論是否補充，胡適的新紅學主要思想和成就已經充分體現在早期發表的幾篇學術論文中。胡適的《紅樓夢》研究一個目的就是批駁前人的索隱派舊紅學，另一個則是建立自己的新說。誠如魏同賢在《胡適的「紅樓夢考證」在紅學史上的地位》一文所闡述的那樣：「統治紅學領域長達一個半世紀的舊紅學派中，派別雖然繁多，花樣也不斷翻新，但他們所取得的成果，從局部看自然也提供過可靠的資料和出現過精審的見解，在紅學史上自有其一定的地位；不過，從整體看卻始終沒能建立起比較完整的理論體系」。[1]的確，胡適對《紅樓夢》的著者生平史實和版本等問題的考證，極大地推動了紅學研究的發展。胡適當時所希望的是：「我希望我這一點小貢獻，能引起大家研究《紅樓夢》的興趣，能把將來的《紅樓夢》研究引上正當的軌道去：打破從前種種穿鑿附會的紅學，創造科學方法的《紅樓夢》研究。」自從新紅學誕生後，真的出現了胡適所希望看到的結果！

1 引見《紅樓夢學刊》，一九七九年第二輯。

第十三章
胡適與內藤湖南：關於實齋年譜

章學誠，字實齋，生於乾隆三年，卒於嘉慶六年。他的著作及其生平，在一九二〇年以前的中外學術界一直沒有給與關注。因此，客觀上造成了章學誠其人其學被長期隱沒的這樣一個事實。

一九二〇年九月，《支那學》創刊後，青木正兒立刻郵寄給胡適一冊。胡適回信中說：「京都的學者向來很多研究中國學的，現在我看了這個雜誌，格外佩服。」[1]

十一月、十二月的《支那學》第一卷第三、四號上連載了日本京都大學東洋史學教授內藤湖南《章實齋先生年譜》一文。通過胡適的在日友人青木正兒，胡適立刻得到了這兩期刊物。然後，胡適給青木正兒的信中寫道：「我也是愛讀章氏的書的人，但章氏遺書此時很不易得，《文史通義》之外的遺文，我僅搜得四、五十篇。內藤先生說他去年得抄本十八冊，這句話引起我的『讀書饞涎』不少！內藤先生是否有意刊布此項遺書？若一時不刊布，他能許我借觀此書的目錄嗎？章實齋一生最講究史法，不料他死後竟沒有人好好的為他作一篇傳！內藤先生的年譜確是極有用的材料。」[2]

這裏所談到的「十八冊抄本」，根據關西大學陶德民教授的考證，即：「內藤湖南一九一九年從上海樂善堂書藥房購入的鈔本章氏遺書十八冊的由來，可以從參與抄寫的金興祥的以下感言得知。金氏是在中日之間從事文物買賣的古董商，曾數次造訪京都市內的內藤家。為投其所好，一九二一年曾將自己和友人抄寫的章學誠未刊稿三十一篇滙成兩冊進呈內藤，扉頁上有其題詞『辛酉重陽後十日寄贈湖南先生秀水金興祥』。後來又當面贈送『小松司馬書畫合錦條幅』，卷軸上的題簽為『湖南先生清賞金興祥持贈』。一九二二（壬戌）年三月，金氏在內藤家中看到成於二十餘年前的這個鈔本時，不由得情動於中，感慨萬千。」[3]

1 《胡適書信集》上，北京大學出版社，一九九六年，第二四四頁。
2 《胡適書信集》上，北京大學出版社，一九九六年，第二五五頁。
3 引見北京大學中文系跨文化研究中心《跨文化對話》第四三輯，商務印書館，第六七頁。

內藤湖南，作為近代日本漢學界最著名的漢學大師、東洋史學京都學派兩大創始人之一，長期出任京都帝國大學東洋史專業主任教授。他對甲骨文字的研究、唐宋社會制度史的研究、明清戲劇和藝術史的研究、敦煌文書的研究，乃至於清代思想和歷史的研究、滿文老檔的研究等等諸多領域都做出了傑出的學術貢獻。正是他發起了中日學術界對章學誠和《文史通義》的研究。除了這篇《章實齋先生年譜》之外，在他的名著《支那史學史》中又專門章節談到章學誠及其《文史通義》。毫不誇張地說，他是章學誠及其《文史通義》研究的開創者。

一九二一年一月二十四日，胡適在致函青木正兒的信中說：「《章氏遺書》事，我近來有很好的消息可以報告。我得到你的信的時候，我查得浙江圖書館（杭州）有一部鈔本的《章氏遺書》。我托人去訪問並要鈔目錄，不意回信來時，信上說此書已用鉛印排印，已郵寄上一部了！此書共十二冊，三十四卷，為中國最完全的《章氏遺書》。可惜此書校對不精，錯誤甚多。我現在正校讀此書，不久將可完畢。若內藤先生未見此書，我可以寄一部贈送給他，因為寄刻本比寄鈔本更容易些，他也可以用此本校他的鈔本，把校對的結果發表出來，給我們公用。」[1]

胡適撰寫《章實齋年譜》一書書稿，根據他的日記記載是在最終是在一九二二年二月二十六日定稿的。

這部著作對於胡適來說之所以重要，是因為胡適把它看成自己從事學術考證的精雕細琢之作。根據胡適日記的記載，我們發現他在一九二一年下半年是他全力以赴研究和撰寫此書的關鍵時刻。如：一九二一年九月十五日日記：「作《年譜》，至夜八時。見月色撩人，就獨自去遊公園。進園後，遇一涵、慰慈、文伯、淮鐘，同到水榭後石角上，喝茶高談。」當年九月十八日日記中記載：「洗浴。自浴堂打電話到蔡孑民先生

1 《胡適書信集》上，北京大學出版社，一九九六年，第二六七—二六八頁。

家中……獨自到公園吃飯。回家後作《實齋年譜》。」到了一九二二年二月二十六日，胡適做完《章實齋年譜》，自歎為此「費了半年的閒空功夫」，感到「作學史真不容易！若我對於人人都要用這樣一番工夫，我的《哲學史》真沒有付印的日子了！我現在只希望開山闢地，大刀闊斧的砍去，讓後來的能者來做細緻的工夫」。[1]

而後，胡適的《章實齋先生年譜》一書，一九二二年由上海商務印書館正式出版。當年二月二十六日，胡適在日記中是如此看待他的這部著作的。他說：

> 夜十二時，接到商務印書館寄來的《章實齋年譜》四十本。此書印的還好，有幾個錯字。此書是我的一種玩意兒，但這也可見對於一個人作詳細研究的不容易。我費了半年的閒空功夫，方才真正瞭解一個章學誠。作學史真不容易！若我對於人人都要用這樣一番功夫，我的《哲學史》真沒有付印的日子了！我現在只希望開山闢地，大刀闊斧的砍去，讓後來的能者來做細緻的功夫。但用大刀闊斧的人也須要有拿得起繡花針兒的本領。我這本《年譜》雖是一時高興之作，他卻也給了我一點拿繡花針的訓練。[2]

胡適之所以特別看重此書，原因乃在於「用大刀闊斧的人也須要有拿得起繡花針兒的本領。我這本《年譜》雖是一時高興之作，他卻也給了我一點拿繡花針的訓練」。這是胡適自身學術訓練的結晶和見證。有些人主張是內藤湖南的著作在先，胡適在閱讀後才撰寫的。顯然，這並非空穴來風。因為胡適一直在

1 《胡適日記全編1921-1922》，聯經出版事業有限公司，二〇〇四年，第四四六頁。

2 《胡適日記全編1921-1922》，聯經出版事業有限公司，二〇〇四年，第四八六頁。

選擇一個課題或者人物，給與實證主義的研究，他關注章學誠《文史通義》也不是從一九二〇年通讀了內藤湖南的論文後才開始的。

胡適自己在《章實齋先生年譜．序》中如實地說：

我做《章實齋年譜》的動機，起於民國九年冬天讀日本內藤虎次郎編的《章實齋先生年譜》（《支那學》卷一，第三至第四號）。我那時正覺得，章實齋這一位專講史學的人，不應該死了一百二十年還沒有人給他做一篇詳實的傳……，最可使我們慚愧的，是第一次作《章實齋年譜》的乃是一位外國的學者。我讀了內藤先生作的年譜，……就隨時在「內藤譜」上注出每條的出處。有時偶然校出「內藤譜」的遺漏處，或錯誤處，我也隨手注在上面。……這便是我作這年譜的緣起。[1]

因此，胡適的此書出版後，他立刻寄贈內藤湖南，並且在贈書封面題字：「敬贈內藤先生表示敬意與謝意。胡適」。此贈書現存日本關西大學「內藤文庫」。關西大學也是我碩士階段學習三年的所在地。內藤文庫當時是我每天必去之處。顯然胡適客觀認可內藤湖南的論文對他撰寫此書有積極地推動作用。

在序文中，胡適特別說：

最可使我們慚愧的，是第一次作《章實齋年譜》的乃是一位外國的學者。我讀了內藤先生作的《年譜》，知道他藏有一部抄本《章氏遺書》十八冊，又承我的朋友青木正兒先生替我把這部《遺書》的目錄全抄了寄來。那時我本想設法借抄這部《遺書》，忽然聽說浙江圖書館已

1 引見《章實齋先生年譜》，上海商務印書館，一九二二年。

把一部抄本的《章氏遺書》排印出來了。我把這部《遺書》讀完之後，知道內藤先生用的年譜的材料大都在這書裏面，我就隨時在《內藤譜》上注出每條的出處。有時偶然校出《內藤譜》的遺漏處，或錯誤處，我也隨手注在上面。我那時不過想做一部《內藤譜》的「疏證」。後來我又在別處找出一些材料，我也附記在一處。批註太多了，原書竟寫不下了，我不得不想一個法子，另作一本新年譜。[1]

內藤湖南在閱讀胡適的此書後，立刻撰寫了《胡適の新著章實齋年譜を讀む》一文，刊發在一九二二年五月《支那學》第二卷第九號上，後來收入《內藤湖南全集》第七卷。該文還特別訂正了胡適著作中的十五處錯誤和不準確之處。胡適則立刻回信表示虛心接受，並表示感謝。

一九二二年十二月四日，胡適致函青木正兒說：「內藤先生的《章實齋年譜》，我已叫人去翻譯了。此譜搜集的極完備，使我非常佩服。但有一小點：《中國學報》登出的《史籍考目》及《史籍考序例》乃是實齋一生的一件大事。《史籍考》的原稿存在畢沅家；畢死後，實齋取未成之稿，整理成書。此事當在實齋六十一歲至六十三歲之間。此事似當補入。又此譜末頁（四期，五〇頁）有小誤：嘉慶四年戊午，先生六十二歲。是歲高宗皇帝崩，和珅賜死。當作：嘉慶三年戊午，先生六十一歲。（疑誤脫去一年的事實？）嘉慶四年己未，先生六十二歲。請你一問內藤先生，是否誤脫一年？他改正了，我可於譯本中改正。」[2]

內藤湖南在與胡適的交往中，肯定清代史學大師章學誠及其《文史通義》一書的史學思想和學術貢獻，是特別值得贊許的地方。因為作為日本學者的他遠比中國學者更早更全面地發掘了章學誠的遺書。內藤湖南

1 引見《章實齋先生年譜》，上海商務印書館，一九二二年。
2 《胡適書信集》上，北京大學出版社，一九九六年，第二七一—二七二頁。

在《支那史學史》中對章學誠的史學思想推崇，也肯定了胡適、姚名達、劉咸炘三人對章氏生平和思想的研究。內藤湖南最為賞識的是章氏全新的史學思想、以及章氏在校讎學和方志學上的突出貢獻。章氏的六經皆史說、原道說和原學說等觀點，深得內藤湖南的讚賞。在《支那史學史》中，內藤湖南還特別肯定了章學誠創建方志學的學術史意義，在介紹這一新學說時，他不惜點出了戴震對方志學的非難，這顯然已經暗含著對戴震的批評。

胡適的此書出版後，弟子姚名達又給與了增補。

一九二八年十月七日，作為《章實齋先生年譜》一書的增補者姚名達，致函胡適向他彙報了《章實齋先生年譜》一書的增補進展。其中，最主要的增補是如下三點：「補例如下：一、尊重先生原文，非錯不改，非亂不移，非全誤不刪除。——在此例下，刪改移都極少。二、凡事跡不為先生所知載而合於下列條例者，依年月補入。A.譜主有意義的行動；B.譜主較要作品的成篇年月；C.可顯譜主性格的小事或言語；D.譜主自述學問進境；E.譜主與當代專家的關係動作；F.當代學風的轉變；G.親屬及專家的關係動作；H.譜主生前死後的關係事項。三、極重要的文章摘錄了十幾段。」到了一九三一年八月四日，姚氏再次致函胡適，說明自己的最新增補所在：

> 適之先生：
>
> 《章實齋年譜》增補本，現在正在印單行本。我已把實齋遺像加進去了，文章上不敢稍加變動。還想把內藤湖南《研幾小錄》所附實齋墨蹟攝影加入，但不知有沒有妨礙。今年春天，我在紹興遇見了一位章天覺先生，他說藏有實齋信劄許多件，正在上海糊裱製成卷軸。我問他可否攝影給我，他說可以。但至今不曾寄來，我已寫信去催他了。將來得到時，當複印寄給先

生。

現在距先生作《章譜》時已經很久了，先生對於實齋的觀念也許有多少變更，可否把他的「哲學」「史學」的思想理出個系統來，加以正確的批評，作篇長序，使得讀者得著明瞭的瞭解？我是慚愧的很，數年來精力分散，不能集中在一點，所以對於實齋不敢下一句批評！只有誠懇的希望先生給我一個啟發。我料想先生能有一天把考證小說的精神來論評史學，使得社會上好讀小說的風氣分一部分去讀歷史。

我最近有遊美的企圖，目的是美京國會圖書館。因為那團華文部長 Mr. Hummel 在四年前就曾經請我去代他們編書目撰提要，現在又來信微露這點希望，所以我想用一年的時間作預備工夫，到明年此時就到美京去。先生若有信給 Mr. Hummel，請您順便談起我，使得這個計畫早日實現，感謝的很。

我對於史學史的研究，早已確定計畫，認為終身事業。研究的程式和下手的路徑，都已切實規定了。先生若不嫌厭的話，我想寫出來，請先生指教。

天熱，身體如何？

念念不忘。

姚名達上 八月四日二十年

總之，胡適真正把此書當成了他從事古典學術研究的精品和考證學的經典著作，以後也是和姚名達的增補合一，一起出版。

第十四章
胡適演講：
思想啟蒙和學術交流的二重奏

胡適進入北京大學以後，因為發起文學革命論、推廣白話文運動、開啟了傳統經學研究的新模式等學術成就和貢獻，短時間內就賺得大名！各個機構約請他前來演講絡繹不絕。胡適幾乎是有求必應。這些演講，有涉及到哲學和思想領域的學術演講，有涉及到文學和白話文領域的學術演講，有涉及到當前時事的政治演講，也有涉及到科普和解放思想的演講。胡適的演講，不是啟發民智，就是普及學術，宣傳科學和方法論，乃至於杜威哲學；客觀上達到了啟蒙與救亡的雙重效果。李澤厚曾主張：「胡適、陳獨秀、魯迅都開創了思想範式，從而都指導、決定和影響了很大一批人。」[1]可見胡適的演講在思想啟蒙上的獨到效果。因此，「胡適演講文稿」早就被海內外出版，甚至民國時代的報刊上，幾乎每次胡適演講後，總有聽眾或者記者提供現場筆記，供給報刊發表。

比如，一九二〇年九月陳獨秀致函胡適就要求他「你在南京的演講，倘十月一日以前不能出版，講稿要寄來，先在《新青年》上登出。」[2]

本章，我們選出胡適從美國歸國後從一九一七年到一九二七年先後十年間舉辦的一些有影響力的演講，加以分析和總結。

一九一七年。

十一月二十三日，胡適應邀在清華學堂「國語演說辯論會」上發表演講，題目是「中國文學之改良問題」。

《清華週刊》第一百二十三期全文轉發了這次演講文稿。這次演講的核心是對《新青年》上刊發的《文

1 引見《福建論壇》，一九八七年第二期。

2 《胡適來往書信選》上，中國社會科學院近代史研究所編，社科文獻出版社，二〇一三年。

學改良芻議》一文的「改良方法八端」加以闡述。

一九一八年。

三月八日，胡適應邀在北京大學「學術講演會」演講，題目是「關於《墨翟哲學》」。十五月，胡適應邀在北京大學國文研究所演講，題目是「論短篇小說」。二十一日，胡適應邀在北京大學哲學門研究所演講，題目是「關於歐美最近哲學和中國名學」。

胡適上述的這三場演講，一次是先秦哲學，一次是最近歐美哲學，而兩個題目一個是他針對他的博士論文，一個是針對他的學術背景。這二者都可以參閱他的《先秦名學史》一書的介紹墨子哲學的一章。可見當時北京大學對他的學術認可領域和專業。而他對短篇小說的演講，則是他專業之外、正在從事的科研課題。《新青年》第四卷第五號刊發了這三場演講的演講文稿。

在該演講中，胡適對短篇小說給出了如下定義：「我如今且下一個『短篇小說』的界說：短篇小說是用最經濟的文學手段，描寫事實中最精彩的一段，或一方面，而能使人充分滿意的文章。這條界說中，有兩個條件最宜特別注意。今且把這兩個條件分說如下：（一）『事實中最精彩的一段或一方面』，譬如把大樹的樹身鋸斷，懂植物學的人看了樹身的『橫截面』，數了樹的『年輪』，便可知道這樹的年紀。一人的生活，一國的歷史，一個社會的變遷，都有一個『縱剖面』和無數『橫截面』。縱面看去，須從頭看到尾，才可看見全部。橫面截開一段，若截在要緊的所在，便可把這個『橫截面』代表這一人，或這一國，或這一個社會。這種可以代表全邦的部分，便是我所謂『最精彩』的部分。又譬如西洋照相術未發明之前，有一種『側面剪影』，用紙剪下人的側面便可知道是某人（此種剪像曾風行一時，今雖有照相術，尚有人為之）。這種可以代表全形的一面，便是我所謂『最精彩』的方面。若不是『最精彩的』所在，決不能用一段代表全體，決不能用一面代表全形。（二）『最經濟的文學手段』，形容『經濟』兩個字，最好是借用宋玉的話：『增之一分則太長，減之一分則太短，著粉則太白，施朱則太赤。』須要不可增減，不可塗飾，處處恰到好處，方可當『經濟』二字。因此凡可以拉長演作章回小說的短篇，不是真正『短篇小說』，凡敘事不能暢盡，寫情不能飽滿的短篇，也不是真正『短篇小說』。」[1]

下半年，胡適應邀在北京女子師範大學演講，題目是「美國的婦人」。

在演講中，胡適主張：「依我的觀察，美國的婦女，無論在何等境遇，無論做何等事業，無論已嫁未嫁，大概都存一個『自立』的心。別國的婦女大概以『良妻賢母』為目的。美國的婦女大概以『自立』為目的，『自立』的意義，只是要發展個人的才性，可以不倚賴別人，自己能獨立生活，自己能替社會作事。」胡適認為，「這種觀念是我們中國婦女所最缺乏的觀念。」[2]這樣的中西對比，無論是文化上的還是人種上的，都在啟迪民智。

一九一九年。

五月二日，胡適應邀在江蘇教育會演講，題目是「實驗主義」。

這次演講，顯然這是為杜威的演講做前期準備，核心在於介紹實驗主義。

七月一日，胡適應邀赴南京，出席少年中國學會成立大會上。他受邀演講。但演講題目不詳。

考慮到當天第一個演講人是章太炎，而胡適當時表示他要說的是針對章太炎的演講而來，這個前提可供參考。根據《少年中國》創刊號發佈的胡適文章來看，胡適核心是要表達少年中國的邏輯、人生觀和文化精神這三個要點。

1 參見《新青年》，第四卷第五號。

2 參見《新青年》，第五卷第三號。

少年中國學會成立於一九一九年七月一日。第一屆負責人是王光祈。他曾一九一七年致函友人書信中如此表達：「我們皆在青年求學時期，救國最好在早做基礎的準備工夫，而準備工夫不外兩事：一為人才，二為辦法。但人才已不能求之已成勢力中，則應早日集結有志趣的青年同志，互相切磋，經過歷練，成為各樣專門人才，始足以言救國與建國的種種實際問題的解決。」

一九二〇年。

四月，胡適應邀出席教育部國語講習所成立大會，並且在成立會上發表演講，題目是「國語文學史」。這是教育部首次設立國家的漢語普通話推廣的機構。胡適演講則是介紹了古代白話小說和詩歌、戲劇出現的歷史。當時胡適的講課文稿，後來用了八個星期整理成專著《白話文學史》。

一九一五年一月，全國讀音統一會成員王璞等二十五人聯名上書教育部，要求「即將公制之注音字母推行全國」。當時教育部答覆是「業已派員清理」。同年十一月，教育部批准在「先行試辦」漢字注音字母和讀音的統一提案。一九一八年新年初，教育部要求全國高等師範學校必須附設國語講習科，招考學生，作為一門獨立的學科科目。可以說日後中國各個大學中出現的漢語言文學專業，都是以此為起點發展而來的。

一九二一年。

四月三日，胡適應邀在天津演講，題目是「個人與他的環境」。

這次演講應該說不是正統的學術演講，而是針對社會心理思潮的一次個人感想發言。

四月八日，胡適應邀在南開大學演講，題目不詳。

四月九日，胡適應邀在河北直隸教育廳演講，題目是「道德教育」。

四月二十七日晚，胡適應邀在清華大學演講，題目是「《詩經》的研究」。

這正是最近一段時間內，胡適專心研究《詩經》的一個見證。胡適看重的是《詩經》研究的方法論問題。

四月下旬，胡適應邀在北京文友會發表英文演講，題目是「The Evolution of the Chinese Grammar」。這家文友會成員主要是在北京外國人和歸國留學生，因此胡適使用英文發表演講，核心是談漢語的語法演進問題。因為聽眾大多是來自英語國家，因此胡適的舉例說明，將英語和漢語語法體系恰當地對比說明。

五月二十五日，胡適應邀在協和女子大學演講，題目是「什麼是文學」。顯然，這樣的題目應該不屬於胡適的學術範圍。但是因為以他為核心發起的文學革命論，尤其是白話文學的推廣，徹底改變了胡適是個哲學家和哲學史家的形象，從此他被大眾認可為新時代文學的代言人。

胡適在「什麼是文學」演講中，核心主張就是：

文學有三個要件：第一要明白清楚，第二要有力能動人，第三要美。

正是在這次演講會上，胡適第一次認識了當時該大學的青年女作家冰心女士。胡適當時讚美她「很能寫文章」。

七月二十三日，胡適應邀在上海商務印書館開辦首屆國語講習所開幕式上作學術演講，題目是「中國哲學的線索」。

在這篇演講裏，胡適說：

我平日喜歡做歷史的研究，所以今天講演的題目，是《中國哲學的線索》。這個線索可分兩層講。一時代政治社會狀態變遷之後，發生了種種弊端，則哲學思想也就自然發生，自然變遷，以求改良社會上、政治上種種弊端。所謂時勢生思潮，這是外的線索。外的線索是很不容

> 易找出來的。內的線索，是一種方法——哲學方法，外國名叫邏輯……外的線索只管變，而內的線索變來變去，終是逃不出一定的路徑的。

當天的日記裏，胡適如是記載：「九時，到國語講習所演說，題為『中國哲學的線索』，大旨說哲學的內部線索就是哲學方法的變遷。」[1]我們可以看出，這個演講未必是上海商務印書館首屆國語講習所約請他演講的希望所在。他在這個開幕式上，不談他的白話文學和文學革命論，卻談起了中國哲學，實在有些跑題。

七月三十一日，胡適應邀在南京大學發表演講，題目是「研究國故的方法」。這是他證明自己的學術見解所在的演講。也是他公開他的實驗主義哲學和傳統考證學相互結合的對外證明。

從八月三日到五日連續三天，胡適在安徽應邀每天做了兩場演講。三日兩場演講一場題目是「實驗主義」。另一次題目是「科學的人生觀」。四日兩場演講一場題目是「談學生的責任」。另一場題目是「談子女問題」。五日兩場演講一場題目是「國語運動與國語教育」。另一場題目是「好政府主義」。我們發現：在安徽的三天六場演講，從題目上看並非非他不可，只是約請方的一次名人效應而已。而胡適不加謝絕，顯然是出自鄉里親情的考慮。

十月二十二日，胡適應邀在北京的私立大學名校中國大學演講，題目是「好政府主義」。這個題目和幾個月前，他在安徽老家的演講相同。其演講內容應該是這次演講的重複。

十一月十二日，胡適應邀在教育部國語講習所新學期開學典禮上演講，題目是「國語運動的歷史」。

---

1 《胡適日記全編1921-1922》，聯經出版事業有限公司，二〇〇四年，第二二三頁。

這次的演講是胡適正規的學術史演講，面對的又都是專業學生，顯然應該就是前此「國語文學史」或者「國語運動與國語教育」演講文稿的升級版。胡適在《白話文學史》開場白中就說：「民國十年，教育部第三屆國語講習所要我去講國語文學史。我在八個星期內編了十五篇講義，約有八萬字，有石印的本子。」說的就是這次演講。

一九二二年。

三月二十三日，胡適應邀在南開大學演講，題目是「國語文學史」。胡適在《白話文學史》中說：「三月二十三日，我到天津南開學校去演講，那晚上住在新旅社，我忽然想要修改我的《國語文學史》稿本。那晚上便把原來的講義刪去一部分，歸併作三篇。」這就是南開演講的主要內容。

三月二十五日，胡適應邀在法政專門學校演講，題目是「科學的人生觀」。

這兩次演講內容都是在其他地方演講的重複。

四月四日，胡適應邀在世界基督教學生同盟第十一次國際會議開幕式上演講，題目是「The Significance of the Chinese Renaissance Movement」。

世界基督教學生同盟成立於一八九五年。該組織創始人是美國基督教信徒穆德。該組織重點是發展世界各國在校大學生。一九二二年四月四日至八日，該組織第十一次國際大會在北京清華學堂召開。

五月十九日，胡適應邀在北京協和醫學院演講，題目是「中國究竟進步了沒有」。

胡適一直是該醫學院的董事會成員，曾長期出任董事會主席。在當天的日記裏，胡適寫道：「夜八時半，在協和醫學院大禮堂講演，聽者多在京之外國人，也有中國學生。」[1]此演講的核心內容如下：

---

1 《胡適日記全編1921-1922》，聯經出版事業有限公司，二〇〇四年，第五八二頁。

一、唐的文化太受史家過譽了（西洋尤甚），其實並不甚高。唐代沒有印板書（中唐以後始有小部雜書的刻印，但大部書的刻板始於五代），很少學校，沒有學問，沒有哲學。

二、唐以後的文化，太受史家誣衊了。所以人都覺得唐以後中國沒有進化。我試舉若干例：

A. 刻板書——活字板、木活字、銅字、鉛字等。

B. 棉布機。

C. 瓷器。

D. 學校。宋仁宗以後以至明清之書院、精舍。

E. 學術。宋之經學、哲學；明之哲學；清之學術真足以壓倒千古。

F. 文學。韻文；詞—曲—戲劇；散文；小說。[1]

五月二十三日下午，胡適應邀在The Chings Chinese Club演講，題目是「Chinese Poetry of Social Protest」。

在這次演講中，胡適重點介紹了古代詩教傳統，也就是所謂「興觀群怨」的儒教正統詩學思想。

五月二十三日當晚，胡適應邀去燕京大學演講，題目是「教會學校在中國教育制度上的位置」。

雖然胡適在美留學期間就正式加入了當地的基督教組織，但是他對外國傳教組織的在華教育事業的發展，並沒有充分的研究。因此，這次演講只是從現代教育體制上肯定教會學校的存在價值。

八月四日，胡適應邀在天津女界愛國同志會演講，題目是「女子問題」。

天津女界愛國同志會，是由天津直隸第一女子師範學校學生發起倡議，醞釀籌備。一九一九年五月二十

1 《胡適日記全編1921-1922》，聯經出版事業有限公司，二〇〇四年，第五八二頁。

五日正式成立。因此，該組織約請胡適來談女子問題，也就是當時所熱議的女權問題。

八月二十日，胡適應邀在安慶演講，題目是「好政府主義」。他決心「第一次公開的談政治」。其實，當時胡適也發表了相關文章，談他對好政府主義的理解。可以說，胡適對政治的關注由來已久。在《我的自述》一文中，胡適承認「我是一個注意政治的人。當我在大學時，政治、經濟的功課占了我三分之一的時間。」

十月九日，胡適應邀在濟南演講，題目是「中學國文的教學」。這次演講，基本上是宣講教育部的中學國語教學政策。

十月二十二日，胡適應邀在中國大學演講，題目是「好政府主義」。在該演講中，胡適主張：

（一）人類是造工具的動物，政府是工具的一種。
（二）這種工具的特性，是有組織、有公共目的性的。
（三）這種工具的效能，可以促成社會全體的進步。[1]

胡適認為這樣的政府才是他的好政府，是工具理性的政府觀。也就是他的工具理性從個人走上社會和政府後的一個完美結合。後來，他在《我們的政治主張》一文中，更將好政府主義歸結為憲政的體現、公開的和計畫的三個本質特徵。

十一月十七日，胡適應邀在北京文友會演講，題目是「中國小說發達史」。

---

1 引見《胡適全集》冊二十一，安徽教育出版社，二〇〇三年，第二四四頁。

因為文友會是比較專業的各個大學的文學愛好者，因此胡適的這次演講就圍繞著白話小說的演進而來，也是前此以往演講的國語文學史的昇華版。

十二月中旬，胡適應教育部邀請，去國語講習所主講《白話文學史》。

一九二三年。

十月五日，胡適應邀在上海商科大學演講，題目是「哲學與人生」。上海商科大學是所才成立兩年的大學，其前身是一九一七年成立的南京高等師範學校商科專業。而後變身為東南大學附屬上海商科大學。胡適前來這裏演講，是打破學衡派對他封鎖的一個反制。緊接著，六日，胡適就抵達南京，直接進入東南大學演講。為了證明自己的學術素養，他這次演講的題目是「書院制度史略」。這是古代教育制度史的專業研究課題，在學衡派棲身之地大談古代書院制度的歷史演進，是一種「估學衡」的魯迅式報復。

此演講文稿在一九二四年二月八日出版的《東方雜誌》第二十一卷第三期上摘錄刊發，是東南大學陳啟字聽講筆記。如下：

先講書院的歷史。

精舍與書院。周朝沒有書院之名；漢朝才有國子監太學生：六朝除學官外，復有精舍，唐明皇時，始有書院之名。

宋朝的四大書院。書院名稱至宋朝纔完全成立。最負盛名的如石鼓、麓、應天、白鹿洞，都係私人集資建築，請一個學者來院主持，稱他叫山長。

宋代的書院制度。如湖南潭州書院，分外舍、內舍、精舍三種階級，升入精舍的，等於今日大學研究院。

宋代講學之風與書院。講學時大半筆記，如《朱子語錄》，就是學生所做的筆記，教法也大半採佛家問答領悟之法。講學之風，到南宋時可謂登峰造極。

會講式的書院，起自明代。因考課式的書院，也起自明代。

清代的書院，多不尊重理學一派，只孜孜研究考據實用的學問。書院是公立的。山長的薪水很大，書院有經營，學生有膏火津貼獎賞等費。每一書院的藏書極多，學生可以自由搜求材料，制度完備，為亙古所未見。

其次是講書院的精神。

代表時代精神：宋朝崇拜張載、周濂溪、邵康節、程頤、程顥。南宋崇拜朱子，明時崇拜王陽明，清時偏重漢學，而書院之祠祀，不外許慎、鄭玄的神像。

講學與議政：古時沒有正式代表民意的機關，有之，僅有書院可以代行職權了。如漢朝的太學生，如宋朝朱子一派的學者的干涉國家政治，如明朝的東林書院等。可知書院亦可代表古時候議政的精神，不僅為講學之地了。

自修與研究：在清朝時候，南善、詁經、鍾山、學海四書院的學者，往往不以題目甚小，即淡漠視之。其自修與研究的精神，實在令人佩服。[1]

一九二四年。

胡適應邀去天津扶輪社演講，題目是「《鏡花緣》作者李汝珍」。

1 胡頌平《胡適之先生年譜長編》冊二，聯經出版事業有限公司，一九八四年，第五六五頁。

扶輪社（Rotary Club），國際扶輪，也會被稱作國際扶輪社，是由分佈在一六八個國家和地區中，共超過三五〇〇〇個扶輪社組成的服務性國際組織，總部設於美國伊利諾州埃文斯頓。它是一個非政治和非宗教的組織，不分種族、膚色、信仰、宗教、性別或政治偏好，開放給所有人參與。其宗旨為借由彙集各領域的領導人才，提供人道主義服務，促進世界各地的善意與和平。一九〇五年二月二十三日創立於美國伊利諾州。

該演講文稿後來在《扶輪社雜誌》本年第二期上全文刊發。當然，胡適的核心是肯定該書作者的女權思想。

胡適主張「《鏡花緣》是一部討論婦女問題的書」。他還說：

> 李汝珍所見的是幾千年來忽略了的婦女問題。他是中國最早提出這個婦女問題的人，他的《鏡花緣》是一部討論婦女問題的小說。他對這個問題的答案是，男女應該受平等的待遇，平等的教育，平等的選舉制度。[1]

最後，他得出結論說：

> 三千年的歷史上，沒有一個人曾大膽的提出婦女問題的各個方面來作公平的討論。直到十九世紀的初年，才出了這個多才多藝的李汝珍，費了十數年的精力來提出這個極重大的問題。……他的女兒國一大段，將來一定要成為世界女權史上的一篇永垂不朽的大文；他對於女子貞操，女子教育，女子選舉等等問題的見解，將來一定要在中國女權史上占一個很光榮的位

1 引見《扶輪社雜誌》，一九二四年第二期。

置。[1]

一九二五年。

九月二十九日，胡適應武昌大學校長石蘅青、武昌商科大學校長郭泰祺的聯合邀請，在武漢大學舉行兩場演講，一場題目是「新文學運動的意義」。當天下午，胡適應邀在武漢大學文學院開始另一場演講，題目是「談談《詩經》」。

前一場面對武漢大學全校師生；該演講文稿十月十日在《晨報》副刊上刊載。這次聽眾中居然就有著名作家郁達夫。

根據郁達夫《咒甲寅十四號的評新文學運動》一文中說：「當胡氏在武昌講演的時候，我都在座旁聽他第一句話就說，真正的文學，本無所謂新舊，不過我們用以表示思想的工具有新舊而已。孤桐若能瞭解這句話，我想他那篇大文可以不做。」[2]

在演講中，胡適提出：「新文學運動，並不是由外國來的，也不是幾個人幾年來提倡出來的……新文學運動是中國民族的運動。」他還主張漢語是「今日在世界上，為近代之最高者」。而後一場則主要針對從事古代文學教學和學習的師生們，因此後一場基本上使用的還是一九二一年在清華學堂的演講文稿。

九月二十五日上午，胡適抵達漢口。在武漢地區前後停留了半個月時間之久，然後返回上海。

十月十一日，胡適應邀在安徽徽社中西女塾演講，題目是「中西文化的精神」。

在該演講中，胡適主張：「西洋底文化，處處現出精神來，所以西洋底文化，乃是精神的。這種精神，

---

1 引見《扶輪社雜誌》，一九二四年第二期。

2 參見《現代評論》，第二卷第四七號。

就是因為西洋人背後有一個『人生的不知足』的觀念；中國底文化，處處現不出一點精神來，這真是物質的。這就是因為中國人太『知足』了！譬如民國三年到現在——十四年，十一年之中沒有添一條鐵路出來，這就是中國人太『知足』的一證。這種『知足』的觀念，我們出來求新文化的青年，應該不可有，應該要有西洋底『不知足』的觀念。」

十月二十六日，胡適應邀在大夏大學演講，題目是「怎麼樣思想」。

十一月二十三日，胡適應邀在牛津大學演講，題目是「The Chinese Renaissance」。

實際上，胡適的英文演講全部都有文稿，基本上可以反覆演講。有時會略微修改一下題目或者個別觀點，增補一些史料證據。

十一月十七日，胡適應邀在比爾法斯特大學演講，題目是「China and Western Civilization」。

十一月十八日，胡適應邀在都柏林大學演講，題目是「The First Chinese Renaissance」。

這次演講使用的文稿就是在牛津大學的演講文稿。

一九二六年。

六月三十日，胡適應邀在歐美同學會演講，題目是「胡適之臨別贈言」。

這次演講的核心是如下三點：「一、研究學問與其過而信之，毋寧過而疑之。二、為學問而研究學問，莫求速效。三、必須有信仰。」

七月一日，胡適應邀在北京求真學社演講，題目是不詳。

在這次演講中，他說：「現在我快到歐洲去了。此時我所得的經驗，當然要比從前『初出茅廬』時要多，而向之只能景仰不可攀的大人物，此時也有機會和他們接觸。所以我將來到歐洲時，也許我的做學問的欲望勃興，從事學業的工作也未可知。因為我看西洋人作哲學史太偏於哲學的了，往往是把那些不切緊要的問題談得太多，而驚天動地改變社會的思想家，在他們的哲學史上反沒有位置。例如，一部哲學史翻開一看，康德和黑格爾的東西，已占了差不多一半。而達爾文、馬克思、赫胥黎和托爾斯泰，反沒有他們的位置，不是太冤枉了嗎？照我的意見，作哲學史當以其人的思想影響於社會的大小為主體，而把那些討論空洞的判斷、命題等不關緊要、引不起人家的興趣的問題，極力刪去。我將來打算用英文作一本《西方的思想史》，就本著這種意思做去。」

十月十五日，胡適應邀在倫敦大學的China Society演講，題目是「The New Movement in China」。在該演講內容是國內同類中文演講的英文翻譯文稿，核心在於介紹新文化運動。《胡適研究通訊》第三十七期有文章特別介紹這次演講。[1] 一九二七年一月一日在《The Young People's Friend》上曾有中文報導《胡適博士在英倫最近的演講》，也介紹了這次演講。

十月二十四日，胡適應邀在德國演講，題目是「中國古代的小說」。

從題目上刊，和胡適前此在北京文友會的演講「中國小說發達史」高度相似。而且那次演講也是英文，而這次在德國的演講，應該也是英文，雖然胡適德語水準是中級程度，但是日常會話和基本閱讀不等於可以直接使用德文學術演講。畢竟學術演講不是宣讀論文而已。

十一月九日，胡適應邀在Chatham House演講，題目是「Renaissance in China」。

在該演講中，胡適提出了他對五四運動從自發運動變成政黨幕後操控運動的發展過程。他首先指出：「中國學生運動在一九一九年是以自發運動開始的。事出突然而聲勢浩大，以至於政府很快被迫解除了幾位親日派高官的職位。這場運動背後沒有俄國的宣傳，也沒有任何類型的組織，是一場自發的愛國運動。儘管

1 參見《胡適研究通訊》，第三七期，第五—七頁。

運動漸漸傳播開來，並且成為了一場全國性運動，它仍舊缺乏任何有效的組織形式。」而後，就出現了「很多政黨開始瞭解並且試圖加以利用」這股學生運動的傾向。於是出現了「政黨組織就存在於全國各地的學校和大學，無論你去到哪個教育中心，都能找到某個政黨組織」的結局。

胡適認為，在眼下的中國：

> 任何重大的情緒危機都足以喚起一場學生運動，但問題一過，運動即止。但運動的新階段就大為不同。新的國民黨獲得了一種高度發達的組織，一支新軍，一套新的紀律（discipline）。軍隊成了黨的一部分，黨則成為軍隊的指揮、教官、靈魂、大腦。軍隊的整個組織和黨本身實際上是同一的，至少是緊密結合的。每個軍隊單位都有黨代表。同時，整個黨在一定程度上就處在某種軍事紀律之下。這一點我認為是非常驚人也非常重要的事實。[1]

他特別擔心幕後存在著「蘇俄和第三國際影響下高度組織化的機關」在運作。

十一月十一日，胡適應邀在劍橋大學演講，題目是「Has China Remained Stationary During the Last Thousand Years」。

十一月十二日，胡適應邀在倫敦東方研究學院演講，題目依然是「Has China Remained Stationary During the Last Thousand Years」。

十一月二十六日，胡適應邀在曼徹斯特大學演講，題目是「China at the Parting of the Ways」。

十一月二十七日，胡適應邀在伯明翰大學演講，題目是「二千五百年中國哲學的鳥瞰」。

---

1 引見《胡適全集》冊三六，安徽教育出版社，二〇〇五年，第一五六—一九〇頁。

在英國的這三次演講，一次是談中國哲學發展史，他的英文講稿基本是現成的博士論文。而兩次則是談中國的現實政治和文藝復興，這也是他近些年在國內談過多次的，只是這次需要翻譯成英文講稿而已。

一九二七年。

三月，胡適應邀在費城演講。題目不詳。

根據《興華》第二十四卷第十期所刊發《記胡適博士講求學》一文，可能指的就是此次演講。因為是面對中國留學生，故此胡適使用的是漢語演講。內容皆為胡適自述其對美國的親身感受和留學經歷，並無學術主題。

四月三日，胡適應邀在舊金山市華僑總會演講，題目是「新文化運動的過去及將來」。

這次演講的文稿立刻發表在當年四月六日的《金山時報》上。其內容無非是國內演講文稿的複製。

通過以上舉例，我們基本上可以認定胡適演講主要是圍繞著思想啟蒙和學術交流的雙重變奏而展開的。

第十五章
繁華與落寞：
胡適的中外高朋貴友們

胡適自從賺得大名後，立刻朋友滿天下。我們只看他的往來書信，從一九一八開始，都先後出現錢玄同、陶孟和、朱經農、梁啟超、陳獨秀、藍公武、沈尹默、蔡元培、高一涵、廖仲愷、胡漢民、張東蓀、李大釗、周作人、魯迅、顧頡剛、丁文江、馬裕藻、沈兼士、顧維鈞、汪孟鄒、王雲五、郭沫若、郁達夫、王國維、陳垣、梁漱溟、張君勱、李宗侗、梅光迪、陶行知、陳源、邵飄萍、徐志摩、蔣夢麟、吳敬恒、張元濟……等等，幾乎囊括了民國時期政界、學界、文藝界的左中右三派全部名人和核心骨幹。閱讀這些往來書信，幾乎就等於在閱讀一部近代文化史、思想史和政治史。胡頌平《胡適之先生年譜長編》冊三中就曾記載說：「先生在上海，以後在北平，都以星期日為會客時間。各界的客人很多，有和尚，也有士兵等，先生也都接見。胡夫人常把星期天叫做『適之的禮拜』。」[1]這也足以見證了胡適廣泛的社會

江冬秀與子女三人合影（1922）

1 胡頌平《胡適之先生年譜長編》冊三，聯經出版事業有限公司，一九八三年，第七六四頁。

交遊。

當時的胡適，無論是在北京還是在上海的家裏，來客一直很多。如：一九二一年五月二十一日的日記中記載說：「今天上午來客最多，幾乎沒有坐處。」六月二十六日的日記記載，杜威夫婦在即將離開中國以前，宴請了胡適夫婦：「夜間，杜威先生一家在北京飯店的屋頂花園請我們夫婦吃飯。同座的有陶、蔣、丁諸位。」

再如：一九二二年二月十二日的日記記載：「今日本想做文章，不料客來不絕，竟未作一個字。」[1]一九二二年九月二十一日的日記中記載說：「孟和邀了Roxby與Butterfield到東興樓吃飯，我也在座。他們這一次是專為調查在華的『教會教育』來的。他們問我們的意見。在座諸人如莊士敦先生、任光、擘黃都是不贊成教會教育的，故討論甚激烈。我的主張是：一、教會的傳教運動中之最有用的部分並不是基督教，乃是近世文明，如醫學、學校、貧民窟居留，等等。我們所希望的，乃是像羅克斐氏駐華醫社的一種運動，專把近世教育的最高貢獻給我們，不要含傳教性質。但我們也承認傳教運動的放棄在今日是做不到的。故退一步設想，希望你們能把現在這種散漫的、平凡的運動改作一種有組織的、集中的、盡善盡美的教育運動。羅氏駐華醫社的長處就在此。若今後猶繼續派出無數中下的庸才，送出散漫薄弱的捐款，設幾個半舊不新的小學堂——這種運動不如沒有。」[2]通過這則日記，我們可以認識到：一直到一九二二年五月二十三日，胡適的立場還是極為溫和，只要求點滴的改革。

接下來，我們介紹一下胡適的這些交遊活動和範圍。

1 《胡適日記全編1921-1922》，聯經出版事業有限公司，二〇〇四年，第五五、一三八頁。

2 《胡適日記全編1921-1922》，聯經出版事業有限公司，二〇〇四年，第三一八—三一九頁。

首先，胡適得到了孫中山的點名召見。

一九一九年五月一日，胡適與蔣夢麟一起去南京拜見孫中山。這是孫中山點名要見胡適的，足以證明當時胡適發起的文學革命論在當時的社會和思想界產生了多麼深遠的影響。孫中山還贈送胡適自己的《心理建設》一書。胡適則在《每週評論》上給此書撰寫書評，加以介紹。這讓孫中山十分欣慰。尤其是書評中胡適稱孫中山為「實行家」，而非理想主義者。這個「實行家」也就是如今所謂的「實幹家」。[1]

後來，胡適回憶說：

> 民國八年五月初，我去訪中山先生，他的寓室內書架上裝的都是那幾年新出版的西洋書籍，他的朋友可以證明他的書籍不是擺架子的，是真讀的，中山先生所以能至死保留他的領袖資格，正因為他終身不忘讀書，到老不廢修養。其餘那許多革命偉人，享有盛名之後便丟了書

胡適夫婦合影（1924）

1 參見《胡適全集》冊二十一，安徽教育出版社，二〇〇三年，第一八八頁。

本子，學識的修養就停止了，領袖的資格也放棄了。[1]

七月十一日，廖仲愷致函胡適說：

適之先生大鑒：

前月承孫先生命，寄上新版書五本，未審收到否？孫先生擬煩先生在《新青年》或《每週評論》上對於此書內容一為批評，蓋以學問之道有待切磋，說理當否，須經學者眼光始能看出也。

《建設》雜誌八月一日可出世，第二期能賜宏文否？

孫科君日間到滬，計可勾留一兩星期，先生若來，當可一圖良晤也。

專此

敬請著安。

可見，孫中山對待胡適，是認可他是學者。胡適對孫中山的批評也是學術商討。胡適立刻給孫中山回信，答應撰寫書評。並且胡適還談到了他對中國文字和語言的看法是：「文字有進化，而語言轉見退化」，孫中山則答覆說：「此層不過隨便拾來作襯，非潛深研究之結果，且於文學之途本未考求，擬請先生將關於此層意見詳細開示」。而後胡適的評論在《每週評論》上發表，孫中山親自讀到了評論。孫中山說：「尊著對他學說的批評，以為在北京地方得這種精神上的回應，將來這書在中國若有影響，就是先生的力量。」[2]

---

1 參見《現代評論》，第二卷第四二期。

2 見一九一九年七月十九日廖仲愷致函胡適。

孫中山對五四運動的評價一直是胡適引以為傲的。孫中山說：

自北京大學學生發生五四運動以來，一般愛國青年無不以新思想為將來革新事業之預備，於是蓬蓬勃勃，發抒言論，國內各界輿論一致同倡。各界新出版物為熱心青年所舉辦者，紛紛應時而出，揚葩吐豔，各極其致。社會遂蒙絕大之影響。雖以頑劣之偽政府，猶且不敢攖其鋒。此種新文化運動在我國今日誠思想界空前之大變動。推原其始，不過由於出版界一二覺悟者從事提倡，遂至輿論界放大異彩，學潮彌漫全國，人皆激發天良，誓死為愛國之運動。倘能繼長增高，其將來收效之偉大且久遠者，可無疑也。吾黨欲收革命之成功，必有賴於思想之變化。兵法攻心，語曰革心，皆此之故。故此種新文化運動實為最有價值之事。

因此，胡適為此自豪地感歎：「孫中山先生的評判是很正確很公允的。五四運動在兩個月之中，轟動了全國的青年，解放了全國青年的思想，把白話文變成了全國青年達意表情的新工具，使多數青年感覺用文字來自由發表思想感情不是一件困難的事，不是極少數古文家專利的事，經過了這次轟動全國青年的大解放，方才有中山先生所讚歎的『思想界空前之大變動』。這是五四運動的永久的歷史意義。」[1]

其次，胡適也得到了退位皇帝的點名召見。

一九二二年五月二十四日，胡適在日記中記載：「我因為宣統要見我，故今天去看他的先生莊士敦，問他宮中情形。他說宣統近來頗能獨立，自行其意，不受一般老太婆的牽制。前次他把辮子剪去，即是一

1 見《胡適全集》第二二卷，安徽教育出版社，二〇〇三年，第六七二頁。

例……這一次他要見我，完全不同人商量，莊士敦也不知道。」[1]當月三十日，宣統帝派了一個太監用車來接胡適。按照胡適自己的記述：「太監們掀起簾子，我進去。清帝已起立，我對他行鞠躬禮，他先在面前放了一張藍緞墊子的大方凳子，請我坐，我就坐了。我稱他皇上，他稱我先生。他的樣子很清秀，但單薄的很；他雖十七歲，但眼睛的近視比我還利害；穿藍袍子，玄色背心。室中略有古玩陳設，靠窗擺著許多書，炕几上擺著今天的報十餘種，大部分都是不好的報，中有《晨報》、英文《快報》。几上又擺著白情的《草兒》，亞東的《西遊記》。他問起白情、平伯；還問及《詩》雜誌，近來也試作新詩。他說他也贊成白話。他談及他出洋留學的事，他說，『我們做錯了許多事，到這個地位，還要靡費民國許多錢，我心裏很不安。我本想謀獨立生活，故曾要辦皇室財產清理處。但許多老輩的人反對我，因為我一獨立，他們就沒有依靠了。』他說有許多新書找不著。我請他以後如有找不著的書，可以告訴我。我談了二十分鐘，就出來了。」[2]

我們再看當時胡適撰寫《宣統與胡適》一文是怎麼記載這個過程的：

> 陽曆五月十七日清室宣統皇帝打電話來邀我進宮去談談。當時約定了五月三十日（陰曆端午前一日）去看他。三十日上午，他派了一個太監來我家中接我。我們從神武門進宮，在養心殿見著清帝，我對他行了鞠躬禮，他請我坐，我就坐了。……他稱我「先生」；我稱他「皇上」。我們談的大概都是文學的事，……他說他很贊成白話，他做舊詩，近來也試作新詩。[3]

1 《胡適日記全編1921-1922》，聯經出版事業有限公司，二〇〇四年，第五八五頁。
2 《胡適日記全編1921-1922》，聯經出版事業有限公司，二〇〇四年，第六〇〇—六〇一頁。
3 見《努力週報》，一九二二年七月第一二期。

一九二四年十一月五日，胡適致函王正廷表達了他對清帝被驅逐出宮的憤怒：

儒堂先生：

先生知道我是一個愛說公道話的人，今天我要向先生們組織的政府提出幾句抗議的話。今日下午外間紛紛傳說馮軍包圍清宮，逐去清帝；我初不信，後來打聽，才知道是真事。我是不贊成清室保存帝號的，但清室的優待乃是一種國際的信義，條約的關係。條約可以修正，可以廢止，但堂堂的民國，欺人之弱，乘人之喪，以強暴行之，這真是民國史上的一件最不名譽的事。

今清帝既已出宮，清宮既已歸馮軍把守，我很盼望先生們組織的政府對於下列的幾項事能有較滿人意的辦法：

（一）清帝及其眷屬的安全。

（二）清宮故物應由民國正式接收，仿日本保存古物的辦法，由國家宣告為「國寶」，永遠保存，切不可任軍人政客趁火打劫。

（三）民國對於此項寶物及其他清室財產，應公平估價，給與代價，指定的款，分年付與，以為清室養贍之資。

我對於此次政變，還不曾說過話；今天感於一時的衝動，不敢不說幾句不中聽的話。倘見著膺白先生，我盼望先生把此信給他看看。

十一月二十八日，胡適在給友人李宗侗回函中憤怒地說：「只知道『皇帝的名號不取消，就是中華民國沒有完全成立』，而不知道皇帝的名號取消了，中華民國也未必就可算完全成立。一個民國的條件多著呢！

英國不廢王室而不害其為民國，法國容忍王黨而不害其為民國。我並不主張王室的存在，也並不贊成復辟的活動，我只要求一點自由說話的權利。我說我良心上的話，我也不反對別人駁我。但十幾日來，只見謾罵之聲，誣衊之話，只見一片不容忍的狹陋空氣而已。」可見胡適擔憂的正在於此：獨裁的民國政府！但更多的青年人卻不這樣看，甚至當時的牆上居然出現了這樣的塗鴉標語：「梁啟超、章士釗、胡適三人現拜把為兄弟，擁戴段祺瑞為父，並追認袁世凱為祖父，溥儀為曾祖」。

一九二五年八月六日，激進派的上海學生聯合會致函胡適：

適之先生：

久仰盛名，企慕實深。《新青年》內首創文學革命，舉國風從，遐邇咸知，竊謂我國之但丁、趙叟，當舍先生莫屬矣。比年以來，先生浮沉於灰沙窟中，舍指導青年之責而為無聊卑污之舉，擁護復辟餘孽，嘗試善後會議，諸如此類，彰彰皎著。近更倒行逆施，與摧殘全國教育，蔑視學生人格之章賊士釗合作，清室復辟函中又隱然有先生之名。

嗚呼，首倡文學革命之適之先生乎！

先生前曾為青年指導者，青年所期望於先生者良切。先生近來種種舉動，荒謬卑污，長此以往，先生將永為吾全國青年所深惡痛絕。

為先生人格計，為先生令名計，為全國教育界人格計，敝會謹代表全上海學生鄭重致辭於先生之前，希先生痛改前非，恢復首創文學革命時之精神，但丁、趙叟，正引領相望，前途利害，尚祈深察。

言不盡意，專頌覺悟。

上海學生聯合會（章）啟 八月二十六日

胡適接到信後，絲毫不為所動。於是，當時各大報刊都在發佈消息說：「反清大同盟欲驅逐胡適出京」。

八月二十六日，顧頡剛親自來函：「昨報載反清大同盟欲驅逐先生出京，閱之憤惋。此次北大內部欲借女師大學潮為黨爭之具，心地均不坦白，而一方面又拉先生為領袖，遂致反對者集矢於先生。我的意思以為先生不必與任何方面合作，要說話就單獨說話，不要說話就盡守沉默。未知先生肯見聽否？」[1]胡適對此認為沒有過多解釋的必要，他意識到眼下最需要的是沉默，也就是容忍。這是他的工具理性所能做出的唯一選擇。

第三，胡適經常和來華訪問的著名漢學家見面、會談和用餐。

一九二二年二月十二日的日記中記載：「日本學者小柳司氣太邀我吃飯，席上見著京都大學教授羽田亨先生。此君為東洋史專家，通數國語言文字，曾著有《西夏紀年考》等書。他新從歐洲回來，攜有敦煌石室影印本四千餘卷，將次第印行之，此極好事，我們都應該感謝。」[2]這裏的小柳教授，是日本老一代著名漢學家、早稻田大學教授。而羽田教授則是京都帝國大學文學部的創始人之一，對於敦煌學和中國考古學有深湛的研究。這兩位代表了當時日本學術界的最高水準。胡適和他們來往，也是日本學術界對他的認可。

三月四日，燕京大學校長司徒雷登來訪胡適，希望胡適前來燕京大學就任國文部部長。胡適婉言謝絕。

---

1 《胡適來往書信選》上，中國社會科學院近代史研究所編，社科文獻出版社，二〇一三年。

2 《胡適日記全編1921-1922》，聯經出版事業有限公司，二〇〇四年，第四三一頁。

八月二十六日，日本學者拜訪胡適。當天日記中，胡適記載：「日本學者今關壽麿來談。他送我一部自作的宋元明清《儒學年表》。我們談甚久。他說，『二十年前，日本人受崔遠的影響最大；近十年來，受汪中的影響最大：崔述的影響是以經治史，汪中的影響是以史治經。』其實，日本人史學上的大進步大部分都是西洋學術的影響，他未免過推汪中了。他又說：『崔述過信經』，此言甚是。我對他談的話，也有可記的：『我們的使命，是打倒一切成見，為中國學術謀解放。』『我們只認方法，不認家法。』『南方史學勤苦而太信古，北方史學能疑古而學問太簡陋。將來中國的新史學須有北方的疑古精神和南方的勤學工夫。』『中國今日無一個史家。』『日本史學的成績最佳。從前中國學生到日本去拿文憑，將來定有中國學生到日本去求學問。』」[1]胡適說這些話的時候，正是日本東洋史京都學派飛速發展之時，不到二十年，該學派就已經成了國際漢學界的頂峰。

十一月八日的日記中，記載了胡適和瑞典著名漢學家高本漢的交往：「瑞典學者Bernhard Karlgren，為歐洲今日中國學的大師，前年在法國《亞洲學報》上發表一文，論Le Proto-Chinois, langue flexionnelle，研究中國古代代名詞的變化，注重爾、汝、吾、我等字，與我的《爾汝篇》、《吾我篇》的結論絕相同。他這一次從美洲回歐洲，路過上海，因病不能北來，寫信來訂交，並送我前年那篇文字的單行本。我寫長信答他。」[2]

而在華的漢學家，如莊士敦等人，更是他的至交好友。一九二四年十一月十二日，胡適致函周作人的信中就公開地說：「莊士敦君，我頗相熟。」[3]

1 《胡適日記全編1921-1922》，聯經出版事業有限公司，二〇〇四年，第七三一頁。
2 《胡適日記全編1921-1922》，聯經出版事業有限公司，二〇〇四年，第九二〇頁。
3 《胡適書信集》上，北京大學出版社，一九九六年，第三四九頁。

第四，胡適和國內學界名流的私下各種交往。

前面我們通過胡適在一九一八開始的往來書信，揭示了胡適的朋友圈涵蓋了近代文化界和政界的全部名人。而且，非常多的名流曾經是胡適的學生和弟子，當然也有是他一起從事文學革命的戰友。日後大名滿天下的林語堂、馮友蘭、顧頡剛等人，則都是他的學生，並且得到了他多次無私的指教和經濟援助。甚至在林語堂哈佛大學就讀期間，胡適直接匯款給他，幫助其完成學業。而對於顧頡剛則更是多次出手給與經濟援助。

一九一八年五月十七日，胡適拜訪章士釗夫人吳弱男女士，二人長談數小時之久。胡適認為吳女士「是中國女子中很難得的人物。」[1]吳女士早年留學英國，閱讀過非常多的中外名作，又很能治家。這讓胡適讚歎不已，尤其是胡適一想到自己的女人江冬秀，只是粗識文字而已，難怪胡適要和吳女士一見面居然就長談了數小時呢！精神交流甚至和異性之間的精神愛戀，是胡適比較欣賞的交流方式。

一九一九年八月五日，著名的佛學大師太虛拜訪胡適，二人暢談佛學、歷史和宗派等諸多問題，雙方的交流十分融洽。歸國短短二年，當時尚未出版佛學研究專著的胡適，居然就引得如此高僧來訪，談學論佛，胡適的社會影響力由此可見！絕非虛談。

一九二二年二月五日，胡適和幾位友人去來今雨軒吃飯，談論時局很久。當天日記中，他記載說：「但是我實在忍不住了。當《每週評論》初辦時，我並不曾熱心加入。我做的文章很少，並且多是文學的文章。後來獨秀被捕了，我方才接辦下去，就不能不多做文字了。自從《每週評論》被封禁之後（八年八月底），我等了兩年多、希想國內有人出來做這種事業，辦一個公開的、正誼的好報。但是我始終失望了。現在政府

1《胡適書信集》上，北京大學出版社，一九九六年，第一六〇頁。

不准我辦報，我更不能不辦了。梁任公吃虧在於他放棄了他的言論事業去做總長。我可以打定主意不做官，但我不能放棄我的言論的衝動。」[1]

六月二十八日的日記中記載胡適：「七時，到公園，赴文友會。」[2]

一九二三年十月十三日，郭沫若來訪胡適。當天的日記中詳細記載了他們談話內容：「沫若來談。前夜我作的詩，有兩句，我覺得不好，志摩也覺得不好，今天沫若也覺得不好。此可見我們三個人對於詩的主張雖不同，然自有同處。……沫若邀吃晚飯，有田漢、成仿吾、何公敢、志摩、樓石庵，共七人。沫若勸酒甚殷勤。我因為他們和我和解之後這是第一次杯酒相見，故勉強破戒，喝酒不少，幾乎醉了。是夜沫若、志摩、田漢都醉了，我說起我從前要評《女神》，曾取《女神》讀了五日。沫若大喜，竟抱住我，和我接吻。」[3]

和郭沫若等人對胡適又拉又打相比，魯迅兄弟三人和胡適的關係卻完全是另外一副樣子。周作人和胡適親密無間，而魯迅則對胡適心存戒備敬而遠之。但是胡適卻不是如此，早在一九二二年三月四日的日記中，胡適肯定了他們兄弟二人的學術努力。而在當年八月十一日的日記中，則表達了「周氏兄弟最可愛」的評語。即：「與啟明、豫才談翻譯問題。豫才深感現在創作文學的人太少，勸我多作文學。我沒有文學野心，只有偶然的文學衝動。我這幾年太忙了，往往把許多文學的衝動錯過了，很是可惜。將來必要在這一方面努一點力，不要把我自己的事業丟了來替人家做不相干的事。」又見：「演講後，去看啟明，久談，在他家吃飯，飯後，豫才回來，又久談。周氏弟兄最可愛，他們的天才都很高。豫才兼有賞鑒力與創作力，而啟明的

1 《胡適日記全編1921-1922》，聯經出版事業有限公司，二〇〇四年，第四二八頁。
2 《胡適日記全編1923-1927》，聯經出版事業有限公司，二〇〇四年，第六五〇頁。
3 《胡適日記全編1923-1927》，聯經出版事業有限公司，二〇〇四年，第一二一頁。

賞鑒力雖佳，創作較少。」[1]

一九二五年中，胡適說曾經跟魯迅兄弟在閒談中，談起他對《西遊記》的「八十一難」最不滿意。他說應該這樣改作：「唐僧取了經回到通天河邊，夢見黃風大王等等妖魔向他索命，唐僧醒來，叫三個徒弟駕雲把經卷送回唐土去訖，他自己卻念動真言，把當日想吃唐僧一塊肉延壽三千年的一切冤魂都召請來，他自己動手，把身上的肉割下來佈施給他們吃，一切冤魂吃了唐僧的肉，都得超生極樂世界，唐僧的肉佈施完了，他也成了正果。」

一九二六年五月二十四日，針對魯迅等人和他之間的矛盾與過節，胡適給魯迅兄弟和陳源三人寫了長信，試圖化解他們心中的糾結。該信全文如下：

豫才、啓明、通伯三位先生：

昨天在天津旅館裡讀魯迅的《熱風》，在頁三三到三四上讀到這一段：「所以我時常害怕，願中國青年都擺脫冷氣，只是向上走，不必聽自暴自棄者流的話。能做事的做事，能發聲的發聲。有一分熱，發一分光；就如螢火一般，也可以在黑暗裡發一點光，不必等候炬火。此後如竟沒有炬火，我便是唯一的光。倘若有了炬火，出了太陽，我們自然心悅誠服的消失，不但毫無不平，而且還要隨喜贊美這炬火或太陽；因為他照了人類，連我們都在內。我又願中國青年都只是向上走，不必理會這冷笑和暗箭。尼采說：『真的，人是一個濁流。應該是海了，能容這濁流使他乾淨。』咄，我教你們超人：『這便是海，在他這裡，能容下你們的大侮蔑。』縱令不過一窪淺水，也可以學學大海；橫豎是水，可以相通。幾粒石子，任他們暗地裡擲來；幾

1　《胡適日記全編1921-1922》，聯經出版事業有限公司，二〇〇四年，第四四九頁。

滴穢水，任他們從背後潑來就是了。」這一段有力的散文使我很感動。我昨夜一夜不能好好的睡，時時想到這段文章，又想到在北京時半農同我談的話。今天再忍不住了，所以寫這封信給你們三位朋友。你們三位都是我很敬愛的朋友；所以我感覺你們三位這八九個月的深仇也似的筆戰是朋友中最可惋惜的事。我深知你們三位都自信這回打的是一場正誼之戰；所以我不願意追溯這戰爭的原因與歷史，更不願評論此事的是非曲直。我最惋惜的是，當日各本良心的爭論中，不免都夾染著一點對予對方動機的猜疑；由這一點動機上的猜疑，發生了不少的筆鋒上的情感；由這些筆鋒上的情感，更引起了層層猜疑，層層誤解。猜疑愈深，誤解更甚。結果便是友誼上的破裂，而當日各本良心之主張就漸漸變成了對立的筆戰。

我十月到上海時，一班少年朋友常來問我你們爭的是什麼，我那時還能約略解釋一點。越到了後來，你們的論戰離題越遠，不但南方的讀者不懂的你們說的什麼話，連我這個老北京也往往看不懂你們用的什麼儀典，打的什麼官司了。我們若設身處地，為幾千里外或三五年後的讀者著想，為國內崇敬你們的無數青年著想，你們對于這種「無頭」官司有何意義？有何興趣？我覺得我們現在應該做的事業多著啊！耶穌說的好，「收成是很豐足的，可惜作工的人太少了！」國內只有這些可以作工的人，大家努力「有一分熱，發一分光」，還怕幹不了千萬分之一的工作，——我們豈可自己相猜疑，殘害，滅損我們自己的光和熱嗎？

我是一個愛自由的人，——雖然別人也許嘲笑自由主義是十九世紀的遺跡，——我最怕的是一個猜疑、冷酷、不容忍的社會。我深深地感覺你們的筆戰裡雙方都會含有一點不容忍的態度，所以不知不覺地影響了不少的少年朋友，暗示他們朝著冷酷、不容忍的方向走！這是最可惋惜的。所以我不能忘記《熱風》裡那一段文章：

「這便是海，在他這裡，能容下你們的大侮蔑。」

「縱令不過一窪淺水，也可以學學大海；橫豎是水，可以相通。幾粒石子，任他們暗地裡擲來；幾滴穢水，任他們從背後潑來就是了。」

敬愛的朋友們，讓我們學學大海。「大水沖了龍王廟，一家人不認得一家人。」「他們」的石子和穢水，尚且可以容忍，何況「我們」自家的一點誤解一點小猜疑呢？

親愛的朋友們，讓我們從今以後，都向上走，都朝前走，不要回頭踩那傷不了人的小石子，更不要回頭來自相踐踏。我們的公敵在前面；我們進步的方向是朝上走。

我寫這封信，抱著無限的友誼的好意，無限的希望。

適之　十五、五、二十四，天津裕中飯店[1]

如此長信，處處顯示出胡適的善意和苦口婆心。但是，此信發出後收效甚微。當然，對於魯迅本人可能因為胡適弟子顧頡剛和他的關係不睦，魯迅遷怒於胡適。但是胡適卻一直沒有做過還擊。胡適在給弟子蘇雪林的信中就明言：「魯迅攻擊我們，其實何損於我們一絲一毫?!」[2]

胡適多次設身處地替周作人解決實際問題。

比如，一九二一年二月十四日，胡適致函周作人，推薦他去燕京大學當國文門主任：「北京的燕京大學雖是個教會的學校，但這裏的辦事人——如校長Dr.Stuart及教務長Porter都是很開通的人，他們很想把燕京大學辦成一個於中國有貢獻的學校。上星期他們議決要大大的整頓他們的『中國文』一門。他們要請一位懂

1　引見胡頌平《胡適之先生年譜長編》冊二，聯經出版事業有限公司，一九八四年，第六二九—六三一頁。

2　《胡適書信集》中，北京大學出版社，一九九六年，第三三九頁。

得外國文學的中國學者去做國文門的主任，給他全權做改革的計畫與實行。可是這個人不容易尋找！昨天他們托我的朋友朱我農來和我商量。朱君和我都以為你是最適當的人，朱君便請我轉達此意，並為他們勸架。我細想了一回，覺得此事確是很重要。這個學校的國文門若改良好了，一定可以影響全國的教會學校及非教會的學校。最要緊的自由全權，不受干涉；這一層他們已答應我了。我想你若肯任此事，獨當一面的去辦一個『新的國文學門』，豈不遠勝於現在在大學的教課？」[1]

王國維，作為當時保守派公認的學術領袖和國學大師，居然也和新派博士胡適保持著良好的友誼。甚至一九二四年六月二十七日，胡適親自將易寅村所贈《散氏盤銘拓本》轉贈王國維，由此誕生了王國維的名篇《散氏盤銘考》一文。當時，胡適還曾致函王國維：「先生關於此器如有釋文或考證，亦甚盼見賜一觀。」[2]當胡適不理解「雞坊拍衮」的含義時，立刻寫信向王國維請教，而王國維也是立刻回信給出正確的解答。其實，章太炎、王國維兩位保守派學術大師，才是胡適創新的最大學術靠山！

第五，國內各地政要的來訪和約請。

一九二二年九月四日，陳達材代表陳炯明，邀請胡適來廣東開辦廣東大學。胡適婉言謝絕。他答覆說：「先努力把廣東的治安辦好，不妨做一個閻錫山，但卻不可做楊森。借文化事業來做招牌，是靠不住的。」[3]

除此之外，其他如閻錫山、鄒魯、胡漢民、陳誠、傅作義、張自忠、李宗仁等等各地軍閥主帥和稱霸一方的諸侯大員，都和胡適有過多次直接聯繫和交往。

1 《胡適來往書信選》上，中國社會科學院近代史研究所編，社科文獻出版社，二〇一三年。

2 《胡適書信集》上，北京大學出版社，一九九六年，第三三二頁。

3 《胡適日記全編 1921-1922》，聯經出版事業有限公司，二〇〇四年，第七五二—七五三頁。

第六，出席國內各類涉外活動。

一九二四年一月四日，胡適應邀出席西班牙大使館活動。當天的日記中記載：「下午與夢麟同至西班牙使館，赴公使Darfluentes侯爵茶會，會見西班牙文學大家Blases Ilanes。此君著作甚多，其Fou Horaemen of the Apokalypse，曾演影戲，風行一時。是日與會者多北京各國知名之士；鋼男爵、辛博森、文納，日本公芳澤謙吉皆在。與夢麟談中國教育史料。我勸夢麟於陰曆年假中試作年譜。他說，他想把這四年的事一齊記出來，那更好了，因為這四年中，夢麟經過的事如華盛頓會議，如連年的學潮，皆極重要。」[1]

早在一九二二年十一月十九日的《努力》週報上，就發表胡適撰寫的《誰是中國今日的十二大人物》一文。在該文中，胡適主張：

> 這種報是英文的週報，行銷於寓居中國的美國人和其他英語人士的居多，故這種投票只可以表示這一派人的傾向，本不值得什麼嚴重的注意。辦理這次選舉的人，似乎亦不很知道中國的情形；如十月二十八日的報上，章行嚴有一票，而章士釗另有四票；十一月十一日的報上，章炳麟有十九票，而章太炎另有五十四票：他們竟不知道這四個姓章的，原來只是兩個人！

然後，胡適接著說：

> 我們因此試問自己：誰是中國今日的十二個大人物？我們也擬一張名單，請大家看看。我們不能說我們的意見比那三百多人的意見更能代表中國多數人的意見：我們至少可以說我們的意見似乎更公平一點。我們舉的十二個人是：第一組，學者三人：章炳麟（太炎）、羅振玉（叔

---

1 《胡適日記全編1923-1927》，聯經出版事業有限公司，二〇〇四年，第二二八頁。

蘊）、王國維（靜庵）；第二組，影響近二十年的全國青年思想的人四人：康有為（長素）、梁啟超（任公）、蔡元培（孑民）、陳獨秀（仲甫）；第三組，影響雖限於較小的區域，而收效很大的，二人：吳敬恒（稚暉）、張謇（季直）；第四組，在近二十年的政治史上有很大的勢力的，三人：孫文（中山）、段祺瑞（芝泉）、吳佩孚（子玉）。

當然，毋庸置疑，獲選「中國今日的十二個大人物」，是胡適相當得意的一件事。甚至一九二四年七月，胡適訪問奉天省，居然也出現了萬人空巷的局面：「到此後，有許多日本人及中國人在車站歡迎，同到大和旅館。接著便是日本報館訪員多人來。」[1]可見當時胡適的社會影響力之大！這也是客觀上造成他家長期高朋滿座的重要原因。

第七，胡適和中共早期領導人的來往。

儘管胡適一生自稱是反共的。但是，胡適卻有過多次直接和中共早期領導人交往的歷史。雖然這並非是出自給自己留條退路的考慮，毋寧說這是胡適廣交天下客的處世之道。胡適和毛澤東、瞿秋白、陳獨秀、李大釗四人，可以說交往密切。一九二三年七月在杭州，胡適就多次和瞿秋白會面，每次都長談數小時。同年七月三十日，瞿秋白專門致函胡適如下：

適之先生：

前日寄上兩本書（《新青年》及《前鋒》），想來已經到了，——先生暇時，還請賜以批評。

我從煙霞洞與先生別後，留西湖上還有七八日；雖然這是對於「西子」留戀，而家事牽絆

---

1 《胡適書信集》上，北京大學出版社，一九九六年，第三三六頁。

亦是一種原因。自從回國之後，東奔西走，「家裏」捉不住我，直到最近回到「故鄉」，就不了了。一「家」——伯叔姑嬸兄弟姊妹都引頸而望，好像巢中雛燕似的，殊不知道銜泥結草來去飛翔的辛苦。「大家」看著這種「外國回來的人」不知道當做什麼，——宗法社會的舊觀念和大家庭真叫我苦死。先生以為這並不是僅僅我個人的事，而是現在社會問題中之一嗎？——大家庭崩壞而小家庭的社會基礎還沒有。

到上海也已有十天，單為著瑣事忙碌。商務方面，卻因先生之囑，已經答應我：「容納（各雜誌）稿子並編小百科叢書以及譯著。」假使為我個人生活，那正可以借此靜心研究翻譯，一則養了身體，二則事事而供獻於社會的東西可以精密謹慎些。無奈此等入款「遠不濟近」，又未必夠「家」裏的用，因此我又就了上海大學的教務，——其實薪俸是極薄的，取其按時可以「伸手」罷了。

雖然如此，既就了上大的事，便要用些精神，負些責任。我有一點意見，已經做了一篇文章寄給平伯。平伯見先生時，想必要談起的。我們和平伯都希望「上大」能成南方的新文化運動中心。

我以一個青年淺學，又是病體，要擔任學術的譯著和上大教務兩種重任，自己很擔心的，請先生常常指教。謹祝康健精進。

瞿秋白　七月三十日

早在一九二〇年一月十五日，胡適在北京大學文學院的辦公室內接待了慕名前來拜訪他的毛澤東。當時的毛澤東只是北京大學圖書館的一名工作人員而已。而胡適卻很耐心聽取了毛澤東對整個湖南局勢的介紹。

但是，胡和毛的相互牽掛並未就此斷絕。

到了一九四五年八月二十四日，正是抗戰勝利、國共和談之際，胡適禁不住又再次致函毛澤東，該信以電報的形式發送。電文全文如下：

潤之先生：

頃見報載傅孟真兄轉達吾兄問候胡適之之語，感念舊好，不勝馳念。前夜與董必武兄深談，弟懇切陳述鄙見，以為中共領袖諸公今日宜審察世界形勢，愛惜中國前途，努力忘卻過去，瞻望將來，痛下決心，放棄武力，準備為中國建立一個不靠武裝的第二大政黨。公等若能有此決心，則國內十八年糾紛一朝解決，而公等二十餘年之努力皆可不致因內戰而完全銷滅。試看美國開國之初，節福生十餘年和平奮鬥，其手創之民主黨遂於第四屆選舉取得政權。又看英國工黨五十年前僅得四萬四千票，而和平奮鬥之結果，今年得千二百萬票，成為絕大多數黨。

此兩事皆足供深思。

中共今日已成第二大黨，若能持之以耐心毅力，將來和平發展，前途未可限量。萬不可以小不忍而自致毀滅。

以上為與董君談話要旨，今托王雪艇兄代為轉告，用供考慮。

胡適　八月二十四[1]

---

1 《胡適來往書信選》下，中國社會科學院近代史研究所編，社科文獻出版社，二〇一三年。

此長電在八月三十日發出。足見胡適對毛澤東一直保存著知音之情——更主要的原因是：胡適是汪精衛的密友，而毛澤東曾是汪精衛的得意弟子和親密下屬。這層關係造成了胡適在蔣介石和毛澤東之間，就個人情感上他選擇毛澤東。當然，在中共地下黨和昔日情人曹佩聲對他的雙重勸說下，胡適依然決定離開北京，遠離中共獨裁統治，這不能不讓毛澤東對他感到憤恨和失望，日後他在大陸遭到清算和批判，也是毛澤東對他的報復和打擊。

晚年的胡適回憶起他對毛澤東的幫助：

> 毛澤東依據了我在一九二〇年的一個自修大學的講演，擬成湖南第一自修帶小額章程，拿到我家來，要我審定改正。他說他要會長沙去，用船山學社作為自修大學的地址。過了幾天，他來我家取走章程改稿。不久他就南去了。[1]

而胡適和國民政府要人以及和國民黨權貴的來往，我們在本章中並未想涉足。因為從蔣介石、陳誠、蔣經國到孫中山、胡漢民、孔祥熙、孫科、閻錫山、李宗仁等等國民黨元老和再傳大佬們，無一不是胡適的友人或同事。研究胡適在一九一一年以後的歷史，幾乎就是研究一部中國近現代思想史、政治史、文化史、教育史和外交史。我們這部書全部都是在進行著這樣的工作。

---

1 《胡適日記全編1940-1952》，聯經出版事業有限公司，二〇〇四年，第五八七—五八八頁。

第十六章
學術、政治和愛情：胡適教授的三座大山

一九二二年八月二十八日，已經在北京大學站穩了腳跟的胡適，對中國學術界的狀況也更瞭解了。他在日記中感歎：「現今的中國學術界真凋敝零落極了。舊式學者只剩王國維、羅振玉、葉德輝、章炳麟四人；其次則半新半舊的過渡學者，也只有梁啟超和我們幾個人。內中章炳麟是在學術上已半僵了，羅與葉沒有條理系統，只有王國維最有希望。」[1]

十月一日，胡適發表《國際的中國》一文。在該文中，胡適仍然堅決否認帝國主義對中國有任何威脅。他說：「所以我們現在盡可以不必去做那怕國際侵略的噩夢。最要緊的是同心協力的把自己的國家弄上政治的軌道上去。國家的政治上了軌道，工商業可以自由務展了，投資者的正當利益有了保障了，國家的投資便不發生問題了，資本帝國主義者也就不能不在軌道上進行了」。三日，在北京大學評議會上，胡適建議：「一、圖書館。今之圖書館不能合用，為人詬病久已；二、大會場。現在校中無一處足為全校教職員學生會集之所，更無論名人講演、遊藝演劇、音樂演奏等事；三、寄宿舍。無寄宿舍即不能講校風。現在學生有住哈德曼的，有住順治門，試問校風自何講起？」十日至十一日，胡適出席在濟南召開的全國教育聯合會會議。這次會議核心是討論中小學和大學的學制問題。二十三日的日記說：「第一次上課——短篇小說。我只預備三十人一班。現在竟有七十人之多，幾乎無法教授。」二十七日日記，胡適寫道：「『好人』政府不等於『好』政府。好政府不但要人格上的可靠，還要能力上的可以有為。」二十八日，胡適：「晚上回家，把關於吳敬梓的材料理出來，預備作傳。」次日的日記中則記載：「費了半天的工夫，居然把吳敬梓的高祖以下四代找出來了。《全椒縣誌》我初看頗不得要領。後用《文木山房集》中方嶟一序及《移家賦》作線索，先尋出吳國對，以次尋出他的弟兄四個進士，又尋出吳沛。他的父親吳霖起最不易找，到晚上才從《志》內

---

1 《胡適日記全編 1921-1922》，聯經出版事業有限公司，二〇〇四年，第七三四頁。

選舉表上尋出。若非《移家賦》注明說他做過贛榆教諭，我就無法可想了。夜間動手作《吳敬梓年譜》，成一半了。」[1]

本月中旬撰寫《一年半的回顧》的時候，胡適說：

去年五六兩個月真是政局的一大關鍵。吳佩孚召集舊國會，本是想取消南方「護法」的旗幟。五月裏孫文發表宣言，對北方將領要求裁軍隊為工兵。他的態度已很明顯，很有和平解決的表示了。不幸六月中廣州發生孫、陳之爭，陳炯明推翻了孫文的勢力，孫氏倉皇出走。這件事在當日確然是孫陳兩人主張不同、性情不同，久不相容的結果。當日大家的評論雖不一致，然而在當時就是最恨陳炯明的人，也不信陳氏的行為是服從北方的指使。但事後看來，當日孫陳的決裂確是一大不幸的事。一來因為孫文失去勢力，更引起北方武人的武力統一的野心。二來因為孫、陳兩人決裂後，陳氏怕孫派的報復，竟公然與直系軍人聯絡。三來因為孫氏要報仇，竟至糜爛了廣東，至於今日。[2]

十一月二日，胡適終於定稿《吳敬梓年譜》。他在日記中記載說這是他「三日作成，頗能滿意」。[3]

十二月一日，胡適族侄胡夢華在南京花牌樓中國青年會舉行結婚典禮，請胡適證婚。楊杏佛、柳詒徵、梅光迪、樓光來等教授參加了婚禮。二十九日，胡適住進協和醫院作了詳細的檢查，證明不是糖尿病。

一九二三年一月六日，胡適從協和醫院出院。他向北大請了一年的病假。當月十四日，他致函一位友人

1 《胡適日記全編1921-1922》，聯經出版事業有限公司，二〇〇四年，第八九八、九〇五頁。
2 《胡適日記全編1921-1922》，聯經出版事業有限公司，二〇〇四年，第一二三頁。
3 《胡適日記全編1921-1922》，聯經出版事業有限公司，二〇〇四年，第九一三頁。

的信裏說：「我因為醫生說我有肺病的徵象，故不能不再休息一年。如果在這一年之中，養病與著書能並行不悖，我就很安慰了。」[1]

二月二十五日，《東方》雜誌發表了對胡適的專訪。並且刊發了胡適認可的〈一個最低限度的國學書目〉一文。由此引起了社會上和學術界對這一書目的巨大爭議和討論。尤其是一個新文化的領袖居然也開始發佈傳統國學必讀書目了，這才有了《清華週刊》隨後對此事的跟進報導。

三月七日，中華教育改進社致函胡適：

敬啟者：

萬國教育會議訂於本年六月二十八日在舊金山市舉行，本社京滬兩處董事會議決推請先生赴會出席，定於六月四日由上海乘「加拿大皇后」船起程，十八日到Vancover，二十日到舊金山市，回國日期最好能在八月二十日本社大會以前到京，在第二屆年會報告，請先函知，以便定回國艙位。

萬一屆期不能回國，亦望示知為荷。

護照由社辦理，即請寄下相片兩張，以便進行。

所有往來旅費現已由社進行籌措。

特此奉聞

並請公安！[2]

1 《胡適來往書信選》中，中國社會科學院近代史研究所編，社科文獻出版社，二〇一三年。

2 《胡適來往書信選》上，中國社會科學院近代史研究所編，社科文獻出版社，二〇一三年。

這是胡適出訪海外的最佳證據和理由。

三月十一日，《清華週刊》發佈了胡適有關閱讀書目問題的跟進訪談文章。二十八日，因為前述訪談文章引起媒體炒作，胡適不得不再次為此撰寫長文，說明自己選擇書目的標準，並且回答讀者的質疑。

四月二十二，胡適南下到了上海。二十一日，胡適到達杭州。二十五日至二十八日，胡適又返回上海出席教育部新學制起草委員會會議。二十九日，他會議結束後再次返回杭州。

五月十五日，胡適致函郭沫若、郁達夫，信中表白說：「至於我對你們兩位的文學上的成績，雖然也常有不能完全表同情之點，卻只有敬意，而毫無惡感。我是提倡大膽嘗試的人，但我自知『提倡有心，而實行無力』的毛病，所以對於你們嘗試，只有樂觀的欣喜，而無絲毫的惡意與忌刻。至於我的『罵人』一條短評，如果讀者平心讀之，應該可以看出我在那一條裏只有諍言，而無惡意。我的意思只是要說譯書有錯算不得大罪，而達夫罵人為糞蛆，則未免罰浮於罪。至於末段所謂『我們初出學堂門的人』，稍平心的讀者應明白『我們』是包括我自己在內的，並不單指『你們』，尤其不是擺什麼架子。」十七日，郭沫若則回函胡適：「手翰奉到了。所有種種釋明和教訓兩都敬悉。先生如能感人以德，或則服人以理，我輩尚非豚魚，斷不至因小小筆墨官司便致損及我們的新舊友誼。目下士氣淪亡，公道凋喪，我輩極思有所振作，尚望明晰如先生者大膽嘗試，以身作則，則濟世之功恐不在提倡文學革命之下。最後我虔誠地默禱你的病恙痊癒。」十七日，郁達夫也回函胡適：「我的罵人作『糞蛆』，亦是我一時的意氣，說話說得太過火了。你若肯用誠意來規勸我，我盡可對世人謝罪的。我們對你本來沒有惡感，你若能誠懇的規勸我們，我們對你只有敬意，萬無惡感發生的道理。你若能在南方多住幾天，我們很希望和你有面談的機會。」[1]二十五日，胡適專程拜訪

1 《胡適來往書信選》上，中國社會科學院近代史研究所編，社科文獻出版社，二〇一三年。

郭沫若、郁達夫等人。二十七日，郭沫若、郁達夫等人回訪胡適。從此，他們之間的筆墨官司和個人恩怨得到了徹底化解。

六月二十三日，胡適搬到煙霞洞，一直住到十月四日。在此期間，一直由曹誠英照顧起居。當時因幾次肛門出血不得不請醫生上門治療，加上嚴重的胃炎，連走出門外去診所的能力都沒有了的胡適，胡適所謂在那裡過上了「神仙般的日子」只是對江冬秀不善家務和不善照顧男人的一個控訴而已。也真難為了曹誠英和他一起度過了怎樣的日子。在胡適日記中，他稱曹女士為「娟」。在此期間，胡適和中外友人往來信件頗多。

七月二十八日，據說胡適與曹誠英訂下婚姻之約。

但是，根據筆者的考察，其實胡適的夫人江冬秀則一直是以自己的正室地位來看待胡適的全部中外情人——只要胡適不搬動正室的地位，江冬秀很樂於欣賞自己男人的人緣和能力。甚至在一九五〇年以後，江冬秀在美國居然和胡適的美國女友成了親密好友，她們的友誼一直延續到胡適死後仍舊保持著經常聯繫、互贈節日禮物。因為在她眼裏，她們無非都是妾！都是自己家男人的寵

胡適的情人曹誠英（1923）

物和玩物而已，所謂「好漢占九妻」之謂也。還有一個生理上的原因，即，江冬秀深知胡適上吐下瀉，又心臟有病，根本不具備顛鸞倒鳳的生理基礎。

十月三日，胡適日記中記載：「託復三備了幾樣素菜，邀任白濤先生來同餐。白濤住南高峰過夏。夏間與我過從甚歡。今將分別，故邀來話別。與白濤談甚久，下午四時與他同回到南高峰，捐了二十元與寺僧，為修通煙霞洞小路之費。此路我今年經過最多，不下三四十次。故留一點紀念。南高峰寺僧通果今年修路，開得一洞，中多石乳，形狀甚美。寺僧要我題名，我篇題『玉乳』二字。今日寫了給他。晚上復三備餐給我送行。睡醒時，殘月在天，正照著我頭上，時已三點了。這是在煙霞洞看月的末一次了。下弦的殘月，光色本淒修；何況我這三個月中在月光之下過了我一生最快活的日子！今當離別，月又來照我。自此一別，不知何日再能繼續這三個月的煙霞山月的『神仙生活』了！枕上看月徐徐移過屋角去，不禁黯然神傷。」[1]五日，胡適返回上海，去商務印書館工作和看望友人。雖然和曹誠英剛分開幾天，胡適卻收到了曹女士給他的幾乎每天一封頻度的來信。胡適回信的頻度顯然也與曹相似。九日，滬江大學校長約請胡適出任該校國學系主任，胡適婉言謝絕。十一日，胡適再訪郭沫若，暢談了一整天。二人交換了對當時學術和時局的基本看法。十二日，胡適拜訪汪精衛，二人一直談到當晚，並且汪精衛設家宴宴請胡適。十三日，郭沫若回訪胡適，並且在外宴請胡適。當天他們談論的話題卻是詩歌。十四日，胡適來到南京出席中國科學社年會。汪精衛、于佑任等友人也在會場。十五日，胡適在外宴請郭沫若、郁達夫等人。十九日，胡適抵達杭州，與徐志摩、高夢旦、曹誠英等人同遊西湖。一直到三十日才返回上海。可以看出，胡適返回上海這一個月內社交活動和學術活動十分繁忙，幾乎在補課的感覺，畢竟他遠離了塵世三個月！

---

1 《胡適日記全編1923-1927》，聯經出版事業有限公司，二〇〇四年，第一一一頁。

十一月一日，胡適返回北京，在北京大學第三學期在哲學系教中國哲學史、西洋哲學史、實驗主義三門課。回到北京以後，胡適和曹誠英、韋蓮司兩位女士繼續保持著長期的通信聯繫。客觀地說，胡適給她們每個人的信件次數、篇幅長短幾乎都是平均對待的。

十二月五日，胡適又因為患病，不得不繼續請病假。

本年，胡適撰寫《五十年來中國之文學》一文，他提出：「民國九年、十年，白話公然叫做國語了。反對的聲浪雖然不曾完全消滅，但始終沒有一種『持之有故，言之成理』的反對論。」其中，在涉及到「中國文藝復興」的劃分這一問題時，胡適在論著中從過去的「一期說」演變成如今的「四期說」，而且，他把第一期追溯到宋朝。

一九二四年二月十三日，胡適致函王國維，請他出任清華學堂國學研究院導師。在該信中，他特別說明：「先生到校後，一切行動均極自由。……鄙意亦以為先生宜為學術計，不宜拘泥小節。」[1]為了辦成此事，胡適往來於王國維和清華校長曹雲祥之間，反覆溝通多次，最終促成了王國維的就任。北京大學的胡適，對於清華大學的貢獻，有目共睹！根據記載，胡適當時面見王國維的時候，對王氏行下跪禮，以弟子身份拜見王國維，甚至親自開著自己的汽車帶著王國維在清華學堂裏遊覽；這一幕深深打動了保守派學術大師。

其實，胡適支持王國維和清華國學院的設立，正是看到了他發起的文學革命遇到了最大的瓶頸，即整理國故以圖實現創新這個根本性的問題。他曾主張：消滅「死文學」的「那『最後一刀』究竟還得讓國故學者來下手。等他們用點真工夫，充分採用科學方法，把那幾千年的爛帳算清楚了，報告出來，叫人們知道儒

1《胡適書信集》上，北京大學出版社，一九九六年，第三五六頁。

是什麼，墨是什麼，道家與道教是什麼，釋迦、達摩又是什麼，理學是什麼，駢文律詩是什麼，那時候才是『最後的一刀』收效的日子。」[1]

本月二十二日，《讀書》雜誌發表了胡適《古史討論的讀後感》一文。在該文中，胡適提出：「我們對於『據』的態度是：一、這種證據是在什麼地方尋出的？二、什麼時候尋出的？三、什麼人尋出的？四、依地方和時候上看起來，這個人有做證人的資格嗎？五、這個人雖有證人資格，而他說這句話有作偽（無心的，或有意的）的可能嗎？」胡適還解釋說：「史學有兩方面，一方面是科學的，重在史料的搜集與整理；一方面是藝術的，重在史實的敘述與解釋。」

胡適對顧頡剛《古史辨》的稱讚：「崔述在十八世紀的晚年，用了『考而後信』的一把大斧頭，一劈就削去了幾百萬年的上古史。但崔述還留下了不少的古帝王。凡是《經》裏有名的，他都不敢推翻。頡剛現在拿了一把更大的斧頭，膽子更大了，一劈直劈到禹，把以前的古帝王（連堯帶舜）都送上封神台上去！連禹和后稷都不免發生問題了。故在中國古史學上，崔述是第一次革命，顧頡剛是第二次革命。」[2]如果說馮友蘭是胡適從事中國哲學史教學在弟子培養上最大的成就的話，那麼顧頡剛則是胡適從事歷史和紅學研究在弟子培養上最大的成就了。

八月二十一日，胡適起草了《致北大同事函》一文。

在該信中，他提出：「學校為教學的機關，不應該自己滾到政治漩渦裏去，大不應該自己滾到黨派政爭的漩渦裏去。」[3]這一宗旨也是胡適自己一生的信條。

1 《胡適書信集》上，北京大學出版社，一九九六年，第三九四頁。
2 引見《讀書雜誌》，第一八期，一九二四年二月二十二日。
3 《胡適書信集》上，北京大學出版社，一九九六年，第三六二頁。

進而，胡適還主張：「我們對於章士釗氏的許多守舊的主張是根本反對的。他的反對國語文學，他的反對新思潮，都可證明他在今日社會裏是一個開倒車走回頭路的人。他在總長任內的許多浮誇的政策與輕躁的行為，我們也認為應當反對。但我們主張，我們盡可用個人的資格或私人團體的資格去攻擊他或反對他，不應該輕用學校機關的名義；就令學校機關萬不能不有所表示，亦不當輕用妨害學校進行的手段。因為學校裏大部分的教員學生究竟是做學問事業的；少數人的活動，如果牽動學校全體，便可以妨害多數人教學的機會，實際上便是剝奪他們教學的自由。叫囂哄鬧的風氣造成之後，多數的教員學生雖欲專心教學，也就不能了。」[1]

最後，他提出三點建議：

所以我們主張：

（一）本校應該早日脫離一般的政潮與學潮，努力向學問的路上走，為國家留一個研究學術的機關。

1 《胡適書信集》上，北京大學出版社，一九九六年，第三六三頁。

胡適父子合影（1923）

胡適教授在北京家中留影（1924）

（二）本校同人要做學校以外的活動的，應該各以個人的名義出去活動，不要牽動學校。

（三）本校評議會今後應該用其大部分的精力去謀學校內部的改革，不當輕易干預其職權以外的事業。[1]

九月九日，胡適致函《晨報》副刊，希望《努力周刊》繼續辦下去。

他認為：「今日政治方面需要一個獨立正直的輿論機關，那是不消說的了。即從思想方面看來，一邊是復古的混沌思想，一邊是頌揚拳匪的混沌思想，都有徹底批評的必要。」[2]此信由《晨報》在九月十二日發表後，自然又引起了社會上對《努力周刊》的討論，加大了該欄目的政治屬性和時政批評傾向。

十一月五日，胡適致書王正廷，對馮玉祥軍隊包圍清宮、逐去退位清帝，提出強烈抗議。針對此事，胡適回憶說：「他們一班人都是反對我的，要在故宮裏找尋我的劣

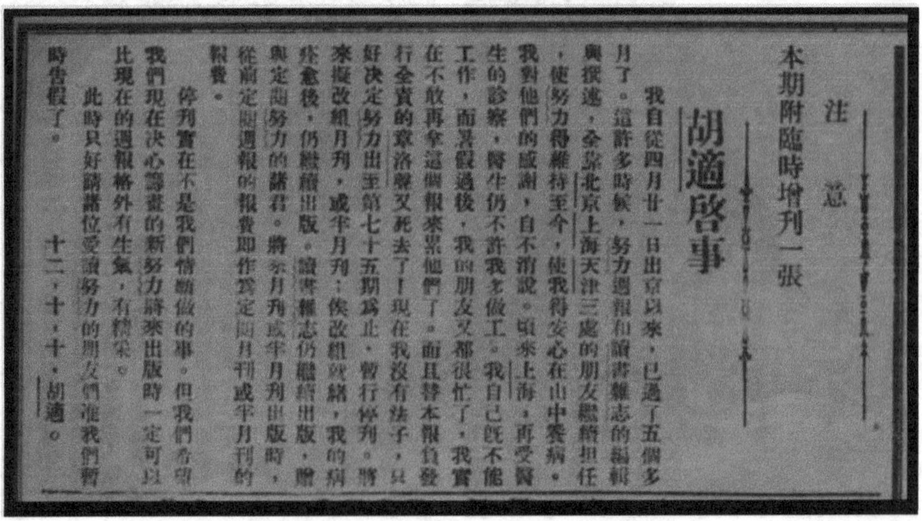

注意

本期附臨時增刊一張

胡適啓事

我自從四月廿一日出京以來，已過了五個多月了。這許多時候，努力週報和讀書雜志的編輯與撰述，全靠北京上海天津三處的朋友繼續担任，使努力得維持至今，使我得安心在山中養病。我對他們的感謝，自不消說。頃來上海，再受醫生的診察，醫生仍不許我多做工。我自己既不能工作，而暑假過後，我的朋友又都很忙了，我實在不敢再拿這個報來累他們了。而且替本報負發行全責的章洛聲又死去了！現在我沒有法子，只好決定努力出至第七十五期爲止，暫行停刊。將來擬改組月刊，或半月刊；俟改組就緒，我的病痊愈後，仍繼續出版。讀書雜志仍繼續出版，贈與定閱努力的諸君。將來月刊或半月刊出版時，從前定閱週報的報費即作爲定閱月刊或半月刊的報費。

停刊實在不是我們情願做的事。但我們希望我們現在決心籌畫的新努力將來出版時一定可以比現在的週報格外有生氣，有精采。

此時只好請諸位愛讀努力的朋友們准我們暫時告假了。

十二，十，十，胡適。

胡適發佈的《努力周刊》休刊啟示（1933）

1 《胡適書信集》上，北京大學出版社，一九九六年，第三六三頁。

2 《胡適書信集》上，北京大學出版社，一九九六年，第三四一頁。

跡，說我私通宣統。他們搜查的結果，發現我給宣統的一張片子，上面寫了『我今天上午有課，不能進宮，乞恕』幾個字。他們配起一個鏡框，掛在故宮裏作為展覽品。」[1]看起來，胡適的價值感是不認可當時的出爾反爾的馮玉祥驅逐清朝退位皇帝的行為。

在年底，胡適撰寫的《一九二四年的年譜》一文中，他說：「身體的健康仍沒有恢復。上半年醫生說我有肺病的象徵。」而其家族似乎也出現了類似的病症。胡適女兒素斐一九二四年因患肺炎而住院，最後又轉成肺結核與脊骨炎。第二年七月底過世。而其長子思聰，卻在一九二四年三月初死「黑熱病」。他在該文中還說：「兩個侄兒，死在一年之內，皆可痛惜。因為永有文學天才，聰有美術天才，皆少年夭折」。[2]

一九二五年二月一日，胡適被邀請參加段祺瑞政府召開的善後會議。十三日，北京各界國民會議促成會致胡適：

> 敬啟者：
>
> 查會章第八條「本會於必要時得由執行委員會議定，推舉會員或敦請會外人士組織各種特別專門委員會」，茲由執行委員會議決，根據會章擬具條例，著手組織。
>
> 久仰先生高才顧望，蜚聲四宇。
>
> 夫國民會議為解決時局惟一方法，奠定國家根本大計，苟非得專門之士共集一堂，謀徹底之解決，則革新二字，徒托空言，革新之機，竟成泡影矣。
>
> 先生為當代英奇，久為國人所欽佩，茲特專函敦請為敝會國民會議組織法研究委員，萬望

1 胡頌平《胡適之先生晚年談話錄》，聯經出版事業有限公司，一九八四年，第二五五頁。

2 《胡適日記全編1923-1927》，聯經出版事業有限公司，二〇〇四年，第二九三頁。

為國家計，為人民計，勿卻是幸。
　曷勝企禱。
　此致胡適之先生[1]

這時的胡適顯然已經是公認的大眾知識份子和學術精英，社會需要胡適代表民眾發聲。三月，胡適被聘為「中英庚款顧問委員會」中國會員。

四月，中華全國村市建設協會致胡適：

敬啟者：
　民國成立，十有四年，兵燹迭至，水旱洊臻，社會困窮，民生憔悴，外債負擔日重，財政整理無期，農夫失業於畎畝，工商恐慌於市廛，丁壯流為寇匪，老弱轉乎溝壑，豈天無厭亂之心，抑人乏自新之路？
　夫解決生活，端在村市事業。一邑有好村市，則一邑一小天堂。全國皆好村市，則全國一大樂園。世界皆好村市，則世界成真淨土矣。所望明達君子，熱心贊助，宣導村市建設，注重平民生活，造公同之幸福，致天下於均平。
　茲按本會簡章第九條規定，公推我公為本會哲學顧問，務希俯允，無任盼禱。
　奉上《簡章》、《四民自治報》等件，並乞察照。

1 《胡適來往書信選》上，中國社會科學院近代史研究所編，社科文獻出版社，二〇一三年。

此上胡適之先生[1]

這封信更加證實了當時胡適的社會責任和社會影響力，不想當公知就不行的態勢。

五月，胡適當選為中華圖書館協會董事兼財政委員會委員、索引委員會書記。

八月底，胡適發表《愛國運動與求學》一文。他在該文中主張：「帝國主義不是赤手空拳打得倒的：『英日強盜』也不是幾千萬人的喊聲咒得死的。救國是一件頂大的事業：排隊遊街，高喊著『打倒英日強盜』，算不得救國事業；甚至於砍下手指寫血書，甚至於蹈海投江，殺身殉國，都算不得救國的事業。救國的事業須要有各色各樣的人才；真正的救國的預備在於把自己造成一個有用的人才。易卜生說的好：『真正的個人主義在於把你自己這塊材料鑄造成個東西。』他又說：『有時候我覺得這個世界就好像大海上翻了船，最要緊的是救出我自己。』在這個高唱國家主義的時期，我們要很誠懇的指出：易卜生說的『真正的個人主義』正是到國家主義的唯一大路。救國須從救出你自己下手！」[2]

九月二十七日，胡適從北京啟程南下，標誌著他暫時脫離了北京大學的教職。

一九二六年春，胡適在給韋蓮司的信上作了這樣的解釋：「我於去年九月離開北京，南下做巡迴的演講。十月爆發的內戰讓我回不了家，我於是決定留在上海，並割治了那糾纏了我三年半的痔漏，傷口花了幾乎一百天才癒合。」而後，胡適抵達上海休病假。

本月底，胡適和陳獨秀有了政治價值觀的衝突。本來這一分歧在《新青年》後期就表現出來，現在則更為突出。他在信中說：

---

1 《胡適來往書信選》上，中國社會科學院近代史研究所編，社科文獻出版社，二〇一三年。

2 參見《胡適文存》三集卷九，亞東圖書館，一九一五年。

獨秀兄：

前幾天我們談到北京群眾燒毀晨報館的事，我對你表示我的意見，你問我說：「你以為《晨報》不該燒嗎？」

五六天以來，這一句話常常來往於我腦中。我們做了十年的朋友，同做過不少的事，而見解主張上常有不同的地方。但最大的不同莫過於這一點了。我忍不住要對你說幾句話。

幾十個暴動分子圍燒一個報館，這並不奇怪。但你是一個政黨的負責領袖，對於此事不以為非，而以為「該」。這是使我很詫怪的態度。

你我不是曾同發表一個「爭自由」的宣言嗎？那天北京的群眾不是宣言「人民有集會結社言論出版的自由」嗎？《晨報》近年的主張，無論在你我眼睛裏為是為非，決沒有「該」被自命爭自由的民眾燒毀的罪狀；因為爭自由的唯一原理是：「異乎我者未必即非，而同乎我者未必即是；今日眾人之所是未必即是，而眾人之所非未必真非。」爭自由的唯一理由，換句話說，就是期望大家能容忍異己的意見與信仰。凡不承認異己者的自由的人，就不配爭自由，就不配談自由。

我也知道你們主張一階級專制的人已不信仰自由這個字了。我也知道我今天向你討論自由，也許為你所笑。但我要你知道，這一點在我要算一個根本的信仰。我們兩個老朋友，政治主張上儘管不同，事業上儘管不同，所以仍不失其為老朋友者，正因為你我腦子背後多少總還有一點容忍異己的態度。至少我可以說，我的根本信仰是承認別人有嘗試的自由。如果連這一點最低限度的相同點都掃除了，我們不但不能做朋友，簡直要做仇敵了。你說是嗎？[1]

一九二六年，本年胡適幾乎生活在國內外訪問和考察中渡過的。二月至七月，胡適一直參加「中英庚款顧問委員會」的「中國訪問團」，先後在上海、漢口、南京、杭州、北平、天津、哈爾濱等地訪問。而八月至十二月，胡適等人經西伯利亞前往英國，參加「中英庚款」全體委員會議。

二月十一日，丁文江致函胡適說：「我於七日到津，第二天就到北京去一次，見過英使。他說開第一次會的地點、時間須等Lord W.到了上海再說。我以為如果他們要在上海開會，我們盡可同意。你暫時可以不必回來。一切請你同莊士敦及Lord W.商量決定。」此信所談內容涉及到一九二五年五月英國國會通過關於庚子賠款問題，主張該款仍屬英國所有。而中國教育界對此表示異議。他們提出反對英國政府所定庚款處置辦法，要求英國無條件歸還庚款。胡適對此表示

1 《胡適書信集》上，北京大學出版社，一九九六年，第三六六—三六七頁。

中英庚子賠款委員會成員合影

積極支持。

當年四月五日，胡適在給國內友人回函中解釋這個問題，說明英國國會關於處理庚子賠款議案，去年六月三十日已經通過兩院認可，成為法令。胡適解釋說：

> 我們三個中國委員雖無他長，至少有一點可以與國人共見，就是都肯細心考慮，為國家謀永久利益；都有幾根硬骨頭，敢於秉著公心對國人對外人說話。我們的任務有兩點：
>
> （一）審察輿論，替英庚款計畫一個能滿人意的董事會，並助其組織成立；
>
> （二）博訪各方面的意見，規定用途的原則，以免去原案「教育或其他用途」有太空泛的危險。
>
> 關於這兩項任務，我們深盼得你們和北京各位朋友的指教與援助。[1]

三月二十七日，胡適乘坐火車到達漢口，住在德明飯店。然後開始了訪問武漢大學等當地著名大學的行程。

四月十六日，胡適到達杭州。然後開始了訪問浙江大學等當地著名大學的行程。

五月二十六日，胡適前往天津。然後開始了訪問南開大學等當地著名大學的行程。

六月十日，胡適致函錢玄同告訴他：「我搬在陟山門大街六號，在景山的西面；電話仍是東二四二九。」這座四合院原來是林長民所有。一九二五年十一月三十日，林長民被奉軍襲擊，中彈而死。其家人不得不出售謀生。

---

1 《胡適來往書信選》上，中國社會科學院近代史研究所編，社科文獻出版社，二〇一三年。

七月十八日，胡適乘坐火車到達奉天。十九日，胡適到達長春。二十日，胡適到達哈爾濱。二十二日，胡適到達滿洲里。每到一處，他都開始了訪問東北大學等當地著名大學的行程。二十四日，胡適乘火車穿過貝加爾湖。二十五日，胡適抵達西伯利亞。

就在本月二十六日，胡適在外給江冬秀寫了一封長信，這封信充分地反映出胡適夫婦之間的關係和矛盾糾紛。全文如下：

冬秀：

走了一半路了。還有三天半就到莫斯科了。

今早睡不著覺，想到我們臨分別那幾天的情形。我忍了十天，不曾對你說：現在想想，放在心中倒不好，還是爽快說了，就忘記了。

你自己也許不知道我臨走那時候的難過。為了我替志摩、小曼做媒的事，你已經吵了幾回了。你為什麼到了我臨走的下半天還要教訓我，還要當了慰慈、孟錄的面給我不好過？你當了他們面前說，我要做這個媒，我到了結婚的臺上，你拖都要把我拖下來。我聽了這話，只裝做沒有聽見，我面不改色，把別的話岔開去。但我心裏很不好過。我是知道你的脾氣的；我是打定主意這回在家決不同你吵的。但我這回出遠門，要走幾萬里路，當天就要走了，你不能忍一忍嗎？為什麼一定要叫我臨出國還要帶著這樣不好過的印象走呢？

我不願把這件事長記在心裏，所以現在對你說開了，就算完了。你不怪我說這話嗎？你知道我個人最難過的是把不高興的事放在心裏。現在說了，就沒有事了。

志摩他們的事，你不要過問。隨他們怎麼辦，與我家裏有什麼相干？

有些事，你很明白；有些事，你決不會明白。許多旁人的話都不是真相。那回澤涵、洪熙的事，我對你說了，你不相信。我說你不明白實在的情形，你總不信。少年男女的事，你無論怎樣都不會完全諒解。這些事，你最好不管。你贊成我的話嗎？

我不是怪你。我只要你明白我那天心裏的情形，就夠了。我若放在心裏不說，總不免有點怪你的意思。所以我想想，還是對你說開的好。

適之道中　十五，七，二十六[1]

胡適此信重在勸解江冬秀不要干涉「少年男女的事，你無論怎樣都不會完全諒解。這些事，你最好不管」，無論這些事涉及到胡適本人，還是胡適的友人，他都希望江冬秀置身事外，不要讓自己的夫君難堪。這大概是胡適對江冬秀出言比較重的勸說了。

七月二十七日，胡適到達聖彼得堡。二十九日，胡適終於抵達莫斯科，而後立刻訪問了莫斯科中山大學。根據胡適二十九日日記中的記載：「旅館中有浪人名Dobbin的，能說英國話，願替我作翻譯。我帶了他出門，先訪Radek。到中山大學時，他已走了，學生皆在鄉間歇夏。我想把Karakham的介紹信留下，恰有中國學生一人出來，我問他，他對我一望，說：『是胡先生嗎？』此人名周達文，曾在北京聽我演說，故認得我。我把信交給他，就走了。到中國大使館，見著代辦鄭子俊先生、參贊夏君。晚上我出來走了一會。回來見於右任先生留下一張條，不知他怎樣知道我來了。」又見三十一日日記中的記載：「下午往訪右任先生，他不在寓，寓中有一人，乃是蔡和森。相別甚久，彼此竟不認得了。我們縱談甚快，陸續來者甚多，有劉伯堅，任××，王人達，馬文彥等。後來越來越多，至十餘人之多。右任也回來了。我與和森仍繼續辯

1　《胡適書信集》上，北京大學出版社，一九九六年，第三七七—三七八頁。

論，餘人參加者甚少。從三點直到九點，Radek來了，才把我們的舌戰打斷。Radek談了一會，先走了。我們出去到『大莫斯科飯店』吃飯。散時已十一點多鐘了。作一書與慰慈。」[1]

又，根據八月三日日記中的記載，胡適前天見到蔡和森。他記載：「今日回想前日與和森的談話，及自己的觀察，頗有作政黨組織的意思。我想，我應該出來作政治活動，以改革內政為主旨。可組一政黨，名為『自由黨』。充分的承認社會主義的主張，但不以階級鬥爭為手段。共產黨謂自由主義為資本主義之政治哲學，這是錯的。歷史上自由主義的傾向是漸漸擴充的：先有貴族階級的爭自由，次有資產階級的爭自由，今則為無產階級的爭自由……。不以歷史的『必然論』為哲學，而以『進化論』為哲學。資本主義之流弊，可以人力的制裁管理之。黨綱應包括下列各事：一、有計畫的政治。二、文官考試法的實行。三、用有限制的外國投資來充分發展中國的交通與實業。四、社會主義的社會政策。」[2]可見，胡適對當時共產黨主張的「階級鬥爭為手段」之說是深惡痛絕的！路過前蘇聯，見到了幾位中共早期要人和理論家，反而加重了他對共產主義、社會主義的反感。

八月四日，胡適乘船到達英國。著名漢學家蘇慧廉等人親自到站迎接。六日，蘇慧廉帶領胡適等人遊覽倫敦。同一天，他還致函著名哲學家羅素，希望可以在倫敦見面。十三日，在英國的胡適，日記中記載了莊士敦邀請他和漢學家葉慈教授外出觀看易卜生戲劇的經歷：「晚飯後，Johnston請Y與我同去看戲。演的是Ibsen's Pillars of．Societ，主演者為Sybil Arundale，她演Lona Hessel，自然極了，神氣極好。主角Bernick演者為Charles Carson，也很不壞。Hilmar Tonnesen也不壞。此為我第一次看演Ibsen，我很高興。」[3]十六日至

---

1 《胡適日記全編1923-1927》，聯經出版事業有限公司，二〇〇四年，第三三二、三三四頁。
2 《胡適日記全編1923-1927》，聯經出版事業有限公司，二〇〇四年，第三三六頁。
3 《胡適日記全編1923-1927》，聯經出版事業有限公司，二〇〇四年，第三四二頁。

十九日，胡適參觀大英博物館。

在英國期間，胡適決定專程去巴黎，查看伯希和所獲的敦煌文獻。八月二十一日，胡適乘火車前往法國。這次旅行時間居然長達一個多月！在他離開巴黎前的日記裏，胡適感歎地說：「在巴黎住了三十四天，遊覽的地方甚少，瑞士竟去不成。然在圖書館做了十幾天的工作，看了五十多卷寫本，尋得不少絕可寶貴的史料，總算不虛此一行。」[1]關於這段經歷，我們放在《胡適的中國佛學史研究》一章考察，因為胡適赴法國主要目的都是查閱敦煌佛教文獻。二十二日，胡適參觀羅浮宮博物館。二十六日，胡適拜訪伯希和，並且在他家裏參觀了他保存的全部敦煌文獻。

九月四日、十九日，胡適先後兩次拜訪伯希和，向他請教敦煌文獻中出現的疑難學術問題。二十三日，胡適返回英國。

十月五日、六日，胡適出席英國庚子賠款委員會會議。八日的日記中記載胡適對英國人說：「中國人不能在脅迫下接受一個與其信念相左的新文明。必須有一個說服的過程。」十四日的日記中記載在海外的胡適，開始思考蔣介石「可算得政治家嗎」這個問題？胡適在日記中寫下了這樣的質疑：

> 介石之能在軍事上建功，是無疑的。但他有眼光識力做政治上的大事業嗎？此事我很關心。我深盼他能有政治上的手腕與見解。[2]

胡適這一質疑顯然是擔心出現蔣介石以軍事要脅政治的局面。這是一個哲學家、思想家和歷史學家、甚

1 《胡適日記全編1923-1927》，聯經出版事業有限公司，二〇〇四年，第四七三頁。

2 《胡適日記全編1923-1927》，聯經出版事業有限公司，二〇〇四年，第五一一頁。

至記者都會加以考慮的問題。事實證明，胡適的擔心是對的。一直到胡適晚年再次返回臺灣，他依然沒有打消對蔣介石的這一顧慮。

十月二十四日，胡適抵達德國。二十八日，胡適抵達柏林。二十九日，胡適返回英國。

十一月三日，胡適在英國出席中英庚款會議。十日，胡適訪問劍橋大學，並且拜訪了著名漢學家A. Giles爵士。當天，身在英國的胡適寫了一封信，正式向北京大學代理校長蔣夢麟辭職，並請他把這封信刊載在《北京大學日刊》上公開發佈：「肛門之病，已三年了，給了我不少的痛苦。我頗能忍痛，又怕割治，始終不能徹底治它……這回南下，有寶隆醫院的西醫推薦一個治痔漏專家潘君，說他能治寶隆醫院割治無效的痔漏。我去診視。他說我患的是一個『漏』，不過裏面只有一根管，尚不難治。他要一百五十元，包斷根不發……約三四星期可完功……我想這樣長假，是不應該的。昨天我思想一天，決計請你准我辭職，辭去教授之職。前不多日，我從南京回來，車中我忽得一個感想。我想不教書了，專作著述的事。每日定一個日程要翻譯一千字，著作一千字，需時約四個鐘頭。每年以三百天計，可譯三十萬字，著三十萬字。每年可出五部書，十年可得五十部書。我的書至少有兩萬人讀，這個影響多麼大？倘使我能於十年之中介紹二十部世界名著給中國青年，這點成績，不勝於每日在講堂上給一百五十個學生製造文憑嗎？所以我決定脫離教書生活了。」

十一月十一日，胡適應邀在劍橋大學演講，題目是「Has China Remained Stationary During the Last Thousand Years」。

在這次演講中，胡適要嘗試解答一個最難解的中國之謎，就是中國停滯不進步這個謎。他說：「韋爾士先生在他的〈世界史綱〉裏用最簡明的話把這個謎寫出來：『中國文明在公元七世紀已經到了頂點了，唐朝就是中國文明成就最高的時代；雖然它還能慢慢地、穩健地在安南傳布，又傳入柬埔寨，……從此以後一千年裏，除了這樣地域的進展之外，使中國文明值得記入這部〈史綱〉的不多』。」

而胡適主張：「絕對沒有一個中國停住不動一千年之久，唐代的文明也絕不是中國文明成就最高的時代。歷史家往往被唐代文化成就的燦爛迷了眼，因為那些成就與光榮的唐代以前不止四百五十年的長期紛亂和外族征服對照，當然大顯得優勝。然而仔細研究整個的中國文化史，我們便容易相信七世紀的唐代文明絕不是一個頂點，而是好幾個世紀的不斷進步的開始。」

他給出的理由是：「首先，七世紀沒有印刷的書籍。雕板印刷是九世紀開始的，而大規模的印書要到十世紀才有。第一批燒泥作的活字是十一世紀中發明的，用金屬作的活字更晚。試想這些大發明使唐初的書和手抄本時代以來文明的一切方面發生了何等可驚的變化！甚至唐代的藝術，雖然極受人讚美，也只是一個開始，而且若與宋朝和晚明的藝術作品相比只能算是不成熟的藝術。我們儘管承認唐代的一切宗教感情和精細的技巧，卻不能不承認後來中國繪畫的成就，尤其是那些有詩人氣味的，有理想主義氣味的山水畫家的成就，大大超過了唐代的藝術家。」[1]

十一月二十五日，在給丁文江的信中，胡適說：「今日之事只有三條路：一是猛烈的向前；二是反動的局面；三是學術思想上的大路（緩進）。我們即不能加入急進派，也決不可自己拉入反動的政治裏去。」[2]十五日，胡適參觀英國國會及其藏書樓，在那裏發現了大批中國古籍。二十日，胡適出席伯希和漢學講座。二十一日，胡適拜訪牛津大學。蘇慧廉全程陪同。二十二日上午，胡適參觀著名的牛津大學波德琳圖書館。下午，蘇慧廉設家宴迎接胡適。二十三日，胡適應邀去Examination School演講，題目不詳。二十四日，胡適前往利物浦和伯明翰等地參觀和訪問。

1 引見胡頌平《胡適之先生年譜長編》冊二，聯經出版事業有限公司，一九八四年，第六六〇頁。

2 《胡適日記全編1923-1927》，聯經出版事業有限公司，二〇〇四年，第五六一頁。

十二月三十一日，胡適從英國坐輪船去美國。

這一年的國內外訪經歷，讓胡適加深了對西方文明的深刻瞭解。在本年撰寫的《我們對於西洋近代文明的態度》一文裏，他主張：

近世文明不從宗教下手，而結果自成一個新宗教；不從道德入門，而結果自成一派新道德。十五、十六世紀的歐洲國家簡直都是幾個海盜的國家……然而這班海盜和海盜帶來的商人開闢了無數新地，開拓了人的眼界，抬高了人的想像力，同時又增加了歐洲的富力。工業革命接著起來，生產的方法根本改變了，生產的能力更發達了。二三百年間，物質上的享受逐漸增加，人類的同情心也逐漸擴大。這種擴大的同情心便是新宗教新道德的基礎。自己要爭自由，同時便想到別人的自由，所以不但自由須以不侵犯他人的自由為界限，並且還進一步要求絕大多數人的自由。自己要享受幸福，同時便想到人的幸福，所以樂利主義的哲學家便提出「最大多數的最大幸福」的標準來做人類社會的目的。[1]

一九二七年一月十一日，胡適乘船抵達美國。而後，從一月十二日到四月十一日為止，他一直住在美國紐約。十二日，胡適拜訪杜威。雖然當天日記沒有記載他們談話內容。但是，我猜測：胡適的哥倫比亞大學哲學博士學位證書和畢業典禮應該就是在十二日至三月二日之間取得的。他肯定在此期間前往哥倫比亞大學補交了一百份他的博士學位論文列印稿。只是胡適礙於臉面，以至於他在個人日記中都沒有詳細記錄這一細節。因為他需要留給世人的印象是：他是在一九一七年畢業於哥倫比亞大學並取得了哲學博士學位。十三

1 參見《現代評論》，第四卷第八三期。

日，胡適訪問康奈爾大學。十八日至二十四日，胡適前往康奈爾大學圖書館閱讀。期間，他不停地和在美國各地的老友聯繫見面和聚餐。

二月二日，顧頡剛致函胡適，勸他加入國民黨：

有一件事我敢請求先生，先生歸國以後似以不作政治活動為宜。如果要作，最好加入國民黨。

自從北伐軍到了福建，使我認識了幾位軍官，看見了許多印刷品，加入了幾次宴會，我深感到國民黨是一個有主義、有組織的政黨，而國民黨的主義是切中於救中國的。又感到這一次的革命確比辛亥革命不同，辛亥革命是上級社會的革命，這一次是民眾的革命。我對於他們深表同情，如果學問的嗜好不使我卻絕他種事務，我真要加入國民黨了。

先生歸國以後，名望過高，遂使一班過時的新人物及懷抱舊見解的新官僚極意拉攏，為盛名之累。現在國民黨中談及先生，皆致惋惜，並以好政府主義之失敗，丁在君先生之為孫傳芳僚屬，時加譏評。民眾不能寬容：先生首唱文學革命，提倡思想革命，他們未必記得；但先生為段政府的善後會議議員，反對沒收清宮，他們卻常說在口頭。如果北伐軍節節勝利，而先生歸國之後繼續發表政治主張，恐必有以「反革命」一名加罪於先生者。

但先生此次遊俄，主張我們沒有反對俄化的資格，這句話也常稱道於人口。民眾伐異黨同，如果先生能加入國民黨，他們又一定熱烈的歡迎了。我們這輩人，理智太強，到處不肯苟同，這原不錯；但這只能在學問上用，不能在政治上用。在政治上，不能不先順從了民眾而後操縱民眾。現在民眾服膺中山先生的三民主義，努力於主義的工作，這是很好的事情。至於虛心，寬容，研究，觀察，這原是說不到的。我們對於他們，也應當加以諒解。

這幾句話，是我的懇切的請求，希望先生容納。

因為先生在文化上使命甚大，不值得作無謂的犧牲，所以我敢這樣實說。[1]

顧頡剛的建議，作為胡適的弟子，真是為了愛護乃師、保護乃師的一個上策了。但是顧氏卻完全不了解胡適的工具理性和價值觀，勸說的結果必然就是對牛彈琴。

三月三日，康奈爾大學校報「Cornell Alumni News」正式介紹了他的來訪和在校內舉辦的學術講座等消息。

四月十日，胡適給韋蓮司寫了一封信，說自己生活在一個「侏儒的社會」裏：「你恐怕永遠無法體會到我處境的危險。我是活在一個幾乎找不到在思想上能跟我同起同坐的人的社會——一個『侏儒的社會』！人人都盲目地崇拜著你，甚至連你的敵人也都盲目地崇拜著你。沒有一個人能規勸你，給你啟發。成敗都只靠你一個人！」[2]哈哈，那麼銳氣和雄心勃勃的胡適終於意識到他的能力有限了！因為四周全是侏儒！讓他這個巨人沒有施展之地。可見中國的任何革命和改良，都無法解決對民眾的啟蒙這個大問題。轟轟烈烈的五四新文化運動這才幾年，就讓這位革命先鋒和精神領袖感歎自己如同進入了小兒國了！儘管他有工具理性，有啟發民眾對自由的神往，但是他不得不意識到容忍這種身處侏儒之中的感覺才是最現實的。

四月十二日，胡適由西雅圖乘船，開始回國之旅。二十四日，客船到達日本橫濱港，暫住二十三天。在此期間，胡適遊歷了京都、奈良、大阪等處。在此期間，胡適拜訪了日本著名佛學家常盤大定、高楠順次

1 《胡適來往書信選》上，中國社會科學院近代史研究所編，社科文獻出版社，二〇一三年。

2 《胡適來往書信選》上，中國社會科學院近代史研究所編，社科文獻出版社，二〇一三年。

郎、矢吹慶輝等人。

五月二十日，胡適乘船返抵上海。因為不再受聘北京大學，因此胡適就把北京的家搬到了上海靜安寺極司斐爾路四十九號Ａ。梁實秋《胡適先生二三事》一文中記載了胡適在上海的生活往事：「上海的徽州人特多，號稱徽幫，其勢力一度不在寧幫之下。四馬路一帶就有好幾家徽州館子。民國十七、八年間，有一天，胡先生特別高興，請努生、光旦和我到一家徽州館吃午飯。上海的徽州館相當守舊，已經不能和新興的廣東館、四川館相比，但是胡先生要我們去嘗嘗他的家鄉風味。我們一進門，老闆一眼望到胡先生，便從櫃檯後面站起來笑臉相迎，滿口的徽州話，我們一點也聽不懂。等我們扶著欄杆上樓的時候，老闆對著後面廚房大吼一聲。我們落座之後，胡先生問我們是否聽懂了方才那一聲大吼的意義。我們當然不懂，胡先生說：『他是在喊：績溪老倌，多加油啊！』原來績溪是個窮地方，難得吃油大，多加油即是特別優待老鄉之意。果然，那一餐的油不在少。有兩個菜給我的印象特別深。一個是滑水魚，即紅燒青魚尾，鮮嫩無比；一個是生炒蝴蝶麵，即什錦炒生麵片，非常別致。缺點是味太鹹，油太大。」[1]二十八日，胡適出任新月書店董事會董事長及編輯委員會委員。

六月，胡適當選為中華教育文化基金董事會董事。

中華教育文化基金董事會，英文全稱是The China Foundation for the Promotion of Education and Culture，該機構成立於一九二四年九月，由中美雙方董事十五人組成，其中美國董事佔三分之一，負責接收與保管美國第二次退還的庚款餘數，使用該款於促進中國教育及文化事業。

七月至十二月，胡適一直在上海家中寫作、休息和應約舉辦學術講座。

---

1 參見《自由談》，第二三卷第一一期。

八月，胡適出任光華大學教授。根據十一月十六日《生活週刊》記者採訪胡適的記載，而後採訪文章發表在十二月四日刊出的《生活週刊》第三卷第五期上。胡適談到了他當時在光華大學的教學工作是「每星期在光華大學教授三小時，在東吳法科大學教授三小時」。其他時間則在家科研，著述《白話文學史》。而對於問及他今後是否考慮返回北京和北京大學，胡適答覆是：

「很喜歡北京的氣候，不過目前或有久居上海之意」。上海書不夠看，他正設法「把藏在北京的書搬出來」。[1]

並且，胡適還暗示說：

前年作歐遊的時候，便與北京大學脫離關係了。[2]

十月，南京政府大學院長蔡元培，約請胡適任大學委員會委員之職，胡適辭謝他說：「所謂『黨化教育』，我自問決不能附和。若我身在大學院而不爭這種根本問題，豈非『枉尋』而求『直尺』？」二十四日，胡適在致蔡元培信中表達了對國民黨的不滿。他說：「一面倡清黨，一面卻造黨外之黨，豈非為將來造成第二次清黨的禍端嗎？無政府黨倡的也是共產主義，也是用蒲魯東的共產主義來解釋孫中山的民生主義，將來豈不貽人口實，說公等身在魏闕，而心存江湖，假借黨國的政權為無政府黨造勢力嗎？」[3]當時的胡適對國民黨的認識是清醒的，所以他絕不主張建立新黨，而只是敢當政權的諍友。

---

1 參見《生活週刊》，一九二七年十二月四日報導。
2 參見《生活週刊》，一九二七年十二月四日報導。
3 《胡適書信選》上，外語教學與研究出版社，二〇一二年，第四四七頁。

第十七章
胡適的中國佛學史研究

胡適的佛學史研究，主要體現在他對禪宗的研究，尤其是對神會和尚的研究。雖然他長期向鋼和泰學習梵文與巴利文，但是並不等於他懂巴利文佛學。

至今保存在臺灣國史館的「胡適檔案」中，有這樣一段文字，記載在一張稿紙上：

> 禪宗的史料甚繁重，不容易理出一個頭緒來。今年我一時高興，發願整理禪宗的史料，作為禪宗史。每日整理一部分，用讀書雜記的體裁寫下來，作為長編的稿本。將來寫定哲學史時，當另行寫定。
>
> 胡適　一九二四、三、十二

顯然，在胡適的計畫裏，禪宗史研究只是中國哲學史研究的一個組成部分。在他已經定稿和出版的《中古思想史》中，禪宗的位置自然是突出的課題。胡適主張：

> 我是研究歷史的人，在我的眼裏，一切學術思想都是史料而已。佛法只是人類的某一部分在某時代得出的思想和信仰。[1]

如此旗幟鮮明的史學觀，可見，佛學史料，只是胡適眼中的史料之一。

一九二〇二十六月九日，胡適應邀去佛學研究會演講，題目是「研究佛學的方法」。顯然，這次演講並不成功。當天，胡適日記是這樣記載的：「佛學研究會。我演說了『研究佛學的方法』，他們很不以為然。

1　引見胡適《佛法與科學之比較研究序》，國光書局，一九三二年，第IV頁。

他們說佛法是無法分時分地。哈哈。」[1]研究佛學的，遇到信仰佛教的，二者完全不在一個相同的空間裏。胡適終於意識到不是每一個和尚都是可以登門和他談佛論學的太虛大師。

一九二五年一月，胡適發表了第一篇研究禪學的論文《從譯本裏研究佛教的禪法》。

一九二六年九月二十七日中記載了他對日本學者禪宗史研究著作的評價：「忽滑谷快天的《禪學思想史》不很高明，但頗有好材料。」[2]

一九二七年，在胡適撰寫的《菩提達摩考》一文中，他已經注意到歷史傳說的累層疊加現象：

> 今試舉達摩見梁武帝的傳說作一個例，表示一個故事的演變的痕跡……這一件故事的演變可以表示菩提達摩的傳說如何逐漸加詳，逐漸由唐初的樸素的史跡變成宋代的荒誕的神話。傳說如同滾雪球，越滾越大，其實禁不住史學方法的日光，一照便銷溶淨盡了。[3]

這是否是收到了顧頡剛疊層地創作上古歷史說的古史辨學派的啟發呢？師生互動，或許就在其中吧。

一九二六年，在英國期間，胡適決定專程去巴黎，查看伯希和所獲的敦煌文獻。八月二十一日，胡適乘火車前往法國。這次旅行時間居然長達一個多月！在他離開巴黎前的日記裏，胡適感歎地說：「在巴黎住了三十四天，遊覽的地方甚少，瑞士竟去不成。然在圖書館做了十幾天的工作，看了五十多卷寫本，尋得不少絕可寶貴的史料，總算不虛此一行。」[4]胡適赴法國主要目的都是查閱敦煌佛教文獻。

1 《胡適日記全編1915-1920》，聯經出版事業有限公司，二〇〇四年，第七三三頁。
2 《胡適日記全編1923-1927》，聯經出版事業有限公司，二〇〇四年，第四九八頁。
3 參見《胡適文存》三集，亞東圖書館，一九二六年，第四四九—四六五頁。
4 《胡適日記全編1923-1927》，聯經出版事業有限公司，二〇〇四年，第四七三頁。

胡適晚年回憶說：

當我在一九二六年到歐洲去的時候，我想如有可能的話，我決定便訪倫敦，巴黎兩處的敦煌藏卷。看看這一些唐代鈔卷，對於中國佛教史，特別是禪宗史有沒有新發現。我在倫敦看了一百卷；在巴黎看了五十卷。使我且驚且喜的則是我居然發現了有許多有關中國禪宗史的重要資料；尤其是有關八世紀中國北派禪宗和其同時的其他禪宗各支的資料。我在巴黎所發現的便是三卷未注明（人名和年代的）有關神會和尚的史料，在倫敦我也找到一份（類似的）殘卷。5

在此期間，胡適多次拜訪伯希和，請教敦煌佛學文獻問題。比如，八月二十六日，胡適拜訪伯希和，並且在他家裏參觀了他保存的全部敦煌文獻。九月四日、十九日，胡適先後兩次拜訪伯希和。向他請教敦煌文獻中出現的疑難學術問題。其實，胡適拜訪伯希和、前往法國全部目的就是敦煌卷子。尤其是和佛教有關的文獻。我們總結了胡適調查敦煌文獻的具體時間如下：

胡適去大英博物館閱讀敦煌文獻的時間如下：

一九二六年八月十六日、十九日、九月二十七日、二十八日、三十日。

一九二六年十月一日、二日、四日、七日、八日、十一日、十八日、十九日、二十日。

一九二六年十二月六日、七日、十三日、十四日、十五日、十六日、十七日、十八日。

胡適巴黎羅浮宮博物館閱讀敦煌文獻的時間如下：

---

5 《胡適書信集》上，北京大學出版社，一九九六年，第二四二頁。

一九二六年八月二十二日、二十六日。

一九二六年九月四日、八日、九日、十日、十一日、十二日、十三日、十五日、十六日、十七日、十八日、十九日、二十日、二十一日。

其中，九月十八日這一天有了重大發現：九月十八日在巴黎國家圖書館發現伯希和攜去的敦煌寫本三〇四七號的前幅，考定為荷澤大師神會的語錄，題此卷為《神會語錄》第一殘卷。胡適題跋如下：

此卷為《神會語錄》最長的卷子，約有一萬三千餘字。合之第二及第三殘卷，及所謂「顯宗記」之敦煌寫本，約共有二萬多字。神會為南宗奮最力，兩次遭貶謫，而終得勝利，貞元間敕定慧能為第六祖，神會為第七祖。

南宗之代北宗為禪宗正統，可說是神會一人之功。其功業之重要，遠在懷讓、行思之上。而後來馬祖一支盛行天下，神會之嗣漸漸泯滅無聞。雖有大師如宗密，也終不能恢復那已墜之緒。當日所尋為第七祖者，千餘年來，已成了一個若有若無的人物。

他的著作，除了《景德傳燈錄》所收一篇似真似偽的「顯宗記」之外，已無半紙隻字流傳於世。豈料敦煌石室之中竟保存他的語錄至二萬字之多，歷九百年而不壞，到我們手裏都一一發見，使我們今日得重見南宗之聖保羅的人格言論，使我們今日得詳知他在當日力爭禪門正統的實在狀況，此豈非神會此卷中所謂「世間不思議事」之最不思議嗎？[1]

針對當時的神會和尚研究，胡適陳述說：

1 引見胡頌平《胡適之先生年譜長編》冊二，聯經出版事業有限公司，一九八四年，第六五一頁。

一九二六年以前，中國佛教史家所可找到的神會和尚的作品，不過寥寥六百五十九個字而已。但是我的書在一九三〇年出版之後，神會的著作便遞增至兩萬多字。這樣我才能寫出一本神會全傳來。這本完全的傳記中，包括我對神會思想的初探；對他觀念的詮釋；和我自己研究的結論。我認為所謂《壇經》，事實上是神會代筆的。《六祖壇經》是過去一千二百年，禪宗佛教最基本的經典；也是中國、朝鮮和日本的一部聖書。但是我以內部的資料，證明它是神會的偽託！根據我的考據，神會實是《壇經》的作者，因為《壇經》中的許多觀念都和我在巴黎發現的《神會和尚語錄》及其他有關文獻，不謀而合。以上便是我發現中最精彩的部分。但是這一發現影響之大則非始料所及，因為它牽涉到要把禪宗史全部從頭改寫的問題。由於這位大和尚神會實在是禪宗的真正開山之祖，是《壇經》的真正作者，但是在近幾百年來，他卻是在禪宗史上被人忽略了。[1]

一九二八年七月，胡適撰寫的《禪學古史考》定稿，而後該論文首先在《新月》上發表，後來收入一九三〇年秋天出版的《胡適文存》第三集中。

一九三〇年一月六日，胡適在發表的《跋〈頓悟無生般若頌〉》一文中說：「我在民國十四年作《禪宗史》稿本，便注意神會的事蹟。但當時所得神會遺著，只有一篇顯宗記。我當時對此篇很懷疑，因為記中已有『西天二十八祖』之說。而我當時不信二十八祖之說起於神會之時，故我不信此記是神會所作……但我現在的主張稍稍改變了。我現在主張二十八祖之說成立雖甚晚，而起來卻在神會生時，也許即是神會所

1 《胡適書信集》上，北京大學出版社，一九九六年，第二四五頁。

倡。」[1]

一九三〇年四月，胡適整理和編輯了《神會和尚遺集》，由上海亞東圖書館出版。

在《〈神會和尚遺集〉序》一文中闡述：

> 民國十三年，我試作《中國禪學史稿》，寫到了慧能，我已很懷疑了；寫到了神會，我不能不擱筆了。我在《宋高僧傳》裏發現了神會和北宗奮鬥的記載，又在宗密的書裏發現了貞元十二年敕立神會為第七祖的記載，便決心要搜求關於神會的史料。但中國和日本所保存的禪宗材料不夠滿足我的希望。我當時因此得一感想：今日所存禪宗材料，至少有百分之八九十是北宋和尚道原、贊寧、契嵩以後的材料，往往經過種種妄改和偽造的手續，故不可深信。我們若要作一部禪宗的信史，必須先搜求唐朝的原料，必不可輕信五代以後改造過的材料。

在序文中，他還介紹說：「十六年歸國時，路過東京，見著高楠順次郎先生、常盤大定先生、矢吹慶輝先生，始知矢吹慶輝先生從倫敦影得敦煌本壇經，這也是禪宗史最重要的材料。」[2]

在胡適看來，禪宗七祖：「神會和尚成其革命大業，便是公開的直接的向這聲威顯赫的北派禪宗挑戰。最後終於戰勝北派而受封為『七祖』，並把他的師傅也連帶升為『六祖』。所以神會實在是個大毀滅者，他推翻了北派禪宗；他也是個大奠基者，他奠立了南派禪宗，並作了該宗的真正的開山之祖。」[3]

一九三二年，胡適用英文發表《中國禪宗發展史》（Development of Zen Buddhism in China）一文。

---

1 參見《神會和尚遺集》，亞東圖書館，一九三〇年，第二〇五頁。

2 胡適《〈神會和尚遺集〉序》，亞東圖書館，一九三〇年。

3 胡適《神會和尚遺集》，亞東圖書館，一九三〇年。

一九三五年，胡適應邀在北京師範大學演講，題目是「關於禪宗研究的話題」。

在那次演講中，胡適提出：「凡是在中國或日本研究禪學的，無論是信仰禪宗，或是信仰整個的佛教，對於禪學，大都用一種新的宗教的態度去研究。只是相信，毫不懷疑，這是第一個缺點。其次是缺乏歷史的眼光，以為研究禪學，不必注意它的歷史，這是第二個缺點。第三就是材料問題。禪宗本是佛教一小宗，後來附庸蔚為大國，竟替代了中國整個的佛教。不過中國現在所有關於禪宗的材料，大都是宋代以後的。其實禪宗最發達的時候，卻當西元七世紀之末到十一世紀——約從唐武則天到北宋將亡的時候。這四百年中間，材料最重要，可是也最難找。正統派的人，竟往往拿他們自己的眼光來搜改禪宗的歷史。」[1]

接下來，針對上述三個問題，胡適建議：

我十幾年前研究禪宗，只能得到宋以後的材料，唐代和唐以前的很難得到。我想：要得到唐以前的材料，只有兩種方法：一、從日本廟寺中去找，因為日本還保存著一部分唐代禪學。二、從敦煌石室寫本中去找，因為三十年前所發現的敦煌石室裏，有自晉到北宋佛教最盛時代的佛經古寫本。現在這些古寫本，世界上有三個地方保存著：一部分在北平圖書館，一部分在巴黎圖書館，一部分在倫敦博物館。在北平圖書館的，都是不重要的東西，是人家不要的東西。重要的東西還是在倫敦和巴黎兩處。從前的人，對於材料的搜集，都不注意，這是第三個缺點。[2]

1 胡適《神會和尚遺集》，亞東圖書館，一九三〇年。
2 胡適《神會和尚遺集》，亞東圖書館，一九三〇年。

因此，胡適前往英法去查看敦煌文獻，和日本學者展開學術交流，都是為了體現他的解決資料缺失問題而來的具體方法。胡適曾在《荷澤大師神會傳》中說：「神會的教義，在當日只是一種革命的武器」，是有「絕大的解放作用」的「革命思想」。[1]他將自己的解決方法也看作是一種史學的革命思想。

到了晚年，胡適在一九五三年一月十二日臺北《中央日報》刊發《禪宗史的一個新看法》一文，胡適主張：「禪宗史，從前認為沒有問題；等到二十五年以前，我寫《中國思想史》，寫到禪宗的歷史時，才感覺到這個問題不是那樣簡單。有許多材料，可以說是不可靠；尋找可靠的材料很困難。前次在臺灣大學講治學方法時曾提到二十六年前到處去找禪宗史料一段故事。二十五年以來，禪宗史料慢慢出來了。大部分出自敦煌，一小部分出於日本；因為日本在唐朝就派學生，尤其是佛教的學生，到中國來求學。自唐到五代，到宋，到元、明，每代都派有學生來。當時交通不方便，由中國拿回去的書籍，稱為舶來書，非常寶貴，保存得格外好。我搜求禪宗史料，在法國巴黎，英國倫敦圖書館看到敦煌出來的材料，許多是八世紀同九世紀的東西，裏面有神會和尚語錄一卷。我把這材料印出來以後，日本學者乃注意這個問題，搜求材料，也發現一種神會的語錄，還有很重要的楞伽宗的材料。」

又說：「我們看一看，神會革命勝利成功的禪宗是什麼？為什麼要革新？為什麼要革命？從我在巴黎發現的敦煌材料，和以後日本學者公佈的材料（這兩個材料比較起來，我的材料前面多，日本的材料後面多），看起來，我們知道神會的學說主張『頓悟』。『頓悟』，是一個宗教革命。借個人的良知，可以毀掉種種繁瑣儀式和學說，即所謂『迷即累劫，悟即須臾』。」

他得出結論是：「總結一句話，禪宗革命是中國佛教內部的一種革命運動，代表著他的時代思潮，代表

---

1 《胡適論學近著》第一集（上），亞東圖書館，一九二四年，第二七三—二七四頁。

八世紀到九世紀這百多年來佛教思想慢慢演變為簡單化、中國化的一個革命思想。」

晚年的胡適，和日本著名禪宗史學者入矢義高等人展開了學術交流，往來書信幾十封。我們舉例一則如下：

入矢先生：

幾個月沒有得著先生的信了，我盼望先生一切平安健好。三月中，我因小病，在醫院小住十多日，現完全能工作了。

在入醫院之前，我校寫了倫敦的 S.56557，寫作「神會和尚語錄第三個敦煌寫本：南陽和尚問答雜徵義：劉澄集」，我在引言裏，特別向先生致謝意，並引了先生去年四月八日來信的一段，及我答先生的四月二十二日信的一段。此文後幅我附錄了「荷澤和尚五更轉」的各種敦煌本子，共有九本（北京、倫敦、巴黎三處）。其中最有趣的是先生去年五月六日信裏指出的 S.3610，原題「荷澤和尚五更轉」的，我把 S.2679 與 S.6103 拼合照相，斷定這兩紙是同一個人寫的一紙，筆跡完全相同，內容正相銜接，於是我們不但確定了「南宗定邪正五更轉」是神會作的，並且確定了「荷澤和尚五更轉」原來是兩首。

今寄上照片一張，乞留作紀念。請先生看看 S.6103 與 S.2679 筆跡相似到了什麼程度！看二三行「涅槃」。看一行「一更初」與一四行「一更初」，二行與一五行的「空虛」。三行與一六行的「二更催」；一行、一四行、一五行的「真如」；八行與二十一行的「四更蘭」……這篇文字已交與《史語所集刊》三一本發表，將來定寄抽印本乞正。（印成約在明年了。）

大谷大學的朋友們去年為鈴木大拙先生九十歲大壽徵文，今年我寫了一文，題為

「An Appeal for a Thorough Search in Japan for the Long hidden Táng Documents of the Early History of Zen Buddhism」。

即是我在今年一月十五夜信上向先生說的意思，——促進「大索」的意思。此文有一點關於《寶林傳》，我想貴友柳田先生也許感覺興趣。我指出趙城本《寶林傳》八卷第四十一品有房琯撰的《三祖璨大師碑文》，文中有云：……自迦葉至大師；西國有七，中土三矣。至今號（大師）為三祖焉。又銘辭有云：……迦葉至我兮，聖者十人。貌殊心一兮，相續一心。

這幾句話都可以證明此碑文是真的，確是神會請房琯作的。因為此碑文與銘文都根據神會最早提出的「西國以菩提達摩為第八代」的法統說，此說久已經傷改，久已被「西天二十八祖」的說法取而代之了，直到我的《神會和尚遺集》及新校定的《神會遺著兩種》出世，人們才知道神會最早主張的「西國八代」說，有兩個敦煌文件為證。（巴黎的P.3488及P.2024）《寶林傳》裏的法統已完全是「二十八代」說，故第四十一品的題目是「第三十祖僧璨大師章，卻歸示化品第四十一」。《寶林傳》的編造者完全不懂房琯碑文裡的法統是神會最早捏造的「西國以菩提達摩為第八代」的法統！故我們可以推知此碑文確是房琯受神會之請而作的，決非《寶林傳》的編造者所能作偽。

此碑文及銘皆可作神會的「西國八代」說的旁證，甚可寶貴。此意請轉告柳田先生，又可以助證「大索」之真不可緩了。我的英文原稿，如先生要看看，當打一抄本寄上。（原文已寄與大穀大學的山口益先生了。）

前承先生尤為代覓《續藏經》一部，並承託朋友打聽，承托京都的彙文堂書店主人幫忙，十分感謝，但不知現時已有好消息否？上次我在一月十五夜信上說「《續藏經》我願意出日金五十萬圓左右的價錢」如彙文堂能尋得此書，我願意出日金六十萬圓。此事千萬請先生促成。我七月又須出國一次，故甚盼先生能給我一個回信。

我住在臺北郊外的南港，故甚盼望有一部《續藏經》在身邊。書價稍高亦可勉力，要在得此書也。

匆匆敬祝！

起居百福！

胡適 一九六〇、四、十七

我們粗略統計胡適和入矢義高往來書信，應該不少於五、六十封。足可以整理成書或長篇論文。根據三浦國雄教授（我博士研究生時代的指導教授）在《日本漢學的「讀原典」傳統》一文中的介紹：「入矢義高先生在中國學的諸多領域積累了卓越的研究成果，在此僅從「閱讀—讀書」的角度出發，重點介紹先生的禪學研究。而先生的禪學研究的起點是俗語（白話）研究。……據我所知，一九三九年先生進入東方文化研究所（京都大學人文科學研究所的前身）工作，參與吉川幸次郎先生主持的元曲研究專案，從此開始了對俗語的研究。」可見當時的入矢義高對佛學的研究是從白話語言開始的。三浦老師特別介紹說：「在人文科學研究所還保存著先生主持編纂的俗語例句集，姑且命名為《近世俗語語彙》。該例句集按照注音字母的順序記載例句，有時候一個俗語辭彙下面還會列舉出多個例句，由多達幾萬張的數量龐大的文稿構成。雖然現在出現了好幾種電子辭典之類的檢索工具，可以立刻查找到例句，但是，這樣的精心力作就此埋沒的話，實在可惜。說先生的腦子裏裝著所有的近世俗語，也並不為過。先生被稱為『行走的電腦』，實際上，我曾經好幾次當場目擊先生瞬間判斷出某個詞是俗語還是文言的情景。」在他晚年，終於完成了《禪語辭典》（思文閣出版，一九九一年）的編纂。而且，入矢先生曾說：「在中國研究佛典和禪宗語錄的語法的學者十分罕見」。當俗語研究的標誌性成果——張相《詩詞曲語辭匯釋》一書出版後，立刻遭到了入矢先生措辭嚴厲的酷評（參見《中國語學研究會會報》第二十九卷）。可見胡適和他的學術交流對雙方都產生了深刻的影響。

第十八章
往事難忘：
胡適出任中國公學校長

一九二八年二月，胡適受上海東吳大學及光華大學之聘，前往上海舉辦哲學講座。三月十日，以胡適為精神領袖的《新月》月刊在上海創刊。我們發現這樣一個現象，即：胡適一旦決定在哪裡長期居住和工作，就一定要聯合當地同仁創辦一家刊物，作為自己的思想和政治主張的陣地。其實，從某種角度上說，胡適拒絕留在大陸，正是看到了他將徹底失去自由發言和發行刊物的權利，毛澤東領導下的中共一定會對大陸實施獨裁統治和文化專制，這是胡適當時非常清醒地認識。二十五日，胡適在湖社舉辦演講。當天，胡適接到蔣夢麟來信，勸說他來浙江大學創辦哲學與外國文學學院，胡適謝絕了。二十七日，胡適和民國政府教育總長湯爾和面談。湯轉告胡適說：上面有人建議讓胡適出任清華大學校長。而胡適的答覆則是：「如校長由董事會產生，我不反對；若由任命，或外部聘任，我不能就。」[1]顯然，這樣的答覆實在超出了「上面」的預料之外。

四月初，胡適全家開始了前往廬山的旅遊歷程。七日，到達九江，九日到達白鹿洞書院，十日到達棲霞寺，十一日全家返回上海。二十日，胡適出席全國美術展覽會開幕式。第二天，平社第一次聚會在胡適家舉行。梁實秋等七人到場。當天，胡適給鄭孝胥七十大壽寫信祝賀。二十六日，胡適受聘為上海中國公學校長。當天日記即則為：「今天套上一件鐐銬，答應了去做中國公學的校長。近來中國公學有風潮，校長何魯不能回去，校董會中一班舊同學但怒剛、朱經農、丁彀音、劉南陔諸君，與雲五（舊日教員，也是校董）等都來逼我。今天雲五邀我吃飯，與怒剛諸人勸我，我一時高興，遂允為維持兩個月。此事殊不智，事後思之甚懊悔。」[2]可見，胡適對於當年中國公學之事一直糾結在心中，不能釋懷。如今出任校長，正所謂「三十

1 《胡適日記全編1928-1929》，聯經出版事業有限公司，二〇〇四年，第一三頁。

2 《胡適日記全編1928-1929》，聯經出版事業有限公司，二〇〇四年，第七四頁。

年河東三十年河西」，胡適接下這個職務正在於此。事後雖有懊悔，但是難抵當下的衣錦榮歸的快感。四月三十日，胡適到中國公學視察，並正式上班。

其實，中國公學的學潮一直都有。早在一九二一年的學潮中，就趕走了張東蓀、朱自清和葉聖陶等教師。根據胡適當時日記的記載：

> 上海中國公學此次有風潮，趕去張東蓀，內容甚複雜。而舊人把持學校，攻擊新人，自是一個重要原因。這班舊人乃想抬出北京的舊同學，拉我出來做招牌，豈非大笑話！他們攻擊的教員，如葉聖陶、如朱自清，都是很好的人。這種學校，這種學生。不如解散了為好！[1]

這是胡適最真實的心聲。如今，胡適就任那裏的校長，他當然知道該如何面對學潮。

五月四日，胡適在光華大學、中國公學舉辦三次演講，都是圍繞著五四運動。

在這幾次演講中，胡適提出：「『五四』運動的結果，直接方面使當時中國代表不敢在巴黎和會簽字，承認所受的損失；到了一九二一年華盛頓會議，遂有日本交還山東權利的議案，一九二二年交涉清楚，中國得著完美的結果。」[2]但是，胡適認為更多的影響則是間接的。他總結如下六點：

一、引起學生界注意政事；

二、學生界的出版物忽然增加，白話文因之通行起來；

三、提倡平民教育運動；

---

1 《胡適日記全編1921-1922》，聯經出版事業有限公司，二〇〇四年，第三八〇頁。

2 引見胡頌平《胡適之先生年譜長編》冊三，聯經出版事業有限公司，一九八四年，第七三二頁。

四、提倡勞工運動；

五、提倡婦女運動；

六、政黨信用學生，許多機關報的副刊都請學生去擔任，於是新文化的思潮漸漸高漲起來。[1]

然後，胡適接著說：「孫中山先生也開始注意到思想的革命的重要。他曾寫過一封信致海外同志，請他們籌備五十萬元，來辦一個大規模的印刷機關，就是這種用意，他的著作也多半是『五四』運動以後方有的。可見『五四』運動對於國民黨也有很大的影響。『五四』運動有了這些燦爛的結果，實在是值得我們紀念的。『五四』運動也可證明歷史上的一個公式，就是在變態的社會國家裡，政府腐敗，沒有代表民意的機關，干涉政治的責任，一定落在少年的身上。」[2]

在上述深入分析之後，胡適提出：「五四運動為一種事實上的表現，證明歷史上的一大原則，亦可名之曰歷史上的一個公式。什麼公式呢？凡在變態的社會與國家內，政治太腐敗了，而無代表民意機關存在著，那末，干涉政治的責任，必定落在青年學生身上了。反轉來講，如果在常態的社會與國家內。國家政治，非常清明。且有各種代表民意的機關存在著，那末青年學生就無需干預政治了。……若有人和他們談起政治問題。他們必定不生興趣。……放自反面立論，又足證實上面所講的歷史上的公式。」[3]

他發現很多青年人都成了各類政治運動的犧牲品。他清醒而語氣沉痛地說：

1 引見胡頌平《胡適之先生年譜長編》冊三，聯經出版事業有限公司，一九八四年，第七三二頁。

2 引見胡頌平《胡適之先生年譜長編》冊三，聯經出版事業有限公司，一九八四年，第七三二頁。

3 《胡適日記全編1921-1922》，聯經出版事業有限公司，二〇〇四年，第七三二頁。

自從五四運動以來，中國的青年，……實在犧牲太大了。為此之故，所以中國國民黨在第四次全體會議中所議決的中央宣傳部宣傳大綱內有一條，即有禁止學生干預政治的表示。意謂年青學生，身體尚未發育完全，學問尚無根底，意志尚未成熟，干預政治，每易走入歧途。故以脫離政治運動為妙。[1]

這一點和當年他在美國留學時期發佈的那封公開信，核心價值是一樣的。胡適愛護青年人，反對任何政黨利用青年人的熱情和無知來達到自身預期的目的。顯然，他已經徹底走出了早期《新青年》的思想啟蒙和晚期《新青年》的洗腦宣傳雙重陷阱。

五月五日，胡適到中國公學主持校務會議。通過了三個議案：校務組織會議大綱、教務組織會議大綱、學校章程起草委員會。

正是在本月、正是在中國公學任職之時，胡適在《新月》月刊上發表了《人權與約法》一文。在該文中，他對當時的民國政府發出核心指控：

> 在今日如果真要保障人權，如果真要確立法治基礎，第一件應該制定中華民國憲法，至少也應該制定所謂的訓政時期的約法。

由此引發了以上海為先鋒的國民黨黨部對他的批判和政治打擊。

五月二十一日，在南京，胡適出席中央大學宴請大學委員會委員時發表致詞。在致辭中，胡適表達了希望中央大學超過北京大學的殷切期望。他說：「今者北大同人，死者死、殺者殺、逃者逃，北大久不為北

1 《胡適日記全編1921-1922》，聯經出版事業有限公司，二〇〇四年，第七三二頁。

大；而南高經過東大時期而成中央大學，經費較昔日北大多三倍有餘，人才更為濟濟。我希望中央大學同人擔北大所負之責，激烈的謀文化革新，為全國文化重心。」[1]

六月十五日，在南京政府召開的大學委員會上，蔡元培首先發言主張將北京大學更名為「中華大學」、並且推薦李石僧為校長。為此，胡適堅決反對將北京大學更名為「中華大學」的提案，更反對任命李石僧為校長。由此而來，胡適被吳稚暉直指為「反革命」。

當天，胡適在日記中做了如下記述吳稚暉：「他直跳起來，離開座次，大聲說：『你本來就是反革命！』」[2] 然而，被吳稚暉這句話深深擊中的胡適，卻怎麼也無法入睡。於是，他提筆給吳稚暉寫了封信，該信全文如下：

稚暉先生：

令郎病狀如何？深盼他已見好了。

昨日會議席上，先生曾明對我說，「你就是反革命」。我不願置辯，因為我並不很懂得「反革命」三個字是什麼樣的罪名。我是一個糊塗人，到今天還不很明白今日所謂「革命」是怎樣一回事，所以也就不很明白「反革命」是怎樣一回事。今天從南京回來，就去尋前幾個月公布的《反革命治罪條例》，想做一點臨時抱佛腳的工夫；不料尋來尋去，這件法令總避不見面。我沒有法子，只好來求先生；倘萬一先生有空閒時間，務請先生顧念一點舊交情，指示我犯的是《治罪條例》第幾條，使我好早點準備，免得懵懵懂懂地把吃飯傢伙送掉了無法找回來。

1 《胡適日記全編1928-1929》，聯經出版事業有限公司，二〇〇四年，第一四四頁。
2 《胡適日記全編1928-1929》，聯經出版事業有限公司，二〇〇四年，第一八四頁。

這是性命交關的事，故敢麻煩先生，千萬請先生原諒。

胡適 十七，六，十六

六月二十九日，胡適出席在天津召開的中華教育文化基金會董事會年會。

七月三日，胡適攜全家去蘇州遊覽天平山、寒山寺等名勝。

七月的最後一天，胡適在中國公學舉辦演講，題目是「中國書的收集法」。

在該演講中，他提出了「雜貨店的收書法」，即：「明白地說，就是無書不收的收書法。不論什麼東西，只要是書，就一律都要」。甚至提出「《金瓶梅》這一部書，大家以為淫書，在禁止之列，其實也是極好的歷史材料。」對此，胡適進一步解釋說：「我們的確應該知道王陽明講些什麼學說，而同時《金瓶梅》中的東西亦應當知道的。因為王陽明和《金瓶梅》同是代表十五世紀到十六世紀一般的情形，在歷史上，有同樣的價值。無論是破銅爛鐵、竹頭木屑、好的壞的，一起都收。要知道歷史是整個的，無論哪一方面缺了，便不成整個。少了《金瓶梅》，知道王陽明，不能說是知道十六世紀的歷史；知道《金瓶梅》，去掉王陽明，也不能說是知道十六世紀的歷史。因此聖諭廣訓是史料，《品花寶鑒》也是史料，因為他講清朝一種男娼的風氣，兩者缺了一點，就不能算完全。我們還要知道歷史是繼續不斷的變遷的，要懂得他變遷的痕跡，更不能不曉得整個的歷史是怎樣。」[1]

八月六日，宋子文來訪胡適。面對媒體和議員們的壓力，宋子文不想繼續留任財政部長，讓胡代他撰寫一封辭職信。

九月二十八日至十月一日，胡適攜全家去杭州旅遊消暑。

1 參見《中國圖書館協會會報》，第六卷第五期。

十一月四日，顧頡剛致胡適的長函談到：「先生到廣東來講學的事，廣東青年固然非常盼望，但一班政客則欲利用為爭權奪利的機會。前旬某報上即有中央請先生為中大校長之說。所以然者何？現在兩校長都是外省人，本省的政客和學閥皆不願外省人作當地大學校長，日思乘隙而動，只因他們皆沒有大力者保護，所以未得如願。現在先生若來，他們必趁青年熱誠歡迎之際，嗾使黨徒擁戴先生為校長，達到驅逐原校長之計。先生不做，他們就在混亂中自己攫取。先生若做，他們過幾天再用對付前校長之法對付之。廣東地方主義的發達，為全國之最。外省人來此做事，無論你成績如何，他們總是不甘心的。我所以不願在廣東，這也是一個原因。我們幾年的努力，說不定被他們用幾天的功夫根本推翻。先生這一次不來，我覺得雖使此間青年大失望，而省卻一次風潮，也是好的。聞孟真還是一定要請先生來，他未免把事情看作太簡單了。」[1]十一日，胡適應邀去大夏大學演講，題目是「反省」。他的演講核心是反思中國文化和思想中的弊病。

十一月三十日，胡適當選為中華教育基金會董事會董事。三天後，到南京出席中華教育基金會董事會會議。

一九二九年一月三日，胡適出席了中華教育基金董事會第三次常委會。在會上，他已經任滿兩屆，按照董事會章程，他主動申請辭去董事一職。這一辭呈未獲批准。於是，胡適保證半年後再接受董事一職。（當年六月，胡適再次出席中華教育文化基金董事會會議，被增選為董事。）

一月十九日，胡適返回北京，出席梁啟超先生的遺體安葬儀式。然後在京會見各位友人，一直到二月二十五日他才返回上海。

二月四日，徐旭生宴請胡適，並且勸說他返回北京，繼續在北京大學任教。胡適表示眼下的北京大學缺

1 《胡適書信集》上，北京大學出版社，一九九六年。第四四四—四四五頁。

乏固定的經費和投資。他暫時還不想返回。

二月二十六日，在返回上海的火車上，他遇到了瑞典著名考古學家斯文赫定。這個斯文赫定同時還是瑞典諾貝爾獎委員會推薦委員會的成員和瑞典皇家學會會員，他早就得知胡適的大名和成就。當即詢問胡適是否願意接受諾貝爾文學獎候選人的提名？胡適則答覆卻是「如果他們因為我體長文學革命有功而選舉我，我不推辭」。[1]如此不卑不亢，和當時文學界的趨之若鶩的態度形成強烈反差！

六月三日，胡適應邀在上海大同中學作學術演講，題目是「哲學的將來」。在這次演講中，他提出：「過去的哲學只是幼稚的、錯誤的或失敗了的科學。」甚至到了晚年，胡適依然主張：

> 我有時自稱歷史家，有時自稱中國思想史家，但從來沒有自稱為哲學家。

顯然，畢業於哥倫比亞大學哲學系、取得哲學博士學位的胡適，深深知道自己實際上一直從事的是中國古代思想文化史的研究。這一定位也使得他在美國的大學中幾乎不再去哲學系尋求講座或者兼職，而是在東亞系和歷史系。畢竟「中國哲學」這個概念更多的只是少數知識份子之間的主觀認同，和西方學者相比，它更傾向於作為「東亞思想史」的組成部分之一而存在著。胡適對此有著非常清醒的認識。因為西方哲學體系中的那套數學和邏輯學幾乎在古代中國哲學體系中是個若有若無的存在。

從本年七月開始，到來年春，上海特別市第三區黨部發起的聲討和嚴懲胡適不良觀點的政治打壓，一日高過一日。胡適最後不得不從中國公學校長的位置上辭職。

---

1 《胡適日記全編1928-1929》，聯經出版事業有限公司，二〇〇四年，第五八三頁。

八月和九月的暑期中，胡適返回北京家中，躲避來自上海國民黨組織的政治迫害。

九月底又返回上海，繼續教學。

十月十日，胡適出席西湖博覽會。

總之，一九二九年的胡適，基本上是已經適應了上海的教學，生活也比較安定和愜意，但是後來出現的國民黨組織和宣傳系統對胡適言論的打擊迫使他不得不再次回到北京。詳細請見下一章。

一九三〇年一月二十八日，美國芝加哥大學約請胡適從當年六月開始到該校講課六次。同時，耶魯大學來信詢問他明年一月可否來校當訪問教授。兩天後，國民政府制定了新曆法，並且廢除傳統的舊曆法。胡適對此卻不以為然地說：「凡新政府的成立，第一要著是提倡民間正當的娛樂，使人民忘卻過渡期中的苦痛，而覺著生活的快樂。待到令行禁止後時期，然後徐徐改革，則功效自大。今日的政府無恩惠到民間，而偏要用全力剝奪民間的新年娛樂，令不能行而禁不能止，則政府的法令更受人輕視了。」[1]

胡適和弟子吳健雄合影（1931）

1 《胡適日記全編1930-1933》，聯經出版事業有限公司，二〇〇四年，第四八頁。

二月四日，平社成員在胡適家聚會。

四月十四日，胡適在致函友人信中說：「最後我要說一句我個人的信仰。我常說：『做學問要於不疑處有疑；待人要於有疑處不疑。』若不如此，必致視朋友為仇讎，視世界為荊天棘地。」[1]

五月十五日，中國公學董事會致函胡適如下：

適之校長先生：

謝謝先生兩年多在中公的努力。

兩年多的中公，無論從學生的數量上或思想上，都有很大的發展。無論何人，到於今不能不承認中國〔公學〕是中國較好的大學。然而這是兩年前將近破產的學校，把這個學校從破產中救了出來，使他有很大的發展，這是先生兩年多的努力。

我們知道中公因先生的努力，能有更大的發展，能從中國較好的大學，發展到世界著名的大學。但是我們知道國內外有許多人期望先生幾部大著作的寫定，寫定了幾部大著作，在世界文化史上，比辦什麼較好或著名的大學，尤為價值。所以我們雖再三強留先生，亦不甚願先生因為中公，耽誤著作。

我們知道先生早已打算為中公找到一位和先生同樣努力的理想校長，可以代替先生擔負發展中公的責任，讓先生專心寫定那幾部大的著作。但是我們知道這樣的代替人，不容易找到；代替人不曾找到，或是人找到了，卻不肯來替代，那麼，中公的師生必不輕易放先生走脫。所以我們雖再三允許先生找人，終於歉然的再三強留先生。

1 《胡適來往書信選》中，中國社會科學院近代史研究所編，社科文獻出版社，二〇一三年。

本年一月十二日校董會第四次常會席上，先生辭中公校長，推校董馬君武先生繼任。我們深信馬先生可以替代先生，但是他席上不允替代，因此我們不能平白放走一位理想校長，不能不議決：「非馬先生允任校長，不許胡校長辭職。」後來馬先生不肯到校，繼任校長無人，因此，我們不能不強留先生。四月十三日校董會第五次常會席上，先生又辭校長，馬先生又不允繼任，因此，我們又不能不強留先生。

自從先生把三月十二日開始寫定的《中古哲學史》逐篇油印，送給學校中幾個朋友，我們才知道先生「五十日寫成十萬字」，「三、四個月成書兩冊」。我們看見這「五十日寫成」的「十萬字」，聽見了「三、四個月成書兩冊」的預定計畫，不能不把這個可以中斷先生二、三十萬字大著作的預定計畫的中公校長問題趕快解決，讓先生在「明年一月赴美講學」以前，「專心結束」這部國內外人期望十年的世界名著及其他著作。因此，我們在五月五日校董會臨時會席上，幫同先生強勸馬先生允許繼任，因此，我們接受先生五月三日的辭職書，推選馬君武先生為中公校長。

我們希望先生的著作如期寫定，希望今後中公能有更大的發展，能隨先生的著作，在世界文化史上佔有重要的地位。

我們忘不了過去兩年多先生在中公的努力，我們要預約先生今後對於中公的繼續努力。我們為中公，為世界，祝先生的健康！

中國公學校董會代理董事長蔡元培　十九年五月十五日[1]

---

1 《胡適來往書信選》中，中國社會科學院近代史研究所編，社科文獻出版社，二〇一三年。

儘管挽留的誠意和呼聲如此之強，但是胡適知道來自國民黨和上海市各個高層機構對他的聲討已經展開，他已經開始考慮遠離這個城市了。

七月，胡適到南京出席中華文化教育基金委員會年會，他再次當選為該基金會編譯委員會委員長。

八月三日，日本漢學家神田喜一郎拜訪胡適，二人用中文暢談很久，胡適稱讚神田讀書多！七日開始，胡適攜全家乘船到青島避暑。十五日，中華文化基金會科學教育顧問委員會成員在胡適青島臨時的家中召開會議，核心討論中學教科書的編寫問題。第二天，胡適訪問青島大學。二十四日，剛從哈佛大學歸來的吳經熊轉告胡適：如今的美國只知道三個中國人，即蔣介石、宋子文和胡適。足見當時胡適在國外的知名度。

九月二十九日，胡適全家乘船返回天津港，因躲避颱風直到十月四日才到達北京。從

中華教育文化基金會董事合影（1930）

是十月七日開始，胡適正式租借米糧庫四號為在京自宅。

十月十日，北京大學派人送來聘書，決定再次聘請胡適出任北京大學文學院教授和院長。因為當時的北京大學校方已經得知馬上將由蔣夢麟出任北京大學校長了，而蔣則是胡適的友人和同學。正趕上胡適要遠離上海國民黨組織對他的政治聲討，他也樂得北京大學繼續給他接盤。

十月十七日，胡適應邀在北平協和醫學院作英文學術演講，題目是「What Is Philosophy?」

在這篇演講裏，他主張：「哲學所處理的，主要是人生以及人類行為裏一些令人困惑的問題，尋出它們的意義，並找出一些可以讓我們拿來普遍應用的的通則。」

十一月二十二日，當天的上海《民國日報》上刊發一文《談所謂言論自由》。該文直接針對胡適而來說：「最近見到中國有一位切求自由的所謂哲學博士在《倫敦泰晤士報》上發表一篇長長的論文，認為廢除不平等條約不是中國急切的要求。……在他個人無論是想借此取得帝國主義者的贊助和榮寵，或發揮他『遇見溥儀稱皇上』的自由，然而影響所及，究竟又如何呢？此其居心之險惡，行為之卑劣，真可以『不與共中國』了。」該文基本上反映了當時國民黨進步人士對胡適的看法。這也是他被當局視之為「反革命」的又一證據。

為此，當年十一月二十五日，胡適致函胡漢民，要求他「我盼望先生請這個人指出我在那一天的《倫敦泰晤士報》上發表過何種長長的文章或短短的文章，其中有這樣一句『居心險惡，行為卑劣』的話。倘蒙這個人把原來的報紙剪下寄給我看看，我格外感謝。」胡適並不認可他有過類似的言論。十二月九日，胡漢民秘書覆信答覆說：「《倫敦泰晤士報》即發表社說，稱述中國某哲學博士之言論，備言中國司法與政治種種不善……以反證中國政府要求撤銷領事裁判權之無當云。」也就是說，查無實證，以訛傳訛而已。胡適則立刻回函，要求胡漢民給出明確答覆和證據：「請先生指出我在何月何日的《倫敦泰晤士報》上發表一篇文字，其中有『廢除不平等條約不是中國急切的要求』的一句話。」[1]在此問題上，胡適據理力爭。他已經不在乎自己的工具理性和容忍的有無了，因為他已經他自己生活在一個侏儒的社會中，他必須抗爭！

十一月二十八日，胡適全家搬回北平，他也返回北京大學文學院任教。

在本月撰寫的《介紹我自己的思想》一文中，胡適再次給青年人提出規勸：「現在有人對你們說：『犧牲你們個人的自由，去求國家的自由！』我對你們說：『爭你們個人的自由，便是為國家爭自由！爭你們自己的人格，便是為國家爭人格！自由平等的國家不是一群奴才建造起來的。』」[2]

十二月五日，胡適拜訪美國漢學家福開森。第二天，胡適到中研院歷史語言研究所出席傅斯年給他舉辦的歡迎茶話會。七日，胡適主持召開北京大學哲學系歡飲會。

本年，哈佛燕京學社董事會擬聘請胡適出任社長，但是被他婉言謝絕。

1 《胡適來往書信選》中，中國社會科學院近代史研究所編，社科文獻出版社，二〇一三年。

2 參見《胡適文選》序文，亞東圖書館，一九三〇年。

第十九章
論指孫文獨裁違憲：胡適的知行觀及風波

一九二九年八月十三日，上海市第三區發起動議：要求撤銷胡適中國公學校長職務。二十五日，上海特別市執行委員會發出撤銷胡適中國公學校長的提案。二十九日，上海特別市執行委員會再次發出撤銷並嚴懲、拿辦中國公學校長胡適的申請。一個月內，三次行政動議和提案，都針對著胡適而來。但是理由卻基本相同。即；指控胡適「公然侮辱本黨總理、並詆毀本黨主義，背叛政府。」起因卻是胡適最近發表的三篇文章，即：《知難，行亦不易》、《人權與約法》和《我們什麼時候才可有憲法》。最核心還是第一篇文章。

孫中山在一九一八年出版的《孫文學說》一書中，首先從認識論角度探討革命成敗的原因，他沿用了中國古代知行關係的範疇與命題，提出了「知難行易」、「分知分行」等主張。在《孫文學說》一書中，孫中山首先用四章的篇幅批判了對國人影響甚深的「知易行難」舊說，接著又在第五章《知行總論》中正面闡述了「行易知難」的知行觀。

這個學說引起了胡適的反駁。一九二九年六月《新月》第二卷第四號發表了胡適的《知難，行亦不易》一文，該文中，胡適批評孫文哲學的「知難行易」之說，認為「此說不修正，專家政治決不會實現」。而他所謂的「專家政治」的主張，也就是他自己的「知難，行亦不易」之說。

在《知難，行亦不易》一文中，胡適首先闡明了寫作由來：「《孫文學說》的《自序》是民國七年十二月三十日在上海作的。次年五月初，我

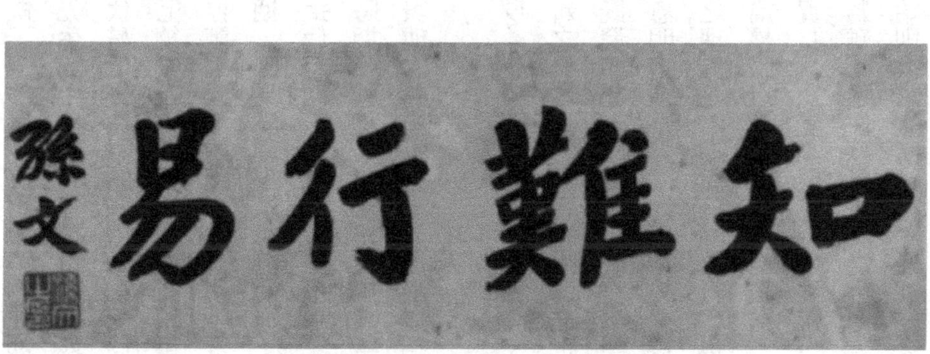

孫中山知行觀手書

到上海來接杜威先生；有一天，我同蔣夢麟先生去看中山先生，他說他新近做了一部書，快出版了。他那一天談的話便是概括地敘述他的『行易知難』的哲學。後來杜威先生去看中山先生，中山談的也是這番道理。大概此書作於七年下半，成於八年春間。至六七月間，始印成出版。這個時代是值得注意的。中山先生於七年五月間非常國會辭去大元帥之職；那時舊式軍閥把持軍政府，中山雖做了七總裁之一，實際上沒有做事的機會，後來只好連總裁也不做了，搬到上海來住。這時候，世界大戰爭剛才停戰，巴黎的和會還未開，全世界都感覺一種猛烈的興奮，都希望有一個改造的新世界。中山先生在這個時期，眼見安福部橫行於北方，桂系軍閥把持於南方，他卻專心計畫，想替中國定下一個根本建設的大方略。這個時期正是他邀了一班專家，著手做《建國方略》的時候。他的《實業計畫》的一部分，此時正在草創的時期；其英文的略稿成於八年的一月。他在發表這個大規模的《建國方略》之前，先著作這一部導言，先發表他的『學說』，先提出這『行易知難』的哲學。」

而孫中山在《孫文學說》中的《建國方略》第五章知行總論中提出「行之非艱，知之惟艱」理論。又名「知難行易學說」。他說：「陽明『知行合一』之說，不過不能阻朝氣方新之日本耳，未嘗有以助之也；而施之暮氣既深之中國，則適足以害之矣。夫『知行合一』之說，若於科學既發明之世，指一時代一事業而言，則甚為適當；然陽明乃合知行於一人之身，則殊不通於今日矣。以科學愈明，則一人之知行相去愈遠，不獨知者不必自行，行者不必自知，即同為一知一行，而以經濟學分工專職之理施之，亦有分知分行者也。然則陽明『知行合一』之說，不合於實踐之科學也。予之所以不憚其煩，連篇累牘以求發明『行易知難』之理者，蓋以此為救中國必由之道也。夫中國近代之積弱不振、奄奄待斃者，實為『知之非艱，行之惟艱』一說誤之也。此說深中於學者之心理。由學者而傳於羣眾，則以難為易，以易為難；遂使暮氣畏難之中國，畏其所不當畏，而不畏其所當畏。由是易者則避而遠之，而難者又趨而近之。始則欲求知而後行，及其知之不可得也，則惟有望洋興歎，而放去一切而已。間有不屈不撓之士，費盡生平之力以求得一知者，而又以行之為尤難，則雖知之而仍不敢行之。如是不知固不欲行，而知之又不敢行，則天下事無可為者矣，此中國積弱衰敗之原因也。夫畏難本無害也，正以有畏難之心，乃適足導人於節勞省事，以取效呈功。此為經濟之原理，亦人生之利便也。惟有難易倒置，使欲趨避者無所適從，斯為害矣。」

胡適則主張：

中山先生的「學說」只是「行易知難」四個字。他舉了十項證據來證明他的學說：（一）飲食（二）用錢（三）作文（四）建築（五）造船（六）長城與歐洲的戰壕（七）運河（八）電學（九）化學製造品：豆腐，磁器（十）進化。這十項證據，原書說的很詳細，不用我來詳細說明了。這十項之中，有幾項是證明「不知亦能行」的，如飲食，嬰孩一墮地便能做，雞雛一離蛋殼便能做，但近世的科學專家到今日尚不能知道飲食的種種奧妙。但大部分的證據都是證明知識之難能而可貴的，如造船，施工建造並不為難。所難者繪圖設計耳。倘計畫既定，按圖施工，則成效可指日而待矣。[1]

孫中山又提出：「第一、革命必須有唯一之領袖，然後才能提挈得起，如身使臂，臂使指，成為強有力之團體人格；第二、革命黨不能群龍無首，或互爭雄長，必須在唯一領袖之下絕對服從；第三、孫先生代表是我，我是推翻專制，建立共和，首倡而實行者。如離開我而講共和，講民主，則是南轅而北其轍。忠心革命同志不應作『服從個人』看法，一有此想，便是錯誤。我為貫徹革命目的，必須要求同志服從我；第四、

1 見一九二九年六月《新月》第二卷第四號。

再舉革命，非我不行。同志要再舉革命，非服從我不行，這絕無退讓之餘地」。

孫中山還主張：「以五院制為中央政府：一曰行政院，二曰立法院，三曰司法院，四曰考試院，五曰監察院。憲法制定之後，由各縣人民投票選舉總統以組織行政院，選舉代議士以組織立法院，其餘三院之院長由總統得立法院之同意而委任之，但不對總統、立法院負責，而五院皆對於國民大會負責。各院人員失職，由監察院向國民大會彈劾之；而監察院人員失職，則國民大會自行彈劾而罷黜之。國民大會職權，專司憲法之修改，及制裁公僕之失職。國民大會及五院職員，與夫全國大小官吏，其資格皆由考試院定之。此五權憲法也。」

顯然，在胡適看來，這些都是獨裁，都是非自由的。

胡適一針見血地指出：「所以『行易知難』的學說的真意義只是要使人信仰先覺，服從領袖，奉行不悖。中山先生著書的本意只是要說：『服從我，奉行我的《建國方略》。』他雖然沒有這樣明說，然而他在本書的第六章之後，附錄《陳英士致黃克強書》，此書便是明明白白地要人信仰孫中山，奉行不悖。英士先生在此書裏痛哭流涕地指出國民黨第五次重大之失敗都是因為他們『認中山之理想為誤而反對之，致於失敗』。」[1]

胡適看到了孫中山這一理論的背後，就是以孫氏個人獨裁來取代清政權的王朝政治制度。

進而，胡適從學理的角度上指出了孫中山此說的錯誤所在：「行易知難說的根本錯誤在於把『知』『行』分的太分明。中山的本意只要教人尊重先知先覺，教人服從領袖者，但他的說話很多語病，不知不覺地把『知』『行』分做兩件事，分作兩種人做的兩類的事。這是很不幸的。因為絕大部分的知識是不能同

1 見一九二九年六月《新月》第二卷第四號。

『行』分離的，尤其是社會科學的知識。這絕大部分的知識都是從實際經驗（行）上得來：知一點，行一點；行一點，更知一點，——越行越知，越知越行，方才有這點子知識。三家村的豆腐公也不是完全沒有知識；他做豆腐的知識比我們大學博士高明的多多。建築高大洋房的工人也不是完全沒有知識；他們的本事也是越知越行，越行越知，所以才有巧工巧匠出來。至於社會科學的知識，更是知行分不開的。五權與九權的憲法，都不是學者的抽象理想，都只是某國某民族的實行的經驗的結果。政治學者研究的對象只是歷史，制度，事實，——都是『行』的成績。行的成績便是知，知的作用便是幫助行，指導行，改善行。政治家雖然重在實行，但一個制度或政策的施行，都應該服從專家的指示，根據實際的利弊，隨時修正改革，這修正補救便是越行越知，越知越行，便是知行不能分開。」[1]

《新月》月刊在第二卷第二期上發表了胡適《人權與約法》一文。

在該文中，胡適提出：「四月二十日國民政府下了一道保障人權的命令，全文是：『世界各國人權均受法律之保障。當此訓政開始，法治基礎亟宜確立。凡中華民國法權管轄之內，無論個人或團體均不得以非法行為侵害他人身體，自由，及財產。違者即依法嚴行懲辦不貸。著行政司法各院通飭一體遵照。此令。』在這個人人權被剝奪幾乎沒有絲毫餘剩的時候，忽然有明令保障人權的盛舉，我們老百姓自然是喜出望外。但我們歡喜一陣之後，揩揩眼鏡，仔細重讀這道命令，便不能不感覺大失望。失望之點是：第一。這道命令認『人權』為『身體，自由，財產』三項，但這三項都沒有明確規定。就如『自由』究竟是哪幾種自由？又如『財產』究竟受怎樣的保障？這都是很重要的缺點。第二，命令所禁止的只是『個人或團體』，而並不曾提及政府機關。個人或團體固然不得以非法行為侵害他人身體自由及財產，但今日我們最感覺痛苦的是種種政

1 見《新月》，第二卷第四號。

府機關或假借政府與黨部的機關侵害人民的身體自由及財產。如今日言論出版自由之受干涉，如各地私人財產之被沒收，如近日各地電氣工業之被沒收，都是以政府機關的名義執行的。四月二十日的命令對于這一方面完全沒有給人民什麼保障。這豈不是『只許州官放火，不許百姓點燈』嗎？第三，命令中說，『違者即依法嚴行懲辦不貸』，所謂『依法』是依什麼法？我們就不知道今日有何種法律可以保障人民的人權。中華民國刑法固然有『妨害自由罪』等章，但種種妨害若以政府或黨部名義行之，人民便完全沒有保障了。」

最後，胡適主張：「中山先生的建國大綱雖沒有明說『約法』，但我們研究他民國十三年以前的言論，可以知道他決不會相信統治這樣一個大國可以不用一個根本大法的。況且建國大綱裏遺漏的東西多著哩。如二十一條說『憲法未頒布以前，各院長皆歸總統任免』，是訓政時期有『總統』，而全篇中不說總統如何產生。又如民國十三年一月國民黨第一次代表大會宣言已有『以黨為掌握政權之中樞』的話，而是年四月十二中山先生草定建國大綱全文二十五條中沒有一句話提到一黨專政的。這都可見建國大綱不過是中山先生一時想到的一個方案，並不是應有盡有的，也不是應無盡無的。大綱所有，早已因時勢而改動了。（如十九條五院之設立在憲政開始時期，而去年已設立五院了。）大綱所無，又何妨因時勢的需要而設立呢？我們今日需要一個約法，需要中山先生說的『規定人民之權利義務與革命政府之統治權』的一個約法。我們要一個約法來規定政府的權限：過此權限，便是『非法行為』。我們要一個約法來規定人民的『身體，自由，及財產』的保障：有侵犯這法定的人權的，無論是一百五十二旅的連長或國民政府的主席，人民都可以控告，都得受法律的制裁。」

在新文化運動時期，胡適的自由主義說擁有極大的影響力。他的《易卜生主義》被譽為「個性解放的宣言」。對中國人來說，爭取個性解放，在當時就是爭取自由最核心的問題。胡適認為：個性主義首先個人要有自由意志。這是自由主義最基本的信條。沒有了自由意志，自由就無從談起。

接著，他強調個性主義就是要對自己負責。

在《非個人主義的新生活》一文中，胡適明確地說：個性主義「一是獨立思想……二是個人對於自己思想信仰的結果要負完全的責任。」可以肯定地說，胡適的上述主張得到了當時追求自由的中國知識精英和普通百姓的一致認同。他延續了從嚴復到梁啟超的自由主義價值觀。因此，胡適向青年們指出：「爭你們個人的自由，便是為國家爭自由！爭你們自己的人格，便是為國家爭人格！」[1]

在《人權與約法》一文中，胡適還舉出許多國民政府、尤其是地方國民黨組織踐踏人權的事實，他說：「我們要一個約法來規定政府的許可權，過此許可權，便是『非法行為』。我們要一個約法來規定人民的『身體、自由及財產』的保障，有侵犯這法定的人權的，無論是一百五十二旅的連長或國民政府的主席，人民都可以控告，都得受法律的制載，」

接著發表的《我們什麼時候才可有憲法》、《知難，行亦不易》、《新文化運動與國民黨》等文章，批評國民黨及其領袖的反自由的反動傾向。

在《我們要我們的自由》這篇文稿裏胡適說：「近兩年來，國人都感覺輿論的不自由。在『調政』的旗幟之下，在『維持共信』的口號之下，一切言論自由和出版自由都得受種種的鉗制。異己便是反動，批評便是反革命」。這就深刻揭露了國民黨組織的獨裁和反自由的本質。他還說：「我們是愛自由的人，我們要我們的思想自由，言論自由，出版自由。」[2]

由此，胡適的言行就深深地激怒了國民黨宣傳和黨務部門！為此，一九二九年九月二十二日，胡適被國

1 參見《胡適文選》序文，亞東圖書館，一九三〇年。
2 參見《胡適文選》序文，亞東圖書館，一九三〇年。

民黨中訓部正式發文，點名批判。該文如下：

《中訓部函國府飭教部警告胡適並令大學教員研究黨義》

胡適發表《知難行不易》文，誤解本黨主義、總理學說。不明我國社會情形，超出學術研究範圍，泛言空論，錯誤甚多，失大學校長尊嚴，使社會對黨政受不良影響，請令飭教部嚴加警告。

當天的《申報》也跟進報導：「【本報南京電】中央訓練部據各級黨部電呈，胡適誤解黨義，不審社會實情，放言空論。二十一日特函區府，飭令教部加以警告，並通飭全國各大學校長，切督率教職員，詳細研究黨義，以免再有與此類似之謬見解發生。」

一時間，北京、天津等地乃至於全國的黨部和報刊上，都大量出現了類似的要求嚴懲胡適的文章和聲浪。五十年代大陸全國範圍的批判胡適運動，可以說比國民黨全國範圍的批判胡適運動晚了二十年！

因為胡適的幾篇針對性文章全部收錄在《胡適文存》中，故此各地開始查禁此書。為此，胡適致函北京教育總長，信中說：「六月八日見著先生和少川先生時，曾以警廳禁賣《胡適文存》的事奉詢，蒙先生允為訪問；過了兩天，夢麟先生代達尊意，說已代詢過內務部及警廳，據云，《胡適文存》及《獨秀文存》並未曾禁賣；並云，前次向各書店收去檢閱的書，均已發還原店了。當時我自然很覺得滿意；但迄今已近一月，而員警仍在干涉各書攤，不許他們發賣這兩部書，前次沒收的書也並不曾發還。我曾把先生轉告的話說給一兩家書攤掌櫃的，他們信以為真，就試把一兩部《胡適文存》擺出來看看。不料各區員警署仍派便衣偵探干涉此書，不准售賣。我想再奉托先生再為一問，究竟北京的政令是什麼機關作主，究竟我的書為什麼不許售賣？禁賣書籍為什麼不正式佈告該禁的理由？為什麼要沒收小販子出錢買來的書？我所知道的，南城有一家書攤被收去《胡適文存》三部，《獨秀文存》七部。西城錦什坊街有一家被收去兩種文存約十幾部，我很盼望先生替我一問。因為現在各書攤的掌櫃的疑心我說誑；我既然不便疑心夢麟先生和先生說誑，自然只好請先生再為一問了。」1

然而，事情並未完，一直到十月四日，教育部長蔣夢麟正式致函中國公學發佈第一二八二號令如下：

事由：「該校長言論不合，奉令警告」

教育部訓令字第一二八二號令中國公學

為令飭事：奉行政院第三二七六號訓令，開案奉國民政府訓令，內開：案准中央執行委員會訓練部函開：

敬啓者：

頃奉中央常會交下上海特別市執行委員會來呈一件，內稱：「案據職會屬第三區黨部呈稱：查屬區第三次全區代表大會決議案呈稱滬市執行委員會轉呈中央，咨請國民政府令飭教育部將中國公學校長胡適撤職懲處案」，附具理由：

「胡適藉五四運動倡導新學之名，博得一般青年隨聲附和，迄今十餘年來，非惟思想沒有進境，抑且以頭腦之頑舊，迷惑青年。新近充任中國公學校長，對於學生社會政治運動多所阻撓，實屬行為反動，益將該胡適撤職懲處，以利青運。等因，合亟繕呈鈞會，祈察核棘呈」，等情前來。

查胡適近年以來刊發言論，每多悖謬，如刊載《新月》雜誌之《人權與約法》、《知難行

1 《胡適書信集》上，北京大學出版社，一九九六年，第三三二—三三三頁。

亦不易》、《我們什麼時候才可有憲法》等等，大都陳腐荒怪，而往往語侵個人，任情指摘，足以引起人民對於政府惡感或輕視之影響。夫以胡適如是之悖謬，乃任之為國立學校之校長，其訓有所被，尤多陷於腐舊荒怪之途。為政府計，為學校計，胡適殊不能使之再長中國公學。而為糾繩學者發言計，又不能不予以相當之懲處。該會所請，不為無見，茲經職會第四十七次常會議決，准予轉呈在案，理合備文呈稱鈞會，祈鑒核施行等因。

查胡適年來言論確有不合，如最近《新月》雜誌發表之《人權與約法》、《我們什麼時候才可以有憲法》及《知難行亦不易》等篇，不諳國內社會實際情況，誤解本黨黨義及總理學說，並溢出討論範圍，放言空論。按本黨黨義博大精深，自不厭黨內外人士反覆研究探討，以期有所引申發明。惟胡適身居大學校長，不但誤解黨義，且逾越學術研究範圍，任意攻擊，其影響所及，既失大學校長尊嚴，並易使社會缺乏定見之人民，對黨政生不良印象。自不能不加以糾正，以昭警戒。為此擬請貴府轉飭教育部對於中國公學校長胡適言論不合之處，加以警告。並通飭全國各大學校長切實督率教職員詳細精研本黨黨義，以免再有與此類似之謬誤見解發生。事關黨義，至希查核辦理為荷。

等由，准此，自應照辦，除函覆外，合行令仰該院轉飭教育部分別遵照辦理。

等因，奉此，合行令仰該部即便分別遵照辦理，此令。

等因，合行令仰該校長知照。此令。

中華民國十八年十月四日部長[1]

1 引見《胡適書信集》上，北京大學出版社，一九九六年，第四九三—四九四頁。

胡適在閱讀了上述訓令之後，十月七日，他直接致函教育部長蔣夢麟，該信全文如下：

夢麟部長先生：

十月四日的「該校長言論不合，奉令警告」的部令，已讀過了。這件事完全是我胡適個人的事，我做了三篇文章，用的是我自己的姓名，與中國公學何干？

你為什麼「令中國公學」？該令殊屬不合，故將原件退回。

又該令文中引了六件公文，其中我的罪名殊不一致。我看了完全不懂得此令用意何在？究竟我是為了言論「悖謬」應受警告呢？還是僅僅為了言論「不合」呢？還是為了「頭腦之頑舊」「思想沒有進境」呢？還是為了「放言空論」呢？還是為了「語侵個人」呢？（既為「空論」，則不得為「語侵個人」；既為「語侵個人」，則不得為「空論」。）若云「誤解黨義」，則應指出說在那一點；若云「語侵個人」，則應指出我的文字得罪了什麼人。貴部下次來文，千萬明白指示。若下次來文仍是這樣含糊籠統，則不得謂為「警告」，更不得謂為「糾正」。我只好依舊退還貴部。

又該令文所引文件中有別字二處，又誤稱我為「國立學校之校長」一處，皆應校改。

胡適 十八，十，七[1]

到了十一月十八日，胡適又特意撰寫了《新文化運動與國民黨》一文。在該文中，他意圖專門討論「在近年的新文化運動史上國民黨占什麼地位」這樣一個大問題。然而，

1 《胡適書信集》上，北京大學出版社，一九九六年，第四九二頁。

他得出的結論卻是：「從新文化運動的立場看來，國民黨是反動的。」並且指出國民黨：「一半固然是因為政治上的設施不能滿足人民的期望，一半卻是因為思想的僵化不能吸引前進的思想界的同情」。[1]顯然，這都是他在答覆上海市和教育部、中訓部等官方機構針對他的打壓而來。

雙方的對立態度引起了國民黨中央執行委員的關注。

一九三〇年一月二十日和二十六日，上海特別市黨部先後兩次繼續發文要求政府拿辦胡適，並且提出查封胡適任股東的新月書店。於是，到了一九三〇年二月五日，國民黨中央執行委員秘書處發佈第一二八一號公函，要求：

> 「呈請徹查吳淞中國公學辦理情況」一案。奉批，「交教育部派員稽查具報」。除函覆外，特抄同原呈函請查照辦理見覆！

胡適在之江大學演講前留影（1929）

1 參見《新月》，第二卷第一〇號。

此致教育部。

二月六日，強權之下，胡適決定辭去中國公學校長一職，由馬君武接替。此事可以說轟動全國。於是，周作人立刻致函胡適，歡迎他返回北京大學任教。然而，胡適認為當時的北京大環境也不適合，於是，在當年九月四日，胡適給周作人覆信說：

啟明兄：

謝謝你的長信，更謝謝你的原意。

我此時不想到北京來，有幾層原因：一是因為怕「搬窮」，我此刻的經濟狀況，真禁不起再搬家了。二是因為一年以來住慣了物質設備較高的上海，回看北京的塵上有點畏懼。三是因為黨部有人攻擊我，我不願連累北大做反革命的逃。前幾天百年兄來邀我回北京去，正是上海市黨部二次決議要嚴辦我的議案發表的一天，我請他看，說明此時不願回去的理由，他也能諒解。俟將來局面稍稍安定，我大概總還是回來的。

胡適 九，四[1]

胡適還否定了周作人來信中所謂的「交淺言深」之說。他特別表明：「生平對於君家昆弟，只有最誠意的敬愛」云云。

一九三〇年四月十日，胡適在《我們走那條路》一文中提出自己的目標是：「要剷除打倒的是貧窮、疾

1 《胡適書信集》上，北京大學出版社，一九九六年，第四八九頁。

病、愚昧、貪污、擾亂五大仇敵」。[1]三十日，在給楊杏佛的信上，胡適說：「我受了十餘年的罵，從來不怨恨罵我的人。有時他們罵得不中肯，我反替他們著急。有時他們罵得太過火了，反損罵者自己的人格，我更替他們不安。如果罵我而使罵者有益，便是我間接於他有恩了，我自然很情願挨罵。如果有人說，吃胡適一塊肉可以延壽一年半年，我也情願自己割下來送給他，並且祝福他。」[2]顯然，這些都是胡適對國民黨打壓他的答覆。

六月，胡適返回北京。七日，胡適去北京大學出席那裏主辦的中國圖書館協會年會。胡適再開幕式上受邀演講，他演講的題目是「收集圖書的方法」。

會後，北京大學代理校長親自拜訪胡適，在此邀請他返回北京大學任教。寧且特地安排了一場學術演講。結果這場學術演講來人爆滿，引起全校師生轟動。

七月二日，胡適去南京出席中華教育基金會董事會年會，並且當選為該機構編譯委員會委員長。

九月十日，胡適返回北京，臨時住在任叔永家中。在此期間，他多次和北京大學代理校長會面，洽談恢復聘請和具體工作的安排。

十一月初，胡適返回上海家中整理行李，做好離開上海返回北京的準備。二十八日，胡適全家乘火車搬回北京，全部行李、圖書等全部由水路運到天津，再轉運回北京。居然一個送行的朋友都沒有！足見當時上海對胡適打擊的政治形勢的緊張。

1 參見《新月》，第二卷第一〇號。

2 《胡適書信集》上，北京大學出版社，一九九六年，第五〇九頁。

第二十章
北大文學院院長時期的胡適

一九三一年一月二日，胡適看望在京新月書店負責人陳衡粹，祝賀他三十歲生日。

一月四日，徐志摩從上海來京，住胡適家中。五日，在日記裏記下了胡適和陳衡哲的談話：「與莎菲談，她說Love是人生唯一的事；我說Love只是人生的一件事，只是人生許多活動之一而已，她說：『這是因為你是男子。』其實，今日許多少年人都誤在輕信Love是人生唯一的事。」[1]當晚，胡適乘火車南下上海。

一月七日，胡適出席在上海召開的中華教育文化基金董事會會議。這次會議核心問題是討論給與北京大學多少補助費的問題。十一日，會議結束後，胡適返回北平，再次就任北京大學文學院教授。二十四日，胡適攜全家乘船到青島度假。二十七日，胡適在青島大學禮堂發表演講，題目是「文化史上的山東」，核心是談齊魯文化的考古學區別。當天聽眾很多，禮堂爆滿。二十九日晚，胡適返回北京。

二月七日，胡適致函蔣夢麟說：「上學期百年先生與真如先生要我擔任北大的中國中古思想史，我允於這學期講兩點鐘。當時我曾說明，這兩點鐘我不願受薪俸：一來是因為我在文化基金會是專任，不應受薪俸；二來是北大為兩點鐘而送我教授俸，殊屬浪費，此例殊不可開，即有此例，我也不願受。所以我很誠懇的請求先生許我不受薪俸。倘不蒙允許，我寧可不教書了。」[2]看起來，當時胡適經濟並不拮据，稿費和文化基金的董事收入就已經遠遠高過了北京大學教授的工資。十日，北京大學新學期開始，本學期，胡適新開課程是「中國中古思想史」，讓胡適感到意外的是居然選修的學生達到了將近四百人！各個學院的都有，還有其他大學來選修的。十八日，胡適在日記中記載：「下午孟真來談古史事，爾綱也參加。孟真原文中每每舊的材料本是死的，而一加直接所得可信材料之若干點，則登時變成活的。此意最重要。爾綱此時尚不能承

1 《胡適日記全編1930-1933》，聯經出版事業有限公司，二〇〇四年，第四一九頁。

2 《胡適書信集》上，北京大學出版社，一九九六年，第五三五頁。

受此說。」[1]

四月二日，胡適閱讀當天《大公報》的消息：河北省教育界選舉，選出議會代表六人，其中有胡夢華，注明是昌平人。胡適覺得有些好笑。就在日記中寫下：「《大公報》函中說胡夢華即胡昭佐，是績溪宅坦人，向來自稱胡適之的侄兒，但現在做了河北昌平人了！」[2]

六月十八日，應楊樹達之約，胡適寫詩紀念葉德輝。

七月三十日上午，北京警方查封新月書店。胡適立刻給公安局寫信，並且保釋全部店員。下午，書店恢復正常。

八月五日，中國教育基金董事會成立北京大學合作研究特款顧問委員會，胡適任主席，負責審查北京大學科研經費的申請和使用問題。六日至十七日，應丁文江之約，胡適攜全家到秦皇島避暑。前此，一九二二年四月二十六日，丁文江曾致函胡適：「我北戴河的房子，下月底可以租好。家眷總在六月初搬去，到那時候請你不要變卦，決計同我們同去。」[3]這到秦皇島則是履行前面的相互約定。

八月十九日，胡適親自致函翁文灝、張子高，只為了解決青年學生吳晗的生活困境。胡適大力提拔年輕人在此得到盡情表現。

詠霓、子高兩兄：

清華今年取了的轉學之中，有一個吳春晗，是中國公學轉來的，他是一個很有成績的學生，

1 《胡適日記全編1930-1933》，聯經出版事業有限公司，二〇〇四年，第四九五頁。

2 《胡適日記全編1930-1933》，聯經出版事業有限公司，二〇〇四年，第五五六頁。

3 《胡適來往書信選》上，中國社會科學院近代史研究所編，社科文獻出版社，二〇一三年。

中國舊文史的根柢很好。他有幾種研究，都很可觀，今年他在燕大圖書館做工，自己編成《胡應麟年譜》一部，功力判斷都不弱。

此人家境貧、本想半工半讀，但他在清華無熟人，恐難急切得工作的機會。所以我寫這信懇求兩兄特別留意此人，給他一個工讀的機會，他若沒有工作的機會，就不能入學了。

我勸他決定入學，並許他代求兩兄幫忙。

此事倘蒙兩兄大力相助，我真感激不盡。附上他的《胡應麟年譜》冊，或可覘他的學力。稿請便中仍賜還。

匆匆奉求，即便中示覆為感。

他的稿本可否請清華史學系、中國文學系的教授一閱？也許他們用得著這樣的人作「助手」。

弟胡適 二十，八，十九[1]

九月十四日，這一天是北京大學第三學期開學，蔣夢麟正式出任北京大學校長。胡適在北京曾和陳垣閒談，陳垣曾

1《胡適書信集》上，北京大學出版社，一九九六年，第五五五頁。

胡適和陳垣在家中合影（1931）

問胡適：「漢學正統此時在西京呢？還在巴黎？」結果是二人「相對歎氣，盼望十年之後也許可以在北京了！」[1]

當天，胡適在北京大學新學期開學典禮上作了演說：「北大前此只有虛名，以後全看我們能否做到一點實際。以前『大』，只是矮人國裏出頭，以後須十分努力。因會上有人曾說我們要做到學術上的獨立。我說，此事談何容易？別說理科法科，即文科中的中國學，我們此時還落人後。」[2]

十一月十一日，胡適致函宋子文，談針對日本政府提出的五項原則，他對國民政府與日本交涉東三省善後問題的看法和建議。十三日，胡適生病，不能出席當天蔣介石主持召開的財政委員會會議。為此，他緊急致電蔣介石說明情況。

一九三二年一月，胡適到上海出席中華教育文化基金董事會會議。

二月十五日，胡適到協和醫院治病，然後出席協和醫院董事會會議。當天，胡適正式出任北京大學文學院院長。

三月，傅斯年和胡適決定創辦《獨立評論》，作為自己的一個政治主張的陣地。事前，胡適曾致函北京市負責期刊審批的鮑玉麟局長，該信如下：

書征局長先生：

敬啟者：

我們幾個朋友要辦一個週報，定名為《獨立評論》。負責編輯的人，除我之外，尚有丁文

1 《胡適日記全編1930-1933》，聯經出版事業有限公司，二〇〇四年，第六〇四頁。

2 《胡適日記全編1930-1933》，聯經出版事業有限公司，二〇〇四年，第六〇四頁。

江、蔣廷黻、傅斯年諸君。

因我臥病醫院中，故尚未向貴局立案。

胡適[1]

顯然，胡適再利用自己的社會名人效應，希望可以快速批准《獨立評論》創刊和發行。因為，前面我們說過胡適每到一個地方長期居住，無論是為了工作或者生活，肯定要聯合同仁創刊一家期刊。《獨立評論》的出現再次證明了我們的結論。

五月十三日，胡適致函《探討與批判》編輯部，答覆讀者質疑：

編輯先生：

承貴社贈我《探討與批判》一、二兩期，都收到了，多謝多謝。

在第二期的《國立各校罷課問題與庚款》一文裏，我想替先生們指出兩點，都是由於不曾調查事實的錯誤：

（一）此文的作者發問：「難道國立各校的同學們沒有擔負一切學費，如私立學校的同學們一樣麼？」作者何不費半日工夫去調查各校的實情？北平國立各校的學、宿等費本來就是最輕微的，然而實際上能收到學、宿費的有幾個學校呢？北京大學每年預算九十萬，但全校學費（除了災區、國難區免費之外）只有一萬二千元，只占千分之十三而已。先生，我們沒有做到免費的小學教育，可是已快做到完全免費的大學教育了，豈不是開世界風氣之先嗎？

1 《胡適來往書信選》中，中國社會科學院近代史研究所編，社科文獻出版社，二〇一三年。

（二）此文作者又發問：「為什麼胡適、任鴻雋等可以支配中美庚款補助留學生及其他文化事業？為什麼中美庚款只補助清華大學？為什麼這一切一切的庚款用途等等大小賬目至今未有一次公諸社會？為什麼一切庚款的保管者、支配者，到今天沒有聽到更換過？」先生們既然要討論這些問題，最好先調查一點事實，作討論的根據。胡適、任鴻雋等是正式保管中美庚款的董事，他們的許可權是有明文規定的，他們的任期是有一定的長短的，董事的按期改選是每年公佈的，——最近一月八日蔣夢麟、趙元任兩董事辭職，改選周詒春，徐新六兩君，作者難道沒有看見報紙上的公佈？至於一九〇八年第一次退還的中美庚款專用於清華大學，這事的歷史已有二十四年之久了，作者難道也不曾聽見過？至於中美庚款的「用途等等大小賬目」，中華教育文化基金董事會每年印有詳細報告，都有中外會計師的審查報告的證明，國內外的公共圖書館都藏有此項報告書，作者只須向南長街二十二號函索，就可以得一全份。

匆匆，敬問大安

胡適上　二十一，五，十三[1]

七月，胡適到上海出席中華教育文化基金會董事會會議。

就在北京大學第一學期結束前，作為文學院院長的胡適，解聘了包括蒙文通、林損、馬裕藻在內的幾個教授。此事頗為引人注意。根據錢穆晚年的回憶：「在余初到之年，北大歷史系開會，適之為文學院院長，曾言辨文學院實則只是辦歷史系。因其時適之已主張哲學關門，則哲學系宜非所重。又文學系仍多治舊文學者掌教，一時未能排除。……適之告余，秋後蒙文通將不續聘。余答，君乃北大文學院長，此事與歷史系主

1　《胡適來往書信選》中，中國社會科學院近代史研究所編，社科文獻出版社，二〇一三年。

任商之即得，余絕無權過問。且文通來北大，乃由錫予推薦。若欲轉告文通，宜以告之錫予為是。而適之語終不已。謂文通上堂，學生有不懂其所語者。余曰，文通所授為必修課，學生多，宜有此事。班中學生有優劣，優者如某某幾人，余知彼等決不向君有此語。若班中劣等生，果有此語，亦不當據為選擇教師之標準。在北大尤其然。在君為文學院長時更應然。適之語終不已。余曰，文通所任，乃魏南北朝及隋唐兩時期之斷代史。余敢言，以余所知，果文通離職，至少在三年內，當物色不到一繼任人選。其他余無可言。兩人終不歡而散。文通在北大歷史系任教有年，而始終未去適之家一次，此亦稀有之事也。」在《一九三四年的年譜》一文中，胡適總結說他對北京大學的貢獻，則是：「這一年北大方面的改革有一點足記：……中國文學系減去三個教授……」[1]

十一月二十五日晚，胡適從北平乘火車南下。二十七日晚，抵達武昌。二十八日上午，胡適參觀武漢大學。在當地的書店，他購買了一套馮友蘭的《中國哲學史》。根據十一月二十八日《武漢日報》的報導：「北京大學文學院長兼中華教育文化基金會董事會秘書胡適之博士，應武漢大學之約，於二十七日乘平漢快車抵漢，即赴武昌下榻珞珈山武大招待所，聞胡氏此次系代表文基會視察該會在武大所設生物物理植物動物各講座及設備，並將舉行學術講演云。」

二十八日的當晚，在武昌，胡適第一次與蔣介石見面，蔣介石設家宴宴請胡適。[2]在胡適日記中，特別記載了這次談話內容。如下：

蔣介石先生要同我談談哲學，他先把他著的五小《力行叢書》送給我看。其中第四冊為「自

1 《胡適日記全編1934-1939》，聯經出版事業有限公司，二〇〇四年，第一六〇頁。

2 任育德論文中主張是一九三二年十一月十八日，參見《國史館館刊》，第三〇期一〇七頁。顯然這是不符合實際的。

述研究革命哲學經過的階段」比較最扼要。他想把王陽明「知行合一」「致良知」的道理來闡明我們總理「知難行易」的學說。他解釋中山先生的「知難行易」是要人服從領袖（服從孫文），此說似是採用我的解釋。他似乎也明白陽明與中山的思想有根本不同；如說：照這樣說，王陽明所講「良知」的知是人的良心上的知覺，不待外求；而總理所講「知難」的知，是一切學問的知識，是不易強求；而知識的「知」不必人人去求，只在人人去「行」。我們理解了這點，便知總理所講的「知難行易」的知，同王陽明所講的「致良知」與「知行合一」的知，其為知的本體雖有不同，而其作用是要人人去行，就是注重行的哲學之意，完全是一致的。蔣君明知二說不同，偏要用陽明來說中山，大概是他不曾明白懂得二說的真正區別在那兒。1

胡適實在無法接受從孫中山的「知難行易」哲學主張如何就演變成了「是要人服從領袖（服從孫文）」這樣一個過程，在本書作者撰寫此書時，也是不明就裏。孫中山的「知難行易」邏輯讓我們看不懂，而且也遠非王陽明的「知行合一」「致良知」等說的本意。顯然，蔣介石約談並宴請胡適，也是因為不久前關於知行問題國民政府和黨部對胡適的打壓而來。胡適的記載，說明蔣介石自己也發現了孫中山知行觀和王陽明知行觀的區別。

十二月一日，在武漢大學，胡適發表演講，題目是「談談中國政治思想」。第二天，他又在文學院演講，題目是「中國文學的史的研究」。三日，胡適又在華中大學發表演講，題目是「個人主義的人生觀」。

然後，胡適則繼續南下。十二月四日，抵達長沙，應湖南省教育廳廳長、留美同學朱經農的邀請，胡適拜訪省主席何健，並在長沙舉辦了四場演講。前兩場在湖南省教會學校冬令會演講，一次題目是「宗教在中

1 《胡適日記全編1930-1933》，聯經出版事業有限公司，二〇〇四年，第六四〇頁。

胡適在武漢大學演講後留影（1932）

國思想史上的地位」，另一次題目是「我們所能走的路」。五日，胡適出席湖南全省紀念會，並且發表開幕演講，題目是「中國政治的出路」。當天下午他又到湖南大學演講，題目是「我們必須認清文化的趨勢」。上述在湖北、湖南地區的全部演講，都是宣傳科學救國為核心的主張。

本年，胡適當選為德國普魯士科學院通訊委員。

一九三三年一月，胡適到上海出席中華教育文化基金董事會年會。三十日，中國人權保障同盟北平分會成立，胡適擔任主席。第二天，《大公報》發佈對胡適的採訪。在該採訪中，胡適提出：

> 我們成立分會的目的有三：一、幫助個人；二、監督政府；三、彼此瞭解法律習慣的應用。

宗旨明確，但是卻明顯有嘲諷上海地區的人權保障同盟的意味。

三月二日，胡適赴張學良家吃飯。當天日記中，胡適記載：「晚上到張學良將軍宅吃飯，他說，南淩已失了。他說，人民痛恨湯玉麟的虐政，不肯與軍隊合作，甚至危害軍隊。此次他派出的丁旅，行入熱河境內，即有二營長不知下落，大概是被人民『做』了。他要後援會派人去做點宣傳工作。我忍不住對他說：事實的宣傳比什麼都更有力。我們說的是空話，人民受的苦痛是事實，我們如何能發生效力？最後是你自己到熱河去，把湯玉麟殺了或免職了，人民自然會信任你是有真心救民。我對他說天津朋友看見灤東人民受的痛苦，人民望日本人來，人心已去，若不設法收回人心，什麼仗都不能打。丁在君也說：湯玉麟的虐政，人民自然要記在張漢卿先生的賬上。張將軍只能歎氣撒謊而已。國家大事在這種人手裡，哪得不亡國？」[1]第二天，胡適與丁文江、翁文灝密電蔣介石：「熱河危急，絕非漢卿所能支持。部成再失一省，對內對外中央必難逃責。非公即日飛來挽教，政府將無以自解於天下」。[2]

三月四日，《申報》又兩則消息報導：胡適被民權保障同盟上海分會發佈公告除名。見如下，一則為：

滬民權保障同盟開除胡適會籍【本報上海四日上午零時三十七分專電】民權保障同盟，以胡適反對釋放政治犯，並發表保障民權之根本原則，與會章不符。經（三日）開會議決，開除胡適之會籍。

另一則為：

【本報專電】民權保障同盟三日開中央執委會，蔡元培主席，議決開除胡適會籍，因胡在

---

1 《胡適日記全編1930-1933》，聯經出版事業有限公司，二〇〇四年，第六五一頁。

2 《胡適日記全編1930-1933》，聯經出版事業有限公司，二〇〇四年，第六五九頁。

報端發表保障民權之根本原則，與會章不符，且胡曾對該會釋放政治犯條件毫無根據之攻擊，經發電更正，迄無滿意答覆。又該會認政治犯與人權運動原則不得分離。又電滇主席，請釋被拘三年之清華畢業生國家主義派青年陶國賢。

針對這一除名事件，胡適的態度則是：「此事很可笑。此種人自有作用，我們當初加入，本是自取其辱。孑民先生夾在裡面胡混，更好笑。」[1]就在當天下午，民權保障同盟北京分會則在胡適家開會，研究對策。並且以北京分會的名義向上海分會發函質問。

三月七日，胡適致函張學良說：「熱河事件真使人人震驚。湯玉麟免職查辦的命令已下來了。現在政府的譴責雖不曾到先生身上，但我觀察全國輿論無不責難先生。明察如先生，豈不知此理？……去年夏間曾勸先生辭職，當時蒙覆書表示決心去職。不幸後來此志未得實行，就有今日更大的恥辱。然先生今日倘能毅然自責求去，從容交卸，使閭閻不驚，部伍不亂，華北全部交中央負責，如此則尚有自贖之功，尚有可以自解於國人世人之道。若不趁蔣、何、黃諸公在此之時決心求去，若再戀棧以自陷於更不可自拔之地位，則將來必有最不榮譽的下場，百年事業，兩世英名，恐將盡付流水了。久承厚誼，故敢盡言，千萬請考慮。」[2]

三月十三日，胡適與丁文江、翁文灝同去保定拜見蔣介石。當天的日記中記載如下：「五點見蔣介石先生，談了兩點鐘。他自認實不料日本攻熱河能如此神速。他估計日本須用六師團人，故國內與臺灣均須動員。『我每日有情報，知道日本沒有動員，故料日本所傳攻熱河不過是虛聲嚇人而已。不料日本知道湯玉麟、張學良的軍隊比我們知道清楚的多多！』這真是可憐的供狀！誤國如此，真不可恕。我們問他能抵抗

1 《胡適日記全編1930-1933》，聯經出版事業有限公司，二〇〇四年，第六五三頁。
2 《胡適來往書信選》中，中國社會科學院近代史研究所編，社科文獻出版社，二〇一三年。

否，他說，須有三個月的預備。我又問：三個月之後能打嗎？他說：近代式的戰爭是不可能的。只能在幾處地方用精兵死守，不許一個人生存而退卻。這樣子也許可以叫世界人知道我們不是怕死的。其實這就是說，我們不能抵抗。我們又說：那末能交涉嗎？能表示在取消『滿洲國』的條件之下與日本開始交涉嗎？他說，我曾對日本人這樣說過，但那是無效的。日本決不肯放棄『滿洲國』。他聲明他決不是為了保持政權而不敢交涉。最後他要我們想想外交的問題。這一天他的談話大致如此。」[1]兩天後，胡適找何應欽、于學忠，策動中日進行停戰談判。三十一日，汪精衛致函胡適，希望胡適擔任教育部長。該信如下：

適之先生：

我有一件事，專誠求你。翁文灝先生已決計不就教育部長職了，我想之至再至三，專誠求你答應我擔任教育部長。明知此是不情之請，但你如果體念國難的嚴重，教育前途的關係重大，度亦不能不惻然有動於中。

你如果慨然允諾，我願竭我的能力，與你共事，替國家及教育，做出一點事來。

我專誠企候你的回答，並祝你的健康。

汪兆銘

四月八日，胡適答覆汪精衛說：「但我細細想過，我終自信我在政府外邊能為國家效力之處，似比參加政府為更多。我所以想保存這一點獨立的地位，決不是圖一點虛名，也決不是愛惜羽毛，實在是想要養成一個無偏無黨之身，有時當緊要的關頭上，或可為國家說幾句有力的公道話。一個國家不應該沒有這種人；這

1 《胡適日記全編1930-1933》，聯經出版事業有限公司，二〇〇四年，第六五九頁。

種人越多，社會的基礎越健全，政府也直接間接蒙其利益。我深信此理，故雖不能至，心實嚮往之。以此之故，我很盼望先生容許我留在政府之外，為國家做一個諍臣，為政府做一個諍友。想先生定能鑒諒此意。」

而後，胡適推薦王雪艇接替並得到汪精衛的採納：「如一時不易得繼任者，先生何不試與王雪艇先生一商，請他告假來京暫任此職？雪艇辦學成績極好，又平日對政治甚有見地，教部在此時雖無大可為，然他在政府定可為先生，為政府，添一個有識力的助手。」二十八日，汪精衛再次來函希望胡適出任駐德公使，最後也被胡適謝絕。[1]

六月四日，胡適出頭保護被捕的學生李璜，並且給他三十銀元，讓他去車站，用錢賄賂火車司機，假冒火車上的燒煤工人逃出北京，順利抵達天津。十一日，胡適離開北京，乘火車先到濟南，後抵達南京。十三日，胡適專程去拜訪汪精衛。在當天的日記中，胡適如下記載：「我們談華北停戰事，我說：此事有三點可注意：（一）表示中國政治家還有一點政治的勇氣；（二）此事與上海協定都足以證明『汪蔣合作』的政策是不錯的。若沒有一個文人的政府當正面的應付，蔣介石先生的困難更大。（三）河北（尤其是天津）的保全，于學忠頗是一個重要分子；若去年汪先生不同張學良吵那一場，于學忠未必調到河北：若王樹常仍當天津之中，恐局面大壞，津必難保。此次板垣用鉅款運動軍隊，于學忠的部下正式軍隊都買不動，故板垣只能用便衣隊。經過兩次暗殺的嘗試，于學忠還能鎮定不動。一個好人就有一個好人之用，此是一種有意義的教訓。汪先生說，日本形勢似有小變動，其間似有和平勢力漸漸抬頭的可能。他盼望我特別注意。」[2]

六月十四日，胡適去拜訪中央研究院和教育部。第二天，胡適到達上海。和各位友人話別。六月十

---

1 《胡適來往書信選》中，中國社會科學院近代史研究所編，社科文獻出版社，二〇一三年。

2 《胡適日記全編1930-1933》，聯經出版事業有限公司，二〇〇四年，第六六九頁。

八日，胡適從上海乘機起程赴美國，接受芝加哥大學著名的「Haskell Lectures」講座邀請，舉辦「Cultural Trends in China」學術系列演講。

六月二十九日，胡適抵達夏威夷。在夏威夷大學演講，題目是「Chinese Renaissance」。然後乘船，七月七日進入美國本土。

從七月十二日到二十四日，胡適在芝加哥大學講課六次。

在這次系列講課中，胡適的「中國文藝復興」分期變成了「五期說」，而第一期則追溯到唐朝。

胡適主張：「歷史上有好幾次『中國的文藝復興』。唐代大詩人出現、古文運動的興起，以及禪宗的發展——亦即中國對印度佛教的『宗教改革』——這些代表了中國第一次文藝復興。十一世紀的改革運動，以及漸次取代了中世紀宗教的新儒家哲學，這些發生在宋代的重要發展是第二次文藝復興。十三世紀興起的戲曲、其後出現的小說，及其對愛情和生命的禮贊是第三次文藝復興。十七世紀對宋明理學的反動、近三百年來的經學研究、其語言學與歷史學的研究方法、其對證據的重視，凡此種種是第四次文藝復興。歷史上的這幾次運動，都完成了它們的任務，給與古老的文明週期性的再生的活力。這些運動雖然值得用『文藝復興』來稱呼，但它們有一個共同的缺點，亦即它們對自己所扮演的歷史使命都缺乏自覺。既欠缺有意識的努力，也欠缺明確的詮釋。它們都是歷史傾向自然的發展的結果。因此它們只是模糊、不自覺地與傳統搏鬥著，很容易就被傳統保守的力量所瓦解或掃蕩。欠缺自覺的成分，這些新的運動只是自然演進的過程，而無法成為革命的成果。它們可以帶來新的模式，卻永遠無法推翻傳統，永遠都是和傳統共存共生的。」

而對於胡適提出的「第五次文藝復興」，作為一個綱領性觀點，他主張：

這二十年來的文藝復興運動與所有先前的運動不同的地方，就在於它是一個充分自覺、深思熟慮的運動。其領袖知道他們要的是什麼，他們知道必須破壞才可能得到所要的。他們要一個新的語言、新的文學、新的人生觀、社會觀以及新的學術。他們要一種新的語言。這不只因為那是大眾教育的有效工具，而且是為新中國產生文學的有效工具。他們要一種用老百姓的活語言來書寫的文學，要一種能表達出這個成長中的國家的真正的感覺、思想、靈感與想望的文學。他們要為大眾灌輸一種新的人生觀，以便於把他們從傳統的桎梏中解放出來，讓他們如魚得水一般地生活在新世界、新文明裏。他們要一種新的學術，以便讓大家不但能理解過去的文化遺產，而且能積極地參與現代科學的研究工作。這就是中國文藝復興的使命。

本月十四日，中華教育文化基金會董事會召開年會，胡適再次被聘為國立北平圖書館委員會委員長。八月十四日至二十六日，胡適率領代表團出席在加拿大舉辦的「Institute of Pacific Relations」大會，胡適當選為該學會中國執行委員會主席。而後，胡適應邀到加沙大學舉行學術演講。根據周質平考證，正是在此時，胡適才正式和韋蓮司成為情人關係應該屬於胡適此行最大的收穫。

——但是，我們發現：

隨著曹誠英來美國留學住在韋蓮司家中，當韋蓮司明白曹誠英和胡適之間的情人關係後，她立刻終止了和胡適的情人關係，她先是不回信、繼而不再和胡適見面，最後又和胡適的關係回歸保持在筆友關係上。因此，曹誠英來美國徹底打破了韋蓮司對胡適的一往情深！短暫的中美情侶關係從此終止。因此，我們反對有些胡適研究學者把韋蓮司定位為對胡適的愛情忠貞因而一生未婚的那種一廂情願的想像上。

實際上，韋蓮司發現曹誠英是胡適的情人後，感到自己被蒙蔽了的她，立刻止損！從此蕭郎是路人！要知道，韋蓮司比胡適大六歲，江冬秀也比胡適大一歲。韋和江都是身材魁梧，遠勝於身形瘦弱的胡適，且不說中國男人和美國女人如此大的生理差異，胡適並不能滿足自己的老婆或者短暫的美國情人的生理需求。更何況胡適的每半年就要上吐下瀉和心臟病的身體！對方針對胡適的智慧和知識的欣賞和欽佩，根本不能承受哪怕一次的胡適出軌都會立刻終結這樣委屈自己的情人關係。我在美國生活多年，也見證了不少中國鳳凰男和美國女人之間的婚戀故事，幾乎無一例外都是回歸筆友關係、姐弟關係而同在屋簷下而已。一句話，我勸海峽兩岸的胡適研究學者和作者們，不要再繼續意淫胡適—韋蓮司之間的愛情故事。他們從各自家庭出身、文化北京到生活習慣、生理搭配和文化素養，乃至於宗教和人文情懷都有巨大的差異！

十月初，胡適乘船離開加拿大，返回中國。

十一月一日，胡適抵達上海。第二天，《世界日報》發佈的報導說：

【特訊】北大文學院長胡適，已於昨晚八時四十分即抵平。蔣夢麟夫婦，胡夫人江女士等，八時即抵站，任鴻雋、孫鴻文、毛準、江澤涵夫婦及胡氏親友等共二十餘人，亦相繼到站迎候。八時四十分車入月臺，胡氏即下車與歡迎諸人，一一握手，寒暄畢，偕同出站。記者當即趨前叩胡以此行感想，及此次太平洋國交討論會中對中日問題有何討論。據胡答稱：余（胡自稱）感到各國雖在經濟凋敝狀況中，但其社會狀態，均能勉強維持，安靜無事，較之中國今日社會之現象，大不相同。至於國交討論會中，對中日問題，雖曾論及，我方對此問題，亦曾講演多次，日方代表，則極少發言，結果我國雖博得不少同情，但事實上仍毫無辦法可言云云。

他略作休息幾天後，二十七日，胡適抵達北京。

十二月二十日，胡適致函汪精衛長信，大談中國的對外政策。二十六日，胡適在北京大學史學會演講，題目是「中國的傳記文學」。年底最後一天，胡適出席燕京大學舉行的年終晚聚。

一九三四年一月十一日，胡適應邀去輔仁大學演講，題目是「考證學方法的來歷」。他的核心是想證明考證學不是西方傳教士來華帶來的。

他主張：「總之，讀古書用考證之法，始於韓愈、柳宗元，宋代學者如歐陽修、曾鞏、蘇軾、王安石、沈括、趙明誠、洪邁、洪適、周必大、張淏……都有考證的精神，而最重要的方法論，實在要算程朱一派的『格物窮理論』。」一九五七年七月十六日，他還在上述演講文稿下留言：

這是我二十多年前的一個講演綱要。許多年來，我很相信我的「中國考證之學出於刑名之學」的說法。但我現在的看法根本不同了。我近來覺得兩千多年的文史之學，——經學，校勘本子異同之學，文字訓詁之學，史事比勘之學，本身就是一種訓練，就是一種方法上的學智與訓練。王充、張衡、鄭玄、劉熙、杜預、郭璞，都是經生，都是考證學的遠祖。再看杜預《春秋釋例自序》：「優而柔之，使自求之，腰而飫之，使自趨之，若江海之浸，膏澤之潤，渙然冰釋，怡然理順，然後為得也」，這已是考證學的方法與精神了。

一月十八日，胡適修訂北京大學文學系和哲學系課程設置。三十日，胡適乘火車到天津，然後從天津乘船南下到南京。三十一日，胡適專程拜訪了汪精衛。

二月七日，胡適到上海，出席中華教育文化基金會董事會會議。同月十二日，他返回北京。同月二十日，胡適去燕京大學演講，題目是「中國的傳記文學」。第二天，北京大學新學期開始，胡適本學期開設了中國哲學史、西洋哲學史、科學概論三門課。當天下午，蔣夢麟面見胡適，擬再次聘請胡適任文學院院長，胡適考慮接任。

三月八日，胡適去河北省立商學院演講，題目是「做學問的方法」。返京後，他又在美國大學在京婦人會舉辦英文演講，題目是「Social Disintegration and Readjustment in Modern China」。同月十二日，哥倫比亞大學來信，約請胡適當年九月來美講學，並且開出了四千美元的報酬。二十五日，針對國統區全面展開的「新生活運動」，胡適再一次發言表示反對。他提出了三點建議：第一，我們不可抬誇張這種新生活的效能。第二，我們要認清楚新生活運動應該是一個教育運動，而不是一個政治運動，生活是習慣，道德是習慣。第三，我們不要忘了生活的基礎是經濟的，物質的。[1]

四月四日，胡適致函蔣介石：「寫信託廷黻帶去給蔣介石先生，信中只談一事，勸他明定自己的職權，不得越權侵官，用全力專做自己權限以內的事，則成功較易，而責任分明。成功易則信用日增，責任明則不必代人受過。今日之事，適得其反。名為總攬萬機，實則自『居於下流，天下之惡皆歸之。』」[2]

五月二日，胡適再次被任命為北京大學文學院院長。當時，胡適的工資是：從七月起，在北大中國文學系教授的薪俸每月四百元，文學院長每月公費一百元。十二日，胡適出席在京美國同學會年會，胡適被選為會長。十五日，胡適到上海再次出席中華教育文化基金會董事會會議。

六月九日，胡適在家接待來訪的日本著名佛學家鈴木大拙教授，並且相互贈送各自的著作。十三日，在京日本學者橋川時雄宴請鈴木大拙、胡適、湯用彤等人。

七月五日，胡適應邀在基督教學校事業聯合會演講，題目是「基督教與中國文化」。

這次演講地點在西山臥佛寺，而演講文稿當時就被全文發表。

九月十二日，胡適去懷仁堂參觀陝西發掘出土文物展。二十四日，胡適致函汪精衛說：「去年我回國

1 參見《胡適研究通訊》，第七期，第一八—二一頁。

2 《胡適日記全編1934-1939》，聯經出版事業有限公司，二〇〇四年，第九三—九四頁。

時，即向先生進言，請先生與有壬兄退出外交部。以私交論，為愛先生；以公誼論，實為國家設想。那時此意未蒙先生採納。那時先生頗怪我不認先生為能『困守待援』之人。我以私人資格，已做到了『盛言』的限度，當然不便再尭尭了。及今思之，『困守待援』之外，似乎也應該有點『雪中送炭』的工作。今日的外交局勢直是一事不做，閒中不布一子，萬一又有大危急，與三年前王儒堂時代的局面有何分別？為國家前途設想，我終不願避嫌不說話，我很盼望先生再思我的老話，與有壬兄同退出外部，慎選一位能實行所謂『同時顧到外交四條路線（日，俄，國聯，美）』的繼任者。《獨立》上曾有孟其批評外交之文，當時我們即慮到國聯理事缺的落選，先生與有壬也許要否認此事的責任問題，然在野公論則異口同聲要公等負此責任，但無人肯為公等盡言耳。」[1]

十月底，胡適離京，乘火車前往南京出席「全國考銓會議」。

胡適和鈴木大拙（1934）

1 《胡適日記全編1934-1939》，聯經出版事業有限公司，二〇〇四年，第一四九頁。

十一月四日和五日，胡適出席金陵女子文理學院畢業典禮，並發表演講，題目是「女權與新式女子」。在演講中，胡適主張：「我認為中國二十三年來之進步，非前人可及，一方面是教育，一方面是女子。」進而，他提出：「新式女子，不管如何，我以為無論持家、教育各方面，都較舊式女子好。」

十二月三十一日，胡適抵達上海。

在《一九三四年的年譜》一文中，胡適總結說：

在學問方面，今年的最大成績要算《說儒》一篇。這篇文字長約五萬字，費了我兩個多月的工夫才得寫成。此文的原意不過是要證明「儒」是殷商民族的教士，其農服為殷衣冠，其禮為殷禮。但我開始寫此文之後，始知道用此「鑰匙」的見解可以打開無數的古鎖。越寫下去，新意越多，故成績之佳遠出我原意之外，此中如「五百年必有王者興」的民族懸記，如孔子從老聃助葬於黨巷之毫無可疑，皆是後來新添的小鑰匙，其重要不下於原來掘得的大鑰匙。這篇《說儒》的理論大概是可以成立的，這些理論的成立可以使中國古史研究起一個革命。[1]

他接著談到考證學：「十八年前，我回到綺色佳去看我的先生白爾教授，談起中國校勘學的成績，他靜靜的聽。聽完了，他說，『胡先生，你不要忘了我們歐洲的文藝復興時代有一個最重要的運動，就是古寫本的搜求。沒有古本，一切校勘考訂都談不到。』我當時少年不更事，不能充分了解他老人家的意思。我在這二十年中，也做校勘的工夫，但都是『活校』居多，夠不上科學的校勘。近六七年中，我才漸漸明白校勘學的真方法被王念孫、段玉裁諸大師的絕世聰明迷誤了，才漸漸明白校勘學必須建築在古善本的基礎之上。陳

1 《胡適日記全編1934-1939》，聯經出版事業有限公司，二〇〇四年，第一五六頁。

垣先生用元刻本來校補《元典章》董康刻本，校出訛誤一萬二千餘條，缺文一百餘頁，這是最明顯的例子。所以我發憤為他寫這篇長序，重新指出校勘學的方法真意。這也是我自已糾謬之作，用志吾過而已。」[1]

在《一九三四年的年譜》一文中，胡適總結說他對北京大學的貢獻，則是：

> 這一年北大方面的改革有一點足記：我兼領中國文學系主任，又兼代外國語文學系主任，把這學年的文學院預算每月節省了近三千元。外國語文學系減去四個教授，添了梁實秋先生，是一進步……中國文學系的大改革在於淘汰掉一些最無用的舊人和一些最不相干的課程。此事還不很徹底，但再過一年，大概可以有較好的成績。[2]

一九三五年一月一日，胡適乘船去香港。四日，胡適抵達香港。然後在香港大學演講，題目是「The Chinese Renaissance」。七日下午，胡適赴香港大學出席畢業典禮，並接受香港大學授予名譽法學博士學位。當晚，港督William Peel爵士宴請胡適。第二天，胡適受邀在扶輪社演講，題目是「Has China Made Progress during these 20 years」。九日，胡適乘船回到廣州。當天，吳康來信勸告胡適：「鄙意留省勿以演講為妙。黨部方面，空氣不佳，發生糾紛，反為不妙。」[3]

從一月十一日起，胡適乘坐長庚號飛機離開廣州，先後在梧州、南寧、柳州、桂林、陽朔等地演講和遊覽。十六日，《中山大學日報》發表了《古直、鐘應梅啟事》一文，聲討胡適在港言論。該文如下：

---

1 《胡適日記全編1934-1939》，聯經出版事業有限公司，二〇〇四年，第一五六—一五七頁。

2 《胡適日記全編1934-1939》，聯經出版事業有限公司，二〇〇四年，第一六〇頁。

3 引見胡頌平《胡適之先生年譜長編》冊四，聯經出版事業有限公司，一九八四年，第一三三一頁。

胡適出言侮辱宗國，侮辱廣東三千萬人。中山大學佈告驅之，定其罪名為認人作父。夫認人作父，此賊子也，刑罰不加，直等以為遺憾。真日代電，所以義形於色矣。

李滄萍教授同此慷慨，是以分之以義，其實未嘗與聞。

今知其為北大出身也，則直等過矣。嗚呼道真之妒，昔人所歎，自今以往，吾猶敢高談教育救國乎。

先民有言，丈夫行事當磊磊落落，特此相明，不欺其心。

謹啟。

古直、鐘應梅啟

這樣的局面可以說是非常少見的。我們很難設想民國已經建國二十多年了。還會出現如此排外和打壓白話文學的現象。胡適自然就知趣改道。二十日，胡適到桂林，在桂林高級中學演講，題目是「社會不朽的人生」。然後乘船到達陽朔。二十五日，胡適從梧州飛回廣州，當晚入境香港。二十六日，他乘船返回北平。

三月十七日發行的《獨立評論》第一四二號上，胡適談他的「全盤西化」論。他主張：「舊文化的惰性，自然會使他成為一個折衷調和的中國本位新文化……古人說，取法乎上，僅得其中；取法乎中，風斯下矣。這是最可玩味的真理。我們不妨拚命走極端，文化的惰性自然會把我們拖向折衷調和上去」。因此，他認為「文化自有一種『惰性』。全盤西化的結果自然會有一種折衷的傾向」。

四月十三日，中國哲學會第一屆年會在北京大學舉行。胡適等十二人當選為理事。馮友蘭主持開幕式，胡適發表了開幕詞。面對北京大學哲學系學生招生減少的現象，他在開幕詞中提出：

中國哲學研究的確有進步，從哲學系學生減少一點上，也可以看得出進步來。從前北大哲學系是最時髦的學系，人數很多，現在少了，有人以為是退步，其實是進步。當時大家對哲學有幾種錯誤的見解。第一，以哲學為科學之科學，哲學是無所不包。第二，以為哲學容易學，不要外國文，不要算學，只要看幾本《老子》《莊子》《朱子》就行，所以大家爭入哲學系。現在人數大減了，減少的原因，也許因為哲學的吃飯出路不好。

四月十九日，胡適赴上海出席中華教育文化基金會董事會年會。

五月一日，胡適和Greene、Abbe Brenil等人聚餐。他獲益匪淺。在日記中，胡適說：「Abbe Brenil是史前考古學大師，他說周口店『北京人』的石器初看似是太晚，但細研究，始知其地的石頭不是火石，乃是一種水晶類，故初民因材料的不同，制器也不同，所造石器細長而尖，與別處的原始石器不同。」[1]五日，胡適邀請鋼和泰全家吃飯，偶遇來京的法國漢學大師伯希和。於是，胡適立刻邀請伯希和也來胡家用餐。七日，胡適出席北京大學研究院會議。在會上，胡適提出：「研究所文科必須辦文史，理科已與饒、曾兩君商過，數理化三部關係太深又須顧及主輸科，不應單問數學。鄙意北大辦研究所，既不因此增預算，又原依慎重漸進方法，事屬內部學術設施，教部不宜過於干涉。」[2]二十五日，胡適出席北京大學校務會議。

當月二十八日，胡適再次拜訪來京的伯希和。在當天日記中，胡適記載：「訪伯希和先生，同他去研究所看漢簡及繆藏拓本。伯希和談，今日宜作一個『外國文字碑文拓本總目』，以為整理的第一步。此言甚是。他又說，今日有人反對掘古墓，此非壞事，實於考古學有益無損。今日中國考古人才尚不夠分配，僅夠

1 《胡適日記全編1934-1939》，聯經出版事業有限公司，二〇〇四年，第一九三頁。
2 《胡適日記全編1934-1939》，聯經出版事業有限公司，二〇〇四年，第一九五頁。

安陽一地，與其胡亂發掘，不如留以有待也。」[1]

六月十日、十二日，胡適連續發兩封長信給陶希聖，和他討論對時局的看法，還有領袖人物的資質問題。胡適提出：「民族抬頭，我豈不想？來信所說的吾輩負的教育責任，我豈不明白？但我們教人信仰一個思想，必須先自己確信仰它，然後說來有力，說來動聽。若自己不能信仰，而但為教育手段計，不能不說違心之言，自棄其信仰而求人信仰他自己本來不信仰的東西，我不信這個方法是可以收效的。依古人的說法，修辭立其誠，未有不誠而能使人信從的。如來書說的，『自責』在學術界是應當的，但在教育上則又不應當『自責』而應當自吹：這是一個兩面標準，我不能認為最妥當的辦法。至少我的訓練使我不能接受這樣一個兩面標準。我不信這樣違心的『教育』手段能使這個民族抬頭。我們今日所以不能抬頭，當然是因為祖宗罪孽深重。我深信救國之法在於深自責，深自懺悔，深自愧恥。自責的結果，也許有一個深自振拔而消除舊汙，創造新國的日子。朱子說的，『知得如此是病，即便不如此是藥』，真是我們今日應該深刻想想的。若妄自誇大，本無可誇而偏要違心的自誇，那豈不是諱疾忌醫的笨法子嗎？結果只能使這個民族格外抬不起頭來，也許永遠抬不起頭來。一個民族的思想領袖者沒有承認事實的勇氣，而公然提倡他們自己良心上或『學術』上不信仰的假話，即此一端，至少我個人抬不起頭來看世界。『只有真理可以使你自由』這是西洋人常說的話。我也可以說：只有說真話可以使這個民族獨立自主。你試看看這三十五年的歷史，還是梁任公，胡適之的自責主義發生了社會改革的影響大呢？還是那些高談國粹的人們發生的影響大呢？我並不否認文化在過去確有『國界』。小腳、八股、駢文、律詩等等，是全世界人類所無，而為吾國所獨有，『國界』之義不過如此。其餘禮義廉恥云云，絕無『國界』可言，乃是文明人所同有，乃是一切宗教典籍所同有。而

---

1 《胡適日記全編1934-1939》，聯經出版事業有限公司，二〇〇四年，第二一〇頁。

我們的禮義廉恥等等所以特別不發達者，其原因也正是由於祖宗的罪孽太深重了。請你注意我們提倡自責的人並非不愛國，也並非反民族主義者。我們只不是狹義的民族主義而已。我們正因為愛國太深，故決心為她作諍臣，作諍友，而不敢也不忍為她諱疾忌醫，她的佞臣損友。這個問題比思想方法的問題有同樣的重要。這是個思想家立身行已的人格問題：說真話乎？不說真話乎？」[1] 十七日，在胡適家召開圖書館委員會成員會議，討論目前局勢下圖書的安全問題。

七月三日至七日，胡適攜全家到平綏路一帶去旅行避暑。六日，胡適全家到大同雲岡石窟旅遊。七日返京後當天，胡適當選為國民政府中央研究院第一屆評議會評議員。

一九三五年九月，胡適撰寫《中國新文學運動小史》一文。

在該文中，胡適首先申述了國語和官話在中國的客觀存在和歷史變遷。

他提出：「中國白話文學的運動當然不完全是我們幾個人鬧出來的，因為這裏的因素是很複雜的。我們至少可以指出這些最重要的因素：第一是我們有了一千多年的白話文學作品：釋門語錄、理學語錄、白話詩詞曲子、白話小說。若不靠這一年多來的白話文學作品把白話寫定了，白話文學的提倡必定和提倡拼音文字一樣的困難，決不能幾年之內風行全國。第二是我們的老祖宗在兩千年之中，漸漸的把一種大同小異的『官話』推行了全國的絕大部分：從滿洲里直到雲南，從河套直到桂林，從丹陽直到川邊，全是官話區域。若沒有這一大塊地盤的人民說官話，我們的『國語』問題就無從下手了。」

然後，胡適高度肯定了海禁開放對白話運動的影響和推動作用。

他說：「我們的海禁開了，和世界文化接觸了，有了參考比較的資料，尤其是近代歐洲國家的國語文學

1 《胡適來往書信選》中，中國社會科學院近代史研究所編，社科文獻出版社，二〇一三年。

次第產生的歷史，使我們明瞭我們自己的國語文學的歷史，使我們放心主張建立我們自己的文學革命。——這些都是超越個人的根本因素，都不是我們幾個人可以操縱的。也不是『產業發達，人口集中』一個公式可以包括的。」

最後，胡適還特別肯定了政治對白話運動的支持作用。

他說：「還有幾十年的政治的原因。第一是科舉制度的廢除（一九〇五）……那籠眾全國文人心理的科舉制度現在不能再替古文學做無敵的保障了。第二是滿清帝室的顛覆，中華民國的成立。這個政治大革命雖然不算大成功，然而它是後來種種革新事業的總出發點，因為那個頑固腐敗的勢力的大本營若不顛覆，一切新人物與新思想都不容易出頭。……幸而帝制推倒以後，頑固的勢力已不能集中作威福了，白話文運動雖然時時受點障害，究竟還不到『煙消灰滅』的地步。這是我們不能不歸功到政治革命的先烈的。至於我們幾個發難的人，我們也不用太妄自菲薄，把一切都歸功到那『最後之因』。陸象山說得好：且道天地間有個朱元晦、陸子靜，便添得些子。無了後便減得些子。白話文的局面，若沒有『胡適之、陳獨秀一班人』，至少也得遲出現二三十年。這是我們可以自信的。」[1]

十月二十六日，胡適赴上海出席中華教育文化基金會董事會會議。

---

1 引見胡頌平《胡適之先生年譜長編》冊四，聯經出版事業有限公司，一九八四年，第一四〇九頁。

第二十一章

七七事變前胡適的價值觀及學術活動

一九三五年十一月二十四日，《獨立評論》特別刊發了胡適撰寫的《敬告日本國民》一文。在該文中，胡適提出想說的三句話：「我要說的第一句話，是：我十分誠摯的懇求日本國民不要再談『中日親善』這四個字了。我要說的第二句話，是：請日本國民不要輕視一個四億人口的民族的仇恨心理。我要說的第三句話，是：日本國民不可不珍重愛惜自己國家的過去的偉大成績和未來的偉大前途。」這是當時胡適對日態度的最真實寫照。

十二月初到下旬，北京地區的大學生參與了上街遊行示威的罷課行動。胡適等教授們召開北京大學教授俱樂部會議，商討對策。而馬敘倫發言最多，這讓胡適對其非常反感。他在日記中寫道：馬氏發言「多沒有意思，也沒有煽動力量，此人破壞了教育界多少年，尚不知愧悔，妄想趁火打劫，可憐！」[1]於是，這就誕生了當年十二月九日胡適撰寫的《告北平各大學同學書》。全文如下：

各位同學：

在十二月九日北平各校學生請願遊行之後，我們負有各大學行政責任的人，曾聯名發表告同學書，指出「諸位同學請願及罷課的第一目標可以說是已經達到，希望諸位同學勿別生枝節，勿虛擲光陰，即日恢復學業」。

不幸那篇告同學書發表之後，又有十六日北平各校學生大舉遊行的事，參加者數千人，受傷者總數約近百人。此等群眾行動易發而難收，有抗議的功用而不是實際救國的方法。

諸位同學都在求學時期，有了兩次的抗議，盡夠喚起民眾，昭告天下了。實際報國之事，決非赤手空拳喊口號發傳單所能收效。青年學生認清了報國目標，均宜努力訓練自己成為有知

1 《胡適日記全編1934-1939》，聯經出版事業有限公司，二〇〇四年，第二八二頁。

識有能力的人才，以供國家的需要。若長此荒廢學業，今日生一枝節，明日造一慘案，豈但於報國救國毫無裨益，簡直是青年人自放棄其本身責任，自破壞國家將來之幹城了！

所以我們很誠懇的第二次提出勸告，希望諸位同學即日復課，勿再虛擲光陰。報國之事，任重而道遠，青年人切不可為一時衝動所誤而忽略了將來的準備。[1]

語重心長，言辭懇切，突出了保護青年的胡適一貫的心態。

當月最後一天，胡適出席北京大學校務會議。會上，蔣夢麟發言勸說學生復課，或者學校放假。根據胡適當天日記中的記載：「三點趕到北大三院，剛開會。夢麟先生先報告，次請我說話。我剛起立，即有幾個學生江之源等大聲『噓』我，我從容把大衣脫下，上臺說話。說了半點鐘，我提議請校長測驗公意，以二事付表決：一、一月四日提前放假。二、如不放假，一月四日復課。江之源等又大呼譟，說這是談話會，不是學生會。我告訴他們：這是最大的全體學生會，我們要問問全體學生的意見，如果多數學生表示不贊成昨天的代表會的議決，代表應該反省，應該覆議他們的決議。如果少數人把持不許同學多數有個表示的機會，這種把持是不會持久的，將來必要被打倒的。我請夢麟把問題寫在黑板上，先表決：一、四日提前放假，無人舉手。二、不贊成提前放假，約有七八十人舉手。次表決四日復課：舉手者，一零一人。次反表決不復課：舉手者七八人。有人喊，『不要表決』！那幾隻手又放下了。結果是零。次有學生王毓銓演說，又有一人演說。次由周枚蓀演說。夢麟即宣告散會。」

一九三六年一月二日，胡適致函教育總長湯爾和談到他對陳獨秀看法：「並不主張大學教授不妨嫖妓，我也不主張政治領袖不妨嫖妓，——我覺得一切在社會上有領袖地位的人都是西洋人所謂『公人』，都應該

1 《胡適來往書信選》中，中國社會科學院近代史研究所編，社科文獻出版社，二〇一三年。

注意他們自己的行為，因為他們的私行為也許可以發生公眾的影響。但我也不贊成任何人利用某人的私行為來做攻擊他的武器。當日尹默諸人，正犯此病。以近年的事實證之，當日攻擊獨秀之人，後來都變成了『老摩登』，這也是時代的影響，所謂歷史的『幽默』是也。」[1]顯然，當時北京大學校方準備解除陳獨秀的聘任，出於知恩圖報的角度，胡適提出了這樣抹稀泥的處理意見。四日，北京大學學生復課後的第一天。胡適到文學院各個教室視察，因為復課的學生並不多，故此一月七日，北京大學行政會決定繼續放假。十一日，胡適乘船離開北京抵達上海。二十二日，胡適專程拜訪汪精衛，討論時局。

本月中的上海，在陳子展帶動下，文學界正在討論胡適白話詩歌現象，既有肯定的，也有否定的，雙方爭論十分激烈，這讓胡適百感交集，又受寵若驚。

四月五日，中國哲學會第二屆年會在北京大學舉行。胡適主持大會，馮友蘭宣讀年會籌備工作報告。在開幕式發言中，胡適提出「每一種高深學問，如無聰明人才加入研討，其前途必表現枯葉暗淡。中國哲學界情形如何，與此實有重大關係。」[2]去年的會議中，胡適已經注意到了北京大學哲學系報考學生人數減少的現象，現在他意識到「如無聰明人才加入研討，其前途必表現枯葉暗淡」，表達了他對哲學系教學和前途的擔憂。畢竟哲學是啟蒙一個民族的最大學科。

四月九日，沈從文致函胡適，針對中美文化基金會議，他向胡適提出建議說：「見報上說您不久又得過上海出席中美文化基金年會，想來當是事實。我記得兩年前曾向您提及一件事情，是為中國許多無名文學作家想辦法的事情，我以為中美庚款委員會方面應當有人提出個議案，主張每年弄出一筆小款來，作為給中國

1 《胡適來往書信選》中，中國社會科學院近代史研究所編，社科文獻出版社，二〇一三年。

2 引見《大公報》一九三六年四月五日報導。

新文學作家獎金的支配（這筆錢並不需要多，有五千左右就很夠瞧了）。這事情作來也許不容易，或與當時協定有衝突，或不易處置恰到好處。不過事情若值得作，就應當有人來想辦法去『嘗試』。委員會方面別的委員不注意這件事，那不出奇，您是新文學運動領導者，卻一定知道它對中國的意義。您們又在開會了，我想再向您提一提，盼望你注意。」[1]可見當時的中國知識界非常多的人不切實際盯上了對這筆錢的使用，大有「我的叔叔于勒」中對不切實際的許諾之殷切期待。

六月一日晚，日本友人松室孝良拜訪胡適。二人暢談大約三個小時之久。談話中，松室孝良主張：「中日必須親近，而蔣介石之南京政府絕對不肯親近日本，故日本不能不拋棄中央而著力於地方領袖，如二十九軍，如西南。」但是，松室孝良承認：「二十九軍要抗日，同時也抗別軍。白崇禧要抗日，同時也抗別人。所以我們可以同他們做朋友。」胡適則認為：「這是最最露骨的政策。他們的抗日，日本是不怕的。他們的討蔣，日本是最歡迎的。」[2]這是胡適當時對日本有著清醒地認識。

緊接著三天後的晚上，胡適拜訪宋哲元，二人長談很久。根據記載：胡適提出「宋先生『不喪失主權』、『服從中央』兩個原則，我們都可深信。但我們必須明白，一個原則是建立在無數具體事實之上的；原則的維持全靠具體事實不放鬆。拋棄了具體事實，就是拋棄了原則。『不喪失主權』一個原則必須使事事處處不喪失主權。『服從中央』的原則也必須使事事處處不和中央衝突。」最後，胡適特別提醒說：「特別注意日本的增兵……日本增兵是把我們中國看作同庚子年一樣；是表示不信任你們二十九軍有維持治安的能力。」[3]

1 《胡適來往書信選》中，中國社會科學院近代史研究所編，社科文獻出版社，二〇一三年。
2 《胡適來往書信選》中，中國社會科學院近代史研究所編，社科文獻出版社，二〇一三年。
3 《胡適來往書信選》中，中國社會科學院近代史研究所編，社科文獻出版社，二〇一三年。

六月十二日，胡適致函陶希聖，表明了他自己和國民政府的關係是諍友關係。即：「我們正因為愛國太深，故決心為她作諍臣，作諍友，而不敢也不忍為她諱疾忌醫，做她的佞臣損友。」[1]

七月七日，胡適到達上海，為赴美和在滬友人告別。十四日，胡適乘船啟程赴美，出席「Institute of Pacific Relations」會議。兩天後，客船到達神戶後短暫休息，胡適登岸，前往東京，拜訪日本友人室伏高信等人。二十四日，客船到達夏威夷。胡適受邀去夏威夷大學演講。二十九日，客船到達舊金山市。胡適登岸訪友，並且在斯坦福大學演講，題目是「Present Situation in China」。

八月四日，胡適訪問洛杉磯。十二日至十三日，胡適出席「Institute of Pacific Relations」會議。

九月十七日，胡適出席哈佛大學創校三百周年慶典活動。

哈佛大學科南特校長接見了來自全世界五〇二所大學和學會的祝賀代表。然後，科南特校長宴請全世界學界代表出席午餐會。在這次午餐會上，有六位代表獲邀現場致辭，胡適代表北京大學致辭。他以《中國的印度化：文化借貸的專題研究》為題發表了演講，會上他還被哈佛大學授予榮譽文學博士學位。而後，胡適向哈佛贈送了附有全體哈佛大學中國留學生集體贈送的石刻雕像。該雕像上有碑文，由胡適以正楷親筆書寫。

九月二十八日，胡適應邀在維沃克大學演講，題目是「Humanity at Crossways」。第二天，他又受邀去Council of Foreign Relations演講，題目是「The Changing Balance of Political Power in Far East and the Possibility of Peaceful Adjustment」。一直到十一月初，胡適才在舊金山市乘船啟程回國。

十二月下旬，胡適返回上海後，應邀在上海青年會作《海外歸來之感想》演講。

---

1 引見《胡適全集》冊二四，安徽教育出版社，二〇〇三年，第二三二頁。

在該演講中，尤其引起他感觸的是哈佛大學舉辦的來賓學術演講。胡適說：「我看到這名次排列就發生了最大感觸。第一名埃及大學，它成立到今，已有九百多年的歷史；第二義大利大學，也有九百多年；第三法國巴黎大學，也有九百年；第四英國牛津；第五英國劍橋。至於本人代表的北京大學，則排在四一九號、南開四五四號。『中央研究院』於民國十七年成立，不過八年的歷史，所以次序數字為四九九號。說也慚愧，我們中國已具五千多年歷史文化最早的古國，反屈居於最末的次序……」

他接著說：「最出風頭的是普林斯頓大學附設的高等研究所。雖則次序落後，然而它能吸收高等人才，如相對論發明者愛因斯坦氏，即在該所羅致之列。於是普林斯頓漸成為全世界數學研究的中心。」

最後，胡適說：「我們中國固然老大。然如能急起直追、不悲觀、不自倨，將來也許有好的現象。」[1]

本年度中，胡適應亞東圖書館之約，為《新青年》再版題字如下：

> 《新青年》是中國文學史和思想史上劃分一個時代的刊物。最近二十年中的文學運動和思想改革，差不多都是從這個刊物出發的。

這應該說非常恰如其分的總結和肯定。

一九三七年一月一日，胡適去周作人家，出席周母八十壽宴。二日，胡適在家接待日本友人、神學博士清水安三夫人帶領的六名日本記者採訪團。清水安三也是魯迅的好友，是日本私立大學櫻美林大學創辦人。當天，胡適日記中記載：「日本人清水安三的夫人帶了六個日本人來訪，談了兩個鐘頭。我很懇切的同他們談，有幾個人似很受感動。我談話時用鉛筆在一個名片的背面寫了『尊王攘夷』四字，他們臨走時，有一個

1 演講文稿發表在《正風》雜誌，第三卷第一〇期。

人向我討此片帶回去做個紀念。有一段談話，清水夫人翻譯時，我看她兩眼汪汪的噙著眼淚。」[1]十日，胡適出席中國哲學會第三屆年會。十三日，胡適致電國民政府主席林森，對於邵元沖葬禮使用國喪一事，提出「國喪大典，不可太爛」的八字勸告。

十八日，胡適在北京大學文學院辦公室和湯用彤教授長談。當天日記中，他簡單記載如下：「到北大，與湯錫予先生暢談。他自認『膽小，只能作小心的求證，不能作大膽的假設。』這是謙詞。錫予的書極小心，處處注重證據，無證之說雖有理亦不敢用。這是最可傚法的態度。他又說：『頗有一個私見，就是不願意說什麼好東西都是從外國來的。』我也笑對他說：『我也有一個私見，就是說什麼壞東西都是從印度來的！』我們都大笑。其實，這都不是歷史家正當態度。史家紀實而已。如果有些好東西是從海外來的，又何妨去老實承認呢？」[2]二十四日，司徒雷登拜訪胡適。當天日記中，胡適記載他們的談話內容如下：「他近來很活動政治。上次韓復榘南下見蔣，是他媒介的。此次他又曾去奉化見蔣。他曾見宋子文、宋美齡、端納。他的見解卻不很高明。我剴切的和他談了一點多鐘。」[3]

二月二十二日，胡適日記中如實表達了他對陳寅恪論著的評價：「他的文章實在寫得不高明，標點尤懶，不足為法。」[4]其實，陳寅恪和胡適之間的友誼只是建立在雙方的父輩，即胡適父親曾在臺灣為官，而陳寅恪夫人的父親曾是臺灣總督。僅此而已。胡適對陳寅恪父親陳三立十分的看不上眼，不光是胡適曾多次拜訪過他，還因為胡適被中國公學除名之時，陳三立作為中國公學的董事和教師，參與了這一處理過程。

1《胡適日記全編1934-1939》，聯經出版事業有限公司，二〇〇四年，第三六五頁。
2《胡適日記全編1934-1939》，聯經出版事業有限公司，二〇〇四年，第三七三頁。
3《胡適日記全編1934-1939》，聯經出版事業有限公司，二〇〇四年，第三七六頁。
4《胡適日記全編1934-1939》，聯經出版事業有限公司，二〇〇四年，第三八七頁。

胡適和北京大學中文系師生（1937）

三月十七日，應美國聖經學會之邀，胡適發表演講，題目是「聖經與中國文學」。然後，胡適參觀了該學會在京舉行的《聖經》圖書著作展。

四月十一日，胡適乘車到天津，專程拜訪下野的民國政客和學者徐世昌。虛心向他請教顏李學派的著作及其版本流傳情況。徐世昌很高興地把他個人保存的有關這一學派的各版本古籍出示給胡適，供他閱讀和查驗。二十六日，胡適在清華大學二十六周年校慶上演講，題目是「中國近代考據學的來歷」。和以往不同的是，這次演講，胡適開始強調考證方法是長期的「勤謹和緩」養成的技術習慣。然後，他乘船南下，二十八日到南京，他前去中央研究院考察歷史語言研究所的工作。第二天，他到達上海，專程去拜訪蔣介石。二人面會所談內容至今不詳。胡適也沒有記錄在日記中。

五月三日，他返回南京，出席中央研究院評議會會議。並在五月九日會議結束後，立刻返京。十七日，胡適致函翁文灝。在信中，他提出：

仍宜繼續為國家打長久的算盤，注重國家的基本需要，不必亟亟圖謀適應眼前的需要……我們所應提倡的，似仍在社會不注意的純粹理論科學及領袖人才的方面……無用之用，知之者稀。若吾輩不圖，國家將來必蒙其禍。[1]

當月月底，他在京主持召開輔仁大學董事會會議，並再次當選為董事會主席。三十一日，胡適在京主持召開輔仁大學董事會會議。

六月十五日，北京大學本學期最後一天課程結束。下午，胡適到達天津，參觀著名藏書家李木齋藏書。直到第二天下午才返京。二十日，在世界教育會議第一次在華集會上，胡適當選為大會主席。

七月一日，廈門大學改制，成為國立廈門大學。教育部擬約請胡適出任該大學校長。胡適卻婉言謝絕。八日，胡適離北平，乘火車前往江西。十一日，胡適到達廬山，得到了蔣介石的親自接見，然後參加了國民黨暑期廬山談話會。直到當月二十八日，胡適才返回南京，並拜訪中央研究院和教育部諸多友人。

七月的最後一天中午，蔣介石在南京政府官邸宴請胡適、張伯苓、梅貽琦等任。在當天的日記中，胡適如是記載：「蔣先生約午飯。在座者有梅、伯苓、希聖、佈雷、蔣夫人，極難談話。蔣先生宣言決定作戰。可支持六個月。伯苓附和之。我不便說話，只能在臨告辭時說了一句話：『外交路線不可斷，外交事應尋高宗武一談，此人能負責任，並有見識。』他說，『我知道他。我是要找他談話。』」[2] 當天下午，高宗武拜訪胡適。當晚胡適日記中記載為：「下午汪精衛先生到了南京，找宗武去長談。談後宗武來看我，始知蔣先生已找他談過了。宗武談甚詳。我們此時要做的事等於造一件miracle，其難無比，雖未必能成，略盡心力而

1 《胡適書信選》中，外語教學與研究出版社，二〇一二年，第三五七—三五八頁。

2 《胡適日記全編1934-1939》，聯經出版事業有限公司，二〇〇四年，四二八頁。

已。」[1]

八月十三日，胡適被聘為國民政府「國防參政會」參議員。二十九日，王世傑代表蔣介石和胡適面談安排他赴美宣傳中國政府抗日立場的計畫。胡適表示欣然接受，並且希望還加派人手協助自己。三十日，王世傑向蔣介石提議在同時加派著名政治學家錢端升教授、外交學家和文學家張彭春教授二人陪同胡適，協助其工作。這一建議立刻得到了批准。

1 《胡適日記全編1934-1939》，聯經出版事業有限公司，二〇〇四年，四二八頁。

第二十二章

臨危授命：胡適來美宣講抗日

就在中國北京爆發了七七盧溝橋事件之後，面對國際社會對此冷漠和事不關己的態度，尤其是當時的美國政府，抱著一副中立的態度，國民政府最高當局決定派遣在美國有影響力的北京大學文學院長胡適和錢端升兩位著名教授，安排他們前往美國，宣傳國民政府的抗日立場，同時呼籲美國各界的支持中國對日作戰。於是，胡適和錢端升兩位北京大學著名教授，臨危受命，前往美國。

一九三七年九月八日，他們一同從北京出發抵達武漢，並於十一日訪問了武漢大學。十三日，胡適和錢端升從武漢機場一同乘機飛抵香港。略作休息一周後，二人乘機先到菲律賓，再到中途島，並於二十三日到達夏威夷。在此休息三天，當地領事館和學界友人接待他們二人。二十六日，他們二人到達舊金山市。

九月二十九日晚，胡適應邀在當地政府大廳演講，題目是「Can China Win」。

當天來賓超過了千餘人，可說盛況空前。在演講中，胡適向美國政府和聽眾傳遞出蔣介石領導的國民政府和軍隊團結一致、堅決抗日的精神和現狀。他強調指出：

> 自抗戰以後，中國真正做到了統一，和達到了又組織又訓練的現代化國家，得到中國民族求生存必不可少的精神。[1]

第二天，胡適和錢端升拜訪伯克利加州大學。

十月八日，胡適和錢端升到達華盛頓。從此時開始，胡適赴美、加兩國代表中華民國政府的正式和非正式的外交工作、宣傳工作就此展開。

一九三八年一月至七月，胡適和錢端升二人在美國及加拿大各地頻繁地舉辦有關中國歷史、文化、思想

1 引見《集美週刊》，第二二卷第一一期。

和現實政治的演講。胡適在美國的這些英文演講，其文稿基本完整地保存在胡適的友人Delafield夫婦手裏。最後，全部演講文稿移交給了普林斯頓大學周質平教授。《胡適研究通訊》第十八期刊又專文加以介紹。胡適自己早年也曾說過：「我想將來把我的英文演說、論文等集在一塊付印」這樣的話。（語出一九二二年五月二十四日日記。）根據周質平《胡適英文文存成書經過》一文記載：「一九九八年耶誕節期間，我專程去佛羅里達看Delafield夫婦，並致謝忱。我在他面海的高樓公寓裏，聽他細述當年和胡適結識的經過以及他搜集胡著的苦心。在他面積不大的書房裏，櫃子上擺著幾張胡適的照片，和我送他的英文文存三冊。他從塵封多年的紙箱裏，小心翼翼的把胡適簽過字的手稿和講稿放在我手上，看到他那虔敬的神情，我有一種打自心底的感動。在這位九十三歲老人的口中，胡適是一個好學深思、努力工作、慷慨而又風趣的學者。一個美國人，五十多年來，為了搜集和保存胡適的英文著作而做出了這樣的努力，不僅是我個人，所有愛好胡適思想的人都應該向這位老先生致敬，致謝。」

一九三八年一月十日，胡適再次應著名的Council of Foreign Relations之邀發表演講，題目是「China's Struggle for Freedom」。胡適參觀了奧伯林大學，並且舉行了兩次演講，題目是「The War in China and the Issues Involved」。十四日，胡適赴華盛頓出席Association of Progressive Education年會，並且發表演講，題目是「Education for Peace or War」。二十六日，胡適赴密執安大學發表演講，題目是「Democracy of Fascism in China」。第二天，胡適在American Friends of China發表演講，題目是「Can China Survive」。三十一日，胡適赴Foreign Policy Association發表演講，題目是「The Issues Involved in the War」。

二月一日，胡適赴明尼蘇達大學發表演講，題目是「Nationalist China」。四日上午，胡適赴東華盛頓大學演講，題目是「Conditions in China」。下午在當地高中演講，該校學生二千二百多人全部到場。晚上去當地市政府大廳演講，題目是「Issues Involved in the War」。現場一千多個座位全部爆滿。六日又是一日三場。七日，胡適赴華盛頓大學演講，題目是「Issues Behind the Far Eastern Conflict」。八日、九日又是一日三場。十日，胡適赴Research Club發表演講，題目是「Research work in China」。又是一日三場。十二日，胡適赴瑞德大學發表演講。

二月十七日，因為胡適在美演講產生了巨大的影響，加州大學伯克利校區校長和胡適見面，約請他從當年八月開始主講中國文學、中國思想兩門課一個學期，並且給出了高達四千美元的講課費。第二天，胡適在加州大學伯克利校區大禮堂演講，現場聽眾超過了兩千多人！

連續多次的一日三場演講，胡適的辛苦和勞累可想而知。這時，胡適因為牙齒疼痛和口腔潰瘍、扁桃腺發炎，不得不去當地醫院接受治療。

三月九日，胡適和錢端升到達加拿大，參觀著名來華傳教士明義士私人的甲骨博物館。然後在Canadian Club發表演講，題目是「China's Struggle for Freedom」。第二天，到達魁北克省，繼續舉行演講。第三天去渥太華將舉行演講。十四日，到達多倫多演講。這些演講題目和內容基本都是在美國演講的重複。這樣的研究將活動一直持續到當年五月底為止。

當時因為受邀方主要是胡適，以至於錢端升教授多次向胡適和國民政府的駐外大使館官員們抱怨自己無用武之處，要求回國工作。最後，終於在一九三八年四月六日獲得批准，啟程返回北京大學繼續教學活動。

四月八日，哈佛大學教授、著名佛學家葉里綏親自致函胡適，約請他作為哈佛大學的訪問教授，前來哈佛大學講課一學年，中國文學史或中國思想史都可以，哈佛大學準備給他高達八千美元的講課費。胡適思考再三，實在是因為國家重托在身，只好婉言辭謝。我們發現這個時期的胡適先後接到多所著名大學的講課邀請，一旦他接受下來，這實際上是下一步轉成著名大學的專職教授、甚至特設終身教授席位的至關重要的一環。可惜，胡適並沒有很好地利用這些送上門來的機會。二十二日，胡適出席美國歷史最悠久最著名的學會美國哲學會的年會，並且正式簽字加入該學會。

六月，身在美國的胡適，當選為國民政府「國民參政會」參政員。本月中，在美國的胡適多次拜訪自己的導師杜威教授。

從八月開始，胡適又開始往返英國、法國、瑞士和普魯士等國，繼續在演講中宣傳國民政府的抗日主張和中國歷史與思想。

七月五、六、七、八連續四天，胡適應邀前往密執安大學遠東研究所講授中國思想史專業課。十三日，胡適乘船離開美國，前往法國。胡適在當天的日記中做了如下統計：「去年九月二十六日到舊金山市，共住美洲二百六十七日，今天離去，當然有戀戀之情」。[1]十九日，胡適乘船到達法國。二十五日，孔祥熙致電胡適說：「介公及弟甚願借重長才，大使一職，擬由吾兄見屈。」[2]

在巴黎，胡適首先再次拜訪了漢學大師伯希和。第二天，正在英國的胡適接到國民政府駐倫敦大使館轉來的蔣介石給他的私人電報，正式告訴他將出任駐美大使。幾天後，國內的友人來信也通告他這一消息。

八月五日，胡適抵達英國首都倫敦。當地華人學者和國民政府駐英使館人員前來迎接。九日，胡適訪問劍橋大學。十六日，胡適訪問倫敦大學美術學院，特別觀看了那裏收藏的中國古代文物。二十二日，胡適再次參觀大英博物館。二十三日，胡適訪問牛津大學。二十七日至九月三日，胡適每天出席英國倫敦召開的遠東史國際會議，並在該會議上發言。他的論文題目是：「Newly Discovered Materials for Chinese History」。會議結束後，九月五日，胡適抵達瑞士休假和旅遊。

---

1 《胡適日記全編1934-1939》，聯經出版事業有限公司，二〇〇四年，第五七一頁。

2 《胡適日記全編1934-1939》，聯經出版事業有限公司，二〇〇四年，第五七八頁。

九月十三日，在瑞士旅遊的胡適接到當地國民政府駐外使館轉給他的出任駐美大使的電報。二十二日，胡適到達法國，和各界友人告別。第二天到達倫敦，受到國民政府駐外使館迎接。二十八日，胡適正式乘船前往美國赴任。

這次胡適來美發表演講，完全是臨危受命，宣傳中華民國政府的抗日主張和國情，希望美國及早打消中立立場，支援中國戰場。

第二十三章

責任和家國情懷：駐美大使胡適

一九三八年九月十三日，國民政府正式任命胡適出任駐美全權大使。二十七日，胡適獲得國民政府頒佈的二等采玉勳章。

十月五日，胡適赴華盛頓就任。與此同時，十七日，胡適辭去北京大學文學院院長一職。二十八日，胡適正式向美國總統遞交了國書。這也是他第一次單獨和羅斯福總統見面談話。三十一日，胡適在送給陳光甫的個人照片上，寫下了這樣兩句話：「做了過河卒子，只能拚向前」。

十月二十一日，行政院長翁文灝致函胡適，談國際局勢和美國對日制裁的重要性。該信中說：「日來為國家大事十分焦灼。言和之事不但孔、王二公對合眾社記者談話盼美總統調停而已，且聞某要員已派人在上海與日人板西談判。板西秉承西尾板垣提議中日誠意合作，共建亞東新秩序。社會上望和人多，故某要員推進頗力。另一方面又聞上述工作迄未得介公同意，致成一時和戰並進之現象。如果繼此不改，甚恐軍事進行而蘇聯關係日益重要，因文官之和議進行而美國懷疑，英、法變化，皆甚可慮。又聞英相張伯倫主張團結美，法、意、德反對蘇聯，至相當時間或且聯絡日本，勢必使中國吃虧。在此形勢之下，弟以為在國內，政權必須統一，介公不宜允許其他職員

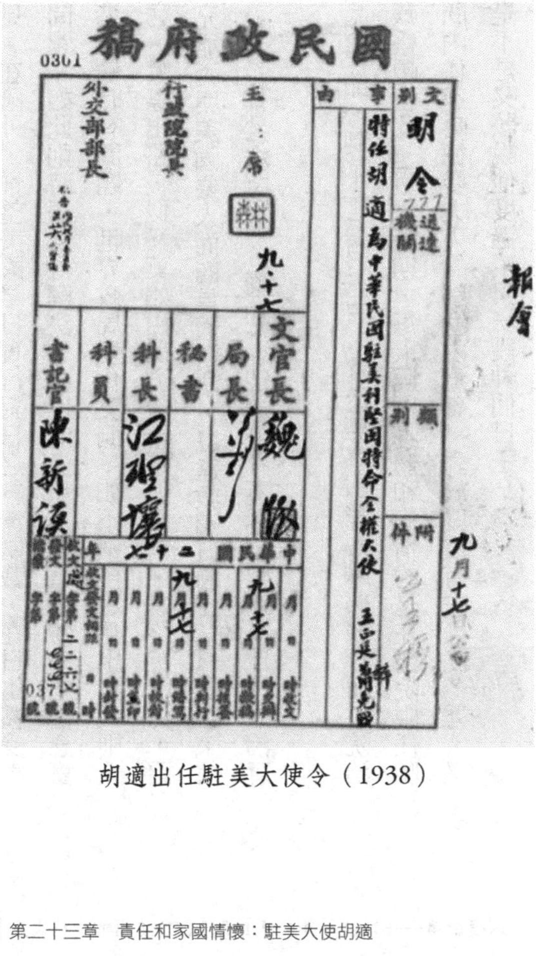

胡適出任駐美大使令（1938）

在未得介公允許以前自由言和或對外發表意見。在國外，惟望美國早日實行對日之經濟制裁，在日本甚受壓迫情形之下，由美政府召開會議，解決遠東問題。如此則時局可得解決。蓋目前僅賴『抗戰必勝』之信念實猶不足。國內意志既不免分歧，而安南、香港運輸時有問題，世界政局變化莫測，如不積極尋覓出路，則人人有河清難俟之感，而實際困難卻又層出不窮。實際出路，似又莫如由美國嚴重壓迫日本，聯絡英、法，召開會議，共圖解決。國命存亡，關係至巨，兄能否與美國要人面商具體辦法，以達救國目的。」[1]這封來信非常清楚地點明了當時中日美三國的政治、軍事和外交的處境，增加了胡適駐外大使的工作責任和政治意識。

從十一月開始，胡適每天忙碌著會見各國使節。到了十二月五日，終於勞累引發心臟病發作而住院治療，直到一九三九年二月二十日才出院返回華盛頓官邸。這一時期，每天照顧身體和病情的是在醫院中任職專業護士的哈德曼夫人，後來胡適還曾短時間內住進哈德曼夫人的別墅內療養。對於既沒有夫人江冬秀、又沒有曹誠英在身邊照顧的胡適來說，不知道是不是又該說他度過了又一段神仙日子？

十二月七日，《譯報》轉發美聯社報導全文如下：

> 據中國駐美大使胡適博士今日表示，中國自廣州、漢口陷落後，曾向日本作非正式及間接之和議建議，但在日方所提條件，在中國萬難接受，故決計繼續抗戰。以上所言，為胡適昨應紐約律師俱樂部宴會時所發表者。據胡適言：「中國目前之對日抗戰，與十八世紀末美國十三州對英國之獨立戰爭同，中國軍隊所受之艱難困苦，與當時之美國軍隊同。但當時英國之軍隊雖因實力武器之優勝，終不能戰勝華盛頓所率軍隊百折不撓之精神與意志，今日日本之軍隊

---

1 《胡適來往書信選》中，中國社會科學院近代史研究所編，社科文獻出版社，二〇一三年。

胡適接見外國使節（1938）

配備武裝，亦在華軍之上，但其不能屈服英勇抗戰視死如歸之中國人民及摧毀中國之民族與文化，必與當日英國不能屈服美國獨立運動者同。」胡氏又謂：「中國由越南經千英里之長途，運入軍火之工作，極為困難。」又謂：「中國通至緬甸之公路，須至今年十二月底始能通車，屆時軍火運輸問題，必可解決。」又謂：「中國軍隊陣亡者無慮一百萬之眾，至農民之死於戰事者則亦倍於此。」胡氏稱：「中國並不盼望美國以一人之生命，盡為中國仗義抗戰而犧牲。」[1]

一九三九年三月四日，胡適出席美國國會成立一百五十周年盛會。第二天，他接到維斯萊岩大學校長來信：該大學決定在六月十八日畢業典禮上授予胡適名譽博士學位，胡適思考再三決定辭謝了。緊接著，七日，他的母校哥倫比亞大學校長也寫來了內容相同的來信，這次胡適當然沒有理由謝絕。

1 《胡適來往書信選》中，中國社會科學院近代史研究所編，社科文獻出版社，二〇一三年。

這才上任美半年，就大病兩個半月、又接到了兩所著名大學授予名譽博士學位的來信，胡適瞬間感到了自己肩上責任的重大。當天，在日記中，胡適如此寫道：「最高法院新推事Felix Frankfurter夫婦約吃飯，飯後Benjamin Victor Cohen來談。Frankfurter說，他新到最高法院，每判決一案，總覺得責任重大，與平日寫文字送登Harvard Law Review的絕不相同。這正是我所謂Responsible Thinking之一例。我從前談文字改革、思想改革，明知其有利無害，故從來不感覺遲疑。近十年來，事勢所迫，我不能不談政治，才感覺『替社會國家想出路，這是何等重大的責任！這是「一言可以興邦，一言可以喪邦」的事，我們豈可不兢兢業業的思想』」。[1]二十一日，胡

1《胡適日記全編1934-1939》，聯經出版事業有限公司，二〇〇四年，第六三三頁。

胡適在駐美大使官邸（1939）

適在大使館官邸設宴，宴請世界各國使節四百多人。他致辭大量來賓，並再次闡述國民政府的抗日決心。

四月十一日，國民政府外交部致電胡適，要求他擬定一個中英法三國政治、軍事合作的計畫書。十九日，羅斯福總統再次約見胡適，專門洽談美國政府目前在中日戰爭中的中立立場，並且對他保證會對日本採取一定程度的經濟制裁。可見當時胡適的工作展開十分艱難。

五月一日，國民政府外交部再次致電胡適，除了要求加快擬定一個中英法三國政治、軍事合作的計畫書之外，還要求胡適儘量促使美國政府支持和援助國民政府。而胡適對於如此兩大重任，他的態度是：「前者我明知無效，不得已於四月十日送去」，而對於後者，則是「擱置半月餘，不肯去說」。[1]十六日至二十一日，胡適病癒後決定再次拜訪各國使節。從第二天開始，他先後拜訪了巴西、南非、義大利、荷蘭、瑞典和匈牙利四國的外交使節。這當中，南非公使Close博士是國際上著名的法學家，和胡適一樣，是個純粹的學者。胡適在與他交談中，深有所得。二十二日，他在大使官邸接待來訪的韓國政客李承晚夫婦。他們一起共用晚宴，相談甚歡。一個月後的六月三十日，胡適再次在大使官邸宴請李承晚夫婦。二十四日，胡適應邀去哥倫比亞大學演講，題目是「The New Disorder in East Asia and the World at Large」。

六月五日，胡適前往紐約。前去參加哥倫比亞大學畢業典禮活動。第二天，胡適在畢業典禮上被授予名譽法學博士學位。然後他發表了演講。在當天晚上他撰寫的日記中記載：「今年有五個大學要給我學位，因醫生的訓誡，我只能出門接受兩個。」[2]這是第一個名譽博士學位。

第二個名譽博士學位就是在此一周以後的六月十三日，芝加哥大學授予胡適名譽法學博士學位。當晚，

1《胡適日記全編1934-1939》，聯經出版事業有限公司，二○○四年，第六五一頁。

2《胡適日記全編1934-1939》，聯經出版事業有限公司，二○○四年，第六五九頁。

芝加哥大學校長設家宴，宴請胡適。八日，胡適前往華盛頓，拜訪訪美的英國國王和王后夫婦。二十四日，胡適發長電文給國民政府，報告他對國際局勢的看法。

七月十日，美國聯合學院聘請胡適出任該大學名譽校長。第二天，賓夕法尼亞大學校長來信，約請胡適擔任明年該大學成立二百周年演講人，並將授予他名譽博士學位。三十日，蔣介石致電胡適，要求胡適積極爭取美國政府援助中國外匯平準基金。

八月三日，胡適再次發長電文給蔣介石，詳細說明美國政府的亞洲政策。三十一日，胡適在日記中表達了他對國民政府的不滿。他說：「有許多電報來，逼著我去做不願意做的事。我是能擋的，尚且感覺逼迫，何況沒有肩膀的人！」[1]十日、十一日，胡適又開始連續發表演講。十四日，傅斯年致函胡適說：「先是，蔡先生去世後，大家在悲哀中，前兩日未曾談到此事。後來彼此談，不謀而合，都說，要選您一票，其餘則議論紛紜矣。有說詠霓好者，亦有反對者。在昆明時，我曾與枚蓀談過一下。我說：『你想，把適之先生選出一票來，如何？』……選舉次日，雪艇遇到介公，以顧未選出及三人結果陳明，介公笑了一下。次日語孔云『他們既然要適之，就打電給他回來罷。』此真出人意外。」[2]

九月八日，羅斯福總統再次約見胡適。這次二人所談內容涉及以下三點：「英法；蘇俄；請美國再打一強心針，作二次之借款。」但是，羅斯福更關心的是中日戰事調停的可能性。這讓胡適感到和中方希望的相差千里，故此他頗為著急。

十月二十日，胡適到紐約，出席杜威八十周歲壽宴。三十日，胡適再次前往紐約，出席China Society年

1 《胡適日記全編1934-1939》，聯經出版事業有限公司，二〇〇四年，第六九三頁。

2 《胡適來往書信選》中，中國社會科學院近代史研究所編，社科文獻出版社，二〇一三年。

會，並發表演講，題目是「We are Still Fighting」。

在演講中，胡適主張：

中日和議的必要條件：

一、必須滿足中國人民建立一個統一的、獨立的、有力的民族的國家的合理要求。

二、必不可追認一切用暴力違反國際信義造成的土地掠得及經濟優勢。

三、必須恢復並加強太平洋區域的國際秩序，使此種侵略戰爭不得再見。[1]

十二月十日，朱家驊致函胡適特別談到「美國億元借款，國人甚為踴躍，實出我兄之力，甚佩。諸維為國珍衛是禱」，[2]足見胡適並非蔣介石所謂的一無是處！因此，日後胡適無論蔣介石如何勸說，都不再接替駐美大使之職位，實在是蔣介石對待胡適駐美工作評價，徹底讓胡適寒心。

十二月十四日，胡適出席白宮舉辦的外交使節聚會。當月二十日，胡適再次拜訪羅斯福總統，再談借款之事。這次羅斯福總統終於表示將認真考慮此事。二十九日，胡適出席美國史學會年會，發表演講，題目是「Modernization of China and Japan：A Comparative Study of Cultural Conflict」。

本月，在日本京都，當時的京都帝國大學教授吉川幸次郎將胡適《四十自述》翻譯成日文在大阪出版。在該譯本序言中，吉川說：「回想起來，作者是在民國六年一月自美國向祖國的《新青年》雜誌投稿《文學改良芻議》。借用第一時間將此事介紹到我國的青木正兒先生的話，此人『朝氣蓬勃，剛剛迎來二十六歲，

---

1 《胡適日記全編1934-1939》，聯經出版事業有限公司，二〇〇四年，第七二〇頁。

2 《胡適來往書信選》中，中國社會科學院近代史研究所編，社科文獻出版社，二〇一三年。

正在美國哥倫比亞大學求學。』然而，正是這一白面書生投下的炸彈，如燎原之火，迅即蔓延開來，為支那文化帶來了巨大變化。舉世無為之際敢為此事者為英傑，如若此語為真，該人堪稱英傑。」然後，吉川又反思日本漢學的不足。他說：「我們日本人觀察支那，似乎有兩點缺陷。一是以往所謂的『漢學』實際上極其偏頗，我們疏於對『漢學』以外部分的觀察；二是我國與支那之間，因為所謂的『同文同種』的關係，將支那文化與我國文化視為同質文化。結果，僅憑以往的漢學難以理解民國以後凸顯出的現象，尤其將與我國的精神不一致之處，視為突然的變異，不將其當做支那固有的思想。其實，這種觀察非常不妥。確實，西洋文化的影響似乎是重要的契機，但是，支那固有的思想中也具備其基礎，或者至少存在萌芽。作者的無神論出自司馬光和朱子，絕不是毫無道理的演繹。」當然，譯者還犯了同樣的胡適的神話錯誤。他說：「另外，本書雖未提及，其實作者的祖輩中有胡匡衷、胡培翬之流的清朝經學大家，尤其是關於禮的學問大家。主張實證哲學的作者，其血管中流淌著撰寫《禮儀釋官》和《儀禮正義》的舊時代實證學者的血液。」[1]

一九四〇年一月八日，胡適去紐約，受邀在Brooklyn Institute of Arts and Sciences演講，題目是「China and the World War」。十二日，胡適去賓夕法尼亞州，受邀在Association of American College演講，題目是「The World War and the Future World Order」。十三日，胡適去白宮拜見美國總統，再次申請對美借款之事。二十七日，胡適出席康奈爾女性組織年會，發表演講。

二月二十九日，對美借款提案獲得美國總統批准，為此，胡適又立一功。

三月四日，胡適去佛羅里達州。五日，胡適受邀在The Rollins Institute on International Relations演講。當天，國民政府推薦胡適出任中央研究院院長候選人。二十八日，胡適前往加州大學伯克利校區，出席

1 這裏的中文譯本取自《胡適研究通訊》，第二七期崔學森文。

該校畢業典禮。同時接受該大學授予他名譽法學博士學位，並發表演講。名譽法學博士學位證書上特別肯定他：「LEARNED REPRESENTATIVE OF ITS REUVENATIONG APOSTLE AND INTERRACIAL UNDERSTAND LOVABLE IN DISPOSITION BUT RIGHT」。第二天，他到舊金山市和洛杉磯訪友。

三月六日，胡適在美國聽到了蔡元培過世的消息。他在日記裏為蔡元培個人的蓋棺論定不高，但是對他的領袖能力再次作了肯定：「到家才知道蔡孑民先生昨天死在香港，年七十三。與周鯁生兄談，同嗟歎蔡公是真能做領袖的。他自己的學問上的成績，思想上的地位，都不算高。但他能充分用人，他用的人的成績都可算是他的成績。」[1]七日，美國對華貸款獲得總統和國會批准。胡適幾個月以來的艱苦努力初見成效。

從去年十二月至今年二月，胡適四處拜訪美國財政部官員和國會議員們，為國民政府對美貸款之事而努力。現在終於見到了結果。第二天，胡適立刻致函美國國務院和財政部長表示感謝。十一日，蔣介石致電胡適，感謝他幾個月以來的艱苦努力和工作。王世傑事後評價胡適在美的工作時說：「胡先生就任大使之後，所完成的第一項歷史任務是美國政府在武漢棄守後，開始給與我國政府以二千五百萬美元的第一次借款，協助我國繼續抗戰。這件事對於我國當時的士氣民心實在有莫大的影響。」[2]

四月七日，胡適受邀在Society of Ethical Culture發表演講，題目是「Society Immortality」。十日，胡適受邀在「American Academy of Arts and Sciences」年會上，發表了「Some Philosophical Rebels of Seventeenth-Century China」演講。二十七日，胡適致電蔣介石，第二次對美借款兩千萬美元，已經正式簽約。胡適在電報中特別肯定了陳光甫的功勞，正是在陳的努力下，實現了先後兩次從美國借款四千五百萬美元的結果。

---

1 《胡適日記全編1940-1952》，聯經出版事業有限公司，二〇〇四年，第三〇頁。

2 引見胡頌平《胡適之先生年譜長編》冊五，聯經出版事業有限公司，一九八四年，第一六五五頁。

胡適要求蔣介石公開獎勵陳光甫。三十日，國民政府檔案中開始出現調駐美大使胡適轉任中央研究院院長的提議。[1]可見，當時已經有人想撤換胡適駐美大使的工作了。

五月一日，針對宋子文在美國設立了「中國軍用品供給公司」一事，公開採購美國軍用物資。胡適認為不妥，立刻致電蔣介石，要求按照美方慣例，必須要有中國政府授權，否則在外交上會引來後患無窮，因為這將徹底打亂了美國當時還持有的所謂中立立場。由此可見，胡適比蔣介石和宋子文，更懂得美國的法律。於是，蔣介石在六月三日正式授權宋子文和胡適將此事向美國政府備案，明確表示，該公司為「國民政府與美國洽商決定及接受軍械貸借之全權代表。特電備案，並乞電示批准為荷」。[2]這是蔣中正在電報中所答覆的。胡適立刻把這個電報和備案申請通知美國政府，由此避免了中美外交上的誤會，但是也因此造成了宋子文和胡適之間的矛盾。六日，胡適出席芝加哥大學俱樂部聚餐，發表演講。第二天，他將其父日記、年譜和著作手稿共四種二十六冊贈送美國國會圖書館。二十三日，胡適出席華美協進社董事會年會。二十四日，胡適宴請高宗武夫婦，整晚談話都是圍繞著汪精衛。二十五日，胡適閱讀了前一天發行的《中國時報》上發表的《傳顏惠慶將任駐美大使胡適博士或調任中央研究院長》一文。他寫下了不少批註，表達了他的不滿情緒。該文如下：

> 【國新社重慶航訊】
>
> 最近我駐美大使易人消息，此間又有所傳。事緣胡適博士駐美數年，頗著勞績，新近積勞成疾，患失眠病頗劇，有回國暫事休之意。我中央方面，以目前歐戰擴大，遠東外交戰白熱化，

1 參見國史館檔案，編號為001-061120-00001-000。

2 參見國史館檔案，編號為001-042400-00003-032。

我國對美蘇外交陣容，亟須加強，邵力子氏之出任駐蘇大使是此種刷新外交計畫第一步。如胡回國，當不能任此職虛懸，擬以顏惠慶繼任。顏為外交耆宿，最近以太平洋會議出席回國，正徵求顏同意中。胡適本中央研究院院長三候選人之一，其餘二人，一為經濟部長翁文灝，一為中央黨部秘書長朱家驊，所任均屬繁劇，不能分身。胡氏在國際學術界素著聲望，與研究院同人亦有淵源，出任院長較為適當。返國後中央擬以此職畀胡云。

此事並非新聞界捕風捉影。六月二日，胡適赴美國外交部官員家中宴會時，遇到剛從中國重慶返回的一個美國駐華外交官，這個人轉告他：中央研究院院長候選人是胡適。可見當時這個消息流傳很廣，也頗有來頭。於是七月二十二日，胡適正式致函國民政府外交部長，明確表示「若不做大使，決不就中央研究院院長」，而只想選擇返回北京大學教書。[1]

六月三日，胡適出席杜克大學畢業典禮，被授予名譽文學博士學位，然後發表演講。五日，胡適又出席柏瑞馬爾大學畢業典禮，也被授予名譽文學博士學位，然後發表演講。十四日，胡適要求美國政府將太平洋艦隊駐留在太平洋海域，並且有限援助中方。這對封鎖日軍產生了重大的軍事意義。[2]二十六日，宋子文到美國。胡適陪同他去拜訪美國國會和財政部官員。原來宋子文這次要再次申請貸款，實在不行就借款。胡適特別叮囑他不可操之過急。

七月十九日，胡適致函蔣介石：

1 《胡適日記全編1940-1952》，聯經出版事業有限公司，二〇〇四年，第五八頁。
2 參見國史館檔案，編號為001-066220-00014-001。

最近兩日報紙所傳英國擬拉攏中日議和事，此間亦有所聞。十日前適與子文兄同訪英大使羅辛，彼即大談中國應與日本議和。當時尚以為是彼私人見解。

最近始知約半月前英大使曾謁美外長。問兩事：

一、美國能與英國在遠東共同作戰否？

二、若不能，則美能與英共勸中日議和否？

據可靠消息，外長答：

一、作戰權在國會，政府不能預先承諾任何國家。

二、此時議和等於勸中國完全屈服，美國不能參與。英大使對適云，美國的毛病只是過濾。英國勸和，至多不過拉攏兩國，使其直接談判，而不負調停責任。

而適綜合各方觀察，有下列各點或可共參考：

一、美國絕不願我國屈服。欲我繼續抗戰。此點絕無可疑。最近證據為羅總統兩次對子文兄說，我們此時絕不可改變宗旨，也不可說民主國家一蹶不振了。

二、英國此時所謂勸和，以適所知，似是一種緩兵之計，三、四個月以後，英倫三島日短夜長，又多大霧大浪，襲擊不易而可以攻人。故英國人說，若能支持過十一月就有辦法。美因政治牽拘，有時緩不濟急，但今日唯此一國具有鎮定遠東力量，每到我最倒楣時，總伸手助我。前年十月二十五日，我師武漢之日，總統囑財長召光甫與適，許以借款，最為明證。總統三年不外一個強項的良心作怪，我答云強項的良心也大有作用，法國若多一點兒強項的良心，豈非英國所大願耶，據英大使所談彼所謂和，等於全盤屈服，包括承認汪偽組織，但今晨所傳英方消息，則確有轉機了。況十一月初美國大選揭曉，無論結果如何，政策趨向可以分明，故對緬事讓步，以三月為期，又聲言於此三月中將拉攏中日講和，其用意或在暫時和緩遠東形勢。我方此時似可不必過分猜疑，謂為有意責我。

三、美政府領袖確有心助我撐持，雖其援用中立法，但對遠東可以有一點行動自由，適私心以為我國對美英應有信心，不必因其遲緩即生失望。

以上三點，敬請參考。

胡適

八月十五日，美國財政部長會見來美申請對美借款的宋子文，國民政府對美借款之事沒有得到國會批准，因為幾個月前剛批准了對華貸款之事。而胡適前此就勸告過宋子文，要有耐心，急躁不得。緊接著，九月四日，宋子文沮喪地告訴胡適，他來美的三大希望全部落空，即：「從Stablization Fund（2,000,000,000）內借一筆幣制借款（平衡金）；從Emport-Import Bank借款，用礦產作抵；由蘇聯供給Magnesiuln與美，由美借款與俄，由蘇俄供給軍用品與我。現在這三事均無大希望。」[1]這讓自信滿滿的宋子文備受挫折。

九月十八日，胡適出席賓夕法尼亞州立大學建校二百周年慶典。十九日，他發表學術演講，題目是「Instrumentalism as A Political Concept」。在日記中，他如下感歎：「這論題是我二十年來常在心的題目，我因自己不是專研究政治思想的，所以總不敢著文發表。去年Dr. Dewey 八十歲，我才作短文發表；今年改為長文，登在 *The Philosopher of the Common Man* 論集裏。今回又重新寫過，費了一個月工夫，還不能滿意。但這一年的三次寫文，使我對此題較有把握，輪廓已成，破壞與建立兩面都有個樣子了。」二十日，胡適參

1 《胡適日記全編1940-1952》，聯經出版事業有限公司，二〇〇四年，第六四頁。

觀該大學博物館和圖書館。二十一日，他被該大學授予名譽法學博士學位。

十月二十二日，胡適代表國民政府出席美國對華貸款簽字儀式。二十四日，胡適在紐約演講兩次，一次題目是「China Fights On」，另一次題目是「Saving Democracy in China」。

特別說明：作為駐美大使胡適的在美演講，我們考察了幾乎全部演講題目和內容，不少宣傳中國思想和文化，就是宣傳國民政府的抗日決心和民族精神，沒有一次是自吹自擂的。儘管他最有資格自吹自擂由他發起的文學革命論和新文化運動對現代中國的巨大貢獻！尤其是後者，引起了日本政府和日本駐美大使的憤怒，他們指責胡適惡意挑撥美日關係。我們再看看那個愚蠢而傲慢的宋子文，他對胡適在美頻繁演講的態度：在一九四〇年七月十二日，因為向美借款不成而倍感尷尬的宋子文，不滿地指責胡適說：「國內有人說你演講太多，太不管事了，你還是多管管正事吧」。[1]

甚至，宋美齡後來親自出馬來美國各地演講，我認為都是在效仿胡適！

十一月八日，胡適應邀在史密斯大學Sage Hall演講，題目是「The Historical Background of the Present World Crisis」。同天，胡適致電蔣介石：「十月三十日夜，羅總統在波士頓演說，詳述國防計畫之實施情形。謂『過去一年中，因外國定購驟增，故國內飛機製造力亦大發展』。總統宣言之次日，赫爾外長集外部會議，商討如何乘機幫助中國政府的著美機之法，茲外部軍械出口管理局去面告云云，商談結果謂：『中國政府至今未曾定購飛機，最為失策。中國今日最急者為即正式定購飛機，可先定二百只，外部已通告各主管機關，給予中國特別便利』；等語。務望早日裁示！」十四日至十五日，胡適應邀在哈佛大學俱樂部發表四場演講。

---

1 《胡適日記全編1940-1952》，聯經出版事業有限公司，二〇〇四年，第五七頁。

十二月六日，胡適致電蔣介石：「美外交部今日面告云，近數月來關於中俄關係所得各方報告殊不一致，且多相矛盾，即中國方面各種消息，亦不無甚大之矛盾，為求明瞭事實起見，倘承我方對下列各點在可能範圍內，予以最有權威之答覆，不勝感盼！一、俄物資助華最近數月來是否確已停止？二、如未停止其援助取何方式？三、如蘇俄物質供給仍繼續運華，其種類及數量如何？四、蘇聯物質助華將來能否繼續？等語。以上各節，均乞電示，以便密轉。」

一九四一年一月十一日，胡適去康奈爾大學俱樂部，發表演講。十六日，胡適去耶魯大學出席「摩爾夫人收藏中國古代美術繪畫精品展」，並發表演講，題目是「A Historian looks at Chinese Painting」。二十日，胡適出席美國總統羅斯福就職典禮。二十三日，胡適出席American China Society宴會。該學會本來安排了胡適和宋子文兩個人演講。但是宋子文演講之後，反應平平，效果並不好，胡適為了不搶宋的風頭，臨時決定不再演講了。

二月十五日，胡適在美國華盛頓的「Literary Society」上作了一個演講，題目是「The Chinese Novel」。二十四日和二十五日，胡適再赴The Churchman Dinner in honor of Mr. Wm. Allen White舉辦了兩場演講。題目分別是「China's Fight for Freedom」和「A New World Order is Coming」。二

胡適在紐約哈德曼太太家中留影（1941）

十四日，吳健雄首先向胡適彙報「British Royal Society想邀請中國著名科學家數人為榮譽會員，對人選方面您有建議沒有？要是丁文江先生在世的話，他老人家很可代表的。」[1]這就是後來陳寅恪混成了這個學會榮譽會員的由來。是胡適推薦的他，英國學會全盤接受。

四月二日，胡適應邀在美國華盛頓的「American Women Society」會議大廳舉行演講，題目是「The East Lecture Series」。上千個座位全部爆滿。十日，胡適應邀在美國藝術與科學研究院發表演講，題目是「十七世紀中國哲學的叛徒」。

五月二十三日，美國外交部負責人約見胡適：「他談了一點十五分，說大局甚危急，使他日夜焦心，昨夜竟不能睡。他說，日本各方設法來謀拉攏日美兩國。他問我，中日戰爭有結束的可能嗎？若能把日本拉過來，使他脫離軸心國家，使他保障太平洋和平，使中日戰爭得早結束豈不很好嗎？有什麼法子可以使日本在四個月與六個月之中不出亂子嗎？」[2]可見，當時美國政府對華、對日態度是如此的游移不定，還在幻想著保持中立。

六月十六日，胡適出席中萊伯瑞大學畢業典禮，他被授予名譽文學博士學位，並發表演講。

七月八日，胡適應邀在底特律市政府的Hill Auditorium大廳演講，題目是「The Conflict of Ideologies」。整個會場來賓超過了三千人！第二天，他被邀請繼續再做一次演講，題目是「American and The Far East」。二十五日，羅斯福總統發表對日經濟制裁演說，但是同時美國也凍結來了中華民國政府的在美資產。可以說，當時的美國政府還是在保持中立，直到日軍偷襲珍珠港才徹底驚醒了美國政客的中立美夢！

---

1 《胡適來往書信選》中，中國社會科學院近代史研究所編，社科文獻出版社，二〇一三年。

2 《胡適日記全編1940-1952》，聯經出版事業有限公司，二〇〇四年，第一〇四—一〇五頁。

十一月七日，胡適去白宮拜見美國總統羅斯福。胡適再次向他表達了蔣介石希望美國空軍援助中國戰場的請求。十六日，美、英、中三國協定共同防禦滇緬公路和中國制空權的軍事協定。二十五日，胡適和宋子文一起拜會羅斯福總統，代表中國政府正式反對美國國務卿個人提出的對日妥協提案。

十二月七日，日本偷襲美國珍珠港，爆發了著名的珍珠港事件。胡適立刻致電蔣介石，特別告誡「中國朝野不可有慶祝之舉，務宜存哀矜而勿喜之態度」。[1]可見，胡適要求眼下中方一定要表現出心中的哀痛表情，儘管美國是已經被日本拉下水了。中方當然很高興，但是絕對不能表現出來，不要觸犯美方所謂的中立立場，現在美國已經再也無法保持中立了，對於中國來說，肯定感到很高興。從此中美就並肩對日作戰了。八日，美日、英日互相宣戰。九日，中華民國政府正式對日宣戰。

根據《中央日報》一九六二年三月二日的報導，羅家倫講述了當年國家艱危之時胡適先生在美國的外交工作。他說：「十二月八日上午十一時，先生到了白宮。羅斯福總統開口就說：『胡適！那兩個（指野村、來棲）方才離開這裏，我把不能妥協的話，堅定的告訴他們了。你可以即刻電告蔣委員長。可是從此太平洋上隨時有發生戰事的可能，可能發生在菲律賓及關島等處。』先生辭出之後，即往白宮附近的國務院去找有關係的朋友談談。這時正是午餐時候，正副國務卿都回家了，只有主管遠東事務的司長郝恩培克還在辦公室。此人是專家，也是先生的老友，先生和他約略談了一下，就回大使館。正在進午餐，忽然又有白宮的電話，是羅斯福總統親自打來的，開口又是『胡適！方才接到報告，日本海空軍已在猛烈襲擊珍珠港！』先生即用急電向政府報告。先生說『這使我國家民族鬆了一口氣、太平洋局勢大變了。』」[2]

---

1 參見國史館檔案，編號為002-020300-00002-125。

2 引見胡頌平《胡適之先生年譜長編》冊五，聯經出版事業有限公司，一九八三年，第一七四八頁。

一九四二年一月一日，中、美、英、蘇等二十六國共同宣言生效簽字，組成了對抗法西斯戰線聯盟。二日，蔣介石致電胡適：「胡大使適之：第一八零號電悉。共同宣言，請即簽字可也。並請轉子文兄。中正冬。」三日，李承晚夫婦來訪，感謝胡適最近演講中支持高麗復國的主張。十一日，胡適主持召開在美清華庚子賠款特別委員會會議。十七日，胡適以駐美大使主持召開記者會，針對孫科在國內的不當發言作出答覆說：「今晚聽報館中人說孫科在重慶發表談話，說，『若英美不注意遠東戰局，中國之繼續抗戰是否不智，實可疑問』。我向本地記者發表談話，謂中國方面最近之言論只是一個苦戰五年的民族當然焦急之表示，其中並不含非友誼的批評。至於中國放棄抗戰，這是絕不可想像的事。」[1]他表達了中國政府抗戰到底的決心。十九日、二十日，胡適連續出席Economic Club年會，發表演講，繼續宣傳國民政府的抗日主張。二十一日開始，胡適治療口腔潰瘍和牙齒腫脹。顯然又是近來演講過多的原因。

二月四日，美國政府批准了國民政府借款申請。

四月二十一日，胡適在大使官邸宴請國民政府駐美軍事代表團團長熊式輝。二人長談將近四個小時。熊式輝日記中對此簡單記錄如下：「伊到美以來經過情形；美國對華借款等事，並非任何人交涉之力，完全為大勢所趨，出於美政府之自動，並引例證云，廿七年十月廿五日辦理之二千六十萬借款，正當漢口、廣州相繼淪陷，情勢惡劣之時，陳光甫與伊當晚正在憂慮無聊之際，忽然財長來電話邀往私寓飲酒，入室則座中並無杯盤，而預有財部次長數人先在其室，至則自言桐油借款已通過，但中國戰報不佳，未知能否繼續抗戰，總統待此消息後批辦，其事之成就實出意外云云。」胡適給熊式輝留下的印象是「書生本色，到處天真」，但是他對胡適對美一向溫柔和卑謙的外交政策非常不滿，斥之為「不生不死、不痛不癢的仰人鼻息，坐著等

1 《胡適日記全編1940-1952》，聯經出版事業有限公司，二〇〇四年，第一一七頁。

候」而已。乃至於當他得知魏道明將接任胡適出任駐美大使時，給出了如下評價：「魏道明來談，伊將調任駐美大使，其所談論較胡適為強，此後中美外交，或不致如前之陷於停頓狀態中。」進而，他幻想著新大使可以「如以革命精神，一掃過往使節之因循態度，創造新中國外交路線，則成功固好，失敗亦無可非議」。[1]

五月十九日，胡適在日記中表達了他對宋子文傲慢和霸道作風的不滿：「自從宋子文做了部長以來，（去年十二月以來）他從不曾給我看一個國內來的電報。他會命令本館，凡館中和外部，和政府，往來電報，每日抄送一份給他。但他從不送一份電報給我看。有時蔣先生來電給我和他兩人的，他也不送給我看，就單獨答覆了。（他手下的施植之對人說的。）昨日我覆雪艇一長電，特別抄了送給子文看，並且親筆寫信告訴他，意在問他如何答覆，他今天回我道封短信，說，『I replied much in the same vein!』他竟不把他的電文給我看！記此一事，為後人留一點史料而已。」[2]這大概也是後來胡適死也不想繼續當大使的原因之一。

八月十五日，蔣介石致電胡適：「去歲以來，心臟衰弱，時殷繫念。滋擬在國內，另有借重」。十六日，胡適致電蔣介石：「適奉命使美，四年以來，常感任大力薄，身負國家重寄，茲萌中樞，垂念病軀，解除職務，十分感激。此後當理就業，專心教學著述，以報國家。」[3]到此，則胡適駐美大使已經去職。但是公佈卻是一個月以後。蔣介石不想讓胡適感到尷尬。

九月八日，蔣介石聘任胡適為行政院高等顧問。當然，這只是個暫時的閒職。十八日，胡適辭去駐美大使職務，移居紐約，從事學術研究。當天日記記載：「今天早十一點離開雙橡園，離開華盛頓。同事諸人都

---

1 參見熊式輝《海桑集：熊式輝回憶錄》，明鏡出版社，二〇〇八年。
2 《胡適日記全編1940-1952》，聯經出版事業有限公司，二〇〇四年，第一二五頁。
3 參見國史館檔案，編號為002-020300-00029-012。

在站送我。」[1]我們根據當時保存的歷史照片，可以知道當天使館全體人員和胡適合影留念。

雖然日後蔣介石多次勸說胡適再次出任駐美大使，均遭到胡適的謝絕。大概原因就是因為宋子文。無論宋子文是外交部長，還是行政院長，胡適都不想成為他的直接下屬。我們再看看當時蔣介石內心世界對胡適的真實看法，見一九四二年十月十三日日記：

胡適乃今日文士名流之典型，而其患得患失之結果，不惜借外國之勢力，以自固其地位，甚至損害國家威信而亦在所不惜。彼使美四年，除為其個人謀得名譽博士十餘位以外，對於國家與戰事毫無貢獻，甚至不肯說話，恐其獲罪於美國，而外間猶謂美國之不敢與倭妥協，終至決裂者，是其之功，則此次廢除不平等條約以前，如其尚未撤換，則其功更大，而政府令撤更為難矣！文人名流之為國乃如此而已。

1 《胡適日記全編1940-1952》，聯經出版事業有限公司，二〇〇四年，第一二七頁。

胡適卸任當天和使館全體人員合影（1942）

說得何其明白透徹！

耿雲志在《胡適新論》中總結胡適駐美期間的三項成就是：「一、爭取美援；二、為中立法案事奔走；三、阻止美日妥協。」最後得出結論說：胡適「是不辱使命的」。[1]但是國民政府對美依賴和期望過高，而胡適能力有限，自然雙方逐漸感到失望和不滿。後來，宋子文到達美國後，幾乎成了欽察大臣。而胡、宋雙方關係逐漸不睦，最後出現以胡適離任為結局。顯然，蔣介石和國民政府並未意識到胡適在美宣傳抗戰的演講影響力之巨大和深遠。

1 耿雲志《胡適新論》，中國人民大學出版社，二〇一〇年，第九四—九五頁。

第二十四章
卸任大使後胡適的在美生涯

一九四三年一月，無官一身輕的胡適，開始了在紐約的生活和科研著述。當時他住在紐約曼哈頓東八十一街一百零四號。這個地址居然和哈德曼夫人新租的房子幾乎步行幾分鐘可達，有理由懷疑哈德曼夫人搬到這裏是為了繼續方便照顧胡適在紐約的單身生活。一對兒殘年的中美孤寡老人，能夠結伴生活，相互照顧，本來是不值得做更多的顛鸞倒鳳聯想的。更何況哈德曼夫人又是照顧胡適住院的護士。他們之間更多的是友情和親情。

一日這天他去紐約中文書店中，意外發現了《魯迅三十年集》一套叢書，他立刻購買。回到家後，他開始仔細閱讀這套書。在四日日記中，胡適表明了他的下一步科研計畫是：

> 凡著書，尤其是史書，應當留在見解成熟的時期。我的《中國思想史》，開始在一九一五至一七，至今足足二十七年了。上卷出版在一九一九，也過二十三年了。但我回頭想想，這許久的擔擱也不為無益。我的見解，尤其是對於中古一個時期的見解，似乎比早年公道平允多了。對於史料，也有更平允的看汰。我希望這二十七年的延誤不算是白白費掉的光陰。[1]

九日，胡適應聘為美國國會圖書館東方部名譽顧問。第二天，胡適應邀去哥倫比亞大學Women Club演講。十四日，胡適前往杜威家中聚會。二十五日，胡適去賓夕法尼亞出席American Philosophical Society年會，他在會上發言，宣讀自己的論文。

從本年開始，胡適在大使下任以後，接受了「American Council of Learned Societies」兩年的資助計畫，每年六千美元，供給他從事「中國思想史」一書的撰寫。但是，在第二年度提交的研究報告裏，胡適說自

---

1 《胡適日記全編1940-1952》，聯經出版事業有限公司，二〇〇四年，第一三六頁。

已「不務正業」，是因為他一直都在從事《水經注》的研究。這筆資助就此打住。

二月四日，哈佛大學中國學生會書記吳保安致函胡適。該信中說：「從趙元任先生處聽說您將來劍橋。我們想趁這難得的機會，定二月十三日，星期六，午後七時半召集全體會員聚餐會，請您便餐，同時請您演講。我們不知道這時間合適不合適，想請您在二月九日前給回示，好作準備。我們深知通常的宴會演說很煩擾您，可也不敢說我們的會比通常的有意義。不過我們都還是學校中人，對於您的懷慕或者會與通常的稍稍異樣。我們這一群中，念哲學、念歷史的懷慕您在中國哲學史學上的貢獻，念文學的懷慕您領導的新文學運動，念社會科學的懷慕您民主自由的理想，念自然科學的懷慕您求知的態度、您對於西洋科學方法的介紹，念工商等科的懷慕您建設現代國家的主張……在以往，總覺緣分淺，有些同學來了好幾年，都還沒聽到您一次談話。這回您既來劍橋，如果時間上方便，務必請您

胡適在紐約哈德曼夫人寓所留影（1943）

應允這請求。我們謹預先致謝。」十一日，胡適應邀去波士頓，在哈佛大學俱樂部舉辦學術演講，題目是「China will never collapse」。核心是談二戰期間中國堅持抵抗而不放棄的民族精神。胡適在當天的日記中記載：「飯後把桌子撤去一部分，使樓上的人下來聽我演說，約有三百五六十人。據說，這是從來不曾有的大眾。」[1]真可以說是盛況空前。第二天，胡適參加了哈佛大學遠東文明研究系訪問委員會會議。十三日，胡適應邀在麻省理工學院舉辦學術座談會，暢談如何做學問，他特別強調「學問是要給我們一生一點無上的愉快享受」。十五日，胡適返回紐約。二十一日，毛子水致函胡適說：「近聞先生有留美完成《中國哲學史》計畫，此自是好事。然天下紛紛，而高談性命，豈所謂『作《易》者其有憂患乎』？深冀閉門戶著書之暇，肯以我中華民族當今所最需要之事，內告同胞，外示友邦，庶幾仁人之言，百世被其福利也！」[2]二十四日，胡適應邀出席National Institute of Arts and Letters宴會，並被要求演講。在那裏見到很多紐約的學術精英們。當天，胡適演講的題目是「China's Literary Revolution」。

三月一日，胡適去拜訪當時訪美的宋美齡。四日，宋美齡再次約見胡適。但是這次雙方談話似乎並不愉快。因為涉及到宋子文的霸道和傲慢，讓胡適對宋美齡也產生了負面評價。宋氏姐弟身上的虛驕之氣，尤其引起了胡適的反感。

七月四日，胡適前往威斯康星大學。六日開始在那裏連續講課三天。內容是中日文化和歷史的比較研究。然後，他在當地旅遊和訪友，直到十二日才返回紐約。十五日，胡適應邀去哈佛大學，為陸軍特訓班講授「中國文化史」課程。當晚，趙元任在家宴請胡適。來賓頗多，十分熱鬧。顯然，這份短期工作是趙元任

---

1 《胡適日記全編1940-1952》，聯經出版事業有限公司，二〇〇四年，第一四八頁。

2 《胡適來往書信選》中，中國社會科學院近代史研究所編，社科文獻出版社，二〇一三年。

給胡適安排的。

這裏的陸軍特訓班，即太平洋戰爭爆發後，美國陸軍為了對外戰爭的需要，在哈佛、斯坦福、芝加哥等大學開辦的「美國陸軍特別訓練班」課程，英文為Army Special Training Program。當時的在美中國學者開始在陸軍特訓班中承擔教師。比如，主持哈佛大學陸軍特訓班的趙元任，主持芝加哥大學陸軍特訓班的鄧嗣禹，這使得胡適、楊聯陞等人借此謀得了短期工作機會。

九月二日和三日，楊聯陞連續拜訪胡適。三日晚，胡適宴請楊聯陞，在場還有周一良、馮家升等人。

十月三日，胡適再次應邀前往波士頓，住在Faculty Club，胡適在哈佛大學俱樂部講課六次。課程名稱是「The Historical Culture of China」。趙元任全程接待和陪同。十二日的日記中，記載了胡適在哈佛大學期間讀到了國內刊物《思想與時代》。他對該刊物作者給出了酷評：「張其昀與錢穆二君均為從未出國門的苦學者，馮友蘭雖曾出國門，而實無所見。他們的見解多帶反動意味，保守的趨勢甚明，而擁護集權的態度亦頗明顯。」[1]

十一月十一日，裘開明在家宴請胡適等人。根據十二日的日記中記載，胡適將最近聽到的有關宋子文的一些言論，寫出他自己的感想：「蔣廷黻、王文伯前日到美京，今夜到紐約。他們帶來孟真長信，說他身體好多了，差不多可以回到病前狀態了。我讀了十分高興。他說宋子文回國後，在參政會報告，只說了一篇『胡、魏優劣論』，不說其他。去年我八月二十日回到美京，子文邀我午飯，只有我們兩人，他說，『你要知道，你的繼任者不是my choice。我這外交部長是假的，什麼事我都不知道；就如新放的土耳其公使，我連姓名都沒有聽見過。』當時我以為子文是愛面子的人，他說的話也許可信。但他說去胡換魏是近來幾個月之

1　《胡適日記全編1940-1952》，聯經出版事業有限公司，二〇〇四年，第一七九頁。

中，我得著兩個可靠消息，才知道魏道明確是宋子文保薦的。其實他何必對我自辯？他的『撇清』，只足使他成為一個說謊的人而已。」[1]看起來，宋子文依然沒有忘記要攻擊胡適，而胡適則更堅定了遠離外交部和宋子文的決心。

從十一月八日開始，胡適又全身心投入了《水經注》的研究。

一九四四年二月二十五日，胡適在美國開始作《水經注》考證，立時就頗有斬獲。他很得意地說：「我這四個月的工作全是一種考證方法論實例。」

三月，胡適開始撰寫：「作《東原年譜》，我久有此意。但為《水經注》案擱置《中國思想史》太久，此案結束後，恐須用全力寫書，不能再弄『小玩意兒』了！」二日，胡適去瑞德學校演講，題目是「Sun Yat-sen: His Life and Ideas」。二十二日，胡適致函王重民說：「我二十九日去芝加哥看看他們的藏書，順帶為鄧嗣禹的兵官學校作六個演講。四月十三日可東歸。」

三月二十九日至四月十三日，胡適在芝加哥大學中國語言文史軍事特別訓練班講授「中國思想史」課程。

十月二十二日，應哈佛大學之聘，胡適乘火車前往波士頓，去哈佛大學講學。

當天下午，胡適坐火車到波士頓。楊聯陞和趙元任等前來迎接，胡適入住哈佛大學附近的大陸酒店。當天，胡適日記寫到：「下午一點的火車去Cambridge。在紐約住了兩年零一個月，現在去Harvard大學講八個月的《中國思想史》。鯁生、重民、修業、於總領事、鍇兄、梁鋆立、陳冀樞來送。五點半到康橋，元任夫

1《胡適日記全編1940-1952》，聯經出版事業有限公司，二〇〇四年，第一八二—一八三頁。

婦、張景文、楊聯陞、王恭守夫婦來接。」[1]三十日晚，張曉峰在醉香樓宴請胡適。第二天，楊聯陞在家宴請胡適。

從十月到一九四五年六月，他為哈佛大學遠東系開設「中國思想史」一課。見《鄧嗣禹口述：胡適在芝加哥大學首次講述「中國思想史」內幕》一文記載：「一九四四年初春，我們禮聘胡先生去芝加哥大學講學十餘日，所以他把自己比做打工之人，戲稱我為『鄧老闆』。每日講演一次，每週五次。其他時間，他喜歡有人陪同聊天，古今中外，無所不談。尤其是關於民國初年史事，他知道幕後背景，個中底細，普通書中不易看到。他能從早談到晚，滔滔不絕，娓娓動聽；使人久聞不厭，而且畢生難忘，此非對於文學小說，修養有素，再加以說書者之技巧，聽之入彀，絕難吸引人之注意如胡先生之成功。」[2]

十一月一日，楊聯陞陪胡適參觀哈佛大學藝術博物館。六日，胡適第一天上課，學生爆滿。二十九日，康奈爾大學校長來信，邀請胡適出任梅辛傑講座講師，他婉言辭謝。顯然，胡適認為「梅辛傑講座講師」這個職位並不適合他。如果他能提前知道這個職位要比普林斯頓大學東亞圖書館館長職位好太多、而且還是終身職位，他肯定接受了！可惜，他不能未卜先知。

十二月四日，胡適從報紙上得知宋子文要出任行政院長。胡適日記中對此寫下了「如此自私自利的小人任此大任，怎麼得了」的評語。[3]六日，胡適在哈佛大學東方俱樂部以「中國的問題」為題，做了一場學術演講。十六日，胡適生日前夕，在哈佛校園的大陸酒店裏請趙元任、楊聯陞、周一良、裘開明等二十多位朋友共進晚飯。第二天，趙元任夫婦設宴為胡適慶生日。二十日，胡適來哈佛上課。課後拜訪趙元任。

1 《胡適日記全編1940-1952》，聯經出版事業有限公司，二〇〇四年，第一九八頁。
2 見https://aacw.us/works/script-non-fiction/2019-02-26-03-43-37
3 《胡適日記全編1940-1952》，聯經出版事業有限公司，二〇〇四年，第二〇二頁。

一九四五年一月八日，胡適從佛吉尼亞參加完「Institute of Pacific Relations」會議歸來，第二天返回哈佛大學照常上課。

二月七日，胡適和楊聯陞、梁方仲、丁聲樹和全漢昇聚會。當天，楊聯陞日記裏如是記載說：「飯後到胡先生旅館。胡講考據學用證據方法，證據之難得。往往只能以一事證一事。『有幾分證據說幾分話』。茶酒紛陳，談過午夜始散，亦一時之盛會也。」

三月二日，蔣夢麟來訪胡適，而後二人同遊哈佛校園。

四月十日，胡適應邀在哈佛神學院舉行「Ingersoll Lecture」學術演講，題目是：「Concept of Immortality in Chinese Thought」。二十二日，楊聯陞拜訪胡適。一同前來的還有丁聲樹、周一良和楊振聲三人。大家邊吃邊談，幾個小時十分熱鬧。當晚，楊聯陞日記中記載為：「胡適談『《難〈神滅論〉》在梁武天監六，不在蕭子良時。時在范貶後』。」二十三日，胡適上完課後，即飛赴舊金山市，參加起草《聯合國憲章》等外事活動。二十五日，聯合國國際組織會議召開，五十國政府及諸多非政府機構參與。胡適奉派出席了「第二次世界大戰倫敦戰犯委員會」等重大國際會議。

五月三日，胡適從舊金山市返回波士頓時，楊聯陞和趙元任前來接機。楊聯陞當天日記裏寫到：「晚十一時三刻，到Back Bay接適之先生。自舊金山市飛回，因天氣不佳，改自紐約乘火車。陪到hotel，與趙先生夫婦、楊振聲先生同談少時，一時歸。」二十五日，哈佛大學的春季學年結束。胡適上完本學期最後一堂課。[4]下午，胡適去紐約遊覽休息。

七月二日，朱家驊致函胡適說：「聯教組織召集之國際大學會議定於八月二日起在荷蘭之Utrecht城舉

4 胡頌平主張是五月三十日。見《胡適之先生年譜長編》冊五，聯經出版事業有限公司，一九八三年，第一八八五頁。

行，該組織已電邀吾兄演講。聞被邀者僅三人，法國哲學家Maritain代表歐洲文化，哈佛大學校長Conant代表美洲文化，吾兄則亞洲文化之惟一代表人」。[1]

八月，胡適全家人出遊度假。

九月，胡適被國民政府任命為北京大學校長。因暫時無法立刻回國，北京大學繼續由傅斯年代理校長工作。三日，擔心胡適是假託之詞的朱家驊致電胡適，勸說他接受這一任命：「夢麟兄因任秘書長，依法不能兼任校長，故力推兄繼任，主席暨弟與北京大學同仁亦均認為非兄莫屬，公意如此，務請俯允。復員在即，不及徵求同意，擬先提院發表，在兄未返國前，孟真兄雖抱病已久，暫行代理，特電奉達，並請速駕是幸。」胡適接到電文後，立刻回覆朱家驊說：「盛意至感。惟弟去國八年，對國內教育學術完全隔膜，且已允兩處母校講學，不便廢輟，擬一月底講完即歸國。」[2] 二十六日，國民政府特派遣胡適、程天放、羅家倫、趙元任四人為代表，朱家驊為首席代表，參加聯合國教育文化會議。

十月四日，胡適獲得民國政府教育部勝利勳章一枚。授予公文如下：

> 案准總統府秘書長本年十月四日統五字第二四八九號公函開：「三十四年十月十日經國民政府明令頒給胡適等七員勝利勳章一案，該案勳章茲經製成，相應連同清單送請查收轉發見覆」等由，附勝利勳章七座。[3]

十一月一日至十六日，胡適以國民政府代表團首席代表身份，前往英國出席聯合國教育、科學、文化組

---

1 《胡適來往書信選》下，中國社會科學院近代史研究所編，社科文獻出版社，二〇一三年。
2 《胡適來往書信選》下，中國社會科學院近代史研究所編，社科文獻出版社，二〇一三年。
3 《胡適來往書信選》下，中國社會科學院近代史研究所編，社科文獻出版社，二〇一三年。

織會議，制訂該組織的憲章。四日，胡適在聯合國大會演講全文在國內報刊轉發。該會議結束後，十七日，胡適出席牛津大學畢業典禮，並且獲授民法學名譽博士學位。

一九四六年一月二十五日，胡適出席哥倫比亞大學畢業典禮，並發表演講。第二天，他前往大西洋城出席Pacific Council會議。當月月底返回紐約。

二月三日至十五日，胡適應邀前往康奈爾大學Messenger Lecturers講座講課六次，課程題目是「Intellectual Renaissance in Modern China」。選課的學生多達五百多人。

三月二十七日，胡適出席協和醫學院董事會會議。胡適當選為該董事會主席。並且他還主持了本月和下月十七日的兩次協和醫學院董事會會議。然後就因為意外發作心臟病而入院。但是，胡適卻不等病情徹底好轉，非要急著回國。

四月五日，胡適致電蔣介石，請求辭去國務委員一職。

四月十七日，新晉哈佛大學博士楊聯陞拜訪胡適，胡適再次勸其

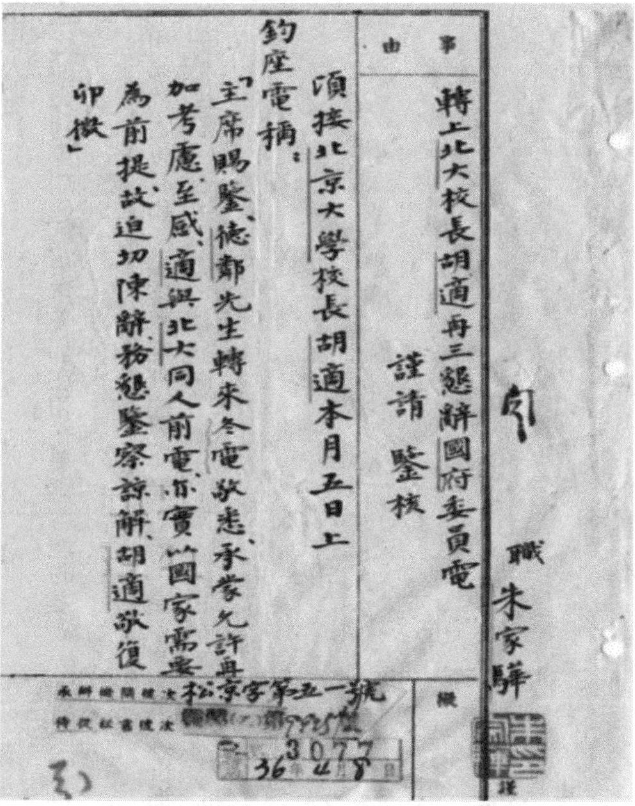
事由
轉上北大校長胡適再三懇辭國府委員電
職 朱家驊 謹請 鑒核
頃接北京大學校長胡適本月五日上
鈞座電稱：
「主席賜鑒：德鄰先生轉來冬電敬悉，承蒙允許再加考慮，至感。適與北大同人前電，亦實以國家需要為前提，故迫切陳辭，務懇鑒察諒解。胡適敬復
卯微」
松字第一五一號
3077
36 4 8

胡適申請辭去國務委員電報（1949）

來北京大學任教。二十日，胡適當選為國民大會代表。

六月五日，胡適從美國乘船回國。臨行前幾周，胡適幾乎每天都在和在美國各地的友人、大使館官員們告別。

七月五日，胡適抵達上海。下船後，胡適就因腹瀉和心臟疼而立刻住院。第二天，上海的大小報紙都發佈了「胡適不適」的消息。他一直到十六日才出院，在上海略作休息。二十九日中午，胡適從上海乘機抵達北京，傅斯年、湯用彤等人到機場接機。

第二十五章
北大校長胡適及其治校理念

一九四六年九月六日，傅斯年正式卸任北京大學代理校長一職。從這一天開始，胡適就任北京大學校長。同時，胡適也把家搬到了北京東廠胡同一號，這裏一直是北京大學校長的官邸。與此同時，胡適還出任《大公報》和《申報》上的文史專欄的主編，既提升了北京大學的影響力，也提供了胡適發佈文史和時政文章的平臺。

十月二十日至二十四日，胡適乘飛機抵達南京出席中央研究院第二屆評議會年會。[1]二十五日，胡適參觀南京中央研究院圖書館。第二天，他又參觀江蘇省國學圖書館。三十日，胡適返回北京大學。

十一月十一日，胡適到南京出席「制憲國民大會」。十四日，胡適再次到訪江蘇省國學圖書館。十五日到十二月底，胡適一直在出席制憲國民大會，並且被推選為制憲國民大會「憲草決議案」整理小組成員。

一九四七年新年剛過，蔣介石就想讓胡適擔任

1 當年十月二十日《申報》曾報導說：「北大校長胡適與輔仁大學校長陳垣，為參加中央研究院評議會，今天下午三時自平抵京。」

胡適全家合影（1946）

國府委員兼考試院院長，並且他委託傅斯年出面，勸說胡適就任。二月四日，傅斯年給胡適的信中說：「他請先生擔任國府委員兼考試院長。我力陳其不便：自大者言，政府之外應有幫助政府之人，必要時說說話，如皆在政府，轉失效用；……自小者言，北大亦不易辦，校長實不易找人，北大關係北方學界前途甚大。他說可以兼著。我說不方便，且不合大學組織法。他說不要緊（此公法治觀念極微）。如此談了許久，我反復陳說其不便，他未放鬆。」[1]二十二日，胡適給傅斯年回信說：「今日分別後細細想過，終覺得我不應該參加政府。考試院長決不敢就，國府委員也決不敢就。理由無他，仍是要請政府為國家留一兩個獨立說話的人，在要緊關頭究竟有點用處。我決不是愛惜羽毛的人，前次做外交官，此次出席國大，都可證明。但我不願意放棄我獨往獨來的自由。我出席國大，是獨往獨來的。若我今日加入國府，則與青年黨國社黨有何分別？國府委員而兼北大，尤為不可。當日北大同人要孟鄰辭去北大校長，是根據孟鄰自定的『大學組織法』。我決不能解釋國府委員不是官而兼北大校長。我願意做五年或十年的北大校長，使學校有點成效，然後放手。此時放手，實無以對北大同人，亦對不住自己。自從我出席國大之後，共產黨與民盟的刊物（如《文萃》，如《文匯報》用全力攻擊我。最近兩期《文萃》每期有兩篇文字攻擊我。）他們最恨我的，一是因為我出席國大，一是因為我把女生沈崇案引起的學潮鎮定下去了。聽說郭沫若要辦七個副刊來打胡適。我並不怕『打』，但不願政府供給他們子彈，也不願我自己供給他們子彈。總而言之，我請求蔣先生容許我留在此地為國家做點有用的事。」[2]

三月一日，傅斯年在《觀察》上發表《論豪門資本之必須剷除》一文。這幾篇文章產生了巨大的影響。

1 《胡適來往書信選》下，中華書局，一九八〇年，第一六九頁。

2 胡頌平《胡適之先生年譜長編》冊六，聯經出版事業有限公司，一九八三年，第一九六〇頁。

《胡適日記》中就曾記載了當時的情況：「今天報紙（世界、益世）大登傅孟真昨天在參政會攻擊孔祥熙宋子文的話。世界日報標題為『傅斯年要革命！』報紙又大登昨天立法院攻擊子文的言論。」[1]傅斯年對宋子文的抨擊，讓胡適大為高興。六日，胡適乘美國軍用飛機專程去南京參加「中國教育基金會董事會」年會和協和醫學院董事會年會。在此期間，他曾兩次有機會見到蔣介石。十三日，蔣介石宴請胡適。而蔣介石則繼續勸說胡適擔任國府委員和考試院院長一職。並且，蔣介石特別說明：「如果國家不到萬不得已的時候，我決不會勉強你」。[2]但是，蔣介石根本不知道胡適一直因為被宋子文阻止了他的駐美大使之事而對蔣介石心存芥蒂。事後，胡適寫信和傅斯年談起此事。而傅斯年卻開始勸阻胡適：「示悉，至深驚愕，此事如先生堅持不可，非任何人所得勉強，如自身太客氣，我在此何從為力？國府委員純在政府地位，五院院長為當然委員，絕與參政會不同。北大應振興之事多矣，如兼職在三千里之外，全蹈孟鄰先生復轍，三十年之盛名，為社會國家計，不可廢於一旦，使親者痛心，學校瓦解。故再進忠言。」[3]而且，胡適在三月二十九日、四月五日先後兩次致電蔣介石，堅決不接任這兩個職務。當時蔣介石日記中對胡適如下描述「能不顧一切誹謗而毅然擁護政府，其為國之精誠，毫無條件，殊不易得之諍友也。」可見當時君臣關係相處還算和諧。十五日，中央研究院代院長朱家驊在南京召集京滬兩地評議員談話會，商討《院士選舉規程》編寫問題。胡適參加了此次評議會和對草案討論修改，在十五日、十七日的日記中，胡適記述說：「赴中研院評議會談話會，商討中研院院士選舉法草案，薩本棟與傅孟真各擬了一草案。」[4]又，「中央研究院談話會第二會續商院士

1 《傅斯年文物資料選輯》，傅斯年百齡紀念籌備會，一九九五年，第一四八頁。
2 《胡適日記全編1940-1952》，聯經出版事業有限公司，二〇〇四年，第二七四頁。
3 《胡適來往書信選》中，中華書局，一九八〇年，第五四四頁。
4 《胡適日記全編1940-1952》，聯經出版事業有限公司，二〇〇四年，第二七四頁。

選舉法。孟真擬有第二草案，甚好，即用作討論基礎。」1

六月一日，《華北日報》介紹了胡適以北大校長身份出席記者招待會四十分鐘，由他來談學運問題。報導如下：

胡氏用談「記者招待會」來開頭說：「世界上最有名的記者招待會，是華盛頓每週舉行兩次的羅斯福總統在白宮舉行的 Press Conference，我雖然有美國新聞學會的一個證章，但是因為外交職務繁忙的關係，有幾次想參加，不過只看到一個背影，羅氏談話最有藝術，詼諧風趣，招呼綽號，可惜我沒有學到這個招待記者的藝術。」繼談學生運動，胡適說：「……北平青年還是有理智的。從五月十八日街頭講演，到二十日的遊行，和本周的復課，雖然其中標語、說話有刺激感情的，但大部還是理智的幫助制止了感情，很少有軌外行動，本人借此對地方當局表示謝意。……行轅李主任、警備司令部陳司令、何市長及黨部、團部，這兩星期以來，一方面與學校當局合作，一方面保護青年安全，做成『疏導政治』。例如二十日遊行，地方當局並未說不許可，讓他們的煩悶感情有所表現，公諸社會和全世界，雖然有幾個小問題使罷課延長了幾天，但可證明疏導政治之效。……青年的感情發洩表現以後，自然回復到學業上，現在課室、圖書館、試驗室裏，都在埋頭苦幹，學校當局很得到安慰。我對學生代表講話，鼓勵往理智上走，這次的表示，表現有很大的成功，不但全國知道，全世界亦都知道了，希望繼續保持理智的態度。過去曾談過，我認為青年對政治表示，不可完全抹殺。對學潮有一個歷史的看法，古今中外，任何國家，政治不能滿意時，同時沒有合法有力的機關可以使這不滿意得到有效的

1 《胡適日記全編 1940-1952》，聯經出版事業有限公司，二〇〇四年，第二七五頁。

改革，這個事情總落在受教育的青年身上，也就是學生身上。漢宋的太學生談政治，與瀛臺最有關係的戊戌政變，也與學生有關。當日各地舉人上書引起革新運動。……發洩完了以後，大家仍以學業為重，我們對於這一點很同情。北平沒有大的不幸事件。……只有受理智的表示，是最有效的表示。因為枝節的衝突，這裏流血，那裏失蹤，使人往往捉摸不到學運所表示的目標。最後感謝地方當局合作的是疏導政策。」[1]

八月一日，胡適發表廣播演講《眼前世界文化的趨向》一文，他修正了以往認為的西方社會「三百年來『社會化』的傾向」的主張，提出「三百年的民主大潮流」和「三十年反自由、反民主……的逆流」的觀點。十八日，胡適公開發言肯定了公民政府實行憲政的誠意：「國民黨執政三十餘年，現已還政於民，實行憲政。去年本人參加國民代表大會時，已經看出政府的誠意。」[2]這在胡適一生中是極為難得的認同和肯定之詞。二十六日，胡適離開北京飛抵上海。二十七日，胡適乘火車赴南京。二十八日至二十九日，胡適出席聯教組織中國委員會成立大會，並且在開幕式上發言。二十九日晚，蔣介石宴請全體與會代表。三十日，蔣介石在南京總統府再次宴請胡適等人。

九月五日，胡適離開南京到上海，參加在那裏舉辦的中央研究院院士評審會。當時，上海各報採訪胡適文章很多。而胡適答覆記者問則核心談他的國家十年教育規劃、建設十所重點大學、評選出二百個中央研究院院士的宏偉志向。二十一日，胡適應邀在南京大學發表演講，題目是「我們能做些什麼」。在演講中，胡適繼續宣揚他的「好政府主義」。二十三日，胡適返回北京，主持北京大學教授會。第二天，他又主持召開

1 《胡適來往書信選》下，中國社會科學院近代史研究所編，社科文獻出版社，二〇一三年。
2 引見《大公報》一九四七年八月十八日報導。

北京大學研究所會議。胡適核心的發言則是感歎國家急需人才、人才還是太少！

十月十二日，胡適離開北京前往南京。第二天，他主持召開中央研究院院士選舉委員會會議。十五日至十七日，胡適繼續主持召開中央研究院評議會會議。二十一日，美國駐華大使司徒雷登宴請胡適。當時在二人面談時，司徒雷登預言「中國政府一兩個月後就得崩潰」。胡適則認為他得這一主張「見解甚平凡，尤無政治眼光」。

十一月二十二日，蔣介石致電胡適答覆北京大學用款問題，電文如下：

國立北京大學胡校長適之先生惠鑒：

前據呈請加撥該校建築設備費，計法幣一百九十二億元，美金十萬元，當經交行政院核辦。旋據呈覆，令教育部於追加專款內統籌，不便另予特別補助。又經詢據教育部呈報，本年度國立各級學校及研究機關建築及擴充改良費分配於該校者為九十二億元，尚差法幣一百億元，美金十萬元，恐難應該校修建設備實際需要。現年度即將告終，國家財政艱難，外匯尤感窘困，該校所需各費，已令行政院與教育部在三十七年度預算內體察該校實際需要，從寬核列。至目前該校修建設備所需差額法幣一百億元，如屬急需，可暫由四聯總處提先向國行借用，特准在明年預算內撥還。

除分電行政院四聯總處遵辦外，特電知照，希徑行洽辦為盼。

中正　戌養府交[1]

---

1 《胡適來往書信選》下，中國社會科學院近代史研究所編，社科文獻出版社，二〇一三年。

這是為了解決北京大學的財政問題，蔣介石親自批准胡適和北京大學「可暫由四聯總處提先向國行借用，特准在明年預算內撥還」，從行政和財務上解決胡適治理北京大學的困境。

在胡適出任北京大學校長後，除了他擅長的文科管理之外，他對數學和物理學的發展和人才培養也十分得心應手。甚至他當時就安排了著名流體力學、物理學家、日後在大陸紅遍全國的兩彈先驅錢學森博士回到北京大學工作！一九四七年，在一封胡適致函白崇禧、陳誠二人的信中，我們可以看出胡適對國家發展核子物理學的敏銳見解。該信全文如下：

健生、辭修兩位先生：

我今天要向你們兩位談一件關係國家大計的事，還要請你們兩位把這個意思轉給主席，請他考慮這件事。簡單說來，我要提議在北京大學集中全國研究原子能的第一流物理學者，專心研究最新的物理學

胡適在北京大學校長辦公室內讀書（1947）

理論與實驗，並訓練青年學者，以為國家將來國防工業之用。

現在中國專治這種最新學問的人才，尚多在國外，其總數不過七、八人，切不可使其分散各地，必須集中研究，始可收最大的成效。此七、八人之名如下：

錢三強，現在法國居利實驗室，已接受北大聘約。

何澤慧女士，（錢三強夫人，其成績與其夫相埒）現在法國居利實驗室，已接受北大聘約。

胡寧，前在美國，現在愛爾蘭國立研究院，已允來北大。

吳健雄女士，現在哥倫比亞大學（曾在美國戰時原子能研究所曼赫丹設計工作），已允來北大。

張文裕，現在美國普林斯敦大學，已允來北大。

張宗燧，現在英國劍橋大學，願來北大。

吳大猷，北大教授，現在美國密昔根大學。

馬仕俊，北大教授，現在美國普林斯敦研究院。

袁家騮，（吳健雄之夫）現在美國普林斯敦大學，已允來北大。

以上九人，可謂極全國之選，皆已允來北大。他們所以願來北大之主要原因有三：一是他們都不願分散各地；二是因為北大物理學系已有點基礎；三是因為他們頗喜歡北大的學術空氣。我們仔細考慮，決定把北大獻給國家，作原子物理的研究中心。人才羅致，由北大負全責。但此項研究與實驗，須有充分最新式設備，不能不請國家特別補助，使我們可以給這些第一流專家建造起一個適宜的工作場所。

我們想請兩位先生於國防科學研究經費項下指撥美金五十萬元，分兩年支付，作為北大物理研究所之設備費。第一年之二十五萬元美金，由北大指定吳大猷、吳健雄在美國負責購備，並指定錢三強、何澤慧在歐洲與英國負責購備。其第二年之二十五萬元，則於明年度另指定專人負責購備。

其購置細賬，均由北大負全責隨時詳報告國防部審核。

我知道此數目甚巨，責任甚大，故甚盼兩先生於便中報告主席，請其指示裁奪。

我寫此信，絕對不為一個學校設想，只因這些國外已有成績、又負盛名的學者都表示願來北大作集中研究，故為國家科學前途計，不敢不負起責任來，擔負這個責任。

科學研究的第一條件是工作人才。第二條件才是設備。現在人才已可集中，故敢請國家給他們增強設備。此意倘能得兩位先生的贊助，我可以斷言，我們在四、五年內一定可以有滿意的成績出來。

胡適[1]

十二月十二日至十四日，胡適到南京出席中國教育基金會董事會年會。十六日，胡適又主持召開了美國在華教育基金中國顧問委員會會議。當晚，蔣介石在家單獨宴請胡適，要求胡適再次出任駐美大使。胡適沒有當場拒絕，而是事後寫信答覆蔣，婉言辭謝。

一九四八年一月二十一日，胡適致函周鯁生信中表達了他對蘇俄的看法轉變過程：

我向來對蘇俄是懷著很大的熱望的。我是一個多年深信和平主義的人，平常又頗憂慮中國

1 《胡適來往書信選》下，中國社會科學院近代史研究所編，社科文獻出版社，二〇一三年。

北邊那條世界第一長的邊界，所以我總希望革命後的新俄國繼續維持他早年宣佈的反對帝國主義、反對侵略主義的立場。這種希望曾使我夢想的俄國是一個愛好和平的國家，愛好和平到不惜任何代價的程度。……一九三九年九月以後，波蘭被瓜分，芬蘭被侵略，這些事件確曾使我對蘇俄開始懷疑。但我總還不願意從壞的方面去想，因為我的思想裏總不願意有一個侵略國家做中國的北鄰。老兄還記得我在一九四一年年底在美國政治學會年會的演說，我還表示我的一個夢想：我夢想中蘇兩國的邊界，能仿照美國與加拿大之間的邊界的好榜樣，不用一個士兵防守！[1]

這既是胡適自我思想的刨析，也是對蘇俄獨裁專政的控訴！

1 《胡適來往書信選》下，中國社會科學院近代史研究所編，社科文獻出版社，二〇一三年。

和第一屆中央研究院當選院士合影（1948）

三月二十五日，胡適到南京出席中央研究院評議會會議。二十七日，胡適當選為中央研究院第一屆人文組院士。二十九日，胡適出席國民大會。三十日，蔣介石發出公開信：提名胡適作為總統候選人，而蔣介石自己願意給胡適當行政院長。並且，蔣介石希望胡適拿出勇氣來。胡適在日記中特別寫道：「我承認這是一個很聰明、很偉大的見解，可以一新我國內外的耳目。我也承認蔣公是很誠懇的。」[1]

四月四日，胡適當選為「國民大會」主席團成員。八日，蔣介石再次設家宴單獨宴請胡適。當天，胡適的日記中記載說：「下午八點，到主席官邸吃晚飯，別無他客，蔣夫人也不出來。九點二十分，始辭出。蔣公向我致歉意。他說，他

1 《胡適日記全編1940-1952》，聯經出版事業有限公司，二〇〇四年，第三五四頁。

胡適和四位胡姓中研院院士合影（1948）

的建議是他在牯嶺考慮的結果。不幸黨內沒有紀律，他的政策行不通。我對他說，『黨的最高幹部敢反對總裁的主張，這是好現狀，不是壞現狀。』他再三表示要我組織政黨，我對他說，『我不配組黨。』我向他建議，『國民黨最好分化作兩三個政黨』。」[1]可見，在蔣介石眼裏，胡適就是花瓶而已，因此才建議胡適另組新黨。而在胡適看來，在蔣介石獨裁政治體制下，他根本無心去組建新黨。

九月，胡適當選為北平研究院學術會議會員。二十三日，胡適到南京出席中央研究院院士會議。十月一日，胡適乘船到漢口。他在武漢大學演講兩次。七日，《華中日報》發表了《惜別胡適》一文，該文如下：

文化走在政治前面，學者文人走在政府前面，政府才能革新，政治才有進步，這是一般的看法。在抗戰前半期做了四年的駐美大使，馳名世界的歷史學者，中國白話文運動的先驅，由老教授而當了全國第一大學的校長，這就是胡適。如果把他看成了思想家、革命文學家，或者新文化領袖，是會使人失望的；用這種尺度來衡量他，對他作嚴峻的批評，是白費氣力的。他的講演和他的清暢的文體，都可以表現出他的超人智慧和樸實篤學來，在今天中國我們有一個胡適，這是值得驕傲的！

十月十八日，胡適應竺可楨之邀到杭州，遊覽西湖，拜訪浙江大學。二十二日，胡適返回北京。十月二十八日，胡適乘機到南京，去拜見蔣介石。當晚，蔣介石宴請胡適，並虛心聽取他對時局的看法和對策。於是，胡適向蔣介石提出十點建議：

---

1 《胡適日記全編1940-1952》，聯經出版事業有限公司，二〇〇四年，第三五六頁。

一、局勢很艱難，有很大的危險。
二、決不是一個人所能對付，必須建立一個真正可靠的參謀部。
三、必須認錯，必須虛心。
四、美國援助是不容易運用的，也須有虛心作基礎。
五、黃埔嫡系軍人失敗在沒有根底。必須承認這失敗。
六、國軍紀律之壞是我回國後最傷心的事。
七、必須信賴傅作義，真誠的支持他。
八、北方的重要千萬不可忽視。
九、「經濟財政改革」案實有大錯誤，不可不早早救正。
十、我在南方北方，所見所聞，實在應該令人警惕！例如人們說，「放棄大城市若繼續在別處作戰，那是戰略。試問放棄石家莊後，在何處作戰？放棄濟南後，在何處作戰？棄鄭州開封後，在何處作戰？」道種責備，不可不深思反省。

而蔣介石聽完後，居然「很和氣的聽受」了。[1]這反而讓胡適感到吃驚，他從未見過蔣介石也有如此虛心納諫的時候。

十二月十三日，為紀念北京大學校慶，胡適撰寫了《北京大學五十周年》一文。在這篇文章裏，他先誇稱北大可以說是全世界最老的大學：「我曾說過，北京大學是歷代的『太學』的正式繼承者，如北大真想用年歲來壓倒人，他可以追溯『太學』起於漢武帝元朔五年公孫弘奏請為博士設弟子員五十人。那是歷史上可

1　《胡適日記全編1940-1952》，聯經出版事業有限公司，二〇〇四年，第三六七—三六八頁。

信的『太學』的起源，到今年是兩千零七十二年了。這就比世界上任何大學都年高了！但北京大學向來不願意承認是漢武帝以來的太學的繼承人，不願意賣弄那兩千多年的高壽。自從我到了北大之後，我記得民國十二年北大紀念二十五周年，二十七年紀念四十周年，都是承認戊戌年是創立之年。這個小弟弟年紀雖不大，著實有點志氣！」[1]

從十三日開始，蔣介石連續三天多次發佈指令，安排飛機到北京南苑機場接胡適及其家人南下。十五日，兩架專機最後載客五十人飛到南京，而胡適次子胡思杜不願走。當晚，蔣介石在南京總統府官邸再次設家宴給胡適夫婦接風。

一九四九年一月八日，蔣介石宴請胡適，再次要求他出任駐美大使，而且目的是讓他為國家爭取美援。胡適對此依然是婉言謝絕，所謂「一朝被蛇咬，十年怕井繩」之謂也。十一日，胡適到南京，出席在中央研究院舉辦的「蔡元培先生紀念會」，並發佈學術演講，題目是「四百年《水經注》整理的小史」。十五日，胡適赴上海，整理在滬行李，安排江冬秀和長子先去臺灣。[2]二十三日，李宗仁在南京宴請胡適，並虛心聽取他對時局的看法。二十五日，胡適抵達上海，暫時住在霞飛路一九四六號。二十七日，陝北廣播發佈胡適等人為戰犯。又，根據耿雲志《胡適戰犯頭銜的由來》一文考證，他認為是出自一九四九年一月二十九日的《新華日報（太嶽版）》發佈的文章。[3]顯然，二十七日的陝北廣播應當更早。

二月三日，上海市長吳鐵城再次面會胡適，向他轉達蔣介石希望他出任駐美大使的懇求。胡適答應思考幾日。十天後，胡適正式給蔣介石和上海市長回信，再次回絕。

1 參見《北京大學五十周年紀念特刊》，北京大學，一九四八年。
2 胡頌平說是一月十四日。見胡頌平《胡適之先生年譜長編》冊六，聯經出版事業有限公司，一九八三年，第二〇六七頁。
3 參見《胡適研究通訊》第三期，第二—三頁。

三月二十六日至四月五日，胡適到臺灣考察和開會，然後又返回上海。他忙著和在滬友人告別，然後在四月六日，胡適乘坐美國客船克利夫蘭號，從上海前往美國。

四月二十一日，客船抵達舊金山市。胡適登岸後和當地友人聯繫，略作休息。然後在二十七日，胡適到達紐約，繼續住在紐約東區八十一街一零四號。

五月十一日，中共官方的《人民日報刊》全文轉發了胡適老友陳垣在四月二十九日撰寫的《給胡適之先生一封公開信》，徹底宣告了中共新政權對胡適的敵對態度，也將胡適永遠封鎖在大陸之外。胡適明白，對他的全面清算已經開始。該信很長，全文下：

適之先生：

去年十二月十三夜得到你臨行前的一封信，討論楊惺吾《鄰蘇老人年譜》中的問題，信末說：「今夜寫此短信，中間被電話打斷六次之多，將來不知何時才有從容治學的福氣了」當我接到這封信時，圍城已很緊張，看報上說你已經乘飛機南下了。真使我覺得無限惆悵。

記得去年我們曾談過幾回，關於北平的將來，中國的將來，你曾對我說：「共產黨來了，決無自由。」並且舉克蘭欽可的《我選擇自由》一書為證。我不懂哲學，不懂英文，凡是關於這兩方面的東西，我都請教你。我以為你比我看得遠，比我看得多，你這樣對我說，必定有事實的根據，所以這個錯誤的思想，曾在我腦裏起了很大的作用。但是我也曾親眼看見大批的青年都已走到解放區，又有多少青年，正在走向這條道路的時候，我想難道這許多青年——酷愛自由的青年們都不知到那裏是「決無自由」的嗎？況且又有好些舊朋友也在那裏，於是你的話在我腦裏開始起了疑問，我當時只覺得這問題有應該研究的必要。在北平解放的前夕，南京政府三番兩次的用飛機來接，我想雖然你和寅恪先生已經走了，但是青年的學生們卻用行動告訴了我，他們在等待著光明，他們在迎接著新的社會，我知道新生力量已經成長，正在摧毀著舊的社會制度。我沒有理由離開北平，我要留下來和青年們一起看看這新的社會究竟是怎樣的。

當南京和北平的報紙上刊載著我南飛抵京的消息，這就看出南京政府是要用我們來替他們捧場的，那對於我們有甚麼好處呢？現在我可以告訴你，我完全明白了，我留在北平完全是正確的。

今年一月底，北平解放了。解放後的北平，來了新的軍隊，那是人民的軍隊，樹立了新的政權，那是人民的政權，來了新的一切，一切都是屬於人民的。我活了七十歲的年紀，現在才看到了真正人民的社會，在歷史上，從不曾有過的新的社會。經過了現實的教育，讓我也接受了新的思想，我以前一直不曾知道過。你說「決無自由」嗎？我現在親眼看到人民在自由的生活著，青年學生們自由的學習著、討論著，教授們自由的研究著。要肯定的說，只有在這解放區才有真正的自由。以往我一直受蒙蔽著，適之先生，是不是你也在蒙蔽著我呢？

在這樣新的社會裏生活，怎麼能不讀新書，不研究新的思想方法。我最近就看了很多很多新書，這些書都是我從前一直沒法看到的，可惜都是新五號字，看來太費力，不過我也得到一些新的知識。我讀了《中國革命與中國共產黨》和《新民主主義論》，認清了現在中國革命的性質，認清了現在的時代。讀了《論聯合政府》，我才曉得共產黨八年抗日戰爭的功勞，這些功勞都是國民黨政府所一筆抹殺的。讀了《毛澤東選集》內其他的文章，我更深切的瞭解了毛澤東思想的正確，從而瞭解到許多重要的東西，像土地改革的必要性，和我們知識份子的舊的錯誤的道路。讀了史諾的《西行漫記》，我才看到了老解放區十幾年前就有了良好的政治，我們那時是一些也不知道的。我深深的受了感動，我深恨反動政府文化封鎖得這樣嚴緊，使我們不能早看見這類的書。如果能早看見，我絕不會這樣的度過我最近十幾年的生活。我愛這本書，愛不釋手，不但內容真實、豐富，而且筆調動人，以文章價值來說，比《水滸傳》高得多，我想你一定不會不注意的。況且史諾作這書的時候是一九三六年，那時你正在美國，難道你真沒有看見過嗎？讀了蕭軍批評，我認清了我們小資產階級知識份子容易犯的毛病，而且在不斷的研究，不斷的改正。我也初步研究了辯證唯物論和歷史唯物論，使我對歷史有了新的見解，確定了今後治學的方法。

說到治學方法，我們的治學方法，本來很相近，研究的材料也很多有關係，所以我們時常一起研討，你並且肯定了我們的舊治學方向和方法。但因為不與外面新社會接觸，就很容易脫不開那反人民的立場。如今我不能再讓這樣一個違反時代的思想所限制。這些舊的「科學的」治學的方法，在立場上是有著他基本錯誤的，所以我們的方法，只是「實證主義的」。研究歷史和其他社會科學相同，應該有「認識社會，改造社會」兩重任務。我們的研究，只是完成了任務的一部分，既有覺悟後，應即扭轉方向，努力為人民大眾服務，不為反人民的統治階級幫閒。

說到實證，我又該向你說一個我的想法。最近有一天，我去過你住的東廠胡同房子裏，現在有別的朋友住著。我和朋友談天的時候，記憶清楚地告訴我，這屋子從前是怎樣的陳設，舊主人是怎樣的研究《水經注》。你搜羅《水經注》的版本到九類四十種之多，真是盡善盡美了。可是我很奇怪，你對政治的報告，何以只看蔣介石那一本，不注意毛澤東那一本呢？你是和我的從前一樣，真不知道嗎？我現在明白了毛澤東的政治主張和實際情況，我願貢獻你這種版本，校正你孤證偏見的危險。

我一直不同意你在政治上的活動，但是我先前並不知道你在服務於反動統治政權，我只是以為學術與政治是可以分開來看的。這種錯誤的看法，直到最近才被清除。我才知道了「一切文化服從於政治，而又指導了政治」。

你在政治上的努力，直到今日，並未減少。昨天北平《人民日報》載你二十二日在舊金山市發表一段說話，說：「中國政府如證明其力能抵抗共產主義，則不待求而美援必自至」，又說「政府仍有良好之海軍與強大之空軍，如使用得宜，將為阻止共產黨進入華南之有力依持。」你還在做著美國帝國主義與中國的國民黨反動統治政權的橋樑，你還有如此奇特的談論，這使我不禁驚異，難道你真不知道借來的美援和那少數反人民的統治集團的力量可以抵得過人民的武裝嗎？難道你真看不出中國應走的道路嗎？現在和平的談判，被蔣介石他們拒絕了。戰爭的責任從來就該他們擔負，他們還應該負下去。南京已經解放了，全國解放，為期不遠。如果分析一下，中國革命是無產階級領導的世界革命的一部分，在全世界愛好和平的人民已經團結起來的今日，任何反人民的武力也要消滅的。

在三十年前你是青年的導師，你在這是非分明，勝敗昭然的時候，竟脫離了青年而加入反人民的集團，你為甚麼不再回到新青年的行列中來呢？

我以為你不應當再堅持以前的錯誤成見，應當有敢於否定過去觀點錯誤的勇氣。你應該轉向人民，要有為人民服務的熱情。無論你是崇拜美帝也好，效忠國民黨也好，是為個人的知恩感遇也好，但總應該明白這是違反人民大眾的意思，去支持少數禍國殃民的罪魁。

我現在很摯誠的告訴你，你應該正視現實，你應該轉向人民，幡然覺悟，真心真意的向青年們學習，重新用真正科學的方法來分析、批判你過去所有的學識，拿來為廣大的人民服務。再見吧！希望我們將來能在一條路上相見。

陳垣 一九四九，四，二十九

胡適讀到此信，卻是六月十九日。他讀後頗感不快。連續幾天，胡適仔細閱讀此信，努力從字裏行間找出熟悉的老友的氣息。胡適先是斷定此信是他人代筆。哪怕是出自陳垣本人，也是照抄他人樣本而來。最後，胡適對滯留在大陸的陳垣發出「可憐」之歎。但是，胡適唯一明白的就是他對毛澤東及其政權的最後幻想徹底破滅了。無論從工具理性的角度，還是從暫時容忍和追求自由的角度，他都真真正正成了舊時代的遺民。

六月十四日，蔣廷黻拜訪胡適，特別轉告他宋子文曾經向新任行政院長閻錫山力薦胡適出任外交部長，而不僅僅是駐美大使。宋子文還表示他本人願意盡一切努力幫助胡適。胡適聽完這些話，不知道是否釋懷了當年宋子文拿下他駐美大使的往事。但是胡適卻把這個消息一字不漏地記載日記中，並且沒有添加一個字的評價和感想。這就已經非常明確地表達了胡適的愛恨情仇意識。二十一日，胡適致函行政院長閻錫山，謝絕讓他出任外交部長的宋子文建議。胡適答覆如下：

廣州：

外交部葉、董兩次長，寒電敬悉，至感。

附電敬乞譯呈閻院長百川先生鈞鑒：

文電刪電均敬悉。我公當此艱危，毅然擔負救國大任，不勝欽佩。蒙不棄委適分任外交部務，甚深感激。然日夜自省，實無能力擔任此職，絕非謙辭。乃七八日仔細考慮之結論。千萬請公許我辭職。即日另任賢能，以免貽誤國事。

適在此努力為國家辯冤白謗，私人地位，實更有力量，此意當能蒙公與德公、騮兄諒解。

適十四晨從鄉間歸來，奉讀尊電。午間出門，即發心臟舊病。個人病痛，本不足談，附筆及此，欲公知我確會用最誠懇態度考慮尊囑。今日懇辭，非為私也。

弟胡適 敬上

右電倘蒙抄送李代總統及朱副院長。至感。弟適。

當天，胡適還致電閻錫山說：「自身無力擔任，在美努力為國家辯冤白謗，私人地位實更有力量」。[1]七月六日，毛子水致函胡適說：「現在在臺北的一班朋友，決定出版一種雜誌《自由中國》，第一期定八月一日出來。（暫為半月刊，將來擬改為週刊。）大家都主張要請求先生寫『自由中國』（橫行）四個字作封面。我曾替先生推託，但大家堅持，所以，我只好寫信請先生寫這四字。希望先生接得這信後，即用墨筆寫好航郵寄下。此外還要請先生自己抽暇為這個雜誌寫文章。在美國的朋友，肯為這雜誌寫文章的，拜託先生代為拉稿。愈多愈好。」十六日，胡適致電駐美使館說：他取消一切涉外約會，也不想再見任何外國政要。十九日，蔣介石以兄長的態度，致電胡適：勸告胡適眼下不必要對外發佈涉及到他的人事安排。[2]顯然，當時胡適有些急於申辯自己的立場。

十月二十九日，宋子文又向蔣介石提議：先安排胡適出任行政院副院長，並讓他在美休息養病。等他病

1 參見國史館檔案，編號為002-020400-00031-061。

2 參見國史館檔案，編號為002-020400-00029-027。

癒再接他返回臺灣出任行政院長。可見此時的宋子文真的良心發現，意識到胡適是眼下挽救黨國最合適的人選。三十日，胡適正式致函蔣介石和閻錫山，堅決不接任行政院院長或外交部長。

十一月二十日，《自由中國》創刊號在臺北創刊，推胡適為「發行人」和主編。而實際主編則是其好友雷震和毛子水。刊名「自由中國」也是胡適定的。據說是為了模仿法國的《自由法國》一刊而來。從此以後，胡適的時政批判文章大多刊發在此刊上。它已經成為當年《新月》、《努力》和《獨立評論》的延續，也是胡適涉足政治的重要平臺。

十二月八日，胡適出席華盛頓East–West Society年會，發表演講，題目是「The Fight for Freedom in China History」。

一九五〇年一月四日，胡適參觀會所收藏的中國古代文物和古董。當天下午，他前往當地醫院看望病中的李宗仁。第二天，胡適接到普林斯頓大學來信，告訴他已經被提名為Alfred Hodder Fellowship候選人。胡適頗感意外，但是他也覺得這是給了他一個機會去完成他的《中國思想史》一書的著述。

一月九日，沉寂了許久之後，胡適決定公開地答覆陳垣的公開信，全文如下：

> 在民國三十八年五月裏，香港的共產黨報紙上，登出了一封所謂「北平輔仁大學校長陳垣給胡適的公開信」。在六月裏，這封信的英文譯本也在香港傳到各地。
>
> 這幾個月以來，這封「公開信」時常被共產黨人或他們的同路人引用。引用最多的是其中的這一段：「你說『決無自由』嗎？我現在親眼看到人民在自由的生活著，青年們自由的學習著，討論著，教授們自由的研究著。要肯定的說，只有在這解放區裏才有真正的自由。」
>
> 我在海外看見報紙轉載的這封「公開信」，我忍不住歎口氣說：「可憐我的老朋友陳垣先

生，現在已沒有不說話的自由了！」

有許多朋友來問我：這封「公開信」真是陳垣先生寫的嗎？我的答覆是：這信的文字是很漂亮的白話文；陳垣從來不寫白話文，也決寫不出這樣漂亮的白話文：所以在文字方面，這封信完全不是陳垣先生自己寫的；百分之一百是別人用他的姓名假造的。

試看我引在前面的那一段裏，有這些句子：「人民在自由的生活著」、「青年們自由的學習著，討論著」、「教授們自由的研究著」，這封信，還有同類的句子：「青年的學生們卻用行動告訴了我，他們在等待著光明，他們在迎接著新的社會。」又有：「新生力量已經成長，正在摧毀著舊的社會制度。」

陳垣先生決不會用這種「在生活著」、「在等待著」、「在迎接著」、「在摧毀著」的新語法，他更不會說「學生們都用行動告訴了我」一類外國化的語法。

陳垣先生的著作，我完全讀過。我身邊還有他前年去年寫給我的幾封信。我認識他的文字，所以我敢斷定他決不會說「用行動告訴了我」、「記憶清楚的告訴我」一類的新語法。他也決不會說這樣的句子：「你並且肯定了我們舊治學方法。」「要肯定的說，只有在這解放區裏才有真正的自由。」

陳垣先生若能這樣運用「肯定」一類的新字典新結構，那麼我就真不能不佩服他老人家「學習」的神速了！

所以我說，從文字的方面來看，這封信的白話文是我的老友陳垣先生從來不會寫的，完全是別人冒用他的姓名寫的。

但是，從內容的方面看來，我不能不承認這封信裏的材料有百分之十左右很像是根據陳垣先生的一封信。最明白的是這信的第一段：「去年十二月十三夜得到你臨行前的一封信，討論楊惺吾《鄰蘇老人年譜》中的問題，信末說：『夜寫此短信，中間被電話打斷六次之多，將來不知何時才有從容治學的福氣了』接到這封信時，圍城已很緊張，看報上說你已經乘飛機南下了。真使我覺得無限惆悵。」

這一段裏面有這些真實材料：（一）三十八年十二月十三夜，我有一封論學的長信，提到楊惺吾（守敬）自撰的《鄰蘇老人年譜》。（二）此信末的三十三個字，我沒有留稿，但文字大致不錯。

因此我猜想陳垣先生大概曾受命令，寫一封信給我，其中有這一段。這封信是用古文寫的，因為陳先生不會寫白話文。這封信到了北平共產黨手裏，共產黨的文人就把這封信完全改成了白話，又把這信放大了許多可做宣傳的材料，就成這封「公開信」了。

就拿這開篇第一段來看，這裏面就露出改寫的痕跡，就露出偽造的證據。我寫信給陳垣先生是在十二月十三夜，寫完已在半夜後了。信是十四日寄出的；我是十五日下午四點以後才飛離北平的。十六日的報紙才登出我南飛的消息。然而這封「公開信」開篇就說：「去年十二月十三夜得到你臨行前的一封信」，這是絕對不可能的事。我寫信總在信尾標明年月日；這封信也標明「三十八，十二，十三半夜。」陳垣先生當然知道十二月十三夜他決不會「得到」我十三夜的信，但改寫這信的共產黨文人當然不注意這些小問題，所以他隨筆改寫白話時，先說「十三夜得到你臨行前的一封信」，下文又說，「當我接到這信時，看報說你已經乘飛機南下了。」作偽的人不知道，從十三夜看到報紙說我南行，中間已隔了三夜兩天半。所以我說，這封信開篇第一句就露出作偽的痕跡。

改寫這封信的人當然是以為聰明的文人，熟悉共產黨的思想路線。可惜他太聰明了，太熟悉中共思想路線了，所以他把這封信改寫得太過火了，就不像陳垣校長了！這信上說：「我最近就看了很多很多新書，這些書都是我從前一直沒法看到的，可惜都是新五號字，看來太費力，不過我也得到一些新的知識。」

這一段有兩句話，很可能是這一位七十歲老人的口氣。但改造這信的文人借這機會宣傳那「很多新書」，越說越過火了。例如他說史諾的《西行漫記》，有這些妙語：「我愛這本書，愛不釋手，不但內容真實、豐富，而且筆調動人，以文章價值來說，比《水滸傳》高得多。」

我想援庵老人不會替史諾的書對我作這樣過火的宣傳罷？更有趣的是他特別提到《蕭軍批評》：「讀了蕭軍批評，我認清了我們小資產階級知識份子容易犯的毛病，而且在不斷的研究，不斷的改正。」

蕭軍是東北人，他回到東北，眼看見蘇聯軍隊的橫行，眼看見東三省人民遭受的痛苦，他忍不住寫了一些婉轉的公道話。因此，他觸怒了中共，於是黨中的文人群起攻擊他，中共中央逼他公開的承認自己的錯誤。《蕭軍批評》是共產黨實行殺雞警告猴子的一本書。陳垣先生何必要對胡適宣傳這本小冊子？他何必要對胡適訴說他的懺悔，他的「不斷的改正」？

叫七十多歲的有名學者陳垣公開的說，「讀了蕭軍批評，我認清了我們小資產階級知識份子容易犯的毛病，而且在不斷的研究，不斷的改正。」這正是共產黨自己供認在他們統治之下，決沒有自由，決沒有言論的自由，也沒有不說話的自由。

所以我說，假造陳垣公開信的那位黨作家太聰明了，不免說得太過火了，無意之中把這位輔仁大學校長寫作一個跪在思想審判庭長面前懺悔乞憐的思想罪犯——這未免太可怕了！

再看下去，這信上說：「我也初步研究了辯證唯物論和歷史唯物論，使我對歷史有了新的見解，確定了今後治學的方法。」又說：「說到治學方法，我們的治學方法，本來很相近，研究的材料也很多有關係，所以我們時常一起研討，你並且肯定了我們的舊治學方向和方法。但因為不與外面新社會接觸，就很容易脫不開那反人民的立場。如今我不能再讓這樣一個違反時代的思想所限制。這些舊的『科學的』治學的方法，在立場上是有著他基本錯誤的，所以我們的方法，只是『實證主義的』」。

這更可怕了！在共產黨的軍隊進入北平之後三個月，七十歲的史學者陳垣就得向天下人公告，他的舊治學方法雖然是「科學的」，究竟「是有著基本錯誤的」！他得向天下人公告，他已「初步研究了辯證唯物論和歷史唯物論，確定了今後的治學方法！」

所以我說，這封「陳垣給胡適的公開信」最可證明共產黨之下決沒有學術思想的自由。

此文後來發表在《自由中國》第二卷第三期上。這封答覆的公開信，等於給中共新政權及其毛澤東本人對胡適的又拉又打戰術，做出了猛烈地還擊；也讓蔣介石明白胡適還是站在他這邊的人，從此對胡適繼續展開拉攏，日後讓胡適返回臺灣出任中央研究院院長，應該說在此信發佈後就已經開始佈局。

胡適此信，重在揭露了中共獨裁統治下陳垣等舊知識人在強權之下不得不斷尾求生、苟活於世的生存狀態。我們已經沒有任何必要去考證《給胡適之先生一封公開信》的真偽了。陳垣致胡適、胡適致陳垣，一來一往，已經把近現代中國兩種社會轉型下傳統知識人的生存環境和政治取捨充分展示出來。那句結論「共產黨之下決沒有學術思想的自由」已經是胡適對時代的最大控訴。

二月十六日，胡適應邀去芝加哥，在The Executives Club演講，題目是「China in Distress」。

三月初，胡適到華盛頓出席中華教育文化基金會董事會會議，並且他再次當選為該會總幹事長。

胡適在四月三日致函陶孟和的妻子沈怡的信中說：「我去年秋就不願久留，特別是慮美政府也許承認中共的政權，那時我如何能住下去？今年一月十四日，美國宣佈撤退中共區域內的一切美國領館人員，我才敢懸斷，美國在最近一年或一年半以內，大概不會承認中共政權。」[1]那是因為一九五〇年年初，美國國務卿艾奇遜公開聲明美國防線不包括韓國和臺灣。這顯然是向新中國示好的表示。然而，愚蠢的中共在聶榮臻領導下的北京市政府將美國駐北平領事館和美國兵營的房屋財產全部沒收，逼得美國政府下令撤退在中國大陸全部外交人員。

朝鮮戰爭爆發後，在美國的胡適用英文撰寫了《斯大林策略下的中國》這篇文章，發表在一九五〇年第十期美國《外交季刊》上。而後，作家聶華苓以《斯大林雄圖下的中國》為題，把它譯成中文，連載在《中央日報》十月十九日至二十一日。

在該文中，胡適主張：「總之，整個斯大林的策略，是一點不多一點不少的明目張膽的武力主義的策略，並時時輔以各種方式的巧詐和欺騙。這樣的一個策略，在一個和平世界以及正常的國際情形下是絕不會成功的。他的成功，專靠著那『客觀條件』——空前的世界大戰；這個策略的創造者，用盡了種種方法以使這個條件長久地存在。」

胡適「從中國一九二四到一九四九年所發生的一系列重大歷史事件，證明每一起事件，都有著『斯大林的策略』在操控；最終導致了斯大林和共產國際在中國的成功，使中國成為斯大林的蘇俄附屬國之一。中國共產黨是完全斯大林和蘇聯政府的傀儡。從中共的創立、紅軍的興起、西安事變到中國對日抗戰等，無一不

1 引見《胡適之先生年譜長編初稿》冊六，聯經出版事業有限公司，一九八四年，第二一三四頁。

是在斯大林指揮下實現的。」

最後，胡適總結說：「簡單說，這樣便是斯大林征服中國策略的開展的故事。這個策略的心臟，為中國紅軍的創立，保全，和養成豐滿的力量。差不多費了二十五年的時間，紅軍才得著充足的實力以攫取大陸中國。紅軍曾經好幾次為蔣介石的軍隊所擊敗，破散，且幾至於消滅：設使中間不夾著人類歷史上最大的戰爭，斯大林和世界共產黨可能永不會在中國成功。斯大林自己曾把中國情勢用一句話總括起來：「中國革命，是武裝的人民反抗武裝的反革命：這個事實，便是中國革命的特徵。講得淺近一點，斯大林作出這個定式，意即是說：共產黨用武力征服中國的企圖，一直到斯氏說那句話的時候，都被國民黨的軍隊有效力的阻住了。因為政府軍隊的這個很有成功的反抗，中國共產主義的運動，在毛澤東和他軍事同人的心目中，簡直就是用武力以攫取政權的鬥爭。毛澤東在一九三九年一個講演中說，在中國，沒有武裝鬥爭是沒有無產階級的餘地的：沒有武裝鬥爭是沒有人民的餘地的；沒有武裝鬥爭是沒有共產黨的餘地的；沒有武裝鬥爭革命是不會勝利的。所以征服中國的模型，是和征服波蘭、保加利亞、匈牙利、羅馬尼亞、南斯拉夫和捷克的模型相同的。這個模型是：一個衛星或奴隸國家的征服，是由於從鄰近的蘇俄基地所設計的武力和暴動而成的。中國的征服，似乎和外觀上容易得多的中歐和東歐的征服不同，實在那不過是因為征服中國較為繁雜而困難了。因為它的繁雜和困難，使斯大林不得不乞靈於秘密外交的最巧點的形式，以期克服國民黨政府從二十餘年以來便已能夠採用的抵抗。」

胡適之所以跳出來在美國主動配合蔣介石的反共政策，顯然是出自對大陸定其為戰犯而後又在全國批判胡適的報復。

第二十六章
胡適獲得的名譽博士學位考

一般公認，除了他自己在哥倫比亞大學獲得的哲學博士學位之外，胡適擁有34-36個博士或名譽博士。因此，他是世界上擁有最多博士學位的人之一。這是毫無疑問的。

根據胡頌平《胡適之先生年譜長編初稿》一書統計，胡適一生共有三十六個博士學位。他自己用功得來的是哥倫比亞大學的哲學博士，其餘三十五個，都是歐、美各大學贈送的。中央研究院近代史研究所胡適紀念館《胡適的榮譽博士學位考》一文考證的結果，發現胡適的榮譽博士學位其實是三十三個，而非胡頌平所說的三十五個。

經過本章經過綜合考訂，現將最後考訂結論說明如下：

1、一九三五年一月七日，被授予香港大學名譽法學博士學位。

該大學副校長威廉．霍內爾爵士撰寫並發表了以下贊辭：「胡適博士無需多作介紹。他是中國文學復興的奠基人。這場運動的全面意義，歷史終將銘記。在他祖國的歷史篇章中，胡適博士的名字已經以不會褪色的墨水書寫。若我相信的那樣，中國的未來是當今世界面臨的諸多問題之一，那麼，這所大學必將在後世被銘記，因為它今天授予了正在改變的中國一位重要人物的榮譽。然而，這所大學對於胡適博士更有直接的感激之情，因為他幫助並協助我們在正確的方向上組織我們的中文研究。我們常常被提醒，香港不

胡適獲得名譽博士學位留影（1935）

是中國，並且有人指責我們認為任何認真學習中文的學生會來這裏是愚蠢的。我們的回應是引用我們的條例前言，並堅持認為，這所大學不僅僅是一所技術性或職業性學院，不能也不會忽視大多數學生所來自的偉大國家的文化。胡適博士今天在這裏的存在，是他堅信這所大學能夠且必將發揮作用，儘管微小，在中國的文化復興中。」

2、一九三六年九月十八日，被授予美國哈佛大學名譽文學博士學位。

又據《中央日報》一九三六年六月二十五日《美哈佛大學贈胡適學位》的報導。原文是：「【本報二十四日上海專電】國民社美國岡布里治電，北京大學教授胡適，將在九月十八日接受哈佛大學榮譽學位，該大學月報載胡博士為中國詩學及哲學家。」

3、一九三六年十月二十七日，被授予美國南加州大學人文學博士學位。

根據相關資料介紹：「在一份南加州中國會（the China Society of Southern California）會刊上，偶然發現了一條胡適領授南加州大學博士學位的簡訊，可以明確知道，胡適於一九三六年十月二十七日上午，至該校領授了文學博士榮譽學位，當時還做過主題為《太平洋地區的國際形勢》的講演。」[1]

4、一九三九年六月六日，被授予美國哥倫比亞大學名譽法學博士學位。

按：哥倫比亞大學官網認可胡適取得哲學博士學位時間至今依然是一九一七年。胡適被授予的名譽法學博士學位編號是第一一七五號，當時登記的身份是駐美大使。

5、一九三九年六月十三日，被授予美國芝加哥大學名譽法學博士學位。

胡適被授予的名譽法學博士學位當時登記的身份是駐美大使。

---

1 參見https://www.sohu.com/a/250415716_161795

6、一九四〇年三月二十八日，被授予美國加州大學伯克利分校名譽文學博士學位。

胡適被授予的名譽文學博士學位當時登記的身份是駐美大使。

7、一九四〇年六月三日，被授予美國杜克大學名譽法學博士學位。

胡適被授予的名譽法學博士學位當時登記的身份是駐美大使、作家。[1]

8、一九四〇年六月九日，被授予美國克拉克大學名譽法學博士學位。

胡適被授予的名譽法學博士學位當時登記的身份是駐美大使、哲學家、政治家和古典文學學者。[2]

9、一九四〇年六月十日，被授予美國聯合學院名譽民法學博士學位。

該大學官網發佈的被授予的名譽博士學位檔案材料開始於一九四九年。[3]在此之前，只能親自到該大學檔案館查詢。

10、一九四〇年六月十六日，被授予美國韋斯爾陽大學名譽法學博士學位。

該大學官網發佈的被授予的名譽博士學位檔案資料開始於一九六四年。在此之前，只能親自到該大學檔案館查詢。

11、一九四〇年六月十七日，被授予美國布朗大學名譽法學博士學位。

胡適被授予的名譽法學博士學位當時登記的身份是駐美大使。

12、一九四〇年六月十九日，被授予美國耶魯大學名譽法學博士學位。

胡適被授予的名譽法學博士學位當時登記的身份是駐美大使。值得肯定的是耶魯大學官網公佈了一七〇

1 參見https://trustees.duke.edu/1940-1949/

2 參見https://www.clarku.edu/commencement/honorary-degree-recipients/

3 參見https://www.union.edu/sites/default/files/academic-affairs/201809/list-past-honorary-degree-recipients

二年至今全部被授予名譽博士學位的名單。

13、一九四〇年九月二十一日，被授予美國賓夕法尼亞大學名譽法學博士學位。

胡適被授予的名譽法學博士學位當時登記的身份是駐美大使。值得肯定的是耶魯大學官網公佈了一七五〇年至今全部被授予名譽博士學位的名單。

14、一九四一年五月二十九日，被授予加拿大麥吉爾大學榮譽文學博士學位。

胡適被授予的名譽文學博士學位當時登記的身份是駐美大使。胡適還曾在當年十二月四日在該大學舉辦演講，這一消息至今在該大學官網上公示，筆者將全文翻譯如下：

胡適博士將演講

教師和學生們明天將聆聽中國大使的演講。中國駐美國大使胡適博士將於明天上午十一點整在布魯阿禮拜堂向學生和教師發表演講。他還將在明天葛底斯堡分會的午宴上發表演講。按照原計劃，胡博士定於明晚在學會入職宴會上發表講話，但由於遠東局勢緊張，他不得不取消了這部分訪問。他的演講主題尚未公佈。作為教育領袖胡博士是中國大眾教育運動的領導者，並協助簡化漢字的普及。這項改革已被廣泛納入中國的新教育計畫中，並使中國普通公民的白話文學的發展成為可能。在就讀康奈爾大學時，胡博士是葛底斯堡學院政治學與經濟學系現任系主任薩比（Rasmus S. Saby）博士的學生。薩比博士在確定明天的演講方面發揮了重要作用。薩比博士本週表示：「胡適博士被描述為務實的實務家和有趣的演說家。我記得在康奈爾大學他經常發表演講，因為他覺得通過與美國人民交談，他可以最好地瞭解他們。」四年前，他在出任駐美大使之前，胡博士曾任北京大學哲學教授兼文學院院長。在過去的一年半中，他獲得了麥吉爾大學、森林湖學院、米德爾伯裏學院和迪金森學院的榮譽博士學位。[1]

15、一九四一年六月七日，被授予美國森林湖學院名譽法學博士學位。

胡適被授予的名譽法學博士學位當時登記的身份是駐美大使。

16、一九四一年六月九日，被授予美國狄克森學院名譽法學博士學位。

胡適被授予的名譽法學博士學位當時登記的身份是駐美大使、散文家、哲學家、駐美大使、諾貝爾文學獎提名人。[2]胡適在當天舉行演講。當時發佈的演講公告，筆者翻譯如下：

一九四一年六月九日星期一

散文家、哲學家、中國駐美國大使、諾貝爾文學獎提名人胡適在學院一九四一年度畢業典禮上發表演講。胡博士也獲得了該學院的榮譽博士學位。

17、一九四一年六月十六日，被授予美國密達伯瑞學院名譽法學博士學位。

胡適被授予的名譽法學博士學位當時登記的身份是哲學家、散文家、外交家。[3]

18、一九四一年十二月十五日，被授予加拿大多倫多大學榮譽法學博士學位。

胡適被授予的名譽法學博士學位當時登記的身份是駐美大使。不過，胡適的名字卻被登記為「Hu, His Excellency Shih」。

---

1 參見https://archives-collegepubs.gettysburg.edu/?a=d&d=GTY19411204-01.2.7&e=-------en-20--1--txt-txIN

2 參見https://archives.dickinson.edu/event/hu-shih-gives-address

3 參見https://archive.org/details/middpf_a1pf.hushih.1941

19、一九四二年三月二十日，被授予美國俄亥俄州立大學名譽法學博士學位。

胡適被授予的名譽法學博士學位當時登記的身份是駐美大使。

20、一九四二年四月二十三日，被授予美國羅切斯特大學名譽法學博士學位。

胡適被授予的名譽法學博士學位當時登記的身份是駐美大使。

21、一九四二年五月十日，被授予美國達特茅斯學院名譽文學博士學位。

胡適被授予的名譽法學博士學位當時登記的身份是駐美大使。

22、一九四二年五月二十六日，被授予美國奧伯林學院名譽法學博士學位。

胡適被授予的名譽法學博士學位當時登記的身份是駐美大使。但是這個官網公佈的胡適名字變成了「Huh Shih」。「胡」字拼寫多了一個「h」音。[1]

1 參見https://digitalcommons.oberlin.edu/cgi/viewcontent.cgi?article=1189&context=commencement

胡適獲得名譽博士學位合影（1942）

23、一九四二年六月一日，被授予美國威斯康星大學名譽法學博士學位。

胡適被授予的名譽法學博士學位當時登記的身份是駐美大使。

24、一九四二年六月八日，被授予美國第納遜大學人文學博士學位。

很遺憾，該大學官網發佈的被授予的名譽博士學位名單開始於一九六五年。

25、一九四二年六月九日，被授予美國妥爾陀大學名譽法學博士學位。

妥爾陀大學官網發佈授予時登記的身份是駐美大使。[1]

26、一九四二年六月十四日，被授予美國東北大學名譽法學博士學位。

胡適被授予的名譽法學博士學位當時登記的身份是駐美大使。

27、一九四二年六月十六日，被授予美國普林斯頓大學名譽法學博士學位。

胡適被授予的名譽法學博士學位當時登記的身份是駐美大使。

28、一九四二年十月十六日，被授予美國紐約州立大學名譽文學博士學位。

胡適被授予的名譽文學博士學位當時登記的身份是駐美

紐約州立大學名譽文學博士授予式（1942）

1 參見https://www.utoledo.edu/offices/provost/academic-honors-committee/honorary%20degree.html

大使。

29、一九四三年五月二十八日，被授予美國白克爾大學名譽文學博士學位。胡適被授予的名譽文學博士學位當時登記的身份是駐美大使。

30、一九四五年十一月十七日，被授予英國牛津大學名譽民法學博士學位。

31、一九四九年六月十三日，被授予美國柯魯開特大學名譽文學博士學位。胡適被授予的名譽文學博士學位當時登記的身份是北京大學校長。

32、一九五〇年十二月五日，被授予美國克萊蒙學院人文學博士學位。該大學授予胡適的證書上說：「克萊蒙特研究生院合併為克萊蒙特學院，經其教職人員推薦和院士委員會投票，授予胡適人文學博士學位。克萊蒙特學院的章及其官員簽名。西元一九五〇年十二月五日在加利福尼亞州克萊蒙特市證印，以資證明。喬治．本森，教務長；哈維．馬德，院士委員會主席。」

33、一九五九年七月十日，被授予美國夏威夷大學人文學博士學位。胡適被授予的名譽文學博士學位當時登記的身份是中央研究院院長。

其中，一九三九年，因為生病住院還不得不還辭去了三所大學授予的榮譽文學博士學位的約定，以及一九四一年因為參加羅斯福總統就職典禮也不得不辭去另外一所大學擬定授予的榮譽文學博士學位。即，放棄了四個榮譽博士學位。

胡適有三十五個榮譽博士學位是一般人的印象，這個印象的源頭來自胡頌平。胡頌平在《傳記文學》第一卷第一期發表一篇《適之先生的博士學位及其他》，不久又在該刊第一卷第一期發表《適之先生博士學位補遺》，得著一個結論：胡適除了哥倫比亞大學哲學博士學位之外，還有三十五個榮譽博士學位。這個結論，後來他也編進《胡適之先生年譜長編初稿》中，成為關於胡適榮譽博士學位最廣為人知的說法。

如今，學術界一般認可的結論是：胡適擁有三十三個榮譽博士學位。

一九六〇年十月十一日，胡適在寫給袁同禮的信上就提到他的榮譽博士學位就是三十三個。原文如下：

守和兄：

我本月十四日起飛了。十六日到臺北。承問及我的名譽學位，匆匆不及細答了……總共三十三。大致似沒有遺漏了。又我的Ph.D，論文考試是一九一七年完畢的，故我列在一九一七；但當時規矩需要一百本印本論文，故我在一九一七年回國時沒有拿Ph.D文憑。我的論文是一九二二年在上海印行的，我沒有工夫送一百本給哥大，直到五年後，一九二七年我在哥大講學，他們催我補繳論文印本百冊，我才電告亞東圖書館寄百冊去。我的文憑是一九二七年發的。

我多年沒有留意名譽學位問題，偶有人問我，我總記不清。承你一問，我才檢Who's Who，才知道清楚。

謝謝你的一問。

別了，敬祝珍重！並祝府上都平安！

弟適之　一九六〇，十，十一

其實，更早在一九四三年十一月十五日，胡適答覆名人傳對他的記載時，曾作出了如下訂正：

有Who's Who in the East Co.送一張我的小傳來，其中有我的名譽學位，頗多錯誤，試校改之，今抄一份如下：

Litt. D. Harvard, 1936; McGill, 1941; Dartmouth, 1942;
Denison, 1942: U. of State of N.Y.. 1942.
L.H.D. U. of Southern Cal. 1936.
L.L.D. U. of Hong Kong, 1935;
Columbia, U. of Chicago, 1939;
Duke, Clark, Brown, Yale, Wesleyan Univ., U.of Penna.,1940;
Middleburg College, Lake Forest Coll., Dickinson College, U. of Toronto, 1941;
Ohio State Univ.. U. of Rochester, Oberlin, U. of Wisconsin. Univ. of Toledo, North Eastern Un., Princeton, 1942.
D.C.L.Union College, 1940. [1]

根據胡適一九四〇年二月一日日記中的如下記載：「昨日Brown University贈與名譽學位的邀請；今天又接受了Wesleyan Univ.的邀請。今年共有五個名譽學位：University of California University of Penna、Union College、Brown、Wesleyan、Wesleyan是Methodist教派的大學，我不願受他們的學位，故去年他們邀請我，我婉辭謝卻了。今天他們又來，我有什麼法子呢？」[2]

說到這裏，我們再看看那個自稱是「近三百年來一人」的陳寅恪，在大陸以浙江大學教授桑兵為首的陳粉們開始偽造學術史了，聲稱「一直到一九四〇年代，陳寅恪仍然穩坐中國的東方學祭酒的位置，沒有人能

---

1 《胡適日記全編1940-1952》，聯經出版事業有限公司，二〇〇四年，第一八九—一九〇頁。

2 《胡適日記全編1940-1952》，聯經出版事業有限公司，二〇〇四年，第一八頁。

夠挑戰他的權威地位。」你會相信一個所謂的「中國的東方學祭酒」居然全世界沒有任何一所著名大學授予他名譽博士或人文學博士?!全世界的大學和大學校長都瞎了眼嗎?!看看胡適的三十多個名譽博士學位，這才是貨真價實的「中國的東方學祭酒」！陳寅恪哪怕有一個也可以自吹，對不？然而他一個都沒有！

很遺憾，胡適到死為止沒有獲得過日本任何大學的博士或名譽博士學位，儘管日本第一流的漢學大師吉川幸次郎親自翻譯過胡適的論著，而且胡適和非常多的日本著名學者保持著良好的友誼和交往。但是，毋庸諱言，在民國時代的日本學術界和政界，認為胡適不但是學者，同時也是具有「排日的煽動家、學生抗日運動的指導者」，[1]這就造成了沒有任何大學敢於出面授予胡適名譽博士或博士學位，即，政治的考量決定了日本學術界對待胡適的接受程度。

最後，說一句我的不解之處，在此向各位請教：

胡適的博士論文英文版早在一九二二年就已經由亞東圖書館出版，已經具備了上交一百部博士論文的客

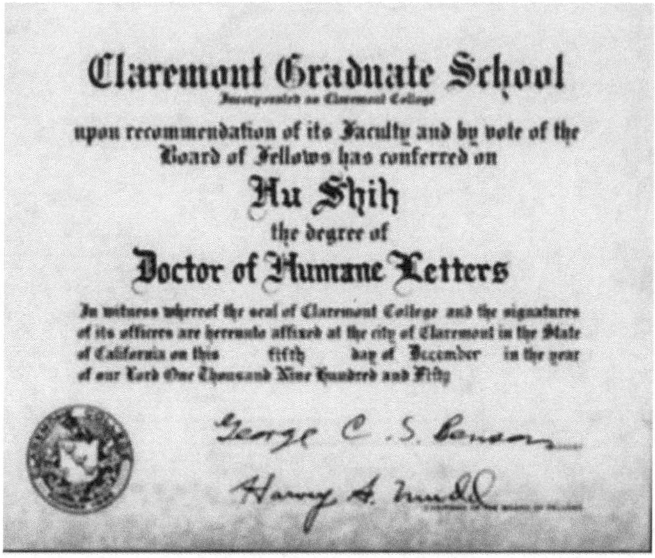

名譽博士學位證書（1950）

1 參見《獨立評論》，第二一三號。

觀條件，為什麼當時胡適沒有立刻遞交給哥倫比亞大學並申請辦理授予學位的相關手續？連續五年每年都有機會完成這一工作，有什麼理由必須延遲到一九二七年才辦理？整整五年中，以梅光迪、宋子文等留美學者和同學，作為知情人，都曾先後在若干範圍內散佈著胡適是假博士的消息或內幕，胡適居然就容忍了五年，朱經農就多次在書信中和談話中勸胡適適當時候公佈博士證書……我無解。也不敢地「大膽的假設」。

第二十七章
或躍在淵：
普大東方圖書館胡適館長

一九五〇年一月五日胡適在日記中寫道：「前些時曾見馮友蘭的 A Short History of Chinese Philosophy，實在太糟了。我應該趕快把《中國思想史》寫完。」雖然，他對馮友蘭的《中國哲學史》一直有著複雜的感情因素，但是馮氏兩卷本《中國哲學史》的出現，實際上阻止了胡適對《中國哲學史》下卷的撰寫，以至於以後他更多的時候喜歡用「中國思想史」來指代「中國哲學史」這個概念。

五月十四日，普林斯敦大學聘請胡適從當年九月新學年開始，擔任該大學東方圖書館館長，為期兩年。

六月九日，江冬秀到紐約跟胡適團圓。二十三日，胡適拜訪美國國務次卿Dean Rusk博士。在交談中，胡適提醒他注意有新的戰爭形式出現，只是作為第二次世界大戰的一次未完事件而延續。二十五日，北韓發動了進攻南韓的入侵作戰。胡適認為這驗證了自己的推測。果然，朝鮮戰爭一直不是被定義為第三次世界大戰。

一九五一年，因為日本與盟約國簽訂和平條約而把中華民國排斥在外，為此，臺灣大學戴運軌等二百多名教師聯合致函胡適，請其在美呼籲：要求將中華民國列入對日本和平條約國。於是，胡適立刻把此函分別轉發美國各個報社。此函中文文稿也在當年八月二十三日所出《國立臺灣大學校刊》第一三二期上發佈。全文如下：

《紐約時報》編輯先生鑑：

鄙人接到中國國立台灣大學七月二十六日來電，簽名者有，戴運軌、劉崇鋐、洪槱、彭九生及其他教授副教授二百三十五人，請求將該電公布於美國。

電文如下：「我們閱讀美國政府發表的對日和約修正案後；知道根據草約第二十三條，中華民國竟將被擯於該約簽約國名單之外，極感驚訝並表遺憾！這是誰都知道的事實，中國是第一個從事反抗日本軍事侵略戰爭的國家！中國人民為了艱苦的反侵略戰爭，堅忍不屈，貢獻其生命與財產，達八年之久，直到敵人最後投降為止。在對日宣戰後只打了幾天，只打了幾槍的蘇聯，現在已被列入簽約國名單內，而中華民國獨當戰爭首衝，備極艱辛，而且作戰期間，長於任何其他盟國，卻被否定參加簽約的權利，我們覺得這是莫大的不公平。業已擔負自由世界領導責任的美國，一切民主國家正寄以改善前其途的希望，如果允許這種不公平繼續存在，他們必將大感失望。因此我們請你轉商美國教育文化界諸先生，希望他們籲請美國政府，修改該條款，使中國能成為簽約國之一。」

鄙人對於該電所表示意見，完全贊同，且認為凡在美之愛國華僑同抱此感。倘承將此來自自由中國之抗議在貴報披露，將極端感荷。

前駐美大使　胡適　七月二十六日紐約

可見，當時的胡適依然保持著對中華民國的高度認同和家國情懷，尤其是在對蘇俄的戒備和反對態度上，一直未變。

九月一日，胡適正式就任普林斯敦大學葛思德東方圖書館館長。二十五日，胡適讀到《紐約時報》駐香港記者站的一篇報導，介紹了他在大陸的兒子胡思杜公開在大陸報紙上發表的批判胡適反動思想的文章：「胡適被自己之兒子聲討為帝國主義走狗及人民公敵。《紐約時報》香港二十二日電：此間《大公報》今日刊載前國民黨駐美大使胡適的一位兒子的文章，痛斥其現在流亡美國的父親為『反動派的忠實官吏及人民的公敵』。胡適之兒子為華北革命大學的學生。該文題為《我的思想總結》，檢討他過去站在舊社會的觀點上認為胡適是好人的錯誤，經過新社會的思想改造，才恍然其父親過去的所作所為，都是為國內反動派及國外帝國主義忠實服務。該文說：『在他未有回到人民中間去之前，他將永遠是人民的也是我自己的敵人。』該文指出胡適的毛病，是他在留學美國時被美國的物質進步所征服了。」而當天香港的《大公報》也全文轉發了胡思杜的文章。胡適讀後先是以蔣經國在蘇時也曾發表過批判蔣的文章來自我安慰，後來他則開始收集國內所有批判他的相關報導，保存起來。二十五日，《華僑日報》也全文轉發了胡思杜的文章。為此，傅斯年在《中央日報》上發表了長篇聲明，反駁並揭露中共挾持胡思杜的卑鄙行為，並且認定這是「別人代他寫文，我們也不必責備他了」。[1]

十一月十七日，胡適在圖書館接待日本京都大學著名語言學家泉井久之助教授參觀。閒談中，當泉井教授得知他就是大名鼎鼎的胡適時，非常激動，幾乎要停止所有的參觀訪問日程來和胡適交談。他告訴胡適：他和吉川幸次郎教授是好友，而且吉川翻譯了不少胡適的作品。最後，他們相互留下聯繫地址。十九日，胡適接到泉井教授來信告訴他：已經向吉川教授彙報了他和胡適在美國見面的事情。二十四日，胡適當選為The Round Table Dining Club第一名外國人會員。這個在美國歷史悠久又鼎鼎大名的俱樂部，是美國內戰之後成立的，著名的會員包括了兩位美國總統（伍德羅・威爾遜、格羅弗・克利夫蘭）、兩位國務卿（約翰・海、伊萊休・魯特），以及眾多美國政府的內閣成員和駐外大使。是美國最高級的法官、政治家、博物館館長、文學家、銀行家和大學校長們趨之若鶩的團體。

十二月四日，胡適應邀前往加州大學伯克利校區演講，題目是「Survival Value of Chinese Thought and Culture」。二十日，當胡適得知傅斯年意外逝世的消息後，他顯得非常傷心。當天，他寫下了很長的日記記載了他對於傅斯年在大陸的全部工作和政治表現的評價。胡適說：傅斯年「從歐洲回國以後，再著先生領

1 參見《中央日報》一九五〇年九月二十九日傅斯年文章。

導下的中山大學文學院，後來又在中央研究院歷史語言研究所二十多年，也是那些團體中的一個力量。在重慶、南京、臺灣等處，又是一個力量。他這樣的人，無論在什麼地方都能發揮其領袖的才幹。他有學問，有辦事能力，有人格，有思想，有膽量；敢說話，敢說老實話，這許多才性使他到處成為有力量的人。」[1]然後，他致函陳誠，推薦錢思亮接替臺灣大學校長。

進入一九五一年的新年以來，大陸繼續出現大量的批判胡適的文章。胡適每天只是收集簡報，閱讀和保存而已。甚至都懶得在日記中表達他的反駁和感想。他採取了容忍的態度，用工具理性去看待這一現象。當時的《中央日報》記者為此曾採訪過他，而後該報報導說：

共匪為什麼要清算胡適思想？胡氏認為第一個理由因為胡適思想是自由思想，共產黨不贊成、不允許人類有思想自由，所以要清算胡適思想。第二個理由是四十年來他一貫認為一切的主義和思想，都不是絕對的真理，沒有一種東西可以不允許人家懷疑、批評或反對的。但是，共產黨就是不允許人家對它批評或反對，所以要清算胡適思想。第三個原因是他提倡一種思想的方法，這種方法，就是懷疑、假設、求證，有了證據證實了東西，才可以相信；這樣才可以不受人欺，不致被人牽著鼻子走，才可以抵抗武斷主義、教條主義，但是這種思想方法，共匪是不允它存在的，所以要清算胡適思想。[2]

這一總結和報導顯然是當時胡適自己想法的真實寫照。

1 《懷念傅斯年》，秀威資訊科技股份有限公司，二〇一四年，第二頁。

2 引見《中央日報》一九五八年五月四日報導。

一月十一日，胡適應邀去Calvin Bullock Forum演講。十四日，他又去Park Ave演講。十五日，胡適出席China Foundation年會。二十五日，日本學者鈴木大拙宴請胡適。席間，二人一起交流對神會和尚的研究心得。

二月十二日，錢思亮來信感謝胡適推薦他接任臺灣大學校長。十九日，胡適出席China Institute董事會。二十七日，胡適應邀到Committee on Foreign Affairs演講。二十八日，胡適前往普林斯敦大學哲學系講授中國哲學。

三月五日，陳誠致電胡適告之：「任命錢思亮繼任臺大校長」。

四月十九日，胡適前往賓夕法尼亞，出席American Philosophical Society年會。第二天，他受邀在年會上發表演講，題目是「How to Understand a Decade of Deteriorated Sino-American Relationship」。

五月六日至十三日，胡適攜全家外出旅遊，參觀各地的博物館和名勝。

九月一日，胡適在《自由中國》上發表了暢談中美關係在未來如何發展的文章。他發現：「在過去幾年中，中美關係一直惡化下去。當我在兩年以前回到美國的時候，我發現美國的空氣完全變了，我驚奇並且感傷，無論我到什麼地方，我都覺得中國已變為一

胡適和普大圖書館童世綱合影（1952）

個最不受歡迎的國家！一九四九年八月，美國國務院認為必須發表一冊一千頁厚的《白皮書》以告訴世界，美國政府已盡其所能的幫助中國，但中國已無可救藥了。」

胡適表示不解的是：「所有這些，對我是一件神秘的事，是一個極費思索的問題。就是『國務院被共產黨及其同路人所控制』罷，我以一個哲學家和歷史學家的身分，不能接受這樣過於單純的解釋；這個說法，正和『毛澤東和他的紅軍剛剛從容洞開出，中國政府軍便即行瓦解』的說法一樣的幼稚。不，我不能滿意於這些和相類似的解釋。我要知道，到底是什麼東西——特別是，顯現於那些美國偉大領袖心頭的東西——促成中美關係的脫離，而使中國被他的老朋友（有一百年歷史的朋友）所遺棄（至少是暫時的）。」

胡適建議：「數十年來，中美兩國是忠實朋友。但中國的從朋友升為盟友，是中美關係惡化的真正原因。我要以中國古代的民主哲學家孟子所提出關於人類關係的一個明智的原則來結束和加強我的小理論。孟子說，『父子之間不責善：責善則離；離則不祥莫大焉。』並且孟子由於同一的理由，在另外一個時候告訴我們；古時人並不親自教他的兒子，乃是『易子而教之』的。這是要避免不斷的訓誡，以致招致父子中間感情疏遠的危險。孟子所不希望存在於父子中間的情形，竟存在於一個強國的政府和一個弱國的政府的中間；不錯，來源是出於善意的，但也是用著強烈的壓力的。結果便是不可避免的壓迫，互相責難，和激烈的禍害。」

最後，他提出希望：「這個二千三百年以前的明智中國警語能幫助我們瞭解過去十年的歷史教訓，而準備在未來的國際關係中謹防這個歷史教訓的重演！」

九月二十二日，當胡適得知好友陳果夫病逝的消息時，他在日記中記載：「但他是始終忠於國家，忠於國民黨，忠於領袖的人，一生反對共產黨最堅決，因此受共產黨有計畫的毀謗，至今不止。我會寫信給立夫慰問，中說：『他是近十年中最受毀謗的一個人，我很盼望他留有日記或其他傳記資料，將來能得學者整理編輯公佈出來，使國人與世人都能明瞭他一生效忠國家，苦鬥共黨，刻苦自守的史實。』《中央日報》（九月十六日）有許多熟人寫的紀念果夫的文字，其中有程天放一文，說：『果夫先生逝世後，遺下來全部款項只有六千臺幣。這是世人應該知道的。』」[1]

十二月十二日，胡適應邀去聖母大學演講，題目是「Has Chinese Thought Develpoed a Concept or Concepts of Natural Law」。

從一九五〇年開始中國大陸的批判胡適，正在逐漸演變成一股大的民眾政治運動。一直到一九五四年達到了高潮。八大本《胡適思想批判》代表了中共官方對胡適批判的總結和官方成果展示。而從本年的十一、二月開始，批判胡適運動正在以排山倒海之勢，在大陸中國全面展開。從當初的親友、故舊撰文批判，到全國人民都加入這場大批判運動。顯然，胡適思想正在成為中共文化建設和思想領域的死敵，更何況他還有著「戰犯」罪名。比如，胡適日記中提及了他對顧頡剛、蔡尚思、沈尹默等人批判胡適的評價：「蔡尚思是一個有神經病的人，但他寫《胡適反動思想批判》還參考了不少書，引了我許多話。頡剛說的是很老實的自白。他指出我批評他的兩點（《繫辭》的制器尚象說，《老子》出於戰國末年說），也是他真心不高興的兩點。沈尹默的一篇則是全篇扯謊！這人是一個小人，但這樣下流的扯謊倒罕見的！」相反，當胡適讀到大陸文章中對梁漱溟頑固守舊的批判時，他表達了對梁漱溟的尊敬：「漱溟今天的行為也是殉道者的精神，使我很佩服。『不能向不通處變』、『不能自昧其所知以從他人』，都是可敬的。」[2]

與此同時，在臺灣，對胡適的批判也正在形成。甚至還出現了臺灣大學教授私自編輯的《胡適與國運》

---

1 《胡適日記全編1940-1952》，聯經出版事業有限公司，二〇〇四年，第六〇八—六〇九頁。

2 《胡適日記全編1940-1952》，聯經出版事業有限公司，二〇〇四年，第七三八頁。

一書，對他們眼裏的反革命份子胡適展開批判。胡適同時被大陸和臺灣兩個敵對的政權同時斥責為反革命份子，並且都把胡適看做成境外敵對勢力的代言人。這可真是讓胡適左右為難了，兩邊都得罪了！無論他是如何的容忍、如何追求自由、如何使用工具理性化解紛爭，但是最後他成了孤零零的眾矢之的。

一九五二年二月，聯合國教育科學文化組織聘請胡適為「世界人類科學文化編輯委員會」委員。

五月五日，胡適乘坐軍用飛機，應邀給美國空軍大學演講，題目是「China and The West」。十四日，胡適應邀去普林斯頓大學哲學系講課，題目是「What's Zen Buddhism」。在課堂上，胡適批評了鈴木大拙的不講歷史、不求理解的錯誤禪學主張。

六月一日，胡適的導師杜威教授病逝。在當天的日記中，胡適寫下了這樣的話：「杜威先生的思想，影響了我一生。」[1]

八月，普林斯敦大學聘約期滿，改聘請胡適為該圖書館榮譽主持人。三十日，牛津大學來信，詢問胡適是否願意接受該大學的「東方哲學與宗教」講座教授職位？胡適回信表示同意。但是這一消息迅速被國民政府大使館得知並彙報給蔣介石。九月十一日，蔣介石親自回電胡適，阻止他去牛津大學任職，理由是國家對他早有安排，並且安排胡適回臺看看。於是，十三日，胡適不得不致函牛津大學表示謝絕。任育德在《胡適晚年與蔣介石的互動》一文中，針對這些年蔣介石多次給胡適贈送美元、關心他在外生存問題，提出如下解釋：「但此職接受與否，自是轉換生活環境，事關重大，又與『國格』問題結合一體，讓他覺得透過朋友詢問及尊重蔣介石意見是必要的。當蔣不同意胡赴英，胡等於是作一種犧牲——退休，蔣在道義上也就對胡的生活有其協助理由。事實上，胡適當時難以拒絕蔣介石的私誼往來及金錢饋贈。畢竟胡適夫婦年紀漸長，

---

1 《胡適日記全編1940-1952》，聯經出版事業有限公司，二〇〇四年，第七八八頁。

胡又有心臟病，不堪勞作。他們靠有限儲蓄與少許養老金維生，只要生一場大病，醫療花費雖可仰賴醫療保險，卻也得擔心自付支出。」[1]

十月十六日，胡適在日本友人安排下，在紐約和訪美的日本著名物理學家、諾貝獎得主湯川秀樹教授會面。湯川教授告訴胡適：他少年時期就閱讀過胡適的文學作品，而且特別喜歡胡適推薦的新式標點符號的傳統小說。同時，湯川教授還告訴胡適他的兩個弟弟貝塚茂樹和小川環樹也是京都大學教授，研究中國歷史、甲骨文字和古典文學的學者。[2]

十一月八日，胡適應臺灣大學校長錢思亮的約請講學要求，計畫返回臺灣展開四次學術講座，集中談治學方法問題。十八日至十二月底，胡適返回臺灣講學和訪友，並且應邀在各地演說和講學，考察臺灣的局勢和現狀。十八日當天上午，蔣經國親自帶領千餘人到機場接機，讓胡適倍感驚喜！十九日晚，蔣介石宴請胡適。二十日，朱家驊在中央研究院宴請胡適。而後，每天都有胡適的故舊和好友拜訪、宴請，盛況空前。

十二月一日開始，胡適在臺灣大學開始學術演講。在此期間，楊日旭被安排擔任胡適的臨時秘書。十三日，胡適終於有時間專程拜訪蔣介石，二人長談數小時並共進午餐。具體談論什麼，胡適日記裏沒有過多記載。但是蔣介石日記中記載頗仔細：

> 十時胡適之來談，先談臺灣政治與議會感想，彼對民主自由高調，又言「我國必須與民主國家制度一致，方能並肩作戰，感情融洽，以國家生命全在於自由陣線之中」。余特斥之，彼不想第二次大戰民主陣線勝利，而我在民主陣線中犧牲最大，但最後仍要被賣亡國也。此等書

1 《國史館館刊》，第三〇期，第一二〇頁。

2 詳細可參閱筆者的《京都學派》，中華書局，二〇〇九年；以及筆者的《京都學派漢學史稿》，學苑出版社，二〇一一年。

生之思想言行，安得不為共匪所侮辱殘殺。彼之今日猶得在臺高唱「無意識之自由」，不自知其最難得之幸運而竟忘其所以然也。同進午膳後別去。

蔣介石非常清晰地看出了胡適被中共批判的根本原因在於胡適所追求的自由純屬「此等書生之思想言行，安得不為共匪所侮辱殘殺」。

細心的蔣介石在和胡適長談中瞭解到他在美生活的不易，從此，每年總要找出各種理由給胡適匯款，或者節日，或者生日，如此等等。我們從保存在臺灣國史館的原始檔案找出幾個記錄加以證明：

一九五一年五月十五日，贈送五千美元；
一九五三年一月七日，贈送五千美元。
一九五三年二月五日，贈送五千美元；
一九五三年七月七日，贈送五千美元。
一九五四年五月一日，贈送五千美元。
一九五四年五月十一日，贈送五千美元。
一九五四年九月三日，贈送五千美元。
一九五五年五月十一日，贈送五千美元。[1]

這些贈款，或者是生日祝賀，或是特殊費，或是節日祝賀，等等。無論出自何種角度，我們都必須承認蔣介石對胡適的體貼關懷，細緻入微，無可指責。

---

1 以上可見國史館保存檔案編號依次為002-080200-346-0070、002-080200-349-005、002-080200-351-061、002-080200-00349-021、002-080200-350-080、002-080200-350-042、002-080101-00018-010、002-010400-00027-026。

一九五三年一月六日，胡適應邀在臺灣文獻委員會作學術演講，題目是「搜集史料重於修史」。在該演講中，他提出：「我的意思是說搜集資料、保藏原料、發表原料這些工作，比整理編志的工作更重要。譬如說，『二二八』事變是一個很不愉快的事。現在距離的時間很短，在臺灣是一件很重要的問題，在這個時候不能不討論這個問題。但討論時不免有許多主觀的見解。而關於這件事，就有許多材料不能用、不敢用或者不便用。在這樣的情形下，與其寫一部志書，在方志中很簡單的『二二八』事件敘述幾遍，遠不如不去談它，不去寫書，而注重在保藏史料這一方面，使真實的材料不致毀滅，而可以發表的就把它發表。」[1]

如此大膽地談論二二八事件，在當時是言論禁區。這樣的講課內容自然會被彙報給臺灣最高當局。於是，十六日，蔣介石再次宴請胡適。

——顯然，這次宴請，蔣介石是有針對性而來的。

當天胡適的日記中卻做了詳細記載：「蔣公約我晚飯，七點見他，八點開飯。談了共兩點鐘，我說一點逆耳的話，他居然容受了。我說：『臺灣今日實無言論自由。第一，無一人敢批評彭孟緝。第二，無一語批評蔣經國。第三，無一語批評蔣總統。』所謂無言論自由，是『盡在不言中』也。我說：『憲法只許總統有減刑與特赦之權，絕無加刑之權。而總統屢次加刑，是違憲甚明。然整個政府無一人敢向總統如此說！總統必須有諍臣一百人，最好有一千人。開放言論自由，即是自己樹立諍臣千百人也。』最奇怪的，是他問我：『召開國民大會有什麼事可做？』我說：『當然是選舉總統與副總統』。他說：『這一屆國大可以兩次選總統嗎？』我說：『當然可以。此屆國大，召集是民三十七年三月二十九日。總統任期到明年五月二十日為滿任，二月二十日必須選出總統與副總統，故正在此第一屆國大任期之中。』他說：『請你早點回來，我是最

1 胡頌平《胡適之先生年譜長編》冊八，聯經出版事業有限公司，一九八三年，第二三〇七頁。

怕開會的！』這最後一段話頗使我驚異。難道他們真估計可以不要憲法了嗎？」[1]

根據上面的記載，我們知道當時胡適肯定是一說話就刹不住車了，滔滔不絕地把上述主張全盤噴了出來。但是，此時的蔣介石卻非常有雅量的聽著，隱忍不發。以至於胡適產生了錯覺：「我說一點逆耳的話，他居然容受了」。

一月十七日，胡適離臺，他計畫經由日本返回美國。十八日，飛機抵達日本，胡適在日本拜訪田中耕太郎、鹽谷溫等友人。日本外相、文部大臣居然都親自主持歡迎會，這讓日本的胡適熱達到頂峰。第二天，胡適在東京的東方文化學會演講。二十日，胡適參觀日本國會圖書館和東京大學。二十一日，他參觀東洋文庫。二十二日晚，他啟程赴美。二十五日，胡適抵達紐約。

鑒於《自由中國》在臺灣有組建反對黨的傾向，這和胡適的無黨派宗旨顯然有悖，為此在二月一日，胡適正式退出了該刊發行人和編委會。在胡適向該刊發出請求辭去發行人一職務的要求後，看起來該刊一直並未理會。

一九五一年九月三日，毛子水致函胡適說：「先生向《自由中國》辭去『發行人』名義一事，經我向社中人數次力爭之後，已可無問題。據雷君云：『目前因為這一期裏登載先生的一封信，所以不好即讓先生辭去；如將來先生再來信辭，便可如命了。』我意，只要先生於下次致雷君信中再提一句，便可擺脫這個名義了。（我並且告訴社中人說：先生辭去發行人名義以後，有什麼文章，仍舊會寄至《自由中國》發表的。」表面看，該刊似乎已經同意胡適的要求。但是該刊卻並未有具體行動。

到了一九五二年一月一日，毛子水再次致函胡適彙報說：「《自由中國》仍照常出版。社中人仍堅持以

---

1 《胡適日記全編1953-1962》，聯經出版事業有限公司，二〇〇四年，第三頁。

先生居發行人的名義；他們以為這是一種精神上的寄託。我屢向雷儆寰君提出換去發行人名義問題，雷君總以『等有機會時再講』為辭；理由是：此時向政府機關申請換發行人之名，不免引起麻煩也。因此，我亦無法勉強他們更換。好在社會人士，都知道先生與這個刊物的關係。」可見，當時胡適、毛子水和雷震之間的發行人名義的糾纏；也是該刊想繼續借重胡適來擴大影響或者尋求庇護的一個手段。

七月六日至八月初，胡適夫婦在韋蓮司家居住了將近一個月。十五日，胡適去拜訪康奈爾大學圖書館，查閱那裏的《水經注》藏本。第二天，他返回紐約。

一九五四年二月九日，胡適在美接受《中央日報》記者採訪時表示：他準備回國參加國民大會，尊重並維護中華民國憲法。他公開宣稱：「樹立與共產黨獨裁專制完全相反的風氣」，並且堅信「大陸赤色政權的瓦解，乃屬必然的推演。」十一日，胡適離開紐約，經舊金山市轉機飛往臺灣。十八日上午抵達臺北機場。十九日，胡適返回臺灣參加「第一屆國民大會第二次會議」。二十日，臺灣歷史學界幾十名著名學者集體宴請胡適。二十五日，胡適出席該大會主席團會議。

三月一日，臺灣大學校方出面宴請胡適，當天胡適發表演講。七日下午二時，中國歷史學會在臺大召開成立大會，胡適當選為學會主席。八日的《中央日報》報導了胡適在成立大會上的發言：「研究歷史之基本精神，即在『拿證據來』。凡事必須有一分證據，說一分話；有九分證據，仍然只能說九分話，不能多說一分。這種精神，不單是研究史學的精神，更是倫理、道德乃至於宗教家的精神，以此為律己、待人的最高真理。我國經過了八年的抗戰，及近幾年的共匪叛亂，致使近百年來我國現代化之基礎，摧毀泰半；而一切學術基礎也在此時期中大傷元氣。今日的臺灣，不僅為軍事復興的基地，更且為物質及文化復興的基地。吾人組織中國歷史學會，其意義即在羣策羣力建設此一文化、學術基地。」十二日，胡適應邀在臺灣大學學術演講，題目是：「中國古代政治思想史的一個看法」。他核心是談老子和孔子各自的政治主張。他認為老子的無為主義、孔子的自由主義和個人主義、秦王朝建立統一的集權國家、漢王朝的無為而治的思想是古代四大重要的政治思想事件。二十一日下午，蔣介石宴請胡適。二十五日，擔任「國民大會臨時主席」的胡適，向蔣介石遞送總統當選證書。國民大會終於全部結束。

四月一日，胡適應邀去監察院演講。五日下午，胡適乘機離臺，中轉日本返回美國。

七月十六日，臺灣成立光復大陸設計委員會，胡適被蔣介石任命為副主任委員。

十月二十五日，在港讀書的張愛玲致函胡適，並且把她的小說《秧歌》相贈。該信如下：

適之先生：

請原諒我這樣冒昧的寫信來。很久以前我讀到您寫的《醒世姻緣》與《海上花》的考證，印象非常深，後來找了這兩部小說來看，這些年來，前後不知看了多少遍，自己以為得到不少益處。

我希望您肯看一遍《秧歌》。假使您認為稍稍有一點接近「平淡而近自然」的境界，那我就太高興了。

這本書我還寫了一個英文本，由Scribner's出版，大概還有幾個月，等印出了我再寄來，請您指正。

張愛玲　十月二十五日

而回信卻是第二年的一月二十三日，胡適日記記載了對此書的評價：「我讀了這本小說，覺得很好。後來又讀了一遍，更覺得作者確已能做到『平淡而近自然』的境界。近年所出中國小說，這本小說可算是最好的了。」[1]不過，張愛玲在接到此封回信後，再次致函胡適卻是一九五六年的二月了，足見當時張愛玲生活的動盪和艱辛。

一九五五年，今年才過沒多久，胡適就多次患病。

在一月二十四日的日記中，胡適記載：「舊曆乙未元旦。我早起忽然水瀉了八九次。後來服Kaopactate，才止住。不知何故。寫完馮友蘭《中國哲學史》書評。The American Historical Review要我寫此書英譯本的書評，我擔誤了半年，今天扶病打完。為此事重看馮書兩遍，想說幾句好話，實在看不出有什麼好處。故此評頗指出此書的根本弱點，即是他（馮）自己很得意的『正統派』觀點（見自序二）。『正統派』觀點是什麼？他自己並未明說，但此書分兩篇，上篇必須以孔子開始，力主孔子以前無私人著述，力主孔子『以能繼文王周公之業為職志』，『上繼往聖，下開來學』。下篇必須叫做『經學時代』，也是此意。（但更不通）。陳寅恪（審查報告二）說得比他清楚：『中國自秦以後，迄於今日，其思想之演變歷程，至繁至久，要之，只為一大事因緣，即新儒學之產生及其傳衍而已！』此即所謂『正統派』觀點也。」[2]病中也沒忘記要抨擊幾句馮友蘭的《中國哲學史》，可見沒有寫完下卷對他來說，一直縈繞在內心中。三十一日，胡適應邀去庫伯聯盟學院演講，題目是「Chinese Philosophy」。在這次演講中，胡適仍然把中國古代哲學史分成三期：第一期是本土思想時期，從西元前六百年到西元二百年；第二期是印度化時期，從西元二百年到一千年；第三期是文藝復興期，從西元一千年到一九〇〇年，是一個有意識地推翻佛教、復興佛教以前的中國思想與文化的運動。

1 《胡適日記全編1953-1962》，聯經出版事業有限公司，二〇〇四年，第一〇五—一〇六頁。

2 《胡適日記全編1953-1962》，聯經出版事業有限公司，二〇〇四年，第一〇七頁。

二月十一日，胡適應邀去當地的中國留學生聯合會演講，題目是「Chinese Though」。二十四日，胡適應邀去匹斯堡為Foreign Policy Association和當地的Women's Discussion Group舉行演講，題目不詳。

三月十日，胡適前往華盛頓。十一日，他應邀在斯威特布萊爾大學演講，題目是「The Importance of a Free China」。十九日至二十日，胡適主持召開在美中央研究院院士聚會。二十六日，胡適給中央研究院院長朱家驊致函，建議增設近代歷史研究所，研究範圍和性質則完全不同於歷史語言研究所。

當年五月，胡適在族親來美留學。他大方地出資援助：「我中學畢業，家裏鼓勵我留學美國，考取留學考試，苦於缺少保證金千餘美元，當時在臺北的一般家庭都沒有這龐大的存款，更何況我家的情形更差，家裏幾經躊躇，才冒昧地去信給胡適先生借保證金。……在很短時間內，喜出望外，胡適先生就寄來了錢，使我們全家非常感動，絕處逢生，後來我們知道胡先生在美生活並不寬裕，他正好當時拿到一筆錢稿費，將稿費給我相助，真是感人！我一九五五年五月赴美留學，我記得他對我說：『年輕人，你初次來美，遠離家人，第一件事要切記不要喝酒，你父親酒量很好，想必你也不錯……』又說：『年輕人來美念書，應眼光放遠大些，應多看看美國，多見識一下，勝於死念書』。」[1]二十三日，胡適出席華美協進會執行委員會會議，當選為該組織主席。

一九五六年一月十一日和十二日，胡適在陳誠安排下在美國面對華僑演講兩次，十一日題目是「中國的文藝復興」；十二日題目是「自由中國在世界上的重要性」。陳誠全程在座並寫下詳細筆記。其中，十二日的演講，陳誠和蔣介石都非常滿意。

在「自由中國在世界上的重要性」演講中，胡適首先界定了「自由中國」的定義。

---

1 引見臺灣《傳記文學》第五七卷第六期文章《胡適之先生對我影響》一文。

他說：「今天我所講的題目是自由中國在世界上的重要性，談到自由中國，其意義可以分為狹義和廣義。狹義的是指現在中華民國政府所在地的臺灣及其周圍的島嶼。廣義的是兩岸反共愛國人士心目中的一個自由中國。這個自由中國包括臺灣和整個的中國大陸。狹義的是自由中國，其重要性已經在美國歷次所表現的對華政策中，說得很清楚。」

然後，胡適闡述了美國政府的對華政策。

他說：「美國的對華政策就是承認現在臺灣的國民政府，是唯一的合法的中國政府。今後的政策將繼續下列的幾個原則：一、繼續承認自由中國之合法政府，繼續不承認中共政權。二、繼續支持自由中國在聯合國中之合法地位，繼續阻止中共進入聯合國。三、繼續對自由中國的經濟援助，及有限度的軍事援助。四、中美共同防禦協定，其中說明中美合作，反對任何敵國對臺灣之侵略行為。締約兩國，如任何一方遭受侵略，即為威脅兩國之共同安全。兩國政府將根據憲法之程序，採取行動。此一協定保證臺灣遭受侵略時不會孤立。五、美國參、眾兩院對臺灣問題之將會決議，此共識中，對防禦地區有了更清晰的說明。就是除了臺灣和其周圍的島嶼外，該項決議中第二、第五兩款更明確規定：如兩方同意，被防禦地區可按實際需要而擴展。同時兩院授權總統在必要時以武力抵抗對此區域安全的侵略，中美共同防禦協定讀者可以參考官方發佈的原文。」

接下來，胡適特別談到了臺灣在自由中國中的特殊意義。

他說：「狹義的自由中國，在政治上的重要性，尤不可忽視。記得兩年前《生活》雜誌登一幅很大的中國地國，在紅色中國的邊緣，臺灣看上去像一塊小番薯，在毛澤東和全世界共產黨人眼中，卻是重要無比的。臺灣是自由中國的象徵，是一個在生存燃燒的希望。這個希望，就是爭取全部中國大陸自由開放的起點。只要有臺灣在，寶島上的一千二百萬華僑，以及在中共奴役下的大陸上的中國人民，將永遠不會喪失對自由的希望。廣義地說，自由的臺灣是爭取整個中國自由解放的關鍵。而一個自由的中國，是爭取世界自由和平的關鍵。艾森豪總統，在其致國會之諮文中，提到歐洲陷入侵略者的手中。整個世界的趨勢將被破壞，其損失是無法補償的。歐洲如此，中東如此，整個的遠東亦復如此。自由世界不能允許中國永遠陷入共黨統治。三年的韓戰，美國死傷十餘萬人，如果中國大地未陷入中共統治，韓戰會發生嗎？一千個不會。如今，中國大陸成了共黨集團的侵略基地。他們要征服的對象，不但整個的東南亞諸國，而且包括印度。中共掌握的大陸，是世界禍患的來源。這是對自由中國問題的一種廣義的看法。」

二月九日，胡適前往芝加哥大學演講，題目是「China's Lesson for Freedom」。然後，他繼續乘火車到威斯康星大學演講，題目是「The Position of the Intellectual in Communist China」。第二天，胡適參觀威斯康星大學圖書館新館。十一日，他再次返回芝加哥大學。這次應Chinese American Civic Council之邀，發表演講，題目是「There Will Always Be a Free China」。第二天，胡適參觀芝加哥大學圖書館中國部。十三日，他返回紐約。

五月八日，希臘大使館詢問胡適明年可否來希臘做中國哲學的學術演講？胡適很痛快就答應了。

七月二十一日，胡適乘機飛往懷俄明大學，從二十三日至二十七日，應邀該大學講課五天。講課內容是「The Revolution,the Republic and the Cultural Renaissance」。這裏講課結束後，胡適又立刻乘機飛往波士頓。三十日，他在哈佛大學繼續講課。第二天，楊聯陞陪同和接待他遊覽劍橋。

八月一日，胡適去波士頓圖書館閱讀和休息。當月月底，他再次前往威斯康星大學講課三天。

九月四日，胡適乘機飛往舊金山市，訪問加州大學伯克利校區。第二天，胡適在伯克利校區講課，課程內容是「中國思想史」。十一日，在紐約家中，張愛玲登門拜訪胡適。當她看到胡適穿著長袍子的打扮，還有江冬秀的安徽口音，讓張愛玲立刻感受到了「時空交疊的感覺」。

一九五七年一月六日，胡適乘機飛往克萊蒙特大學。七日、八日，他連續兩天應邀在該大學演講。一次題目是「The World Importance of a Free China」，另一次題目是「What the Chinese Communists have done to the Chinese Renaissance」。十三日至二十三日，胡適再次來到加州大學伯克利校區講課，繼續他的「中國思想史」課程。二十四日，胡適參觀斯坦福大學。

二月十三日，胡適因胃病住院，並且接受手術。一直到三月十一日才出院。

六月四日，胡適在紐約立遺囑，把他一九四八年十二月留在北京家中的一百零二箱書籍與文件（含日記、書信等）全都贈與北京大學。具體細節如下：

《胡先生遺囑》：

胡適之先生會於生前一九五七年六月四日在美國紐約一家律師事務所內立下遺囑，這份遺囑是英文打字的，其主要內容可分為下列幾點：

①遺體火葬，骨灰由執行後事者處理。

②從北平逃出來時，遺在北京大學的一零二箱書籍，等光復大陸後，北大成為自由的大學時，那些書全部捐給北大。

③一位外國朋友替我（胡先生自稱）畫的畫像，贈給中央研究院作為紀念。（按，該畫像現在臺灣）

④存在家中尚未出版的文稿、論文和書籍，全部送給國立臺灣大學。

⑤所有文稿均請美國哈佛大學教授楊聯陞及國立臺灣大學教授毛子水兩人，來整理安排出版。

⑥個人留下的財產，如夫人胡江冬秀女士健在，均留給胡江冬秀女士，不然留給二子胡祖望、胡思杜，如二子僅一人健在，即留給該子及其子女享用。

一時想不到的事情，均授權執行後事者處理。胡先生會在這份遺囑上簽下英文名字，另外有四位見證人也簽了字，這四人是駐加拿大大使劉鍇、駐紐約總領事游建文、中華文化教育基金會秘書葉良材，及一位美國人雪哥曼先生。[1]

八月四日，胡適再次生病住院，一直到二十一日才出院。

九月二十六日，胡適以「中國代表團代表」身份出席聯合國大會，發表學術演說。題目是「中國大陸反共抗暴運動」。該演說全文如下：

在大陸上的中學、專科學校和大學裏面，大約有五百萬男女學生。這些青年是從各種不同的生活環境中生長出來的，知道老百姓真實的生活情況。全國廣大農村人民的最深刻的痛苦，全國在所謂社會主義建設下的光變貧窮，以及全國人民在種種經濟及政治管制之下所受的大規模的奴役——這一切不能不使每一個天天眼看自己家庭艱苦情形的敏感的青年學生都有最深刻的感覺。

有些人說中國共產政權已經抓住了青年人的思想和感情，那是絕對不正確的。去年十月的匈牙利事件，已經無可懷疑的證明了經過整整十年的共產黨的統治和教條訓練，匈牙利的青年學生和工人，並沒有被共產黨所爭取。最近中國學生的抗暴運動，給了我們最好的證明，就是

1 引見《紀念胡適之先生專集》。豐稔出版社，一九六二年，第五頁。

經過八年的絕對管制和思想改造。學生還是幾乎一致的反對中共政權。

中國青年最近學生的抗暴運動，是今年五月四日在北京大學首先發動的。五月四日這一天，是三十八年前具有歷史意義的一九一九年五四學生運動的紀念日，那次運動也是北京大學的學生所發動的。

在今年五月四日的晚上，八千個學生聯名起來開一個紀念會。那個紀念會裏，有十九個學生領袖發表激烈的演說，公開攻擊共產政權在學校裏以至在整個國家中迫害自由和民主。自從那天晚上以後，北京大學的壁報就成了學生們自由發表意見的公開園地。

北大學生領袖們編印了一種期刊，叫做「民主接力棒」，寄給全中國的各級學校，號召全體學生參加自由民主的共同奮鬥。他們並且派了許多學生代表，去和平津地區的三十多個大專學校的學生聯絡。

……

中國人民百分之八十以上都是農人。共黨強迫工業化的計劃，對於農民階級，已課以大大超過他們負荷能力的重擔。農業集體化，以及對於糧食交易的統制，充分暴露中共對於人民生活的管理的官僚作風和貪污無能。在中國遼闊的大陸內地，千百萬人民無衣無食，奄奄一息，人為的災荒已經把中國人民逼到絕望的深淵。這就是共黨政權早就被最大多數人民所深惡痛絕的原因。

本人是出席舊金山聯合國制憲會議的代表之一，在離別十二年之後，現在再回到聯合國來，我得承認，我看到大會以寶貴的時間討論所謂「中國代表權」問題，心裏感到非常難過。創造聯合國的原始會員國家，在「聯合國憲章弁言」中，曾鄭重宣告，憲章的主要目標之一，在「重伸基本人權、人格尊嚴與價值」。但是，主席先生，現在中國大陸所受共黨醜惡政權，乃是與憲章及人權宣言極端相反的。

……

在今天中國大陸上，凡是想做一個獨立的人，不分男女，都正被任意逮捕、拘禁、處決，或消滅。千百萬農人都正在被放逐或遭受到最殘酷的奴役。千百萬無辜的人民，都正在驅作奴工，——共產黨美其名為「勞動改造」。兒女們被逼著控訴父母，家庭沒有溫暖與私人生活。個人的尊嚴與價值，已被剝奪淨盡。沒有任何基本人權，甚至沒有不說話的自由。主席先生，假如這種政權竟配為聯合國會員國的話，那麼聯合國便與它的憲章和人權宣言不能相配了。[1]

這篇文章幾乎可以看成是對大陸共產獨裁制度的控訴，尤其是出自愛惜青年的胡適之手。

總結胡適晚年在美國這幾年的艱辛人生，雖然多處演講和上課，並且還是著名大學的約請，但是終究沒能獲得美國大學的穩定的教職，哪怕他的母校也沒有再向他伸出橄欖枝。想當年他先後接到了多所著名大學的任教邀請，晚年唯一的回光返照就是牛津大學的約請，結果他不得不辭謝。

周質平《胡適思想與現代中國》一書中曾心酸地評價了五十年代在美國艱難生存的胡適：「二十世紀五十年代真可以說是胡適一生中最暗淡的歲月。一個年過六十，一個從妻子孩子身上得不到任何慰藉的老人，一個曾經引領中國學術風騷數十年的宗師碩儒，為了謀些臨時的教職往返奔波於美國東西兩岸之間，那份累累於道途的辛酸和落寞，牢騷和無奈都剖白在他給趙元任的信裏。」讀後真是讓人產生獨愴然而涕下的感

1 胡頌平《胡適之先生年譜長編》冊七，聯經出版事業有限公司，一九八三年，第二五九七—二六〇四頁。

覺！胡適還在一九五三年六月二十二日給楊聯陞的信裏淒涼地說：「去年元任、世驤極力進行拉我到加大，顧立雅也拉我回芝大。今年都不成。我和先生談過，積蓄快貼完了，靠賣文不能活，賣字無人要，只有靠『美援』，不知先生有無他法？這是個人私事，人快六十歲了，還是棲棲皇皇，為活著而忙碌不休，可發浩歎！」但是這並非胡適個人現象。根據該書揭示：「一九五〇年代是流亡海外的中國知識份子所經歷最顛沛流離，最困厄窮乏的一段歲月。大陸、臺灣、北美的學者可以說無一例外。由於國內政局的演變，許多知名的學者流落海外，精神上的苦悶，加上物質上的貧乏，即使要活下去都不是一件容易的事。」他還援引董作賓的例子說「舉世公認的甲骨文專家，在二十世紀五十年代還不免有『乞食四方』，『累累如喪家犬』的遭遇，不如董作賓的學者文人其際遇之慘就更不必說了。」[1]唐德剛在《胡適雜憶》中也有同樣的描寫。[2]

——在胡適內心中，給他造成如此淒涼的晚年的根本原因就是中共的崛起和佔領了整個大陸，因此他要反共到底！

1 周質平《增訂版胡適思想與現代中國》，九州出版社，二〇一二年，第一四七、三九三頁

2 參見唐德剛《胡適雜憶》，華文出版社，一九九〇年，第三八頁。

第二十八章
容忍、自由與科學的
中研院胡適院長

一九五七年十一月，國民政府在行政院長陳誠特別推薦下，正式任命胡適為中央研究院院長。十一月四日，蔣介石致函胡適說：

適之兄勳鑒：

中央研究院為我國最高學術機構，關係國家、民族前途至深且巨，有賴碩彥領導。茲由該院評議會，依法選舉院長候補人選，遴送府遴任，業經遴定請兄擔任，特電奉達，敬希惠允，並早日回臺視事，至所企盼。

六日，胡適在美國致電蔣介石說：「八、九、十三個月之中，五次發高燒，檢查不出病因，惟最後一次是肺炎，亦由抵抗力之故，留便請專家檢查，最近期中恐不能回國，故不敢接受中研院長之位。」當趙元任前來探病，並且告訴他：如果他不就任此職，可能要讓教育部長張其昀擔任了。而張長期以來一直想處理在培養研究生方面大學和中央研究院之間的爭搶人才和經費的矛盾。如此一來，則胡適苦心經營多年的中央研究院（尤其是歷史語言研究所）必將遭到滅頂之災。趙元任的這些話，徹底驚醒了胡適。他知道再也不能推脫下去了。於是，胡適再次致電蔣介石，明確了接受這一職位。因當時胡適在美正生病住院，胡適特別推薦由著名考古學家李濟教授先代理院長事務。

一九五八年一月十一日，李濟教授代理院長正式上任。當天，接到胡適致電的李濟在就職發言中也明確地說：「胡院長目前之健康情形極好，約三個月後即可返國就職」。[1] 如此一來，就徹底打消了張其昀轉任中央研究院院長的可能。

1 見《中央日報》，一九五八年一月十二日消息。

為了給胡適回國就職造勢，國民政府行政院院長陳誠責成中央研究院為胡適建造院長官邸。蔣介石親自捐出個人著作稿費加以資助。根據胡頌平介紹：「二月初旬，院中開始建造先生的住宅。先生在四十五年即有在南港建造一座私人住宅，利用史語所的藏書，完成幾部大著作的計畫。據說當時蔣總統知道先生有回國久居的意思，曾表示願將他的《蘇俄在中國》一書的版稅內撥款興建房子一座，送給先生居住。到了去年冬天，先生允就中央研究院院長之後，中央研究院與行政院研究商洽的結果，由中研究追加預算二十萬元，在院裏建築一棟平式小洋房，佔地五十坪，裏面有大客廳，連著小客廳各一間，書房一間，臥室兩間，客房一間。此屋於今年二月初破土，二十日開始興建，由基泰建築師設計，新泰營造廠承造，預定九十個工作天完成。」[1]

四月二日，胡適抵達舊金山市，略作休整，並且和那裏的友人們告別。六日，飛往東京中轉並休息一天。八日，胡適和回國就任清華大學校長的梅貽琦同機，飛往臺北，陳誠率領大批親友和政府官員、故舊五

胡適在中央研究院留影（1958）

1 胡頌平《胡適之先生年譜長編》冊七，聯經出版事業有限公司，一九八三年，第二六三七頁。

百多人前來接機。

四月十一日，胡適正式就任中央研究院院長。在就任演說中，他明確地說：「我覺得我們的任務還是應該走學術的路，從學術上反共、救國、建國。」1

胡適正式就任中央研究院院長之時，胡適夫人江冬秀仍然居住在美國，於是，胡適的族侄胡夢華的女兒胡匡政、錢煦夫婦就搬進胡宅，一方面照顧江冬秀，一方面也減輕自己的房租壓力。當時錢煦在哥倫比亞大學生理系當講師，工資並不高。而錢煦的父親是曾任臺灣大學校長和接替胡適出任中央研究院院長的錢思亮，而錢思亮的夫人張婉度是江冬秀的乾女兒。而當年胡適到達臺灣後，也是住在錢思亮家裏。

然而，就在胡適就任中央研究院院長及慶祝酒會的當天，蔣介石的日記中卻寫下了如此憤怒的感想：

胡適就職典禮中，余在無意中提起其民國八、九年間彼所參加領導之新文化運動，特別提及其打倒孔家店一點，又將民國三十八、九年以後，共匪清算胡適之相比較，余實有尊重之意，而乃反促觸其怒（殊為可嘆），甚至在典禮中特提余為錯誤者二次，余並不介意，但事後回憶，甚覺奇怪。又在星期六召宴席中，以胡與梅貽琦此次由美同機返國，余乃提起三十八年初將下野之前，特以專派飛機往北平接學者，惟有梅、胡二人同機來京，脫離北平危困，今日他二人又同機來臺，皆主持學術要務，引為欣幸之意。梅即答謝當時余救他脫險盛情，否則亦如其他學者陷在北平，被匪奴役而無復有今日，其人之辭，殊出至誠。胡則毫不在乎，並無表情。惟彼亦聞梅之所言耳，其心中是否醒悟一點，則不得而知矣。余總希其能領悟，而能為國效忠，合力反共也。

1 《胡適演講集（二）》，見《胡適作品集》冊二十五，遠流出版社，一九九二年，第九一—九二頁。

網路上盛傳的一張胡適十分輕狂的在蔣介石面前翹著二郎腿的照片，就是在他就職當天拍攝的。我們不得不說胡適實在有負蔣介石對他的一番厚愛和接納之情。因為就在當天的歡迎胡適回國就職宴會上，蔣介石起立給胡適敬酒說：「感謝胡適和梅貽琦同日回國效力」。這句話居然也引起了胡適的不滿，讓歡笑的胡適臉色突變。胡適的變臉也震驚到了蔣介石，他立刻明白了胡適明顯是不滿意蔣介石把他自己和梅貽琦相提並論。蔣介石日記中如是說：「測其意或以為不能將梅與彼並提也，可知其人之狹小嫉妒一至於此。」蔣介石真實太瞭解胡適了，也太會看人了！

四月十日，胡適主持召開中央研究院院士會議。當天，蔣介石也出席了，並在現場致開幕詞。二十六日，胡適一上任就在臺北作了《歷史科學的方法》的學術演講。在這次演講中，他提出：「正因為歷史科學上的證據絕大部分是不能再造出來做實驗的，所以我們做這門學問的人，全靠用最勤勞的工夫去搜求材料，用最謹嚴的方法去批評審查材料……歷史科學的方法不過是人類常識的方法，加上更嚴格的訓練，加

中國文藝協會歡迎胡適演講（1958）

上更謹嚴的紀律而已。」

五月四日，胡適應邀去中國文學藝術協會演講，題目是「中國文藝復興運動」。這個題目以往他演講過多次了，使用的演講文稿還是過去的。

隨著胡適返臺，大陸繼續開展對胡適的嚴厲批判，措辭不斷升級，規模不斷擴大。根據五月十日《中央日報》報導：

名哲學家胡適博士的哲學思想，在共匪反右派運動中推行的厚今薄古新花樣下，即將在大陸遭受更大規模更激烈的批判。據四月二十六日匪《人民日報》在一篇討論《哲學教學要面對現實厚今薄古》的一篇專論中，談到「胡適之流的哲學思想，在我國學術界的影響，應該較已死的外國人的更為深遠」。因此，這篇文字認為胡適的思想，就應該大加批判，在此篇文字內，所強調的厚今薄古，是指批判哲學思想時，對具有強力影響人民思想而不利於共黨思想的一種哲學應大規模批判。這篇文字並指出匪區各大學，尤以匪人民大學哲學教授，「談到胡適思想時，都只寥寥數語，平時寫文章時，也很少批判他。」它認為「這是違反了依據馬列經典與毒草搏鬥的爭性的」。這篇文字認為要貫徹厚今薄古，就應立即對胡思想展開激烈性的、壓倒性的開爭。這篇文字並公開招認，許多在倆人民大學哲學系、所的學生及研究生，「對共產主義運動的信心，發生了動搖。」

九月五日，胡適到華盛頓主持召開中華教育文化基金會董事會年會。

十月十一日，胡適主持召開中央研究院院士談話會。然後，他再次飛回紐約，整理那裏的行李和書籍。

三十日，胡適乘機離開美國，中轉東京後返回臺北。當天中午，胡適搬出錢思亮家，遷往臺灣南港中央研究院的新居。

十二月十日，胡適去機場迎接來訪的美國著名學者馬歇爾・史東夫教授夫婦（Marshall）。十七日，胡適出席中央研究院聚餐會。二十四日，胡適出席光復大陸設計委員會會議。在發言中，胡適首先說明：「我們報紙對反共抗暴的宣傳似乎做得不夠，政府是不是該決定一項宣傳政策，對於大陸的匪情多報導一些？」胡適發現：「二十三日陳建中先生報告匪情時，指出共匪在大陸摧毀個人人格的尊嚴，特別是對知識分子的摧殘，我們的報章過去一向甚少報導。例如陳先生報告中所說的：大陸上有十萬高級知識分子被摧殘，有五百萬一般知識分子被摧殘，但我們的報紙過去甚少報導這些。例如十二月六日，共匪宣傳釋放戰犯，把溥儀、杜聿明等三十二人釋放，另外摘掉了一百四十二個右派知識分子的帽子（共匪所謂摘帽），臺灣的報紙報導的非常簡單。後來在香港報紙中才查到一四二名右派分子中包括費孝通、葉恭綽及謝冰心的丈夫吳文藻等。」

為此，胡適提出：「我們的『三民主義』民族、民權、民生這三方面，都沒有獨斷一尊的意思。這三方面，都是容涵並包的。中山先生採用三個毫

胡適在中央研究院院長辦公室（1958）

無黨派色彩中立性的名詞，完全是虛心按照當時最適合國家的容納歷史、古今中外的思想制度，這就是相容並包的精神。我們的憲法，五個政權內，有兩個是採自中國古代的制度，如考試、監察兩個就是。在四個治權中，有三個採取外國的制度，如創制、複決和罷免權就是。由此，最可以代表中山先生的虛心、不武斷、不獨裁、相容並包的精神。把古今中外的思想，權衡是非，虛心比較，採取認為精準的，集為民族主義、民權主義、民生主義。我有很大榮幸認識他，見過他幾次，見到他圖書館藏書很多，好學的精神可敬。我以無黨無派，以三民主義愛護者的資格，在當初憲法制成時，是由我捧著，代表國民大會，遞給總統的。我今天對總統昨天演講中的話，加以解釋，我希望國民黨，我們同仁，我們全體國民，都能想像中山先生當時為什麼用這麼個中立性包涵並蓄的名詞，作為他的政治學的名稱。這種精神值得我們欽佩，國民黨一定會能夠愛護、保持這種相容並蓄的精神。」[1]

這場發言成為胡適返臺後最精彩的反共演講，當時贏得全場掌聲雷動，經久不息。而後，這次發言全文在各大報刊轉發，讀者反響如雲，胡適獲得了巨大的聲譽。他自己也很自豪地說：「我對總統是很恭維的」。（語出《胡適之先生晚年談話錄》中的披露）這是晚年胡適在臺灣和蔣介石合作的最佳時期！

一九五九年一月十二日，胡適去機場迎接訪問臺灣的趙元任夫婦。第二天，胡適主持中央研究院趙元任訪問歡飲會，胡適盛讚趙元任對現代漢語學術體系建立的傑出貢獻，並且引用了美國漢學界的話說「中國語言學有了趙元任、李方桂兩人，我們可以高枕無憂了」。二十日，胡適與陳誠、王世傑、蔣夢麟同遊石門水庫。

二月一日上午，胡適就任國家長期發展科學委員會主席。下午他主持中央研究院院士選舉會議。九日，胡適主持召開科學委員會執行委員會會議。二十四日，胡適在歷史語言研究所演講，題目是「假歷史與真歷

---

1 《胡適日記全編1953-1962》，聯經出版事業有限公司，二〇〇四年，第五四七頁。

史」。

三月九日至十一日，胡適在家撰寫《容忍與自由》一文。十二日，該文定稿。十六日，該文在《自由中國》第二卷第六期上刊發。毛子水、殷海光等人都撰寫了評論。一時間，成了臺灣思想界的一個號角。殷海光甚至認為胡適的此文「是近四十年來中國思想上的一個偉大貢獻，這篇文章的意蘊是中國人應走的大方向的指南針。」

在該文中，胡適提出他和共產黨宗教政策的本質區別：「我到今天還是一個無神論者，我不信有一個有意志的神，我也不信靈魂不朽的說法。但我的無神論和共產黨的無神論有一點最根本的不同。我能夠容忍一切信仰有神的宗教，也能夠容忍一切誠心信仰宗教的人。共產黨自己主張無神論，就要消滅一切有神的信仰，要禁絕一切信仰有神的宗教，——這就是我五十年前幼稚而又狂妄的不容忍的態度了。」

他旗幟鮮明地提出：「在宗教自由史上，在思想自由史上，在政治自由史上，我們都可以看見容忍的態度是最難得，最稀有的態度。人類的習慣總是喜同而惡異的，總不喜歡和自己不同的信仰、思想、行為。這就是不容忍的根源。不容忍只是不能容忍和我自己不同的新思想和新信仰。一個宗教團體總相信自己的宗教信仰是對的，是不會錯的，所以它總相信那些和自己不同的宗教信仰必定是錯的，必定是異端，邪教。一個政治團體總相信自己的政治主張是對的，是不會錯的，所以它總相信那些和自己不同的政治見解必定是錯的，必定是敵人。」

胡適還特別談到了容忍的雙方性：

> 人們自己往往都相信他們的想法是不錯的，他們的思想是不錯的，他們的信仰是不錯的；這是一切不容忍的本源。如果社會上有權有勢的人都感覺到他們的信仰不會錯，他們的思想不

會錯，他們就不許人家信仰自由、思想自由、言論自由、出版自由。所以我在那個時候提出這個問題來，一方面實在是為了我們自己說話，一方面也是為了對政府、對社會上有力量的人說話，總希望大家懂得容忍是雙方面的事。[1]

一生都在衝鋒在先的胡適，終於特別看重容忍的意義，實屬難得。我們從他青年時代的容忍態度一直考察到他晚年提出容忍比自由還重要的感受，在他年輕時代看作侏儒社會的中國生存了一生的胡適總算明白了他應該採取的生存方式。

三月二十一日，胡適主持召開中央研究院評議會會議。

四月十八日，朱家驊來訪胡適。二十七日《中央日報》發表了《匪續清算胡適思想》一則短消息：「匪新華社二十六日廣播，批判胡適思想，是由匪中國哲學會和中國科學院哲學研究所等單位負責籌備，正式展開批判的日期。匪廣播指出，將為五四紀念日一篇重要的批判文字，批判胡適對中國哲學史的研究。匪廣播說，正由任繼愈等七人合寫。批判胡適思想的時間，將溯五四開始以迄胡適的目前思想。」二十九日，胡適讀到錢鍾書《宋詩選注》，他連聲稱讚說「是個年輕有天才的人，我沒見過他……他是故意選些有關社會問題的詩，不過他的注確實寫得不錯。」

六月三日，胡適與陳誠再遊石門水庫。

七月三日，胡適與趙元任同機飛往夏威夷，出席夏威夷大學第三次東西方哲學會議，並且接受夏威夷大學授予的人文學博士學位。

八月三日，胡適抵達紐約。在此期間，他和美國各位舊友來往，十分忙碌。

---

1 引見《自由中國》，第二〇卷第六期，一九五九年三月十六日刊出。

九月，胡適在華盛頓主持中華教育文化基金會董事會年會。

十月八日，胡適到達西雅圖後，拜訪那裏的蕭公權、李方桂等人。十日，胡適到舊金山市，他去拜訪那裏的趙元任等人。十二日，胡適乘機前往東京，然後飛往臺灣。十四日上午，胡適到達臺北。二十日，胡適應邀去臺灣師範大學演講，題目是「關於杜威的思想」。胡適演講的核心要點是說：中共清算胡適思想就是清算杜威思想，就是為了推行獨裁專制。

十一月一日上午，胡適主持國家長期發展科學委員會第二次全體委員會議，下午他主持中央研究院第三屆評議會第六次會議。十五日，胡適拜訪張群。他在日記中記載如下：「我請他轉告蔣總統幾點：（一）明年二三月裡，國民大會期中，是中華民國憲法受考驗的時期，不可輕易錯過。（二）為國家的長久打算，我盼望蔣總統給國家樹立一個『合法的、和平的轉移政權』的風範。不違反憲法，一切依據憲法。是『合法的』，人人視為當然，雞犬不驚，是『和平的』。（三）為蔣先生的千秋萬世盛名打算，我盼望蔣先生能在這一兩月裡，作一個公開的表示，明白宣布他不要作第三任總統，並且宣佈他鄭重考慮後盼望某人可以繼他的後任：如果國民大會能選出他所期望的人做他的繼任者，他本人一定用他的全力支持他，幫助他。如果他作此表示，我相信全國人與全世界人都會對他表示崇敬與佩服。（四）如果國民黨另有別的主張，他們應該用正大光明的手段明白宣佈出來，決不可用現在報紙上登出

胡適和行政院長陳誠合影（1953）

的『勸進電報』方式。這種方式，對蔣先生是一種侮辱，對國民黨是一種侮辱；對我們老百姓是一種侮辱。獄軍說，他可以鄭重的把我的意思轉達。但他說，蔣先生自己的考慮，完全只是為了（一）革命事業沒有完成，（二）他對反共復國有責任，（三）他對全國軍隊有責任。我說，在蔣先生沒有做國民政府主席也沒有做總統的時期——例如在西安事變的時期，全國人誰不知道他是中國的領袖？如果蔣先生能明白表示他尊重憲法，不做第三任總統，那時他的聲望必然更高，他的領袖地位必然更高了。」[1]上述言論，深深地激怒了蔣介石。蔣在本月二十日的日記中如下記載了他對胡適上述言論的感想：「無恥政客，自抬身價。莫名其妙！不知他人對之如何討厭他，可憐其甚！」

十一月二十八日，胡適應邀去臺灣大學法學院演講，題目是「科學精神與科學方法」。在這篇講演中，胡適博士指出，「『科學精神與科學方法』可以用十四字來說，這十四個字是『拿證據來』和『大膽的假設，小心的求證』。」這十四個字中，前四個字「拿證據來」是用來講「科學精神」的，後十個字「大膽的假設，小心的求證」是用來講「科學方法」的。胡適博士說，「談到『科學精神』，真是千言萬語，但是說到底只有一句，那就是『拿證據來』。」

十二月二十五日，胡適出席中華民國政府召開的國民代表大會。

在大會上，胡適發言說：「中華民國三十五年的今天十二月二十五日，中華民國憲法由制憲國民大會制定，一年以後，即由政府施行。所以今天是中華民國憲法誕生紀念日，也是中華民國行憲紀念日。我們國大同仁，便以這個日子作為年會的會期。」

他還說：「十多年來，國家經過大的患難，今天代表們在此地聚會，有其特別深刻的意義。十一年半以

---

1 《胡適日記全編1953-1962》，聯經出版事業有限公司，二〇〇四年，第四五七-四五八頁。

前，我們第一次聚會，選舉總統、副總統。六年前，我們依據憲法第二十八條『每屆國民大會代表之任期，至次屆國民大會開會之日為止』的規定，舉行第二次集會。現在國家依然面臨困難，無法進行全國改選，仍要依據憲法，在明年二月舉行第三次集會，負起憲法賦予的重大使命。」

最後，胡適深有感觸地說：「每次集會，我都有感觸，這次我感覺到除了女代表們永遠年青，始終不老以外，男代表都老得多了。我參加制憲時，還較年輕。現在呢，已經是七十歲的人了，甚而還有許多朋友，已經不能參加集會了。」[1]

十二月三十日，胡適應邀在臺灣中國廣播公司作學術演講。

在這次廣播演講中，胡適介紹《紅樓夢》的研究。他說：「我是曾經在四十年前，研究《紅樓夢》的兩個問題：一個是《紅樓夢》的作者的問題；一個是《紅樓夢》的版本的問題。因為我們欣賞這樣有名的小說，我們應該懂得這作者是誰。《紅樓夢》寫的是很富貴、很繁華的一個家庭。很多人都不相信《紅樓夢》寫的是真的事情。經過我的一點考據，我證明賈寶玉恐怕就是作者自己，帶一點自傳性質的一個小說。恐怕他寫的那個家庭，就是所謂賈家，家庭就是曹雪芹的家。所以我們作了一點研究，才曉得我這話大概不是完全錯的……曹雪芹所寫的極富貴、極繁華的這個賈家；寧國府、榮國府在極盛的時代的富貴繁華並不完全是假的。曹家的家庭實在是經過富貴繁華的家庭。懂得這一層，才曉得他裏面所寫的人物……懂得曹家這個背景，就可以曉得這部小說是個寫實的小說。他寫的人物，他寫王鳳姐，這個王鳳姐一定是真的。他要是沒有這樣的觀察，王鳳姐是個了不得的一個女人，他一定寫不出來王鳳姐。比如他寫薛寶釵，寫林黛玉，他寫的秦可卿，一定是他的的確確是認識的。所以懂得這一點，才曉得他這部小說，是一個『自傳』，至少帶著自

1　參見《中央日報》一九五九年十二月二十六日報導。

傳性質的一個小說。那麼，如果這個小說有文學的價值，單是這一點。」

一九六〇年一月十日，朱家驊宴請胡適等人。十一日，胡適主持臺灣大學舉辦的「蔡元培九十一歲生日紀念會」。十四日，胡適主持召開中央研究院院士會議。

二月五日，胡適出席行政院院長陳誠舉辦的新春宴會，並作即席發言。核心思想卻是反對修憲，勸阻蔣介石第三次當選總統。八日，蔣介石宴請胡適，聽取他對自己第三次當選總統的看法。由於胡適的反對言論被新聞媒體公開報導，結果，這樣的言論立刻又被臺灣大學等大學那些反對胡適的學者們和政客們解釋為是反對總理知行學說而來，甘做美帝國主義杜威哲學走狗的反革命言論。為此，二月十二日，胡適的弟子和老友毛子水致函胡適，加以勸說：

適之先生：

《時與潮》談話，生意以不發表為好。四十多年來，先生所發表的言論，沒有幾句話不是可使我們國家的地位提高的，沒有幾句話不是可以使我們民族的智慧增加的。但到了現在，困難日深，民德愈下，這只能說是中國的命運，在先生已可對得住國人了，對得住世界了。《時與潮》談話若發表，非特無益，恐適足為一班偏激的人所利用。理由容再詳呈。

甫此，順候道安。

毛子水謹上　四九、二、十二[1]

二月十七日，胡適親自接待希臘親王訪問中央研究院。十八日，胡適應邀在扶輪社演講，題目是「四

1 胡頌平《胡適之先生年譜長編》冊九，聯經出版事業有限公司，一九八三年，第三一九二頁。

十年來的中國文學革命運動」。二十日，胡適出席國民大會開幕式。在回答記者的提問時，胡適說：「我僅有一句話，就是堅決反對總統連任」。因此之故，胡適返臺後第一次遭到了那些主張修憲派的媒體和政府官員們的圍攻。然而，依然我行我素的胡適，又在《自由中國》上散佈了解散國民黨的文章。這就深深引起了更多國民黨追隨者的憤怒。一時間，臺灣新聞界和學界對胡適罵聲四起。蔣經國讓陳誠當面訓誡胡適，並勸說胡適可以暫時出訪去避避風頭。結果，胡適及時地「生病住院」，一直到四月五日才出院。總算避過了一波反胡浪潮。

四月六日，胡適宴請來臺訪問的夏威夷大學校長森德（Dr. Snyder）教授一行人。十二日，董作賓拜訪胡適。十三日，朱家驊宴請胡適。

五月一日，胡適受邀出席清華大學校慶。四日下午，胡適出席中央研究院舉辦的「五四運動紀念會」，他發言呼籲大家努力發展科學、民主和新文學，繼承五四精神。同時，他也指出：五四運動和陳獨秀無任何關係。根本就不是因為學生們聽了陳獨秀的演講才上街遊行的。當時的親歷者、如今在臺的毛子水、羅家倫都可以為證。十八日，石璋如出國訪問日本，前來向胡適辭行。胡適建議他和吉川幸次郎、入矢義高等著名漢學家多聯繫，因為敦煌學如今已經是一門世界性的學科了，國際學者集體化科研和交流十分必要。二十

中央研究院院長胡適接受記者採訪（1960）

日，胡適出席副總統陳誠就職典禮。二十二日，蔣介石宴請胡適，聽取他對最近國事的意見。

六月十五日，美國哥倫比亞大學哲學系著名漢學家狄百瑞教授（Dr. William Theodore de Bary）來拜訪胡適。他是來辭行的。原來他訪問臺灣之時，一直沒敢主動和胡適聯繫。畢竟胡適是他的大前輩，胡適一九一九年成名天下之時，他才剛出生。在就要結束對臺灣的學術訪問之前，狄百瑞前來拜訪這個大前輩，並且主動提出合影留念。同時，狄百瑞告訴胡適他回國後將擔任哥大哲學系主任。胡適很高興狄百瑞來訪，並且宴請了這個年輕的晚輩學者。十八日，美國總統艾森豪訪問臺灣。胡適親自出席歡迎宴會。而後，艾森豪留下胡適二人單獨會談了二個多小時，足見美國總統眼中胡適地位的重要。

七月九日，胡適乘機，經東京中轉應邀抵達美國西雅圖華盛頓大學，出席「Sino-American Conference on Intellectual Cooperation」會議。胡適在開幕式上作學術演講，題目為「The Chinese Tradition and the Future」。

在這篇演講中，他把中國傳統的演進分成六期。第一期是商周古中國的宗教時代；第二期是先秦諸子；第

胡適和來臺訪問的艾森豪總統會談（1960）

三期是秦漢帝國；第四期是佛教征服時期；第五期是反佛運動，包括唐武宗對佛教的迫害以及禪宗的興起；第六期是中國文藝復興時代。

八月和九月，關於《自由中國》實際主編雷震被捕案件震動臺島，一時間成為這兩個月中的重大新聞。[1] 胡適當時還在美國，震驚之下，他在九月七日接受美聯社記者的採訪時說：「我不能評論，因為我離開已經兩個月了。」如果他真的就此打住，真是皆大歡喜了。但是，話音未落，胡適就接著說：雷震「是一位愛國的人士，自然也是一位反共份子。以叛亂罪名逮捕他是一件最不尋常的事。」而後，在九月十七日，胡適再次答覆合眾社記者採訪時幾乎不加任何掩飾地表達了他對臺灣政權和國民黨的不滿。如此一來，他就把自己和蔣介石政權徹底對立起來。

十月十九日，胡適訪問日本。二十日，胡適參觀湯島聖堂。二十一日，胡適前往東京古書一條街去參觀。二十二日，胡適返回臺灣，大批記者到機場接機，並對他現場採訪，擴大了胡適的社會影響力。

十一月十七日，胡適宴請來臺訪問的康奈爾大學校長沙迪克（Dr. Shadick）教授一行人。郭廷以、胡秋原作陪。當晚，張恩慶宴請胡適、毛子水、姚從吾等人。席間，張恩慶談到當年胡適在山西大學演講後帶來的效果就是山西大學學生退學或轉學到北京大學，結果山西大學文學院幾乎辦不下去了。足見當時胡適演講的社會影響力。

十八日，胡適出席在臺灣舉行的「Sino-American Conference on Intellectual Cooperation」會議。在該會

---

1 《自由中國》本是一九四九年十一月二十日成立的一家以擴展民主、自由空間為宗旨的政治刊物，至一九六〇年九月一日，共出刊二百六十期。在當時國民黨嚴厲管控下，該雜誌在臺灣的民主自由主張，以及雷震等人積極籌備組建民主黨的行動，深深觸怒了國民黨當局。一九六〇年九月四日臺灣警備總司令部以涉嫌叛亂罪將雷震等人逮捕，該雜誌被迫停刊。二〇〇二年九月四日，中華民國政府正式為雷震案平反。

上，他和蔣介石因為雷震事件的定性產生分歧。蔣介石認定雷震使勁按背後有中共間諜勢力。並且，蔣介石質問胡適：為何你只信任雷震而不信任他和政府？胡適聽罷，認為蔣介石言重了。顯然，雙方為此都不愉快。這是胡適返臺後第二起重大的不與政府同步的事件。二十日，胡適收到著名漢學家、哈佛大學教授費正清的來信。該信向胡適賺大了他本人和美國朝野對雷震事件的態度。胡適立刻蔣此信轉交給張群，請他轉給蔣介石一閱。但是，二十三日，雷震事件當事人依然維持了十年有期徒刑的判決。蔣介石態度強硬地表示這件事不會接受任何國家的干涉。胡適在日記中連呼「大失望」！

十二月十五日，法國在臺領事宴請胡適夫婦。十七日，錢思亮夫婦在自宅為胡適七十大壽舉辦生日慶典。蔣介石親自派人送來壽禮和祝賀。十九日，胡適致函蔣介石：

介公總統賜簽：

十五日晨黃伯度先生來南港，帶來總統親筆寫的大壽字賜賀我的七十生日，伯度並說：這幅字裝了框，總統看了不很滿意，還指示重裝新框。

總統的厚意，真使我萬分感謝！

回憶三十七年十二月十四夜，北平已在圍城中，十五日蒙總統派飛機到北平接內人和我，同幾家學人眷屬南下。十六下年從南苑飛到京，次日就蒙總統邀內人和我到官邸晚餐，給我們做生日，十二年過去了，總統的厚誼，至今不能忘記。

今天本想到府致謝，因張嶽軍先生面告今天總統有會議，故寫短信致敬最誠懇的謝意，並祝總統與夫人新年百福！

胡適　敬上　四九，十二，十九

蔣介石讀完胡適這封來信，被胡適的真誠所感動。二十一日，蔣介石特別在總統官邸宴請胡適，化解雙方的矛盾和誤會。

本年底，臺北中廣公司請胡適談過去五十年，他謝絕說：「我不能隨便談的。過去四十九年來，不愉快的事情多，愉快的事情少，五十年來的事情是不容易談的。」胡適晚年還記得康有為曾對他說：「我的東西都是二十六歲以前寫的。卓如以後繼續有進步，我不如他。」

一九六一年一月十一日，胡適出席中央研究院舉辦的「蔡元培先生九十四歲生日紀念會」，並且致開幕詞。十七日胡適給蘇雪林、高陽的信中談到了他對紅學的看法：「曹雪芹有種種大不幸。他有天才而沒有受到相當好的文學訓練，是一個大不幸。他的文學朋友都不大高明，是二大不幸。他的貧與病使他不能從容細細改削他的稿本，使他不得不把未完成的稿本鈔去換銀子來買麵買藥，是三大不幸。他的小說結構太大了，他病中的精力已不夠寫完成了，是四大不幸。這些

中國公學校友會歡迎胡適

都值得我們無限悲哀的同情。」又說：「我今天要補充一個意思，就是：《紅樓夢》的最大不幸是這部殘稿既沒有經過作者自己的最後修改，又沒有經過長時間的流傳，就被高鶚、程偉元續補成百二十回，就被他們趕忙用活字排印流傳出來了……」

然後，話鋒一轉，胡適又表達了他對《水滸傳》的看法：「我們試比勘《水滸傳》的種種不同的本子，就可以明白《水滸傳》在幾百年中，經過了許多戲曲家與無數無名的平話家的自由改造，自由改削。又在明朝的一兩百年中經過了好幾位第一流文人——汪道昆、李贄、楊定見的仔細修改，最後又得到十七世紀文學怪傑金聖歎的大刪削與細修改，方可得到那部三百年人人愛賞的七十一回本《水滸傳》……《水滸傳》經過了長期的大改造與仔細修改，是《水滸傳》的最大幸運。《紅樓夢》沒有經過長時期的修改，也沒有得到天才文人的仔細修改，是《紅樓夢》的最大不幸。我試舉一個最有名的句子作個例子。百二十回《水滸傳》第六十三回，石秀劫法場被捉，解到梁中書面前，石秀高聲大罵：『你這敗壞國家害百姓的賊！』這一句話，在金聖歎刪改定本裏，就改成了這樣了：石秀高聲大罵：『你這與奴才做奴才的奴才！』這真是『點鐵成金』的大本領！《紅樓夢》有過這樣大幸運嗎？」

一月二十七日，胡適主持召開科學發展委員會執行委員會會議。在二十九日的該會議上，胡適提出：「這是一個起點，一個有希望的起點。在這樣很困難的情形之下，我們能夠有一億一千萬臺幣用在『長期發展科學與技術的研究』的開山工作上面，我們至少可以說科學已開始得到『重視』，開始得到『資助』了。我們當然不可感到滿足，我們至少應該感覺我們的責任之大。我們應該感覺古人說的『任重而道遠』五個字的意義。為國家計畫發展科學，這個責任『不亦重乎？』我們的任務是『長期發展科學』……兩年的工作，只做了一點探路的工作、開路的工作。從今天起，我們可以平心靜氣想想這條『遠路』的藍圖了。」[1]

---

1 《發展科學的重任和遠路》，參見《新時代》，第一卷第二期。

二月二十日，王國維的女兒、女婿拜訪胡適。胡適對他們回憶其當年自己開車拉這王國維遊覽清華園的場景，當時胡適對王國維說如果你不滿意可以不來就職。結果王國維大受感動。胡適說，如果當初他推薦王國維來清華，可能不會這樣早就離世。

二十五日，胡適突發心臟病住院。一直到四月二十二日才出院。病中住院期間，胡適仍然每日在審讀《中國公學校史》一書書稿。而當時江冬秀又返回紐約。在胡適養護期間，他一直住在錢思亮家。二十八日為止，陳誠、蔣夢麟、朱家驊等人先後來醫院看望他，而且還有大批市民前來送花和禮物，祝願他早日康復。

三月十一日，王世傑、姚從吾、蔣復璁等人前來看望胡適。

四月二十二日，胡適出院後暫住福州街二十六號。這是一套日式住宅，過去專門用於接待來訪的外國教授居住。

五月十四日，著名古文字學家、歷史學家勞幹教授受聘到芝加哥大學出任訪問教授，臨行前，胡適告之以要記住他是「一個中國學者的身分了，到美國後，切莫省錢，有損中國學者的體面」。[1]

七月五日，好友陳香梅女士拜訪胡適，並且向胡適索序一篇用於自己將要出版的小說中。二十日，好友蔣夢麟要跟徐賢樂再婚，胡適認為蔣夢麟「已經七十歲了，娶個年輕的太太，難免不當寡婦。如感一個人生活孤寂，不妨找個年齡稍大的特別護士，陪他住在一起，何必續弦自找麻煩」。胡適大概就是這樣以身作則的吧？難怪當時盛傳《中央日報》女記者李某是他的情人……不過，對於一個有嚴重心臟病、夫婦長期分居的老人來說，更多需要的是來自親情的關懷，而絕不可能是中青年情人們的生理需求。

八月二十一日，陳誠拜訪胡適，奉勸他放棄出國活動，以身體修養為主。因為陳誠聽到了臺灣大學附屬

---

1 胡頌平《胡適之先生晚年談話錄》，聯經出版事業有限公司，一九八四年，第一六五-一六六頁。

醫院對胡適心臟檢查的結果和診斷建議，非常擔心胡適會發生意外猝死的現象。二十三日，胡適再次去臺灣大學附屬醫院檢查心臟，醫生給出的結論依然是需要靜養，不宜遠行。二十五日，胡適出席陳誠主持召開的「陽明山談話會」。二十七日，胡適主持召開中央研究院評議會，選舉新科院士。三十日，蔣介石宴請參加「陽明山談話會」的全體成員。

九月一日，胡適出席公路局通路直達中央研究院典禮。三日，胡適給在紐約的江冬秀去信，讓她整理和攜帶那裏的書籍和文獻資料，並帶回臺灣。七日，胡適給江冬秀匯款用於郵寄行李和書籍費用。

十月十八日，胡適夫人江冬秀從美國返回臺灣。胡適親自去機場接機。

本月底前後，胡適在中研院辦公室反覆對著工作人員們重申自己的兩句詩：「寧願不自由，也就自由了。」顯然，當時他的內心正在處於繼續在職還是退休返回美國的激烈鬥爭中。一時間，他的工具理性已經無法讓他在容忍和自由中做出一個選擇。

十一月六日，胡適給在臺外國人發表演講，題目是「Social Changes Necessary for the Growth of Science」。他自己在日記中說：「我的話是三十五年前的老話，但在今天似乎還是沒有人肯說的話。」[1]本月二十六日凌晨三點半前後，胡適再次突發心臟病。早上八點，錢思亮等人帶著醫生檢查後，立刻送他去住院治療和靜養。七日，臺灣大學附屬醫院檢查結果認為胡適隨時有猝死的可能，絕對不許可演講和外出開會。

十二月十四日，國民政府秘書長張群來醫院看望胡適。十六日，蔣經國來醫院，代表其父和他本人看望胡適，並且給胡適祝壽。十七日，胡適生日。前來祝壽者很多。醫院病房特別準備了簽名本。行政院、外交部、中央研究院、臺灣大學以及各界同仁前來祝壽，盛況空前。賀電也很多。但是，臺灣大學附屬醫院的專

---

1 胡頌平《胡適之先生年譜長編》冊十，聯經出版事業有限公司，一九八三年，第三八〇一頁。

家們認為胡適依然存在隨時出現意外猝死的可能，還是建議他靜養，絕對不可以演講和乘坐飛機。

一九六二年一月十日，胡適終於獲准出院。

從去年十一月十六日至今，長達四十五天。出院後的養護期間，他一直住在福州街日式別墅中，各界友人和來賓有逐漸恢復了對胡適的拜訪。十三日上午，芝加哥大學教授北川三夫博士前來拜訪胡適。下午，羅家倫拜訪胡適。十四日，李宗侗拜訪胡適。二十一日，毛子水、陳雪屏前來拜訪胡適。二十二日，李濟前來拜訪胡適。幾乎每一天都有幾批來客，無形中影響了他的身體恢復和靜養。

二月六日，蔣經國前來給胡適拜年，並在總統官邸宴請胡適夫婦。七日，胡適去中央研究院給大家拜年。八日，蔣介石父子在總統官邸宴請胡適夫婦。十二日，吳健雄夫婦給胡適來信，擬返回臺灣幾日，並且希望可以安排學術演講。胡適非常高興，立刻安排臺灣大學和中央研究院做好接待吳健雄夫婦的準備。十九日，胡適閱讀了《民主潮》第十二卷上的文章《論思想或觀念的僵窒和簡化》，引起了他的額外關注。於是，他致函該刊主編如下：

濤聲兄：

昨夜讀了《民主潮》十二卷三、四期的韻笙《論思想或觀念的僵窒和簡化》，我很佩服作者的細心和苦心。這是近年來很少見的一篇用功構思，用力作文造句全篇沒有一句草率句子的大文字。請你告訴我這位「韻笙」先生是誰？我很想見見他，很想向他表示我的誠心佩服。我猜想，因為他的造句太用氣力，又頗太歐化了，能讀此文而欣賞他的人大概不太多，所以我要寫這封信，表示我的一點欣賞。

又，李滿康先生評介英譯《康有為大同哲學》文中說：「譚維理究為何許人，莫知其詳」，這位 Mr. Laurena Thompson 曾任亞洲協會（Asia Foundation）的駐臺代表。任滿後願意在臺灣省立師範大學教授音樂，他至今還是師大的教授。譚君此書是他的博士論文，當時他的導師是陳受頤先生（北大史學系主任，近十年在 Pomona College and Claremont College 任教）。

這些有關 Thompson 的語，可能已有別位讀者告知你們了，我盼望李君把評介的全文寄一份給譚君。

匆匆敬祝，平安。

適之 五一，二，十九。」[1]

二月二十一日，《中央日報》採訪胡適。胡適大談吳健雄夫婦的學術成就。二十二日，吳健雄夫抵達臺灣後立刻拜訪胡適。二十四日上午，胡適主持中央研究院第五次會議。胡適在中央研究院發表了他的講話。他說：「我去年說了二十五分鐘的話，引起了圍剿，不要去管它，那是小事體，小事體。我挨了四十年的罵，從來不生氣，並且歡迎之至，因為這是代表了中國的言論自由和思想自由。」[2]

下午五時許，慶祝酒會開始。由於吳大猷、吳健雄、袁家騮等物理學家都是胡適故交，此次又是專程從美國趕來，這讓胡適非常激動。胡適發言說：「我是一個對物理學一竅不通的人，但我卻有兩個學生是物理學家。一個是北京大學物理系的饒毓泰，一個是曾與李政道、楊振寧合作證驗『對等律之不可靠性』的吳健雄女士。而吳大猷卻是饒毓泰的學生，楊振寧、李政道又是吳大猷的學生。排行起來，饒毓泰、吳健雄是第二代，吳大猷是第三代，楊振寧、李政道是第四代了。中午聚餐時，吳健雄還對吳大猷說：『我高一輩，

1 《胡適日記全編1953-1962》，聯經出版事業有限公司，二〇〇四年，第八四七-八四八頁。

2 胡頌平《胡適之先生晚年談話錄》，聯經出版事業有限公司，一九八四年，第三〇〇頁。

胡適最後一次主持中央研究院會議（1962）

你該叫我師叔呢！』這一件事，我認為生平最得意，也是最值得自豪的。今天因為太太沒有來，我多說了幾句話。」[1] 下午六時半，在歡迎中央研究院新科院士的慶祝酒會臨近結束時，或許是飲酒，或許是演講造成的心臟不適，胡適突然向後摔倒在地，陷入昏迷。在其身後的《中央日報》記者李青來，馬上衝過去抱起胡適。胡適秘書王志維則立刻掏出治療心梗的專用藥，並同時為胡適作人工呼吸。很快，救護車將胡適昏迷中的胡適拉到臺大醫院，當晚宣告不治離世。

胡適逝世後，陳誠出任「胡適治喪委員會主任委員」。該委員會共有一百零三名成員。

在張群主持下，決定採用土葬。他當時說：「適之先生功在文化，我以總統府秘書長的身份，代表總統裁定，適之先生善後處理，只可土葬，不能火葬。」[2] 當時香港的《華僑時報》發佈了一幅挽聯非常形象地概況了胡適一生的貢獻：「先生去了黃泉如遇曹雪芹問他紅樓夢底事，後輩知道今世幸有胡適之教人白話做文章。」

二月二十五日上午十點五十分，胡適的靈柩移送到臺北極樂

1 胡頌平《胡適之先生晚年談話錄》，聯經出版事業有限公司，一九八四年版，第三一五頁。
2 引見《胡適研究通訊》，第四期第一九頁。

殯儀館，開始接受各界弔唁。

三月一日，蔣介石總統親自前來弔唁，並撰寫挽聯。二日下午兩點半正式放入棺槨中，然後驅車兩個小時到達南港，最後完成安葬儀式。

蔣介石和陳誠都親自為胡適書寫了挽聯，見照片。

胡適逝世後，錢思亮為遺囑執行人之一，一直照顧江冬秀，並且將江接到自己家居住，直至一九七五年八月江冬秀去逝為止。

六月二十七日，蔣介石頒佈褒揚令，全文如下：

> 中央研究院院長胡適，沉潛道義，濬瀹新知。學識宏通，令聞卓著。首倡國語文學，對於普及教育，發揚民智，收效甚宏。嗣講學於寇深患急之地，團結學人，危身明志，正氣凜然。抗戰軍興，特膺駐美大使之命，

臺北極樂殯儀館胡適靈堂（1962）

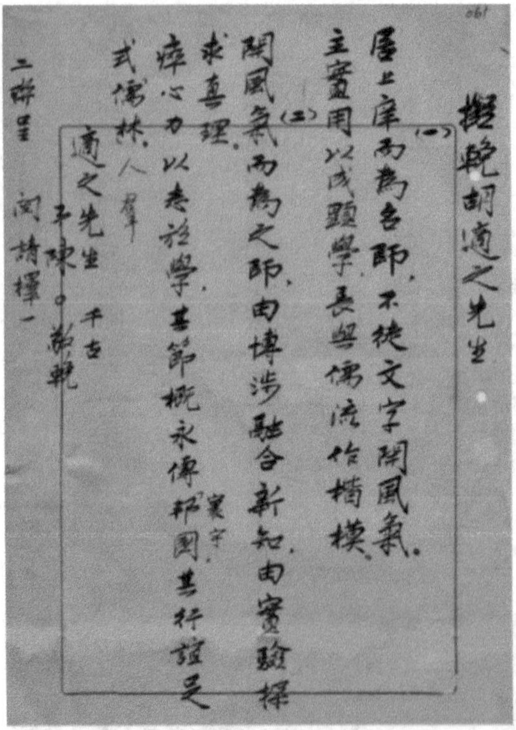

陳誠撰寫挽聯兩則（1962）

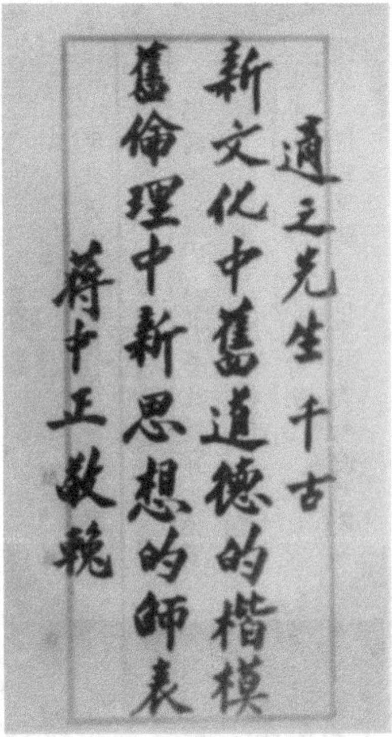

蔣介石撰寫胡適挽聯（1962）

竭慮殫精，折沖壇坫，勛猷懋著，誠信孔昭。勝利還都以後，仍以治學有才為職志，並膺選國民大會代表，弼成憲政，獻替良多。近年受命出掌中央研究院，鞠躬盡瘁，罔自顧惜。遽聞溘逝，震悼殊深！綜其平生，忠於謀國，孝以事親，恕以待人，嚴以律己，誠以治學，愷悌勞謙，貞堅不拔，洵為新文化中舊道德之楷模，舊倫理中新思想之師表。應予明令褒揚，用示政府篤念耆宿之至意。

官方評價如此，而蔣介石在個人日記對於胡適的定論卻是：「蓋棺論定胡適，實不失為自由民主者，其個人生活亦無缺點，有時亦有正義心與愛國心，惟其太偏狹自私，且崇拜西風而自卑其國固有文化，故仍不能脫出中國書生與政客之舊習也。」這一評價可說一針見血。

第二十九章
勞而無功的《水經注》研究

一九四三年十一月八日，胡適致函王重民：「我一生不曾讀過《水經注》，偶爾檢查則有之，但不曾讀全書」。可見這是胡適研究《水經注》的起點。因此，到了一九四五年十月十四日，胡適再次致函王重民表示：「將來我回到北平，必先收買《水經注》各本。」[1]

一九四六年至一九四七年的日記中，幾乎都是記載了胡適對《水經注》的版本調查和校對。一直延續到一九四八年的二月底。鄒新明《胡適對美國各大圖書館水經注版本的利用》一文中主張：「胡適海外《水經注》研究主要集中在一九四三年至一九四六年」。[2]但是我們核對胡適日記就發現，胡適的《水經注》研究一直延續到一九四八年，而非一九四六年。

一九四八年十一月九日，胡適公開地說：「我治《水經注》五整年了。」十二月四日，他甚至說「不做校長時，我也決不做《哲學史》或《水經注》」。[3]可見，《水經注》的研究在胡適心目中的位置是如此重要。按照《胡適口述自傳》的記載：「父親因為深諳地理之學」，也許這就是胡適晚年沉迷《水經注》研究的家族遺傳基因吧。

收集版本和校讀文字是胡適《水經注》研究的一項長期工作。他自己就曾說：「這個百年大疑案所以越審越糊塗，都是因為承審的學者們都不曾費這一番笨工夫。他們也沒有我的好機會，可以聚集這些版本，可以用全副精力去比較、對勘。」[4]因此，胡適校讀過六十幾種版本的《水經注》，撰寫的注釋和筆記也超過了百萬字。但是，到死為止，他也沒有拿出他的《水經注》研究專著，卻把全部精力用在了給戴震抄襲指控

1　參見《胡適王重民先生往來書信集》，國家圖書館出版社，二〇〇九年，第四二六頁。
2　參見《胡適研究通訊》，第二五期第一一頁。
3　《胡適日記全編1950-1962》，聯經出版事業有限公司，二〇〇四年，第三六九、三七一頁。
4　《胡適遺稿及秘藏書信》冊一，黃山書社，一九九四年，第二〇頁。

辨偽之上。這就使得胡適的《水經注》研究徹底走了樣。

事情起因是在戴震逝後，清代地理學家趙一清《水經注》校本在四庫館被學者們發現後，經過對比，有的學者認為戴震《水經注》校本其實是剿襲了趙一清《水經注》校本而來。孫灃鼎《武英殿本水經注跋》中明言：

灃按：太史所校與宋本、朱氏本互有異同，二文字差顯易。吾友朱上舍文藻自四庫總裁王少宰所歸，為予言：「此書參用同裏趙以清校本，然戴太史無一言及之」。

由此而來，戴震抄襲趙一清之說開始了流傳。尤其是在民國時期的學術界，這幾乎成了定論。比如，魏源、楊守敬、王國維等著名學者都認同此說。而和戴震是同鄉的胡適，自然而然地產生了「考據癖」。他想認真審查一下，說不定就可以推翻學術界的這個定論，還戴震的清白。

——也就是說，胡適的《水經注》研究已經成了戴震和趙一清各自的《水經注》校本由來的版本學研究，而和正統的《水經注》研究關係不大。

為了給戴震昭雪，胡適先是研究了戴震的哲學思想，撰寫了《戴東原的哲學》一書。然後就展開了對《水經注》的版本學審查和校讀。

在《嘗試集》中，胡適收錄了他早年發表的《戴東原在中國哲學史上的位置》一文。

他首先提出：「這八百年來，中國思想史上出了三個極重要的人物，每人畫出了一個新紀元。一個是朱子，一個是王陽明，一個是戴東原。」可見他對戴東原哲學的定位！胡適認為：「戴東原生於朱子的本鄉，跟著朱學大儒江永做過很深的朱學研究，他的學說最反對王學，而又不是朱學復辟；頗近於朱子格物窮理的精神，而又有根本的和朱子大不同的地方。」

又說：「戴東原是一個實行『致知窮理』的學者，他說人類分於天然以成性，有偏全厚薄清濁昏明之不齊，必由博學審問慎思明辨篤行，以漸漸擴充人的智慧。這本是很平常的道理。無奈程朱一派受了道家佛家的影響，把人性看做『天與我完全自足』的東西，不幸受了形氣的汙壞，所以要無欲，要主敬，以恢復那原來的完全自足。這種『明善以復其初』的學說，無論是程朱的主敬，王學的致良知，都只是躲懶的捷徑，不是正路。」[1]

而在《戴東原的哲學》一書中，胡適對戴震哲學給予了如此高的評價，分析了戴震的自然觀、認識論和人性論，指出了戴東原哲學的時代意義。胡適認為：「戴震的哲學，從歷史上來看，可說是宋、明理學的根本革命，也可說新理學的建設、哲學的中興」，而在胡適看來「戴氏的論理，最可以代表那個時代的科學精神」。也是「東原在哲學史上的最大貢獻」。胡適認為戴氏哲學「從推翻理氣二元論入手，是很明白的唯物論」，而且還「是個很能實行致知格物的工夫的大學者」。他總結說：「戴震是一個科學家，他長於算學，精於考據，他的理學方法最精密，故能用這個時代的科學精神到哲學上去，教人處處用心知之明去剖析事物，尋求事情的分理條則。他的哲學是科學精神的哲學」。

但是，先後審讀過六十多種版本的《水經注》文獻，如此努力卻無法徹底給出他對《水經注》的新注釋、新校讀，胡適實在是吃苦費力沒討好。

在當時的京都帝國大學非常注重中國的古文獻資料和著名學者的稿本的收藏。內藤湖南對章學誠《文史通義》稿本的收集、狩野直喜對崔述著作版本的收集以及他們二人對敦煌文獻的收集就已經很說明問題了。在歷史地理學著作版本和手稿的收集上，京都帝國大學的教授也不甘落後。

---

1 胡適《嘗試集》，亞東圖書館，一九二〇年。

一九一八年十二月二十五日《大阪朝日新聞》上刊發內藤湖南的訪中視察報告，第一次向日本漢學界介紹了楊守敬的未定稿《水經注疏》鈔本：「在我到達武昌期間，我到菊灣（即菊花灣）拜訪了楊守敬的遺族，並且拜訪了楊的高徒熊會貞。當我問起讓我非常掛念的楊守敬的未定稿《水經注疏》一書去向時，熊會貞告訴我說他正在整理著楊守敬的稿本，兩三年後就該完成了。說著他就拿出了兩三頁清鈔本手稿讓我觀看。」[1]

於是，一九三〇年四月，日本人松浦嘉三郎受內藤湖南和小川琢治的委託，從上海到武昌拜訪楊守敬的孫子楊樹千和熊會貞二人，當時的翻譯是程明超。前京都大學東洋史教授日比野丈夫博士在《楊守敬的〈水經注〉研究》[2]一文中以為「松浦嘉三郎可能是日本人中唯一見過熊會貞的人」，由上述資料來看，日比野丈夫博士的此說是不準確的。一九三六年十一月七日，松浦嘉三郎發表了《熊固之翁的追憶》[3]一文，文章中特別提到說「他讓看了放在書桌上的手稿，從內容上可以看出有六、七遍修改抄寫的稿本都堆放在那裏」。六、七遍抄寫之說也見於劉禹生的《述楊氏水經注疏》一文中「書凡六、七校」。可見此說不誤。

此事後來由小川琢治的弟子森鹿三直接負責收購。

今天，京都大學所藏鈔本《水經注疏》共計四函三十八冊，原始抄本應該是四函四十冊。但是，此鈔本自當初傳到日本之時就已經缺了兩冊，因此，陳橋驛教授在《關於〈水經注疏〉不同版本和來歷的探討》[4]一文所言「鈔本分裝四函，共四十冊」之說，實則有誤。從小川琢治到森鹿三，他們連續多年跟蹤終於收購

1 《大阪朝日新聞》，一九一八年十二月二十五日。
2 日比野丈夫《楊守敬の〈水經注〉研究》，《中國歷史地理研究》，同朋社，一九七七年。
3 松浦嘉三郎《熊固之翁の追憶》，《東方學報》，一九三六年第七期。
4 陳橋驛《關於〈水經注疏〉不同版本和來歷的探討》，《中華文史論從》，一九八四年第三輯。

了一套稿本《水經注疏》。

有關這一版本的《水經注疏》，我本人在京都大學期間，曾經親自研究數月，手摸目看，可以說極其熟悉這個版本了，也曾發表一篇研究論文。因為本書作者的高祖在晚清就刊印出版了多種歷史地理學著作，他是著名的歷史地理學家。在這裏，我個人校讀《水經注》文獻的一篇論文附錄如下：

《京都大學所藏鈔本水經注疏概述》

前言

楊守敬和熊會貞合著的《水經注疏》一書，先後修改和抄寫多次，所以有關此書的版本問題，也就成了中外酈學研究的一大首要問題。一般地說，迄今為止《水經注疏》一書先後有五種鈔本存世，即：第一種，日本京都大學所藏鈔本《水經注疏》。第二種，中國科學出版社一九五七年影印出版的鈔本《水經注疏》。第三種，臺灣中華書局一九七一年影印出版的鈔本《水經注疏》。第四種，中國科學院所藏稿本《水經注疏》。第五種，武昌亞新地學社一九四九年所排印的鉛字本《水經注疏》。儘管有的學者堅信《水經注疏》還有更多的鈔本和稿本存在，但是，至少目前為止，只有這五種版本存世。以上五種版本中，又前三種版本大致完整，而後兩種版本則只是各存一冊而已。其中，第二、第三種版本在大陸和臺灣地區的先後出版，對於酈學的普及和研究產生了一定影響，而第一種版本由於長期流傳和保存在國外，至今尚未影印出版，所以對它的實際存在價值還有待於進一步的認定和提高。

筆者在日留學的十餘年期間，曾先後多次到京都大學人文科學研究所東洋學文獻中心圖書室，查閱和研究該鈔本。又曾在日取得文學博士學位後，以京都大學文學部（博士後）研究員的身份，對該鈔本進行了專業化研究。幾年下來，可以說我對該鈔本的每一頁都進行過認真和仔細的研讀。不僅如此，和此鈔本有關的中外學者的研究論文和借閱活動，我也略知一二。更為重要的是：在京都大學期間，我終於取得了一套此鈔本的真實原大而又清晰無比的影本。[1] 這使此鈔本在中國和日本兩國首次有了複印本存在。

與此同時，因為陳橋驛教授在《關於〈水經注疏〉不同版本和來歷的探討》一文中若干不當介紹的誤導，致使國內外學術界對此鈔本還有幾點誤解存在。現在，我將此鈔本的詳細情況概述如下：

一、京都大學所藏鈔本《水經注疏》介紹

京都大學所藏鈔本《水經注疏》共計四函三十八冊，原始抄本應該是四函四十冊。但是，此鈔本自當初傳到日本之時就已經缺了兩冊，因此，陳橋驛教授在《關於〈水經注疏〉不同版本和來歷的探討》一文所言「鈔本分裝四函，共四十冊」之說，實則有誤。

現將這三十八冊圖書保存編號和每冊鈔本頁數詳細說明如下：

第一函收八冊，現在圖書編號分別是由1951306到1951313，每冊鈔本頁數分別為56、95、55、72、102、72、57、68頁。第二函收十冊，現在圖書編號分別是由1951314到1951323，每冊鈔本頁數分別為82、79、57、21、58、64、59、78、39、17頁。第三函收九冊，現在圖書編號分別是由1951324到1951332，

1 特別說明：複印此珍貴鈔本一事，我多次請求複印均被那裏的工作人員拒絕，因為珍貴的稿本是不准複印和借出的。但是，我採用特殊的管道和方法才得以完整複印出來。複印一事和京都大學人文科學研究所善本書保管員無任何關係。此是我個人行為，請不要為難善本書保管員。

每冊鈔本頁數分別為93、44、45、99、48、69、69、77、52頁。第四函收十一冊，現在圖書編號分別是由1951333到1951343，每冊鈔本頁數分別為61、55、55、69、32、50、70、62、63、58、84頁。圖書編號用章為長方形章，上一行刻有「京都大學」四字，下一行刻有圖書編號。

從內容來看，此鈔本缺第二十七卷和第二十八卷。因此此鈔本只有四函三十八冊。

現將每一冊鈔本的詳細情況說明如下：

此鈔本每一頁按豎行抄寫。每行二十五格，每半頁八行。《水經注》原文一字一格，用大字。而《水經注疏》正文則兩字一格，用小字。在每一頁（即下半頁）最後一行上部，注有該頁經文字數和疏文字數。經文字數以「大□□□」來表示，疏文字數以「小□□□」來表示。在每一卷最後一行上部，注有該頁經文字數和疏文字數。經文字數以「經注□□□字」來表示，疏文字數以「疏□□□字」來表示。

全部鈔本使用字數分別為：第一冊用大字6957字、小字29021字。第二冊用大字6884字、小字26400字。第三冊用大字11282字、小字49422字。第四冊用大字9730字、小字34311字。第五冊用大字12352字、小字52389字。第六冊用大字9577字、小字33012字。第七冊用大字4744字、小字22659字。第八冊用大字8803字、小字32429字。第九冊用大字12022字、小字35873字。第十冊用大字9689字、小字39499字。第十一冊用大字7733字、小字26746字。第十二冊用大字2821字、小字9104字。第十三冊用大字8867字、小字26039字。第十四冊用大字9021字、小字29271字。第十五冊用大字8991字、小字24561字。第十六冊用大字10781字、小字36361字。第十七冊用大字5701字、小字17563字。第十八冊用大字2119字、小字8088字。第十九冊用大字11617字、小字47062字。第二十冊用大字5999字、小字21462字。第二十一冊用大字6261字、小字26418字。第二十二冊用大字7593字、小字30916字。第二十三冊用大字13778字、小字22818字。第二十四冊用大字6122字、小字20764字。第二十五冊用大字9337字、小字33442字。第二十六冊用大字

10764字、小字36235字。第二十七冊用大字7224字、小字23199字。第二十八冊用大字6222字、小字20764字。第二十九冊用大字7858字、小字25771字。第三十冊用大字5891字、小字沒有注明字數（顯為抄寫時所遺漏）。第三十一冊用大字7431字、小字36795字。第三十二冊用大字4886字、小字14001字。第三十三冊用大字4998字、小字27663字。第三十四冊用大字10004字、小字32026字。第三十五冊用大字8876字、小字27499字。第三十六冊用大字7745字、小字30704字。第三十七冊用大字7028字、小字28658字。第三十八冊用大字10985字、小字39500字。

經文頂格抄寫，疏文空出第一格，自第二格開始抄寫。第五卷第七和第八頁的下半頁有撕裂痕，但不影響最下面一格文字的認定。名為清鈔本，但是在第四卷第七十頁下半頁的第四和第五行上方留有陳舊墨點三處。從顏色看，和鈔本墨色相近，可以斷定為是鈔本作者在抄寫時所留。

在每一冊卷首右下方都有用黑色鋼筆書寫的「森鹿三」三個字，名字是寫在一個長方形印章中的，印章中預先刻有「寄贈」二字。這是京都大學在接受贈與圖書時使用的一種固定印章。並非如陳橋驛教授在《關於〈水經注疏〉不同版本和來歷的探討》一文中所言的「每卷首均有毛筆正楷『森鹿三氏寄贈』六字」。

所用的稿紙是淺綠色格紙。我仔細查看了用紙，不像是印刷出來的稿紙，因為每一頁稿紙都在固定的位置上出現彎曲的格線，加之微微散出的油墨味，所以極有可能是用手繪製在蠟紙上油印而成的自製稿紙。

此鈔本《水經注疏》的署名是「後魏酈道元撰　宜都楊守敬纂疏　門人枝江熊會貞參疏」。

此鈔本最初由京都大學人文科學研究所第五代所長森鹿三博士個人收藏保存，而後他本人把此鈔本寄贈給了京都大學人文科學研究所，並開始由京都大學人文科學研究所圖書室保存。二〇〇〇年四月開始，京都大學人文科學研究所下屬的「東洋學文獻中心」更名為「漢字情報研究中心」。於是，原京都大學人文科學研究所圖書室收藏的這一鈔本正式移交給了京都大學人文科學研究所漢字情報研究中心閱覽室下屬書庫收藏保存。

以上數次變動，圖書編號不變。

現鈔本上留有多處修改和眉批，這是陳橋驛教授文中所沒有提到的。或許是他時間匆忙沒有看到吧。修改所使用字體和墨色，與鈔本相近。通覽修改內容，大致可以分為以下四種形式：其一為增加標點，其二為修改鈔本中筆誤之字，其三為對個別用字進行圈點，其四為貼原稿紙重抄。從顏色和字體看，和鈔本墨色和字體相近，可以斷定為是鈔本作者所為。

眉批大多數使用鉛筆書寫，從第二十三冊開始使用紅色筆（即國內市場上的所謂紅藍鉛筆，而非傳統的「朱砂批」）書寫。眉批內容也可以分為四種形式：其一為對鈔本內容進行刪定，其二為對圈點的個別字進行解說，其三為考證版本，其四為對正文內容進行補充說明。眉批沒有注明出自何人之手，但從使用的鉛筆和書寫字體來看，眉批內容肯定出自森鹿三博士之手無疑。

現將眉批部分內容舉例說明如下：

如，第一冊第一頁下半頁第二行，現鈔本作「三字非也」。森鹿三博士在字的左側用鉛筆圈住「三」字，並修改為「山」字。即正確原文應該是「山字非也」。再如，第一冊第十一頁下半頁從下數第六字，現鈔本作「東」字。森鹿三博士也是在字的左側用鉛筆圈住「東」字，並在此頁天頭部位加有如下眉批「要刪。東字尚作西，或作西南」。這裏的「要刪」，是指根據一九〇五年刊行的《水經注疏要刪》一書。此書是定稿本《水經注疏》的前身，在此書中，「東」字作「西或作西南」。又如，第一冊第十三頁上半頁第七行和第八行，先被原鈔本作者修改後貼稿紙重新抄寫為「字誤當以也國東南登山」，又被森鹿三博士在字的左側用鉛筆圈住「也」字，並在此字旁修改為「此」字。即正確原文應該是「字誤當以此國東南登山」。換句話說，眉批是森鹿三博士對鈔本所作的校勘。

實際上，楊熊二人生前就已經知道稿本需要精心校勘。賀昌群教授在一九五五年七月出版的影印本《水經注疏》的出版說明中就曾說「據說熊會貞臨終時，亦曾以此稿錯誤頗多，未經修改為憾」。

二、京都大學所藏鈔本《水經注疏》的由來

最早提到此鈔本問題的，出自東洋史學京都學派創始人之一的內藤湖南博士。他在一九一八年十二月二十五日《大阪朝日新聞》上刊發的訪中視察報告中，第一次向日本漢學界介紹了這一鈔本：「在我到達武昌期間，我到菊灣（即菊花灣）拜訪了楊守敬的遺族，並且拜訪了楊的高徒熊會貞。當我問起讓我非常掛念的楊守敬的未定稿《水經注疏》一書去向時，熊會貞告訴我說他正在整理著楊守敬的稿本，兩三年後就該完成了。說著他就拿出了兩三頁清鈔本手稿讓我觀看。」

一九三〇年四月，日本人松浦嘉三郎受內藤湖南博士和小川琢治博士的委託，從上海到武昌拜訪楊守敬的孫子楊樹千和熊會貞二人，當時的翻譯是程明超。前京都大學東洋史教授日比野丈夫博士在《楊守敬的〈水經注〉研究》一文中以為「松浦嘉三郎可能是日本人中唯一見過熊會貞的人」，由上述資料來看，日比野丈夫博士的此說是不準確的。一九三六年十一月七日，松浦嘉三郎發表了《熊固之翁的追憶》一文，文章中特別提到說「他讓看了放在書桌上的手稿，從內容上可以看出有六、七遍修改抄寫的稿本都堆放在那裏」。六、七遍抄寫之說也見於劉禹生的《述楊氏水經注疏》一文中「書凡六、七校」。可見此說不誤。

具體提到森鹿三博士得到此鈔本問題的是日比野丈夫博士在《楊守敬的〈水經注〉研究》一文：「武漢某人給森鹿三來信，說已經弄明白了《水經注疏》鈔本的去向，如果想要的話，可以通過他的介紹，為森鹿三搞到一份此鈔本的手寫複本。於是，大喜過望的森鹿三就支付了重金，希望能得到這份鈔本。幾個月後，

這份鈔本就被逐漸地送到了日本」。正是因為經歷了幾個月的逐漸送達過程，所以才會有第二十七冊和第二十八冊丟失一事出現。而這裏的所謂「武漢某人」只能在楊樹千、程明超、松浦嘉三郎三人之中產生。因為這裏的「武漢某人」即可以指「在武漢的某個中國人」，也可以指「當時在武漢的某個日本人」。我曾在二〇〇〇年三月致函給日比野丈夫博士，向他請教「武漢某人」的具體指代問題。遺憾的是沒有得到他的任何回答。不過，沒有回答就等於有了回答，即說明我對「武漢某人」的指代分析是正確的。

又據陳橋驛在《關於〈水經注疏〉不同版本和來歷的探討》一文中所言的「船越教授和我談及，說森教授生前曾親口告訴他，熊會貞當年曾許森鹿三錄出一部《水經注疏》的副本。當時相互間訂有一項君子協定，即在中國未出版此書時，森不得以任何形式在日本出版這部鈔本」。並不排除此說有為森鹿三開脫「盜取版本」的嫌疑。因為早在一九五五年七月出版的影印本《水經注疏》的出版說明中，賀昌群教授已經點出了「抗戰期中武漢淪陷時，日人多方搜求此稿，向徐氏加以壓力」。連日比野丈夫博士在《楊守敬的〈水經注〉研究》一文中也提到了「日本人森鹿三千方百計想盜取此書手稿的傳說一直流傳在中國」一事。不過至少可以說明《水經注疏》到了熊會貞定稿前後至少有了三套鈔本存在，一套保存在徐行可處（後為中國科學院所得），一套保存在楊勉之處（後為當時的中央研究院所得），一套保存在熊會貞處（後為森鹿三所得）。除此之外，熊還是多次修改稿的唯一保存者。前引劉禹生的《述楊氏水經注疏》一文中就已經說了「書凡六、七校」。而又依據臺灣中華書局一九七一年影印出版的鈔本《水經注疏》前言中汪辟疆教授之言「楊熊合撰水經注疏，原稿共八十卷。全趙戴諸家之說，悉皆載入。晚年覺其篇幅冗長……定為四十卷」。誠如是，則八十卷本的《水經注疏》才是完整的定稿，而四十卷本的定稿不過是個刪節本而已。因此，所謂「熊會貞當年曾許森錄出一部《水經注疏》的副本」之說，可能只是熊的一種托詞。而八十卷本的那部稿本，至今下落不明。我們從出售給森鹿三博士的這份稿本中可以猜測：被楊守敬的孫子所出售的那部稿本

（即臺灣中華書局出版的那部），或許不過是多次修改本中的之一罷了。其中，據李子魁教授所說「熊氏深慮稿本失傳，許漢口華實裏書商徐行可鈔錄副本」。則科學出版社那套稿本不是出自熊會貞的親筆。李氏此說就和賀昌群的「這部稿本是熊會貞生前寫訂的，同一書手，同一時期抄錄兩部」之說完全矛盾。

總之，這部鈔本就是這樣到了日本學者森鹿三博士的手中。一九六四年四月到一九七〇年三月的六年間，森鹿三博士曾領導了一個研究小組，對此鈔本進行了專門研究，也許寫在此鈔本的天頭地角上的那些眉批就出自這一時候？而後，他又把此稿本送給了京都大學。

在二〇〇〇年的上半年，我集中精力以京都大學所藏鈔本《水經注疏》為基礎，對比科學出版社一九五七年影印出版的鈔本《水經注疏》和臺灣中華書局一九七一年影印出版的鈔本《水經注疏》兩種版本的異同，進行了匯校研究，並寫出了數萬字的校勘筆記。中國學者閱覽此鈔本的時間之長，可以說無有過我者。在此先成此文，以就正於同道。

最後，結束本章之前，我再次感歎一聲：胡適的《水經注》研究，因為核心變成了戴震和趙一清各自的《水經注》校本由來的版本學研究，而和正統的《水經注》研究關係不大，因此我將胡適的這一研究評價為勞而無功。

國家圖書館出版品預行編目(CIP) 資料

胡適新傳 ：自由、容忍與工具理性締造出的世紀人生/
（美）劉正著. -- 初版. -- 臺北市 ：元華文創股份有限
公司, 2025.07

面； 公分

ISBN 978-957-711-450-1 (平裝)

1.CST: 胡適 2.CST: 學術思想 3.CST: 傳記

783.3886 114006906

胡適新傳——自由、容忍與工具理性締造出的世紀人生

（美）劉正 著

發 行 人：賴洋助
出 版 者：元華文創股份有限公司
聯絡地址：100 臺北市中正區重慶南路二段 51 號 5 樓
公司地址：新竹縣竹北市台元一街 8 號 5 樓之 7
電 話：(02) 2351-1607 傳 真：(02) 2351-1549
網 址：https://www.eculture.com.tw
E-mail：service@eculture.com.tw
主 編：李欣芳
責任編輯：立欣
行銷業務：林宜葶

排 版：菩薩蠻電腦科技有限公司
出版年月：2025 年 07 月 初版
定 價：新臺幣 620 元

ISBN：978-957-711-450-1 (平裝)

總經銷：聯合發行股份有限公司
地 址：231 新北市新店區寶橋路 235 巷 6 弄 6 號 4F
電 話：(02)2917-8022 傳 真：(02)2915-6275